LUCIEN CERISE

NEURO-PIRATES

RÉFLEXIONS SUR L'INGÉNIERIE SOCIALE

(2016)

Collection dirigée par Alain SORAL

KONTRE KULTURE
www.kontrekulture.com

En mémoire d'Emmanuel Ratier.

L'ÉGOÏSME NATIONAL, CONDITION DE L'ALTRUISME INTERNATIONAL

Le titre *Neuro-Pirates* m'a été inspiré par *Neuro-Esclaves*, de Paolo Cioni et Marco Della Luna, ouvrage de science cognitive et de psychologie sociale qui passe en revue les diverses méthodes permettant de réduire en esclavage une population en ciblant le cerveau et en contournant ses mécanismes de défense. Depuis des décennies, l'oligarchie au pouvoir dans la zone d'influence occidentale – incluant les pétromonarchies – applique un véritable piratage de nos consciences pour faire de nous ses esclaves avec notre consentement. Notre servitude n'est pas volontaire mais construite. Ce piratage des esprits et des cerveaux cherche l'efficacité maximum et vise donc à éteindre jusqu'à la possibilité psychologique de la révolte. L'esclavage autoritaire provoque toujours des réactions de révolte « spartakistes ». Pour contourner ce risque, nos maîtres autoritaires ont inventé plusieurs techniques de domination furtive, en douceur et par la séduction, dont le point commun est de dissimuler l'aspect d'autorité pour que la structure de la situation maître/esclave n'apparaisse jamais clairement et endormir en quelque sorte les germes de la rébellion. Un terme utilisé pour qualifier cet esclavage invisible est « ingénierie sociale », mais l'on peut aussi parler de neuro-piratage ou d'infiltration cognitive.

Le neuro-piratage cherche non seulement à dominer les populations, mais encore à détruire leur instinct de survie. En effet, le pouvoir occidental contemporain est non seulement totalitaire, mais encore génocidaire. Son défi est immense : il s'agit ni plus ni moins que d'en finir avec l'espèce humaine, et en plus avec son accord ! Le neuro-piratage se donne ainsi pour mission de nous réduire à un troupeau docile, brave bétail qui se laissera gentiment exploiter puis mener à l'abattoir et à l'euthanasie quand le maître l'aura décidé. À notre époque d'automatisation croissante du travail, le maître ne dépend plus de son esclave pour la production et peut donc commencer à le supprimer physiquement ; mais pour ne pas provoquer sa réaction, il doit le faire de manière furtive, sans le frapper directement, donc en le plongeant par étapes dans un environnement globalement anxiogène, pathogène, déprimant et morbide où tout est pollué et toxique pour le corps et l'esprit, des molécules chimiques ambiantes aux idées et représentations diffusées dans l'opinion publique. C'est ainsi que l'on assassine à petit feu une population entière sans qu'elle en prenne conscience – à la manière de la « grenouille bouillie ». Cette fabrique du consentement à notre propre disparition doit empêcher jusqu'à la naissance des conditions mentales du sursaut vital. Tuer dans l'œuf la révolte des esclaves. Dans l'idéal, il faut même parvenir à inverser l'instinct de conservation des esclaves pour les pousser à commettre eux-mêmes le suicide collectif. Le neuro-pirate doit faire désirer au neuro-piraté ce qui va le tuer en jouant sur certains mécanismes que la psychologie a repérés sous les termes d'impuissance acquise et d'inculcation de la résignation – *learned helplessness* en anglais. Ce dispositif général d'éducation à l'impuissance et au suicide possède trois strates à distinguer, bien qu'elles soient apparues plus ou moins en même temps. Ces trois moments de l'ingénierie sociale consistent à étouffer, dériver et culpabiliser la révolte.

Tout d'abord, on peut essayer d'empêcher la naissance du sentiment de révolte au moyen de ce que Zbigniew Brzezinski nomma le *tittytainement*, soit l'abrutissement dans la consommation. Ce fut le rôle de la société de consommation que de produire un type humain satisfait et dénué du moindre esprit critique. Le consumérisme et l'embourgeoisement transforment l'Homme en animal domestique, mou, obèse, docile, atrophié, dégénéré. Quand la souffrance se manifeste quand même, elle est alors « naturalisée » : on dit qu'elle arrive toute seule, aucune décision politique n'en est à l'origine, le seul responsable est l'individu et sa complexion personnelle (psychologique et/ou physique). Cette méthode a ses limites car la croissance et la consommation pour tous ont leurs limites. Or, la décroissance plus ou moins volontaire et la critique de la consommation engendrent un réarmement psychologique qui représente un vrai danger pour le Pouvoir. Le bétail devient nerveux, remuant et difficile à gérer. Comment dériver sa colère naissante sur une voie de garage ?

Deuxième strate du dispositif : la neutralisation de la colère. Si malgré l'abrutissement consumériste, les germes de la révolte apparaissent, il est encore possible pour le Pouvoir de les orienter dans une impasse. Ce fut le rôle de la société du spectacle – le royaume des trucages – que de produire une opposition contrôlée pour y enfermer les déçus de la consommation dans une fausse alternative canalisée par les médias. Contre la consommation, la critique spectaculaire de la consommation. Autrement dit la pseudo-subversion de la Nouvelle gauche (*New Left*), cette contre-culture pop et anti-autoritaire, féministe, paresseuse, informe, sans danger, lancée aux États-Unis dans les années soixante par le programme COINTELPRO (*Counter Intelligence Program*) pour séduire la jeunesse et la détourner de la gauche marxiste sérieuse, formée, disciplinée et possédant une bonne capacité de travail, d'entrisme et de noyautage. Le mythe spontanéiste selon lequel la meilleure critique du Système consisterait à le quitter sur un coup de tête fut popularisé dans ces années-là. Or, quand le maître est un technocrate dans un bureau – parce que c'est là qu'est le pouvoir aujourd'hui – la riposte doit être également technocratique et bureaucratique. La révolte structurée consistera donc à infiltrer le Système sur le long terme, faire des études, investir les grandes écoles et créer des réseaux d'influence et de cooptation interne dans les grands organismes du pouvoir, publics comme privés, ministères, ONG, multinationales, etc. Devenir un homme de dossiers en costume-cravate et faire ce que les réseaux communistes faisaient dans les années cinquante aux États-Unis. Certes, quand on a vingt ans et qu'on éprouve des pulsions légitimes d'insurrections, on rêve pour exprimer sa colère au mieux de barricades, au pire de concerts de rock ; parfois d'une île déserte ou d'une cabane au fond des bois. Ce ne sont là que des fausses pistes et des voies de dérivation, conçues pour que toute velléité révolutionnaire soit rapidement dispersée comme une fin de manif'. Aucune insurrection spontanée n'a jamais réussi car les barricades sont toujours encadrées au plus haut niveau. Le potentiel de subversion politique des événements artistiques de masse est nul et n'a qu'une fonction de contrôle social narcotique. Quant au retrait volontaire des affaires du monde, cela revient à laisser l'ennemi avancer. L'isolement isole, point.

Quand la colère parvient à émerger en dépit de l'avachissement consumériste et des pièges tendus par le Spectacle pour la réduire à l'impuissance, il reste encore une troisième barrière à franchir : la culpabilisation de la colère. Depuis l'avènement des sciences du comportement au XXᵉ siècle, le maître observe son esclave comme un rat de laboratoire et a inventé d'innombrables parades pour détourner le danger qu'il pourrait un jour représenter. Nous l'avons vu, les deux premières consistent à endormir l'esclave devant sa télé et, s'il se réveille, à lui répéter le message à la télé – au cinéma, à la radio, dans l'édition – que la vraie révolte est en dehors du Système. Au cas où ces deux méthodes échoueraient, le maître dispose encore d'un dernier atout dans sa manche : délégitimer moralement la révolte en culpabilisant les esclaves de se révolter. Ce stratagème consiste à inverser la place du bourreau et de la victime, du dominant et du dominé, et à décourager l'esclave de secouer ses chaînes en le persuadant que c'est lui qui commet une injustice contre le maître. De fait, quand votre maître parvient à vous inculquer avec des sanglots dans la voix que c'est lui la victime et vous le bourreau, et qu'il menace de vous traîner au tribunal si vous osez dire le contraire, les conditions mentales de la révolte se rétractent comme une peau de chagrin. Quand le maître réussit à vous faire avaler que c'est vous le « salaud » – antisémite, raciste, homophobe, réactionnaire, sexiste, spéciste, etc. – si vous vous plaignez de ses abus de pouvoir, une chape de plomb et d'autocensure s'abat sur votre esprit et inhibe votre capacité d'action et de réaction. Dès lors, vous n'avez plus qu'à retourner votre colère et votre agressivité contre vous-même et à vous autodétruire comme les souris de Laborit. Telle est la fonction du politiquement correct, cet outil d'ingénierie sociale apparu dans les années quatre-vingt sur les campus américains pour intimider toute critique des minorités actives qui occupent le pouvoir en Occident. La dictature des minorités et son principe de discrimination positive incubaient depuis les années soixante et l'invention des *cultural studies*; aujourd'hui, après un demi-siècle de contamination du monde intello-médiatique, ce nouveau terrorisme intellectuel autorise à disqualifier avant débat toute parole issue de la « majorité » – accusée d'être forcément autoritaire et dominatrice – et à discriminer positivement la parole issue des « minorités » – présentées comme forcément dominées et méritant désormais d'occuper toute la place, dans un acte de réparation forcément progressiste. Sur cette base idéologique où tout est inversé, le cœur de la guerre culturelle consiste à lutter pour la liberté d'expression. C'est la première étape de l'émancipation du peuple car elle lui permet de repositionner clairement dans la parole et la pensée qui est réellement le maître et qui est réellement l'esclave en contexte capitaliste, quand c'est votre compte en banque qui définit votre destin et que les minorités actives dominantes s'en sortent très bien de ce point de vue là et sont loin d'être à plaindre.

Pour tenter de verrouiller leur contrôle psychologique et politique sur la majorité dominée, les minorités dominantes jouent donc désormais à fond la carte de la culpabilisation morale, en particulier de ce qu'elles appellent « l'égoïsme national ». Il faut le dire tout de suite : l'égoïsme national est bon pour la santé, surtout pour les moins nantis car il permet de stabiliser leur lieu de vie en le conservant relativement fermé et homéostatique. L'égoïsme national et la « fermeture nationale » – c'est-à-dire le pare-feu national – sont les antivirus les plus efficaces contre les virus diffusés par le Pouvoir, lequel cherche constamment à nous ouvrir au maximum pour nous dissoudre plus facilement. L'ingénierie sociale est la méthode par laquelle on pénètre un système sans effraction, sans violence mais par abus de confiance, pour en prendre le contrôle furtivement; on fait donc s'ouvrir le système librement, en endormant sa méfiance – moment de l'hameçonnage – pour ensuite l'infiltrer sans résistance et le détruire de l'intérieur en amplifiant ses contradictions internes latentes pour le fragmenter – moment du conflit triangulé. L'immigration est l'un des principaux vecteurs de cette méthodologie. Depuis toujours, l'immigration tue, dans les pays d'arrivée comme dans ceux de départ, en pillant les uns et les autres après les avoir fait s'ouvrir sous divers prétextes moraux lancés comme des hameçons. Pour le « système France », de quand date cette injonction à l'ouverture, prélude à la dissolution consentie? Il est possible de la faire remonter précisément à Mai 68, événement historique qui fut une vaste opération de *phishing* collectif introduisant au morcellement individualiste et à la guerre de tous contre tous qui se déploie sous nos yeux depuis les années soixante-dix. Dans le cadre de la guerre psychologique qui nous est livrée, l'individualisme a une fonction de démotivation en brisant le sentiment d'appartenir à une organisation vaste et puissante. Déconstruire l'héritage viral de Mai 68 revient donc simplement à reconstruire la sécurité du système France et les défenses immunitaires des Français. Après la fameuse « déconstruction » des intellectuels soixante-huitards, il nous revient de déconstruire la déconstruction, c'est-à-dire de reconstruire tout ce qui a été détruit depuis des décennies. Et un chantier immense nous attend, car tout est à reconstruire ou presque : sortir de l'euro, de l'Union européenne, de l'OTAN, repousser le TAFTA et recomposer les frontières, les limites et les identités à tous les niveaux de l'existence. Pour ce faire, il est impératif d'endiguer l'influence des groupes de pression élitistes qui sont les principaux diffuseurs des virus contemporains : libéralisme libertaire, cosmopolitisme, atlantisme et sionisme – dont découle l'immigration de masse, ce crime contre l'humanité – ainsi que le transhumanisme avec son volet LGBT, sachant qu'ils se reconnaissent tous finalement dans un seul culte, celui de Mammon.

La traduction géopolitique de notre reconstruction consistera à empêcher coûte que coûte l'avènement du gouvernement mondial de Jacques Attali et des Warburg, et leurs divers corollaires : suppression de l'argent liquide, implants électroniques sous-cutanés, traçabilité du bétail humain, dictature des banques, etc. Nous devons maintenir à tout prix une extériorité au système unipolaire occidental et à ses vassaux wahhabites. Comment ? En préservant sans condition la souveraineté des puissances du continent eurasiatique, Russie, Chine, Iran, Inde, garantes de la liberté des autres peuples sur la planète, puis en libérant les nations asservies, à commencer par la nôtre. Tant qu'il existe une extériorité au projet mondialiste unipolaire, la multipolarité et la vie continuent. Or, le mondialisme avance au prétexte du terrorisme. Ne cessons jamais de le répéter, le seul terrorisme significatif est celui de l'État, au moyen d'opérations psychologiques, d'attentats sous faux drapeau ou d'un « laisser-faire » intentionnel qui oriente les choses à distance. En ce sens, la prolongation infinie de l'alerte rouge du plan Vigipirate depuis janvier 2015 est parfaitement justifiée : oui, il existe un risque élevé que les services spéciaux français, israéliens et anglo-saxons frappent à nouveau en France. Quant au prochain attentat gouvernemental, il servira à augmenter encore la surveillance du citoyen *lambda* ou à annuler les élections présidentielles si Marine Le Pen est donnée gagnante (Manuel Valls ayant, quand même, déclaré qu'il ferait tout pour empêcher son parti d'accéder au pouvoir).

L'antiterrorisme n'a qu'une fonction : implémenter une gestion carcérale de la société. Il faut parvenir à transposer les protocoles de contrôle social appliqués en prison à la société entière. Que la société puisse être gérée exactement comme une prison, que la société soit une prison ! Pour foutre tout le monde en taule, une astuce a été trouvée, qui consiste à abolir la différence entre ceux qui sont libres et ceux qui sont privés de liberté dans un nouveau statut hybride : la semi-liberté pour tous. Comme on ne peut pas faire rentrer indéfiniment des gens à l'intérieur des murs fermés de la prison, eh bien on fait l'inverse, on ouvre les murs de la prison indéfiniment, on remet les prisonniers en liberté, on les surveille un peu mais pas trop, puis on étend la surveillance électronique à toute la population. Les deux l'un dans l'autre, cela donne la réforme pénale de Taubira combinée à la loi sur le renseignement du Grand Orient. Et pour faciliter encore la surveillance des groupes sociaux, on communautarise au maximum, sur le modèle des prisons du monde entier – dont la matrice est la prison américaine – où les détenus se regroupent entre eux par identité ethnique et culturelle, chacune dotée de sa mythologie préfabriquée : musulmans takfiris/salafistes, blacks *gangsta rap*, blancos néo-nazis et White Power aux États-Unis, ou régionalistes indépendantistes ici, etc.

Le terrorisme d'État est bien sûr un détournement de la fonction première des structures étatiques. En effet, la surface organisationnelle optimum pour constituer un contre-pouvoir à la barbarie libérale reste l'État-nation. Tout sera donc fait depuis Bruxelles pour activer l'éclatement des États-nations d'Europe. Ainsi va le capitalisme, qui ne tolère aucune valeur au-dessus de lui et qui doit donc dissoudre toutes les formes d'organisation susceptibles de lui faire concurrence. C'est en ce sens que le « capitalisme national » n'existe pas. En revanche, l'anticapitalisme arrivé à maturité est compatible avec une économie de marché tempérée par le patriotisme économique, un État protectionniste, social et stratège, et surtout une décence commune qui interdira toujours de mettre en location le ventre des femmes, comme le réclame tel *lobby.*

*
* *

Ce livre est un recueil d'articles et d'entretiens sur tous ces sujets, publiés sur divers sites ou en revue papier puis mis en ligne après révision entre 2012 et 2015. J'ai revu et réécrit encore une fois presque chaque texte pour l'édition présente, que j'ai augmentée de cette introduction et d'un article inédit. (Les dates de publication et de mise en ligne sont en notes.) Finalement, ce n'est plus vraiment un recueil, mais plutôt un livre écrit sur quatre ans et en couches successives. Il allait de soi que Kontre Kulture le publie, dans la mesure où plus de la moitié des textes sont passés sur le site d'Égalité & Réconciliation. Je me suis donc acoquiné avec le diable en personne : j'ai nommé Alain Soral. Pourquoi accepter d'être associé à un personnage aussi sulfureux ? Parce que pour moi, Soral fait partie des meubles, comme on dit. Son travail, sorte de chaînon manquant entre le monde académique et celui des médias grand public, présente un caractère atypique et inclassable que j'ai commencé à suivre en 1985, quand j'ai trouvé une édition de poche de son premier livre, *Les Mouvements de mode expliqués aux parents*, en farfouillant dans une bibliothèque familiale. J'étais jeune, mais j'ai été immédiatement fasciné par cet *opus*, que j'ai relu plusieurs fois dans tous les sens, et par son approche méthodologique, que les sciences humaines et sociales appellent la sémiotique. De quoi s'agit-il ? Pour résumer : quand la sémiotique est appliquée aux phénomènes de société, c'est le décryptage du sens profond des histoires qu'ils racontent et qui restent le plus souvent semi-conscientes, subliminales. Pour ce qui est des mouvements de mode, cela consiste à poser les questions : à quoi les gens jouent – et qu'est-ce que les gens se jouent – en suivant telle mode ou tel mouvement ? Quelle légende personnelle sont-ils en train de se raconter et comment veulent-ils être perçus ? Quel mythe personnel narcissique sont-ils en train de construire et à quel mythe collectif sont-ils en train d'adhérer ? Cette approche qui consiste à démythifier et démystifier les mouvements sociaux est la meilleure entrée dans l'ingénierie sociale. En effet, la sémiotique sociologique peut se contenter d'être descriptive, mais elle peut être aussi prospective, chez les professionnels qui lancent des mouvements de mode et des phénomènes de société après les avoir repérés comme tendance émergente, ou qui les conçoivent carrément en laboratoire (ou en loge) et à partir de rien. C'est tout le travail autour des cahiers de tendances dans le marketing et la mode, qui cherche à anticiper les tendances en formation pour saisir la balle au bond et les amplifier volontairement, ce qui permet de prendre le contrôle de leur développement et de les orienter. Activité proche du « décèlement des signes précoces » en criminologie, dont Alain Bauer s'est fait le principal représentant en France. Ici, le terrain d'étude n'est pas le réel, mais le réel probable, en voie de matérialisation, et la méthode pourrait être une sorte de « sociologie quantique », sociologie du potentiel, où les événements ne sont pas encore arrivés en actes et n'existent que selon un taux de probabilité plus ou moins élevé. Domaine de recherche fascinant, tout en clair-obscur, qui se place à l'aurore du réel, au point de jonction entre la nuit et le jour, à la frontière entre ce qui existe de façon déclarée et ce qui existera peut-être. L'ingénierie sociale consiste le plus souvent à repérer ces tendances émergentes et à les façonner, du moins à modifier le cours qu'elles auraient suivi spontanément, voire à les créer *ex nihilo* en combinant selon une synthèse inédite des éléments pris chez plusieurs d'entre elles. Sorte de bouturage culturel qui rejoint la mémétique sur de nombreux points.

Après un premier contact purement livresque avec Alain Soral au milieu des années quatre-vingt, je le croisais à deux ou trois reprises au début des années 2000, à une époque où je jouais les pique-assiette mondains dans des soirées *people* de Saint-Germain-des-Prés, autour de Houellebecq, Beigbeder et de la revue *Bordel* de Stéphane Million. Pendant tout ce temps, je suivais ses diverses publications et interventions avec un plaisir gourmand et même croissant à mesure qu'il devenait de plus en plus provocateur et intolérable pour un milieu médiatique toujours plus politiquement correct et éloigné de la vie réelle. Sa critique des communautarismes m'a toujours paru salutaire. Les « communautés » forment des États dans l'État, introduisent des cinquièmes colonnes étrangères dans le corps national et œuvrent consciemment ou inconsciemment à le disloquer. La plus fortunée d'entre ces communautés, irritée d'être montrée du doigt, en arriva à prononcer contre Soral et son acolyte Dieudonné une sorte de *fatwa* talmudique, typique du puritanisme déshumanisant des centres de pouvoir de toutes les époques, dont le politiquement correct n'est qu'un avatar, et qui cherche toujours à interdire le « propre de l'Homme », c'est-à-dire l'humour. La haine contre le Rire révèle la dimension concentrationnaire du projet de société nourri par nos modernes censeurs, qui ne supportent même plus que les esclaves se dérident un peu en moquant leurs maîtres. Pour ma part, n'ayant pas une tournure d'esprit portée sur l'observance des dogmes, je n'ai jamais réussi à prendre au sérieux ce verdict, non pas que j'aie le goût de la provocation mais simplement parce que les faits et le réel – les seules autorités que je respecte – se tiennent au-delà de tous les tribunaux religieux.

J'avoue avoir été déstabilisé par le rapprochement de Soral et Dieudonné avec le Front national, mais j'en ai compris plus facilement les raisons au moment du référendum de 2005 sur le projet de constitution européenne. J'étais dans le camp des « nonistes » de gauche, sous la bannière de José Bové, Olivier Besancenot et Étienne Chouard, ce qui ne m'a pas empêché d'enregistrer rapidement que si notre « Non » avait gagné, c'était grâce à la fameuse « coagulation » avec le FN et la droite souverainiste en général. Cela m'a donné à penser sur nos points communs, peut-être plus importants que ce qui nous séparait – et il est peu de dire que la suite des événements, non seulement en Grèce mais partout en Europe, nous a donné pleinement raison. Sur cette base, il était tout naturel que j'aille voir ce qui se passait à Égalité & Réconciliation. Entre-temps, de sensibilité communiste, j'étais devenu gaullo-communiste et j'avais adopté le Programme du CNR (Conseil national de la Résistance) comme idéal politique. « Versaillais et communards rassemblés », comme l'écrivait Bruno Gollnisch sur son blog, telle est effectivement la recette qui donne des suées au libéralisme libertaire hégémonique depuis Mai 68, de Cohn-Bendit à Sarkozy. La droite française a été lourdement pro-américaine et atlantiste pendant des décennies, elle a donc sa part de responsabilité dans la situation catastrophique actuelle, mais les temps ont changé. Aujourd'hui, la coalition et la fécondation mutuelle de l'Action française et du Parti communiste est la voie royale et populaire pour restructurer ce que la gauche libertaire et la droite libérale ont déstructuré depuis des décennies ; raison pour laquelle le Pouvoir et ses supplétifs font tout pour empêcher la rencontre. Cette synthèse politique possède ses mythes fondateurs, ses courants et ses slogans : Cercle Proudhon, national-bolchevisme, nationalisme révolutionnaire, CNR, Troisième

Voie, solidarisme, « coagulation », « Ni droite, ni gauche : Français », ou mieux encore, « Gauche du travail, droite des valeurs ».

En termes d'ingénierie sociale, ces éléments de code composent l'antivirus à même de défendre notre système contre les virus sans-frontiéristes, mais sans le fermer excessivement au réseau. Afin de ne pas devenir des neuro-esclaves, protégeons-nous des neuro-pirates, mais sans nous couper de l'environnement global où nous sommes plongés *de facto*. La tâche est ardue et suppose d'éviter deux écueils. Alors que le Pouvoir cherche à nous exposer sans filtre à des flux migratoires transnationaux mortels, il est vital de reformuler notre pare-feu nationaliste, mais sans perdre de vue l'horizon de coopération internationale auquel nous sommes contraints à l'heure d'une mondialisation en acte. L'adage ancestral « Charité bien ordonnée commence par soi-même » servira de fil conducteur car il permet d'articuler le Moi et l'Autre en respectant la hiérarchie des priorités. Contre l'ingénierie sociale négative du Pouvoir et son travail d'inversion systématique de toutes les valeurs, il est donc urgent de remettre les choses à l'endroit et d'affirmer haut et fort que…

L'égoïsme national est la condition de l'altruisme international.

PREMIÈRE PARTIE

INGÉNIERIE SOCIALE

CHAPITRE PREMIER

INTERVENTION À LA CONFÉRENCE « NEURO-PIRATES / NEURO-ESCLAVES[*] »

CONDITIONNER LES MASSES

Revenons à Pavlov. Il avait déjà expliqué comment la relation de l'homme avec le monde extérieur et avec ses semblables est dominée par des stimuli *secondaires : les symboles linguistiques. L'homme apprend à penser avec les mots et les symboles qu'on lui a donnés ; et ceux-ci finissent par conditionner toute sa vision de la vie et du monde. Comme dit Dobrogaev, le langage est le moyen d'adaptation de l'homme à son milieu. Nous pourrions reformuler cette affirmation de la façon suivante : le besoin de communication avec ses semblables influence la relation de l'homme avec le monde extérieur, parce que le langage et son système sont variables et non objectifs. Dobrogaev poursuit : « Les manifestations linguistiques font partie des fonctions de réflexes conditionnés du cerveau humain. » Nous pourrions dire plus simplement que « la personne qui dicte et formule les mots*

*Conférence de Paolo Cioni et Lucien Cerise, organisée par les éditions Le Retour aux Sources et l'Agence Info Libre le 13/03/2014.

et les phrases que nous utilisons, qui commande les médias, fait qu'elle est maître de l'esprit[1] ».

Neuro-Esclaves de Marco Della Luna et Paolo Cioni pose tout au long de ses pages la question centrale de l'ingénierie sociale : comment pirater un cerveau ? Comment prendre le contrôle à distance d'un sujet pour, au choix, le réduire en esclavage, le détruire ou, au minimum, modifier son comportement ? Le cerveau a deux origines : génétique et épigénétique. On peut donc pirater un cerveau en piratant le donné génétique, ou en piratant le construit épigénétique. Le substrat génétique est donné par la naissance, par héritage génétique. L'épigénétique, quant à lui, se construit dans la relation avec l'environnement, notamment socioculturel. Le cerveau est programmé génétiquement presque sans contenu mais pour être plastique et apprendre du contenu, donc pour être actif et curieux de son monde, avide d'être façonné par une influence épigénétique et environnementale, laquelle imprimera au cerveau une architecture neuronale par intériorisation d'une pression extérieure, largement socioculturelle. Cette double origine entre une machine physique, d'origine génétique mais muette, et un logiciel d'origine épigénétique qui la fait parler, induit qu'il est possible de pirater le cerveau : 1) en agissant directement sur sa matérialité physique héritée génétiquement, le *hardware*, les *stimuli* primaires, qui sont les signaux électriques du système nerveux et les signaux chimiques du système hormonal (endocrinien) ; 2) ou indirectement, en piratant le logiciel du cerveau, son *software*, donc en piratant les *stimuli* secondaires transmis épigénétiquement, c'est-à-dire les représentations, mots et images, qui informent son câblage neuronal. En introduction à l'exposé de Paolo Cioni, et en écho à l'extrait

---

1. Marco Della Luna et Paolo Cioni, *Neuro-Esclaves*, Macro Éditions, 2ᵉ édition, 2013, p. 505.

de son livre cité en exergue, je vais me concentrer sur ce piratage de l'épigénétique du cerveau, en particulier dans ses aspects socioculturels, psychologiques et langagiers. Pour illustrer mes propos par un exemple, je traiterai de la théorie du genre, ou « idéologie de la confusion des genres », en tant que virus cognitif particulièrement puissant.

PIRATAGE ET PROGRAMMATION COGNITIVE

Selon le célèbre pirate informatique Kevin Mitnick, le maillon faible dans tout système de sécurité réside dans le facteur humain. L'ingénierie sociale, qui vise de préférence les points de vulnérabilité des systèmes, consiste donc à pirater l'humain. C'est aussi ce que nous dit David Castonguay dans son mémoire à l'université de Montréal intitulé *Pirater l'humain – L'analyse du phénomène d'ingénierie sociale*[2]. On peut pirater l'humain de diverses façons, plus ou moins invasives. Dans le sillage du transhumanisme et de « l'humain augmenté » par la technologie, le *biohacking* travaille à bricoler l'ADN ou les cellules, quand le *body hacking* se consacre aux modifications corporelles, prothèses et implants électroniques divers. L'objet de notre étude consiste plus précisément à pirater le psychisme humain, donc pirater le cerveau, ce que nous appelons du neuro-piratage (sur le modèle du neuro-esclavage). Les implants sont ici cognitifs, ce sont des « conditionnements ». Il y a deux grands types de conditionnements, au sens de Pavlov et au sens de Skinner, mais qui tous deux se modélisent par la formule informatique IFTTT : « *If this, then that* », « Si ceci, alors cela ». Cet algorithme élémentaire que l'on rencontre

---

2. David Castonguay, *Pirater l'humain – L'analyse du phénomène d'ingénierie sociale*, Chaire de recherche du Canada en sécurité, identité, technologie, Université de Montréal, 2009.
http://www.benoitdupont.net/sites/www.benoitdupont.net/files/Castonguay%20pirater%20l'humain_0.pdf

dans un langage de programmation informatique simple comme le BASIC pour ordonner un comportement à la machine, est la racine de toute formule de conditionnement et de tout programme comportemental, qui associe une donnée contextuelle, un *stimulus* déclencheur (*trigger*) avec une instruction comportementale (*action*). Cette articulation entre « déclencheur contextuel » et « action en réponse » reproduit un clivage extérieur/intérieur, entrée/sortie, *input/output*, et constitue le principe du *feedback* et de l'échange d'information selon une boucle de rétroaction entre un système comportemental (cybernétique ou vivant) et son environnement. Vu sous cet angle behavioriste, le psychisme humain ne se distingue pas substantiellement d'une machine : les deux sont composés de variables et de constantes qui échangent de l'information avec leur environnement. Le neuro-piratage du cerveau consistera à isoler les constantes, c'est-à-dire les programmes, les routines, les algorithmes, les structures, les « traditions » en quelque sorte, pour, au choix, les observer simplement (vol de données), ou les réécrire (piratage d'influence), ou encore pour les détruire (attaque en règle).

LES DEUX ÉTAPES DU NEURO-PIRATAGE ÉPIGÉNÉTIQUE : L'HAMEÇONNAGE ET LE CONFLIT TRIANGULÉ

Pirater un cerveau en passant par son logiciel épigénétique, son environnement sémantique et socioculturel, se fait en deux temps : 1) contourner les mécanismes de défense pour s'introduire dans la machine furtivement ; 2) puis, si l'on est un *black hat*, réécrire le code pour faire dysfonctionner la machine, provoquer un « *bug* ».

Dans un premier temps, pour qu'il y ait piratage effectif, donc furtivité du viol, les apparences du non-viol et du respect de l'intégrité doivent être respectées. Pour que l'on puisse parler de piratage, il faut nécessairement que le piraté en reste inconscient. Si le piraté est conscient du piratage, ce n'est plus un piratage, par définition. En ce sens, le neuro-piratage, le viol furtif du cerveau, doit respecter l'ergonomie cognitive du cerveau, c'est-à-dire sa manière habituelle de fonctionner, ses *habitus*, ses routines, ses algorithmes. Comment ? Par l'hameçonnage (concept proche du « cheval de Troie »), qui donne l'illusion que tout est normal et qui trompe le cerveau sur le processus en cours. Le cerveau ne doit pas détecter d'anomalie à première vue ; dans l'idéal, il doit même désirer ce qui se passe. Pendant l'opération d'intrusion et de viol furtif, le pirate doit donc reproduire au minimum les apparences d'un fonctionnement normal des choses en produisant de l'indifférence à son égard ; et dans l'idéal, il doit même faire désirer au cerveau le processus en cours de son propre piratage, en produisant de la confiance à son égard (fabrique du consentement par l'utilisation des mécanismes du syndrome de Stockholm).

Une fois que l'on a gagné l'indifférence ou la confiance et que l'on s'est introduit dans la machine furtivement, ce qui est la première étape dite d'hameçonnage, on peut passer à la deuxième étape : le bidouillage du code source pour faire boguer la machine. Autrement dit, la reconfiguration du système de représentation intériorisé par le cerveau pour le « cramer » comme un disque dur. C'est le moment du « conflit triangulé », qui consiste à implanter des contradictions internes au système, orchestrer un conflit sous contrôle entre les parties du système pour leur donner un mouvement séparatiste, centrifuge, donc faire monter l'entropie et le désordre au sein du système et briser son unité organique et fonctionnelle.

Le faisceau de l'attention consciente est sélectif et possède des angles morts et des taches aveugles ; ceux-là mêmes que le pirate devra repérer ou créer pour rester hors du champ de vision du cerveau et s'y introduire furtivement, sans être perçu. Le poisson hameçonné n'a perçu que l'asticot, pas le crochet qui va le tuer, ni le pêcheur sur la rive qui va le manger. Les points de cécité de la conscience sont les zones qui ne focalisent pas l'attention, qui ne la retiennent pas. Ce qui ne retient pas l'attention, c'est ce qui laisse indifférent. Pour devenir invisible, il faut donc parvenir à créer une tache aveugle en suscitant l'indifférence. On peut aussi provoquer une « tache de confiance », car la confiance endort la vigilance et détourne l'attention autant sinon plus que l'indifférence. Dans tous les cas, si l'on provoque la méfiance, l'objectif est raté car on redevient visible. La maîtrise de la gamme des relations confiance-indifférence-méfiance est donc la clé de l'ingénierie sociale et du neuro-piratage. Pour contourner les mécanismes de défense du cerveau, y entrer furtivement et en prendre le contrôle, il existe donc une « recette », comme on parle d'une recette de cuisine : une succession d'opérations à accomplir dans un certain ordre, pour atteindre un certain but. Cette méthode quasi mathématique de la prise de pouvoir peut même se quantifier au moyen d'une approche scientifique et rationnelle dérivée de la cybernétique. À l'origine, la cybernétique a été créée pendant la Deuxième Guerre mondiale par Norbert Wiener pour effectuer des calculs de balistique militaire dont le but était de réduire la rétroaction « négative », autrement dit le contrecoup et le choc en retour dans les canons et les avions qui tiraient des projectiles. Cela s'appelle le *shock testing*, ou test de choc. Transposer ces calculs de balistique militaire dans une balistique sociale permet de réduire et, si possible, de supprimer toute rétroaction aux impacts provoqués, tout contrecoup et tout choc en retour aux destructions que j'inflige dans la société. C'est le calcul quasi mathématique de la prise de pouvoir. En effet, qui que je sois, où que je sois, quoi que je fasse, s'il n'y a pas de choc en retour à ce que je fais, cela veut dire que je suis en position de pouvoir. L'absence de choc en retour porte aussi un autre nom : l'impunité.

Pour atteindre l'impunité, il faut devenir invisible. On reconnaît le mythe de l'anneau de Gygès narré par Platon dans *La République*, puis repris par Tolkien dans *Le Seigneur des anneaux*. Dans son grand œuvre, Tolkien imagine plusieurs anneaux de puissance partagés par les peuples de la Terre du Milieu, mais il y en a un plus puissant que les autres, qui peut « dans les ténèbres, les lier », à comprendre « les contrôler de façon occulte ». C'est l'anneau du pouvoir suprême que Sauron recherche et que Frodon doit détruire, qui confère l'invisibilité à qui le passe à son doigt, métaphore de l'impunité totale, donc du pouvoir total. Le vrai pouvoir est invisible. Un pouvoir visible sera toujours moins puissant qu'un pouvoir invisible. Dans le monde réel, l'anneau de Pouvoir n'existe pas. Devenir invisible équivaut le plus souvent à passer inaperçu, donc « se cacher dans la lumière », selon la formule maçonnique. L'ingénierie sociale, en tant qu'art de la modification d'autrui à son insu, pourrait à bien des égards être décrite comme la version laïcisée des doctrines hermétiques et ésotériques de manipulation de masse, sorte de technique de « magie sociale », de mentalisme politique, de prestidigitation hypnotique collective, fondée sur l'exploitation des taches aveugles du faisceau de l'attention et le jeu avec la dialectique visible/invisible, ombre et lumière, dans l'architecture des sociétés humaines. Historiquement, la franc-maçonnerie est la première doctrine unifiée de l'influence subliminale de masse, justiciable dans les termes d'un « grand œuvre » de constructivisme social, donc d'ingénierie sociale.

LE TRIANGLE DE KARPMAN, OU COMMENT DEVENIR UNE VICTIME ?

Comment devenir invisible ? Comment passer inaperçu ? Comment se « cacher dans la lumière », c'est-à-dire comment atteindre l'impunité en toutes circonstances, donc comment prendre le pouvoir et exercer une emprise totale sur autrui ? Premier élément de réponse : inhiber chez autrui tout esprit critique contre soi, inhiber toute suspicion, toute méfiance et toute surveillance. Comment ? En éveillant la confiance ou l'indifférence. Comment ? En se faisant passer pour une victime, de sorte à inhiber tout procès d'intention à son égard. Pour en finir avec les chocs en retour, rien de tel que de se faire passer pour une victime, un être en position de faiblesse, donc incapable de faire du mal, de commettre une violence, une violation, un viol. De fait, qui dit piratage, dit viol furtif, donc invisibilité du violeur, ou du moins inattention portée au violeur. La maîtrise de la focalisation de l'attention du cerveau, c'est-à-dire la maîtrise de la gamme des relations de confiance-indifférence-méfiance, est centrale. Cette maîtrise de l'attention possède une base émotionnelle, structurée par des rôles à jouer et des places à occuper dans la fantasmatique sociale. Ces rôles et ces places définissent des « situations archétypales de groupe » qui obligent à adopter tel ou tel comportement par rapport à la place occupée par les autres. Apprendre à installer ce genre de « situation obligeante » pour manipuler autrui en le forçant à s'engager dans un comportement est un chapitre de la psychologie sociale et de la dynamique des groupes, comme nous l'apprennent les auteurs du *Petit traité de manipulation à l'usage des honnêtes gens*, Robert-Vincent Joule et Jean-Léon Beauvois. Dans cette perspective, l'implémentation de la figure d'Analyse transactionnelle appelée « triangle de Karpman », dite aussi « triangle dramatique » (Stephen Karpman, 1968) est l'une des plus connues. Le triangle dramatique de Karpman consiste à réduire le discours politique à trois places : le bourreau, la victime et le sauveur. Si le neuro-pirate ne parvient pas à susciter l'indifférence simple, il doit donc impérativement susciter la confiance en occupant la place de la victime ou du sauveur. Tout individu ou tout groupe social qui réclame à cor et à cris le statut de victime ou de sauveur est donc en train de mettre en place un triangle de Karpman. Le discours de la « minorité persécutée » s'inscrit dans ce dispositif et constitue un outil de neuro-piratage, un hameçon efficace pour endormir la méfiance. Quand le statut de victime ou de sauveur est acquis par l'un des acteurs de la situation, conduisant à ce que les autres acteurs ne se méfient plus de lui, la victime ou le sauveur peut alors commencer à détruire les autres furtivement, sans même que ces derniers ne soient en état de comprendre ce qui se passe exactement. Violer et détruire le cerveau furtivement suppose donc de le faire entrer dans un conflit triangulé, dont la structure est un duel entre deux acteurs supervisé et orchestré par un troisième acteur, donc une mise en scène d'un conflit entre deux parties mais sous contrôle d'une troisième partie dont le travail consiste à lancer puis entretenir le conflit depuis sa position située hors du faisceau de l'attention. Pour rester inaperçu, hors de l'attention, le sommet du triangle, qui organise le conflit, devra produire de la confiance ou de l'indifférence à son égard, en occupant la place de la victime ou du sauveur ; puis il devra faire monter la méfiance entre les acteurs qui occupent la base du triangle en les décrivant comme des bourreaux mutuels pour générer un conflit entre eux, ce qui revient à les faire entrer dans une rivalité mimétique, au sens de René Girard. C'est la deuxième phase du piratage, qui consiste à inoculer dans les cerveaux un virus mortel « séparatiste » en introduisant des contradictions internes dans le système cible jusqu'à provoquer la rupture des parties en présence[3]. Détaillons maintenant la structure que doit adopter le virus.

DEUXIÈME ÉTAPE,
COMMENT FONCTIONNE ET DYSFONCTIONNE LE CERVEAU ?

Le virus épigénétique adopte toujours la forme d'une propagande de guerre : autrement dit, un conflit triangulé, une rivalité mimétique orchestrée, une tension stratégique et sous contrôle. Après avoir gagné la confiance ou l'indifférence du cerveau pour le tromper sur l'identité de son ennemi, on peut donc le pirater furtivement et lui injecter le virus qui va le faire dysfonctionner, augmenter ses contradictions internes, son entropie et son désordre. Pour savoir comment faire dysfonctionner le cerveau, il faut déjà connaître son mode de fonctionnement normal. Les sciences cognitives montrent que le cerveau fonctionne normalement par héritage mimétique de stéréotypes ; autrement dit, le cerveau fonctionne par 1) hiérarchisation, 2) imitation et 3) modélisation. Chercher à empêcher l'une de ces trois activités, c'est chercher à empêcher le fonctionnement normal du cerveau. Cet empêchement à fonctionner est exactement ce que le neuro-piratage offensif se donnera pour tâche, avec pour cible le cerveau, et pour finalité la destruction. Pour faire

---

3. « Éduquer contre l'homophobie dès l'école primaire – Des outils théoriques et pratiques pour avancer », SNUipp-FSU, 16/05/2013.
http://www.snuipp.fr/IMG/pdf/document_telechargeable-2013-30-05.pdf

boguer le cerveau méthodiquement dans le cadre d'un conflit triangulé, il faut donc lui injecter un virus anti-mimétique, anti-hiérarchisation et anti-stéréotypes. Tout d'abord, voyons les trois axes du fonctionnement normal du cerveau.

1) Le fonctionnement mimétique du cerveau possède un fondement cérébral : les neurones miroirs, découverts par l'équipe de Giacomo Rizzolatti au département des neurosciences de la faculté de Parme. Les neurones miroirs impliquent que les informations nécessaires à ma survie dans le monde me viennent en priorité de l'observation des autres sujets en lesquels j'ai confiance, avant même de venir de l'observation du monde objectif lui-même. C'est ce qui s'appelle l'apprentissage. Mon cerveau ne calcule pas directement son rapport à l'environnement, il passe d'abord par les résultats que les autres cerveaux lui transmettent. Pour des raisons de synchronisation et d'organisation sociale, le cerveau voit comme voient les autres cerveaux, et non comme les faits se présentent par eux-mêmes. L'étude des neurones miroirs a montré que le cerveau apprenait les informations nécessaires à son adaptation environnementale par imitation d'un pair, ce qui suppose déjà que ce dernier en sache plus, et surtout soit reconnu comme tel et soit pris comme référence, exemple à suivre, modèle à copier, bref comme un aîné et un support d'appariement et d'imitation stéréotypée (*cf.* René Girard, Luc-Laurent Salvador).

2) Avec le mimétisme, le cerveau fonctionne de manière sélective, discriminante et hiérarchisée. La perception, la mémoire, le traitement de l'information sont sélectifs, discriminants, hiérarchisés. Les sciences cognitives, la phénoménologie de la conscience et les diverses théories de l'attention ont analysé ce qui relève en fait de l'évidence, à savoir que la perception et le faisceau de l'attention sont « perspectivistes » et s'exercent toujours depuis un angle

particulier, partiel et non global. Pour le cerveau, penser c'est toujours trier, classer, distinguer, différencier, sélectionner, discriminer. Tout ne se vaut pas. Certaines choses sont supérieures à d'autres, d'autres choses ne sont pas permises et d'autres encore ne sont pas possibles. Il existe des « limites », objectives et subjectives. Prétendre le contraire, que tout se vaut, que tout est permis ou que tout est possible, qu'il n'y a pas de limites, revient à empêcher le fonctionnement normal du cerveau, ce qui peut parfaitement relever d'une stratégie intentionnelle de guerre cognitive, psychologique et culturelle. Exemplaires de cette technique, les propos de Najat Vallaud-Belkacem en 2011 : « La théorie du genre, qui explique « l'identité sexuelle » des individus autant par le contexte socioculturel que par la biologie, a pour vertu d'aborder la question des inadmissibles inégalités persistantes entre les hommes et les femmes ou encore de l'homosexualité, et de faire œuvre de pédagogie sur ces sujets[4]. »

3) Le cerveau appréhende son environnement au moyen de stéréotypes. « Stéréotype » est un autre mot pour représentation, modélisation, théorie, schéma. Or, la représentation n'est jamais équivalente au réel qu'elle représente. La carte n'est pas le territoire (*cf.* Korzybski, sémantique générale). Le réel (le territoire) est composé de nuances infinies. Ce fut l'objet de la peinture impressionniste, par exemple, que d'essayer de rendre compte de ces nuances infinies. Mais le cerveau n'est pas équipé pour traiter l'infini en soi, pas plus que des nuances infinies. Il ne les voit pas, tout simplement. De plus, traiter l'infini est par définition une quête sans fin car les nuances et la complexité sont fractales, on les retrouve à toutes les échelles d'observation

---

4. « Théorie du genre : « Il est essentiel d'enseigner aux enfants le respect des différentes formes d'identité sexuelle, afin de bâtir une société du respect » », *20 Minutes*, 31/08/2011.
http://www.20minutes.fr/politique/778750-theorie-genre-il-essentiel-enseigner-enfants-respect-differentes-formes-didentite-sexuelle-afin-batir-societe-respect

comme des poupées russes emboîtées. À un moment, si l'on veut simplement agir, il faut donc s'arrêter sur une portion de réel et sur une version provisoire de sa représentation : ce que l'on appelle une théorie. Une théorie est toujours approximative, hypothétique. Une représentation est toujours une simplification. « L'erreur fait partie des conditions de la vie », écrivit Nietzsche dans *Le Gai Savoir*. Le cerveau étant incapable de traiter le réel et ses nuances infinies directement, il doit donc nécessairement passer par des représentations schématiques, des modélisations, des théories, des stéréotypes simplificateurs qui ne retiennent que les grandes lignes. C'est la *Gestalt* dans la psychologie de la forme, l'archétype chez C. G. Jung, l'idéal-type dans la sociologie de Max Weber, l'essence (*eidos*) transcendante chez Platon ou immanente chez Husserl. À l'image du fonctionnement du cerveau, les théories sont également lacunaires et sélectives. Le mathématicien et logicien Kurt Gödel a montré que les théories complètes ne sont pas complètement démontrables (les métaphysiques contiennent toujours des propositions indémontrables), et que les théories complètement démontrables sont incomplètes ($1 + 1 = 2$ est complètement démontrable mais trivial). Transposés et appliqués en épistémologie, les théorèmes d'incomplétude de Gödel disent en substance que l'on ne peut pas tout avoir en même temps : soit c'est intégralement démontrable, mais pas très intéressant ($1 + 1 = 2$), soit c'est très intéressant, mais on ne peut pas le démontrer intégralement (« Dieu existe »). Bref, l'expérience du réel est nécessairement exclusive, sélective, schématique, lacunaire, donc partiellement fausse. On peut donc parler du rôle positif des stéréotypes, y compris des stéréotypes de genres, dans la psychogenèse, et même de leur rôle incontournable. Le cerveau appréhende son univers en le représentant, donc en le simplifiant au moyen de stéréotypes et de modélisations nécessairement schématiques et imparfaits, et il est impossible de s'affranchir de ce mode de fonctionnement, au risque de handicaper son fonctionnement normal. Le magazine grand public *Psychologies* publiait en 2010 un dossier très peu politiquement correct sur le caractère fonctionnel et amoral des stéréotypes et des préjugés dans la cognition : « Racisme, sexisme, homophobie… Comment comprendre la persistance des discriminations si ce n'est en admettant leur « utilité », aussi discutable soit-elle ? Notre journaliste a enquêté en mettant à l'épreuve ses propres préjugés[5]. »

PIRATER LE FONCTIONNEMENT MIMÉTIQUE, HIÉRARCHISÉ ET STÉRÉOTYPÉ DU CERVEAU

Le handicap provoqué est très exactement le but du neuro-piratage et de l'ingénierie sociale négative (IS–). La transmission pédagogique qui assure la continuité socioculturelle et le *continuum* de tout groupe organisé repose sur l'imitation hiérarchisée de stéréotypes, c'est-à-dire sur la définition et la communication de normes. Sans normes, sans langage commun, un groupe explose. Pour désorganiser un groupe et le détruire à terme, il faut donc briser son *continuum* en brisant sa capacité à l'imitation hiérarchisée de stéréotypes et à la communication de normes. Ces contraintes structurelles du fonctionnement du cerveau font que l'égalitarisme, c'est-à-dire l'interdiction de hiérarchiser les valeurs et les êtres en fonction de stéréotypes, aboutit à plonger le cerveau dans un état d'incapacité au mimétisme, à l'apprentissage et à la socialisation normative. Le relativisme qui en résulte induit la paralysie du cerveau et

---

5. « Stéréotypes et préjugés : à quoi servent-ils ? », *Psychologies*, décembre 2010.
http://www.psychologies.com/Moi/Moi-et-les-autres/Relationnel/Articles-et-Dossiers/A-quoi-servent-les-stereotypes

du jugement, et provoque de l'inhibition comportementale à caractère autistique. Les pédagogies modernes, dites « anti-autoritaires », qui prétendent lutter contre les stéréotypes de genres ou niveler la hiérarchisation nécessaire entre le maître et l'élève, le parent et l'enfant, sont en réalité pathogènes, ralentissent l'activité nécessaire de modélisation par laquelle le cerveau comprend son monde, et fabriquent des enfants handicapés, hyperactifs, incapables d'imiter, d'apprendre, de se socialiser en intériorisant une norme comportementale et qui deviendront des pervers sociopathes, toxicomanes, purement individualistes, des parfaits « libéraux libertaires » dénués du sens collectif le plus élémentaire.

Pour faire dysfonctionner le cerveau, il faut ainsi lui inoculer un virus incapacitant qui va le faire boguer en lui interdisant l'opération mentale de l'imitation hiérarchisée et stéréotypée, ce qui lui barrera mécaniquement l'accès à l'acquisition et au traitement de nouvelles informations. L'idéologie de la confusion des genres, impliquant la confusion des générations, qui cherche à empêcher, voire interdire l'imitation hiérarchisée de stéréotypes fondateurs pour l'identité et qui rabat tout sur le choix individuel, est le virus mental prototypique à injecter au cerveau pour le faire dysfonctionner. Dès lors qu'il n'y a plus de normes, il n'y a plus de structure, il n'y a plus de formes fixes, et on tombe dans la société à l'état liquide de Zygmunt Bauman. Évidemment, un cerveau en bonne santé refusera de se laisser infecter par ce virus individualiste, nivelant et dissolvant, et développera des défenses immunitaires s'il sent qu'il est attaqué. Pour que le cerveau ne se sente pas attaqué et accepte de se laisser contaminer, il faut donc que la menace ne soit pas perçue. Le virus mortel doit même être perçu comme salutaire : c'est le rôle de l'hameçon, le faux bien pour un vrai mal, l'appât présenté par un ennemi ayant gagné notre confiance car il occupe la place de la victime ou du sauveur, ou ayant gagné l'indifférence car il occupe un angle mort du faisceau de l'attention du cerveau. L'application de cette technique autorise les dénis de réalité les plus flagrants, tels que l'affirmation gouvernementale en 2014 que la « théorie du genre » n'était pas appliquée dans les écoles – et même qu'elle n'existait pas ! – après en avoir claironné les louanges pendant des mois[6].

MORPHOLOGIE ANTI-NORMATIVE DU VIRUS

Le fonctionnement normal du cerveau est normatif ; le virus cognitif mortel doit donc être anti-normatif. Or, de manière assez candide, l'idéologie de la confusion des genres revendique son caractère anti-normatif, donc criminel. Raison pour laquelle il faudrait l'interdire car il s'agit effectivement d'un virus tueur. Expliquons ce fait qui tient de l'évidence mais dont il faut pouvoir rendre compte malgré tout. Le fait que le cerveau ait une origine génétique mais aussi une origine épigénétique a servi de prétexte au constructivisme de la confusion des genres pour affirmer que l'on pouvait s'abstraire totalement de l'origine génétique dans la construction épigénétique de l'identité de genre. C'est la phrase existentialiste de Simone de Beauvoir : « On ne naît pas femme, on le devient », déployée par Judith Butler dans *Trouble dans le genre*, et qui peut s'étendre aux hommes. Cette erreur repose sur une méconnaissance du fonctionnement du cerveau. En effet, le domaine épigénétique, dont l'identité de

6. « Circulaires, manuels, livres : les ministères censurent le mot « genre » », *Mediapart*, 06/02/2014.
http://www.mediapart.fr/journal/france/060214/circulaires-manuels-livres-les-ministeres-censurent-le-mot-genre
« Théorie du genre : le gouvernement maquille les documents officiels », *Union républicaine*, 26/02/2014.
http://unionrepublicaine.fr/theorie-du-genre-le-gouvernement-maquille-les-documents-officiels/

genre fait partie, se construit dans le rapport entre le corps et son environnement. Comme le rappelle Bérénice Levet, les femmes et les hommes ne sont pas des anges, des esprits purs, mais des créatures incarnées avec des corps génétiquement différents[7]. Notre identité socioculturelle, dont l'identité de genre fait effectivement partie, est une représentation du corps, donc un rapport au corps et à notre héritage génétique. Cette identité de genre, soit la représentation du sexe, est donc construite par indexation sur la différence anatomique d'origine génétique, et élaborée au travers du rapport différent à l'environnement et à autrui que cette différence anatomique prédispose, en particulier à cause du relief épidermique, le Moi-peau de Didier Anzieu, et de la conformation des orifices du corps, interfaces et points de passage entre l'intérieur et l'extérieur du corps, et points de communication entre l'individu et son environnement. L'identité de genre est donc effectivement une représentation construite, mais depuis un socle réel malgré tout, celui de la différence génétique hétérosexuelle, qui implique l'hétéro-normativité, sauf à produire des effets de déréalisation psychotique. Quand un homme croit être une femme ou l'inverse, il s'agit au minimum d'un syndrome psychotique.

Le premier système de représentation du cerveau est donc non seulement sexué mais encore hétéro-normé. L'hétéro-normativité est la source de toute norme, c'est la norme des normes, la méta-norme. Freud et à sa suite Lacan ont montré que l'accès à la pensée et au langage articulé se réalise par l'intériorisation d'une structure sociale de différenciation et d'articulation identitaire hétéro-normative, le fameux complexe d'Œdipe. À l'opposé, on a l'anti-modèle de l'anti-Œdipe, au sens de Deleuze et de Guattari et de l'antipsychiatrie, c'est-à-dire l'absence de normes. L'absence de normes ne présente pas

---

7. Bérénice Levet, *La Théorie du genre ou le monde rêvé des anges*, Grasset, 2014.

de problème tant qu'elle reste minoritaire et exceptionnelle, confinée dans une sphère artistique par exemple, car elle bénéficie de l'immersion dans l'hétéro-normativité majoritaire ambiante pour se restabiliser. En revanche, l'absence de normes est criminelle dès lors qu'elle prétend à devenir la norme. L'absence de normes, qui signifie aussi absence de loi, rend la communication impossible, rend donc la vie en société impossible. La vie en société suppose la dialectique, soit l'articulation des différences et des contradictions dans un langage commun, la capacité à faire tenir ensemble un collectif différencié au moyen d'une grammaire mentale partagée et structurante : ce que l'on appelle une loi. C'est très exactement cette loi fondatrice, qui est l'aptitude dialectique à articuler les différences, que l'hétéro-normativité œdipienne du schéma familial intériorisé nous apprend. Pirater l'Œdipe, l'hétéro-normativité, la loi fondatrice, la norme des normes, c'est donc pirater le code source hétéro-normé du cerveau qui est à l'origine de toute forme de structure psychosociale différenciée, de dialectique, d'intersubjectivité, de compétence linguistique, culturelle, civilisationnelle. Pirater l'Œdipe, c'est pirater le code racine du patrimoine épigénétique de l'espèce humaine tout entière, c'est pirater la réalité humaine.

LES SCIENCES HUMAINES ET SOCIALES AU SERVICE DU NEURO-PIRATAGE

Cette vaste désœdipianisation anomique, anti-normative, criminelle et criminogène, est exactement le projet nourri par des universitaires comme Éric Fassin, sociologue, qui écrit : « Ce qui est en cause, c'est l'hétérosexualité en tant que norme. Il nous faut essayer de penser un monde où l'hétérosexualité ne serait pas normale[8]. » Mais aussi Ruwen Ogien, directeur de recherches au

---

8. Éric Fassin et Véronique Margron, *Homme, femme, quelle différence ? La théorie du « genre » en débat*, Éditions Salvator, 2011, p. 25.

CNRS : « (Je ne vois) aucun inconvénient à la polygamie, ni à l'inceste, ni au mariage avec les animaux s'il y a consentement mutuel, ce qui est plus compliqué avec les animaux… Loin de s'achever aujourd'hui, les politiques minoritaires ouvrent une brèche dans laquelle il importe de s'engouffrer pour repenser l'ordre sexuel et social[9]. » Ou comme l'anthropologue français reconnu au niveau international et médaillé d'or du CNRS, Maurice Godelier[10]. En soutien à la confusion des genres et au « mariage homo », cet ancien assistant de Claude Lévi-Strauss affirme dans ses interventions depuis plusieurs années que le complexe d'Œdipe peut être transgressé sans dommages pour l'individu et la société. Godelier attaque donc la famille et ses déterminismes structurants pour lui substituer un principe de choix individuel, proche des théories libérales de l'auto-fondation (le *self-made man*, etc.). Ce faisant, il attaque le fonctionnement normal du cerveau (imitation hiérarchisée de stéréotypes) ainsi que le principe de socialisation réaliste de l'Œdipe qui en dérive (tolérer la frustration, apprendre la jouissance partielle, la gratification différée, la sublimation, la patience, le travail) pour leur substituer le déchaînement individualiste du principe de plaisir immédiat et du délire de toute-puissance qui va avec. Toute la gamme des pathologies « *borderline* » et « états limites » apparaît quand le principe de réalité vacille et que le principe de plaisir et sa fantasmatique libérale-libertaire envahissent le psychisme. Quand Freud parle du principe de réalité, opposé au principe de plaisir, il désigne l'accès du psychisme à la notion de limite et de frontière. Sans l'intériorisation d'une limite comportementale, éthique, morale, identitaire, la socialisation et la vie en société sont impossibles. En obligeant l'enfant à

9. « Au-delà du mariage – De l'égalité des droits à la critique des normes », Institut de Recherche Interdisciplinaire sur les enjeux Sociaux (IRIS), journée d'études à l'EHESS, 08/04/2013.
http://blogs.mediapart.fr/blog/eric-fassin/020413/au-dela-du-mariage-de-legalite-des-droits-la-critique-des-normes
10. « Les rapports sont en train de changer dans la famille », *L'Humanité*, 30/08/2013.
http://www.humanite.fr/546667

renoncer à la totalité, le complexe d'Œdipe a pour fonction de mettre en place ses premières limites et frontières identitaires : être un homme ou une femme, être le parent ou l'enfant. Le message est clair : tu n'es pas ce que tu veux, donc tu ne fais pas ce que tu veux. L'intériorisation de cet organigramme normatif contraignant à quatre places est la condition *sine qua non* pour accéder à une représentation de la réalité indexée sur le réel, donc à une représentation réaliste des choses, qui ne dérive pas dans une errance de plaisir effréné à caractère toxicomane.

LE COMPLEXE D'ŒDIPE
OU LA « GRATIFICATION DIFFÉRÉE » (*DELAYED GRATIFICATION*)

Avant d'aller plus loin, dissipons quelques malentendus sur la notion de complexe d'Œdipe. Contrairement à un malentendu courant sur cette notion, le bébé n'a pas envie de « coucher avec sa mère ». Cela pour une raison très simple : le bébé ne sait même pas que c'est sa mère, ni *a fortiori* qu'il soit possible de « coucher » avec qui que ce soit. Le bébé perçoit confusément quelque chose qui lui fait du bien, et il veut rester collé à ce « quelque chose » parce que cela lui fait du bien, tout simplement. Or, la socialisation du bébé, son entrée dans le monde et la vie sociale normale requièrent nécessairement qu'il se décolle de ce « quelque chose » qui lui fait du bien, donc qu'il défusionne du giron maternel. C'est le rôle du Père d'introduire le bébé à tout ce qui constitue une altérité à ce monde primitif et fusionnel de la Mère. Un échec dans ce processus de socialisation dialectique hétéro-normatif, et c'est l'entrée dans la psychose (définition phénoménologique de la psychose : le flou identitaire). Or, l'échec dans l'accès à l'hétéro-normativité – cet échec qui signera l'entrée dans la psychose et le flou identitaire – peut être provoqué volontairement par un piratage du mécanisme œdipien.

La construction hiérarchisée, mimétique et stéréotypée de la réalité est impossible si des différences et des limites identitaires fixes ne sont pas clairement posées, condition de la stabilisation des choses. Le psychisme doit donc apprendre à se discipliner et à observer des limites (« Je suis un homme, pas une femme », « Je suis un parent, pas un enfant »). Dans son expression la plus simple, le complexe d'Œdipe est le processus par lequel on apprend à supporter la frustration et à renoncer au « tout, tout de suite ». En quatre mots, l'Œdipe c'est « renoncer à la totalité ». C'est l'étape éducative par laquelle le cerveau doit passer pour tolérer que la satisfaction des désirs ne soit pas immédiate et complète. Ce mécanisme psychosocial dit de la « gratification différée » n'est pas naturel, comme le prouvent les hurlements du nourrisson dès qu'il est frustré, car lui veut encore « tout, tout de suite ». Cette faculté à renoncer aux caprices doit être apprise car c'est la condition de toute socialisation humaine normale. La socialisation consiste à supporter de ne jouir que partiellement et non complètement, et à sublimer le désir en acceptant de différer sa satisfaction dans le temps, ce qui introduit à la capacité de « travail ». Le travail est synonyme de patience, donc d'intériorisation du mécanisme de gratification différée. C'est donc la maîtrise des instincts et du tonus émotionnel, le contrôle des humeurs. Pour détruire une société de manière indirecte en faisant du neuro-piratage et de l'IS−, il suffit dès lors de la désœdipianiser, de sorte à transformer tous ses sujets en individus immatures et narcissiques, tels des enfants hyperactifs incapables de patience, de concentration et de travail, inaptes à différer la gratification, qui deviendront des sociopathes pervers impulsifs, incapables de se contrôler, voire de simples autistes incapables de mimétisme.[11]

---

11. Bérénice Levet, « La théorie du genre entraîne l'école dans l'ingénierie sociale », *Le Figaro*, 01/30/2014.
http://www.scienzaevita.org/rassegne/085d2d55eb4fa59f0fbda814f58a29c8.pdf

La modélisation la plus compacte du complexe d'Œdipe est ce que Lacan a appelé la « métaphore du Nom-du-Père ». En clair : un objet abstrait (un mot, un signifiant), le Nom-du-Père, doit prendre la place d'un objet concret, le corps de la Mère, en tant qu'objet du désir de l'enfant. Le premier objet de focalisation du désir infantile, le premier objet de l'attachement charnel du petit humain, est un corps protecteur et nourricier. La socialisation normale de l'enfant suppose qu'il renonce à fusionner avec cet objet réel et émotionnel, son « premier amour » en quelque sorte, pour réorienter son attention et son désir sur un objet symbolique et abstrait, plus lointain et complexe ; ce faisant, il apprend à distinguer les choses et les mots, ce qui est la condition d'accès au langage et à la culture. Ce mécanisme est vécu comme un arrachement, un travail, une souffrance. De fait, il s'agit d'un déracinement du corps maternel pour un réenracinement dans le *logos* paternel et son quadrillage légaliste de l'existence. En effet, le giron maternel promet la satisfaction immédiate et complète du désir. C'est le monde du caprice. Or, il faut y renoncer pour apprendre à désirer un objet extérieur et purement mental, donc apprendre à désirer et à s'identifier à un « discours », composé d'une matière sémantique rigide, obligeante et possédant force de loi et de grammaire. Passer de l'émotion charnelle à l'aridité du Verbe et du Concept : c'est le mécanisme même de la sublimation, qui est la condition d'accès à la compétence langagière, culturelle, idéelle et à la socialisation normale, c'est-à-dire hétéro-normée. *A contrario*, ce que recommande Maurice Godelier, effacer le Nom-du-Père du Code civil, revient à enraciner l'individu dans une intériorité prélangagière, présociale, prénormative, anomique et hystérique, au sens étymologique de l'utérus maternel. Phénomène de désymbolisation, donc de déstructuration et de régression psychique à l'état fœtal mais dans un corps d'adulte, qui est à l'origine de toutes les pathologies apparues dans les années soixante-dix.

LE CONFLIT TRIANGULÉ GÉNÉRALISÉ : LE PILOTAGE RATIONNEL ET MÉTHODIQUE DE LA GUERRE DE TOUS CONTRE TOUS

La lutte contre les stéréotypes de genres vise donc à produire de la psychose, du flou identitaire psychotique, par l'orchestration d'un conflit triangulé hétérophobe. Depuis les mandats de Nicolas Sarkozy à l'Intérieur, avec l'invention du délit d'« homophobie » en 2004, puis à l'Élysée quand son ministre Luc Chatel introduisit en 2011 la théorie du genre dans l'éducation nationale ou quand furent organisés en 2009 et 2010 des colloques contre la « transphobie » à l'Assemblée nationale avec la participation de membres des *lobbies* les plus puissants, nous voyons se mettre en place un conflit triangulé généralisé, avec les hétérosexuels en position de bourreaux, et les non-hétérosexuels simultanément victimes et sauveurs. Pirater le cerveau pour lui inoculer le virus anti-normatif de la confusion des genres fait entrer l'humanité dans l'ère du capitalisme intégral, radicalisé jusqu'à la location du ventre des femmes (Pierre Bergé), ce qui donne accès au pilotage scientifique de la guerre de tous contre tous. En déconstruisant l'Œdipe, la gratification différée, l'hétéro-normativité, la loi, on barre l'accès au langage, à la sublimation, à la raison, à la dialectique, à l'articulation des différences, à la civilisation, on fait monter le taux de barbarie générale et de contradictions internes insolubles, en particulier les violences entre hommes et femmes et entre parents et enfants, on prépare ainsi la banalisation de l'inceste, de la pédophilie et de l'euthanasie. Mais le tout reste sous contrôle. Ainsi l'on gouverne par le chaos, on organise l'anomie, la psychose sociale, la démolition contrôlée du psychisme et de la société, on effrite la réalité, on liquide même toute forme de réalité en rendant impossible de se constituer une stabilité cognitive et psychosociale quelconque. On fabrique ainsi des neuro-esclaves. Je passe maintenant la parole à Paolo Cioni.

CHAPITRE II

QU'EST-CE QUE L'INGÉNIERIE SOCIALE[*] ?

DÉFINITION GÉNÉRALE DE L'INGÉNIERIE SOCIALE

Wikipédia donne quatre définitions de l'ingénierie sociale (sur la page en date du 7 octobre 2013).

1. Sciences sociales : une pratique d'action sociale visant à faire évoluer les formes d'action individuelle et collective dans une approche coopérative, démocratique et participative.

2. Science politique : une pratique visant à modifier à grande échelle certains comportements de groupes sociaux.

3. Sécurité de l'information : une pratique visant à obtenir par manipulation mentale une information confidentielle.

4. Psychologie : une pratique utilisant des techniques de manipulation psychologique afin d'aider ou de nuire à autrui.

En dégageant le concept commun de ces définitions, nous proposons de les synthétiser en une seule : l'ingénierie sociale est la modification furtive et planifiée du comportement

[*]Égalité & Réconciliation, 31/01/2013.

humain. Qui parle de modifier un comportement, parle de le faire changer. Le « changement » est donc le mot-clé de cette approche, avec une orientation clairement interventionniste, raison pour laquelle on parle d'ingénierie, c'est-à-dire d'une pratique consciente, intentionnelle et délibérée du changement. Cette *praxis* du changement provoqué est susceptible d'une planification, appuyée sur une modélisation scientifique et une programmation de type algorithmique du comportement (formule IFTTT : « Si ceci, alors cela »).

Plusieurs universités françaises proposent des diplômes d'État d'ingénierie sociale (DEIS), dont l'université Toulouse – Jean Jaurès qui a sous-titré le sien « Intervention sociale et changement[12] ». Quant à l'Institut régional d'ingénierie sociale (IRIS), il offre les descriptions suivantes sur son site : « Notre métier consiste à anticiper, susciter et accompagner le changement chez les hommes, dans les entreprises, dans les organisations et dans les territoires lorsqu'il y a des mutations économiques, sociales, culturelles, technologiques ou environnementales. » Ou encore, sur la page du site consacrée aux méthodes élaborées : « L'Ingénierie Sociale, formidable intuition née en 2003, est destinée à aider à « changer » en maîtrisant la nouveauté, en élaborant de nouvelles compétences, en s'adaptant aux mutations, en élaborant des plans stratégiques, en étant acteur des mutations économiques, sociales, technologiques, culturelles ou environnementales et en étant l'auteur de son propre changement[13]. »

Issue du *consulting* managérial de tendance libérale et du *social engineering* anglo-saxon, cette phraséologie du « changement » est donc omniprésente en ingénierie sociale,

---

12. Université Toulouse 2, Master « Intervention sociale et changement ».
http://www.univ-tlse2.fr/accueil-utm/formation/offre-de-formation/master-intervention-sociale-et-changement-isc--647.kjsp
13. « IRIS – Présentation »
http://www.iris.eu/org/presentation-d-iris_notre-metier.html

sous diverses déclinaisons : conduite du changement, changement dirigé, accompagnement au changement... On la retrouve tout naturellement dans les slogans de campagne de François Hollande 2012, « Le changement, c'est maintenant », Barack Obama 2008, « *Change, we can believe in* » ou dans l'usage appuyé de l'idée de « rupture » par Nicolas Sarkozy en 2007. Le *marketing* n'est pas en reste avec le slogan de la banque ING Direct Italie, « *Prendi parte al cambiamento* », ou la campagne publicitaire 2015 de la marque de chaussures Adidas, qui reprend les éléments de langage de l'ingénierie sociale dans sa tendance la plus machiavélique, dite du pompier pyromane, consistant à provoquer le changement d'un système en le faisant dysfonctionner volontairement pour en prendre le contrôle de l'extérieur : « Crée le chaos », « Sème le désordre », « Impose tes règles », « Deviens le maître du jeu ». En géopolitique, on a vu Angela Merkel se féliciter que la crise des réfugiés allait transformer l'Allemagne : « *Die Flüchtlingskrise wird Deutschland verändern.* » La notion de *regime change* appartient quant à elle au vocabulaire de la transitologie, discipline développée dans les *think tanks* de certains pays impérialistes pour désigner par euphémisme les pratiques d'ingérence et de colonisation soutenues par des ONG et des invasions militaires. Une véritable industrie du changement est donc à l'œuvre de nos jours un peu partout sur la planète. Ce qui ne change pas, en revanche, c'est que dans tous les cas – accompagnement adaptatif ou impulsion donnée – nous avons affaire à un changement « piloté », sous contrôle, au moyen d'une méthodologie rationnelle.

Comme tout comportement, le « changement » est un processus objectivable qui peut être décomposé en plusieurs parties, analysé en éléments atomiques et en étapes : c'est le volet théorique et proprement scientifique. Ce travail descriptif accompli, on peut passer à la pratique consistant à recombiner entre eux les éléments analysés, mais selon un nouveau schéma, une nouvelle synthèse, à la manière dont l'ingénierie génétique le fait avec l'ADN. Devenu habile dans cet art du changement provoqué, un individu expérimenté pourra également l'instiller à volonté chez autrui et prendre le contrôle de son comportement. On reconnaît ici les principes de base du mentalisme et de la programmation neurolinguistique (PNL), que l'on appelait en des temps révolus la « magie », ou l'Art hermétique, et qui s'appuie sur une bonne part de « faire croire », d'illusionnisme, de prestidigitation, de *bluff* et de poker menteur. Vue sous cet angle, l'ingénierie sociale n'est guère que de la « manipulation » psychologique et comportementale érigée en science exacte.

Le principe de la manipulation, généralement blâmable, peut néanmoins s'avérer constructif : les parents « manipulent » souvent leurs enfants, c'est-à-dire qu'ils les font changer de manière planifiée, mais pour leur bien, pour les aider à s'adapter au monde environnant et à développer des aptitudes, comme toute relation de maître à disciple. La manipulation peut donc avoir un caractère pédagogique. Que la manipulation soit bienveillante ou malveillante, elle s'appuie toujours sur un repérage des faiblesses et des failles du sujet manipulé, que ce soit pour les réparer ou les renforcer, ou au contraire, pour les exploiter. L'exploitation malveillante des points de vulnérabilité et des angles morts par l'ingénierie sociale appartient à sa dimension de management des perceptions et d'« art de la supercherie », pour reprendre le titre de Kevin Mitnick. Art de la tromperie étroitement lié aux techniques d'influence comportementale appliquées dans les milieux *hackers* et pirates informatiques, notamment dans la pratique du *phishing*, que l'on traduit par « hameçonnage » et « usurpation d'identité », notion appartenant au registre de la sécurité des systèmes et de la cindynique (sciences du danger, gestion de risques, cybercriminalité).

Un exemple typique d'hameçonnage nous a été fourni par le piratage de l'Élysée au printemps 2012, dont le mode opératoire est un vrai cas d'école. Le Journal Du Net récapitule ainsi : « Comment Facebook a permis de pirater l'Élysée. » La méthode employée pour pirater le palais présidentiel en mai dernier a été révélée. L'ingénierie sociale *via* Facebook et le *phishing* en sont les piliers. L'ingénierie sociale est bien souvent utilisée pour faciliter des piratages, et celui subi par l'Élysée en mai dernier en est une nouvelle illustration. Nos confrères de *L'Express* pensent aujourd'hui savoir comment les attaquants s'y sont pris pour « fouiller les ordinateurs des proches conseillers de Nicolas Sarkozy » et récupérer « des notes secrètes sur des disques durs ». Et c'est bien Facebook qui a permis aux pirates de repérer des personnes travaillant à l'Élysée puis de devenir leurs « amis ». Après avoir gagné leur confiance, les attaquants ont pu les inciter par e-mail à cliquer sur un lien menant vers un faux site officiel afin de recueillir leurs identifiants. Les pirates ont donc utilisé la méthode bien connue du *phishing* : ils ont reproduit à l'identique le site officiel de l'Élysée pour piéger leur cible[14]. »

Le *phishing* consiste donc à augmenter notre pouvoir sur autrui en remplaçant son réel par une simulation dont nous possédons les clefs. On superpose à une chose réelle que l'on ne contrôle pas, en l'occurrence le site original de l'Élysée, un simulacre que l'on contrôle de cette chose réelle, en l'occurrence le site de l'Élysée reproduit à l'identique, sauf les paramètres et les codes d'entrée que l'on a définis soi-même. En faisant basculer autrui par hameçonnage dans une simulation de sa réalité définie par nous, on devient dès lors

_____

14. « Piratage de l'Élysée : la méthode », *Journal du Net*, 21/11/2012.
http://www.journaldunet.com/solutions/saas-logiciel/piratage-de-l-elysee-la-methode-1112.shtml

créateur et maître de la réalité d'autrui, sans que celui-ci n'en ait forcément conscience. Plusieurs œuvres de science-fiction ou de philosophie (Philip K. Dick, Jean Baudrillard, *Matrix*) illustrent ce principe de remplacement du réel originel par une simulation contrôlée et aliénée du réel.

INGÉNIERIE SOCIALE POSITIVE OU NÉGATIVE

En règle générale, les professionnels de la discipline (consultants, lobbyistes, *spin doctors*) se contentent de remplir leurs contrats et ne portent aucun jugement de valeur sur le bien-fondé des changements qu'ils travaillent à planifier, que ce soit en mode « accompagnement » ou en mode « déclenchement », comme s'il allait de soi que c'était toujours pour le meilleur et jamais pour le pire. Cette neutralité axiologique pose problème. Passé le moment de la description scientifique des phénomènes, vient le moment de la prescription éthique. Or, le changement n'est pas forcément bon en soi. On peut changer, ou faire changer, pour le Bien mais aussi pour le Mal. Nous souhaitons donc introduire ici une subdivision morale entre une ingénierie sociale positive (abrégée dans la suite du texte en IS+), car on peut faire changer un sujet pour l'améliorer, et une ingénierie sociale négative (abrégée en IS–), car on peut faire changer un sujet pour le détruire.

Le phénomène du « changement » est universel. L'altération de toute chose est inévitable. Mais il y a plusieurs sortes de changements, des rapides et des lents, plus ou moins naturels ou artificiels, etc. Nos deux formes d'ingénierie sociale se consacrent à deux formes bien distinctes du changement. Tout d'abord, il existe de nombreux processus de changement naturel et d'évolution spontanée, mais ils sont généralement lents, continus, graduels, presque insensibles, les vraies catastrophes restant rares et ponctuelles dans la nature, anormales par définition (la prédation animale s'inscrivant en fait dans un *continuum*). Le taoïsme appelle ces changements lents des « transformations silencieuses ». On les observe dans la physique et la biologie mais aussi dans les sociétés traditionnelles, précapitalistes et prérévolutionnaires. L'objet de l'IS+ pourrait être de rétablir ou de faciliter ces changements naturels et sains quand ils rencontrent des obstacles. À l'opposé, l'IS– travaille au changement provoqué, non naturel, artificiel ou artefactuel, à marche forcée, et procède par bonds, ruptures, « sauts quantiques », catastrophes, discontinuités, toutes choses qui, dans le champ politique, se trouvent aux racines communes du capitalisme et de la révolution.

Il faut l'admettre, le grand clivage de la pensée politique issue de 1789 et opposant la Droite, associée au capitalisme, et la Gauche, associée à la révolution, est en réalité trompeur. Le préalable à toute pensée politique sérieuse consiste donc à abandonner ce clivage Droite/Gauche ou à réaliser la synthèse du meilleur des deux camps. Fondamentalement, la seule distinction politique pertinente s'établit entre la Vie et la Mort. Nous proposons donc de distinguer entre une IS+ orientée vers la Vie, consacrée aux processus de changements néguentropiques et structurants, et une IS– orientée vers la Mort, favorisant tous les processus de changements entropiques et déstructurants.

INGÉNIERIE SOCIALE NÉGATIVE

Commençons par l'IS–. *Gouverner par le chaos – Ingénierie sociale et mondialisation* expose les grands principes de l'ingénierie sociale négative. En un mot, il s'agit de « démolition contrôlée », comme on peut le faire avec des bâtiments, mais appliquée à l'esprit et aux personnes. Qu'il puisse exister chez certains individus une volonté de destruction méthodique des groupes humains semble inconcevable à beaucoup d'autres. C'est pourtant cette méthodologie rationnelle de la destruction, cet « ordre par le chaos » qui constitue l'essence de la Doctrine secrète ésotérique élaborée, perfectionnée et transmise au fil des siècles par ses adeptes et que l'on retrouve jusqu'à aujourd'hui dans l'idée de « stratégie du choc » qui structure le modèle capitaliste (obsolescence programmée de la marchandise industrielle, crises financières provoquées, etc.), ou dans l'idée de révolution, dont le ferment morbide consiste toujours à faire « table rase » et à provoquer une rupture irréversible (de 1789 au pseudo « Printemps arabe »). *Gouverner par le chaos* récapitule comment ces inspirations et aspirations politiques ont fusionné au xxᵉ siècle dans le creuset de la cybernétique et des sciences de la gestion, aboutissant à concevoir le vivant comme un objet, susceptible d'être déconstruit et reconstruit à volonté par une véritable ingénierie, non seulement génétique mais aussi des champs psychiques, spirituels, culturels ou comportementaux.

Au croisement de ces pistes, on trouve la psychanalyse, en particulier dans la version qu'en a donnée Jacques Lacan, dont l'intérêt est d'avoir mis à jour ce que l'on pourrait appeler l'ADN de l'esprit, sa structure et ses composants élémentaires. L'éthique de la psychanalyse est cependant non intrusive, non interventionniste, construite originellement en opposition à l'hypnose, et cherche à donner au patient les moyens de son propre cheminement (d'où la lenteur de certaines cures). Malheureusement, comme pour toute science, elle peut être récupérée et placée entre de mauvaises mains qui en feront un usage destructeur, ce qui explique qu'elle soit appliquée quotidiennement et avec un succès inquiétant dans le *management*, le *marketing* et la propagande politique, et ceci dès les années vingt, quand Edward Bernays se met à utiliser les découvertes de son oncle Sigmund Freud.

Dans l'esprit de la déontologie médicale et du serment d'Hippocrate, la psychiatrie, la psychologie et la psychanalyse se consacrent en principe à sauver des vies en rétablissant de la structure, de l'ordre, de la loi, de l'autorité, de la hiérarchie, de l'équilibre, de la normalité, en un mot du « Surmoi » dans la vie psychique. À l'opposé, l'ingénierie sociale négative consiste en une valorisation du chaos comme outil de transformation psychologique et sociologique, et s'apparente à un « permis de tuer », ou « permis de détruire autrui » érigé en philosophie globale, telle une vraie religion, ou anti-religion de la mort, dont l'élaboration souterraine apparaît comme un contrepoint à l'Histoire officielle.

La trame narrative de cette Histoire officielle en Occident repose largement sur un conditionnement pavlovien d'IS–, inculqué dès l'école et consistant en la répétition d'un mantra hypnotique : « C'était pire avant. » Il s'agit de fabriquer le consentement du peuple au changement, à l'instabilité, à la bougeotte (« bougisme »), le tout étant décrit comme la marche du Progrès, de l'émancipation des peuples et des minorités hors de la domination autoritaire des régimes obscurantistes du passé. Une Histoire révisée décrirait l'invention de cette rhétorique progressiste au xviiie siècle comme une technique de *phishing*, un hameçonnage constitué d'un appât simulé, le Progrès, pour « faire bouger autrui » dans le sens voulu par l'hameçonneur. En l'occurrence, il s'agit de faire adhérer le peuple aux changements violents en les dépeignant comme un processus révolutionnaire de libération forcément bénéfique, pour mieux lui faire avaler la pilule de la mise en place d'un système de domination découplé (« double standard », « double éthique »), dans lequel une fraction minoritaire de la population stabilise ses conditions de vie et de conservation tout en imposant à une partie majoritaire de survivre dans un monde où la crise est devenue la règle.

De fait, les révolutions ne remplissent jamais leurs promesses. Introduisant à encore plus d'instabilités et encore moins de libertés, elles se révèlent finalement toujours au service du Capital. Une Histoire révisée de l'Occident serait donc celle de l'émergence de deux grands principes de la gouvernance par le chaos : le capitalisme et la révolution.

Que veulent vraiment les « hameçonneurs » et ingénieurs sociaux qui provoquent des crises et des révolutions ? Ils cherchent à imposer leur nouvel ordre à la place du précédent. En termes de sociologie des organisations et d'analyse des organigrammes, on voit que les sociétés humaines obéissent à un mode d'organisation spontané, un ordre naturel, qui les conduit toujours à adopter des formes pyramidales. Dans une pyramide, la droite et la gauche n'ont guère d'importance, puisqu'elles sont relatives quand on en fait le tour, et le seul clivage absolu se situe entre le haut et le bas. Mais spontanément, comme on le voit dans toute société traditionnelle, le haut et le bas sont solidaires. À l'opposé, l'IS- obéit à une double éthique consistant à désolidariser les parties et accuser les différences du système pyramidal selon le schéma suivant : diviser le bas pour unifier le haut ; augmenter l'entropie du bas pour augmenter la néguentropie du haut. Plus simplement : me faire du bien, c'est faire du mal. La relation haut/bas est ici sur le modèle gagnant/perdant. Telle est la structure élémentaire du nouveau logiciel.

L'esprit de l'IS-, en tant que piratage des consciences humaines, pourrait aussi se résumer ainsi : détruire l'ordre du réel car il est incontrôlable pour lui substituer un nouvel ordre du réel, sous contrôle. Ce nouvel ordre ne peut être qu'un simulacre. En effet, le seul moyen pour le Pouvoir d'exercer un contrôle total sur le peuple, c'est d'augmenter artificiellement l'entropie de ce dernier en le plongeant dans un état de crise perpétuelle. Cet état n'ayant rien de naturel et disparaissant de lui-même s'il n'est pas alimenté, il faut donc obliger le peuple à entrer dans une simulation, une hallucination collective, dont les paramètres auront été définis pour entretenir une situation de crise et de précarité perpétuelles. Le chaos est ici un instrument au service d'un ordre plus global et qui n'apparaît qu'à une échelle d'observation supérieure, que d'aucuns appellent « transhumaniste » ou « post-humaniste », mais qui suppose dans tous les cas le génocide de notre espèce.

À cette échelle d'observation supérieure, le calcul des turbulences et du chaos social provoqués afin que ceux qui les provoquent ne soient pas impactés et ne subissent pas de choc en retour s'appelle le *shock testing* (test de choc). Ce calcul du *shock testing* doit permettre, pour reprendre les mots de Bertrand Méheust, de rester juste en deçà du point de fusion et de *catharsis* de la colère du peuple, afin que ce dernier ne comprenne jamais ce qui se passe vraiment et ne soit jamais en état de s'organiser massivement pour reprendre la maîtrise de son destin. De sorte à brouiller la perception et la compréhension de ce qui se passe, la démolition contrôlée est sectorisée. L'effondrement du système ne sera donc ni global, ni brutal, mais bien progressif, à petites doses. À vrai dire, nous y sommes déjà, en plein dedans, et nous pouvons donc en décrire les formes de l'intérieur et en direct. Il consiste, d'une part, à détruire les États-nations au prétexte d'une dette publique complètement fictive, et d'autre part, à détruire le secteur privé au prétexte tout aussi fictif que tel site de production ou telle activité ne sont pas rentables, alors qu'ils le sont. L'exemple de Florange et d'ArcelorMittal est ici emblématique de cette manipulation puisqu'un document interne ayant fuité a révélé que le site menacé de fermeture était en fait l'un des plus rentables[15].

---

15. « Le site de Florange, l'un « des plus rentables » d'ArcelorMittal », *Challenges*, 13/12/2012. http://www.challenges.fr/industrie/20121213.CHA4252/le-site-de-florange-l-un-des-plus-rentables-d-arcelormittal.html#xtor=EPR-14-[Quot10h30]-20121213

Sur le fond, l'IS+ prête moins à débats, polémiques et analyses que l'IS– car il est plus aisé de la comprendre et d'admettre qu'elle existe. L'IS+ s'identifie à des vertus morales telles que l'empathie, l'esprit collectif, le sens du groupe, du bien commun et des responsabilités. Ses bases ont déjà été déposées dans les grandes philosophies éthiques et les religions. C'est ce que l'on entend généralement par « altruisme » et qui consiste à augmenter la néguentropie générale de toute la pyramide sociale, dont le haut et le bas restent solidaires. À rebours de l'IS–, se faire du bien est tout à fait compatible avec faire du bien à autrui. On est dans le gagnant/gagnant. Transposé à l'époque postmoderne, l'esprit de l'IS+ pourrait se résumer ainsi : abattre la simulation sous contrôle chaotique du réel pour revenir dans le réel incontrôlable pour tout le monde, donc égalitaire. Faire de l'anti-*phishing* et du contre-hameçonnage.

L'IS+ s'identifie donc à une méthode générale de « sortie de crise ». Mais afin de ne pas rajouter du chaos sur le chaos, cette méthodologie de sortie de crise ne peut s'accomplir que par un changement majeur dont l'effet serait paradoxalement d'en finir avec les changements majeurs : soit une « révolution lente » (ou « révolution conservatrice », au sens allemand des années vingt). Résister aux changements rapides, en eux-mêmes subversifs, en les subvertissant de l'intérieur par du changement lent, voire carrément de l'inertie et de l'immobilisme.

Comme le soulignait Gilles Deleuze, le chaos, c'est la vitesse. Gouverner par le chaos, c'est donc simplement accélérer volontairement tous les processus psychosociaux, impulser au monde réel un rythme falsifié et artificiel au moyen d'une représentation simulée de ce monde réel. Par exemple : l'économie réelle et son propre rythme naturel seront falsifiés et mis en chaos par leur subordination à une simulation d'économie, sous la forme d'une économie virtuelle, purement financière, dont le rythme aura été accéléré artificiellement. L'IS+ consiste donc dans un premier temps à « ralentir ». Sortir de la crise, sortir de la Matrice virtuelle, s'extraire de la simulation génératrice de chaos élaborée par les médias et la finance, c'est d'abord ralentir tous les processus qui ont été accélérés artificiellement et les ramener à leur vitesse naturelle d'origine. Puis, se projeter dans l'éternité, pour s'extraire également du court terme. Ramener les choses à elles-mêmes, après qu'elles aient été déportées loin d'elles-mêmes.

Ces procédures de re-naturalisation sont modélisables. En effet, le comportement humain n'est ni libre, ni imprévisible, mais repose sur des routines, des habitudes, des *habitus*, des rituels, des régularités, des constantes, des programmes, des algorithmes, des recettes, des automatismes, des conditionnements, des réflexes, des cycles, des boucles, en un mot la répétition. Le sentiment de liberté ressenti malgré tout par de nombreuses personnes vient simplement de ce que les routines comportementales obéissent à des causalités non-linéaires et multifactorielles complexes, souvent contradictoires, du type logique floue ou multivalente, dont le calcul ne peut être que probabiliste et tendanciel. Ceci laisse du jeu comportemental aux individus, interprété dans certaines cultures comme du libre arbitre. La base de l'IS+ doit donc être de cultiver tous les processus de régularité, de constance, de discipline, de régulation et de stabilisation des systèmes. La répétition possède des vertus anxiolytiques et déstressantes qui permettent de maîtriser le tonus émotionnel.

Un exemple concret d'ingénierie sociale positive est la Ferme du Parc des meuniers, à Villeneuve-le-Roi, dans la banlieue sud de Paris. Il s'agit d'un centre de travail social visant à réinsérer des gens ayant été désocialisés. On peut lire sur le site : « Développement, ingénierie sociale. Vous avez des projets dans le domaine de l'aménagement de structures ou de terrains autour des relations sociales, de la formation, de l'insertion, du lien social dont la dominante est l'activité agricole et fermière… nous pouvons vous aider à développer votre projet en vous apportant notre expertise[16]. » La Charte de référence est ainsi libellée : « Le projet de la ferme s'est élaboré sur le constat de dégradation du lien social, c'est-à-dire de la capacité des gens à « vivre ensemble » dans le respect des différences (différence d'âge, de couleur, de croyance, de statut social), dans la cohésion sociale et la solidarité. Les causes de ces phénomènes sont connues. La société a considérablement changé, les repères qui permettaient hier de se situer dans l'espace social, culturel et professionnel se troublent et s'estompent peu à peu. La transmission des savoir-faire et des savoir-être qui se faisaient hier par la famille, l'école, le travail, le tissu associatif, est aujourd'hui largement défaillante. Ces mutations conduisent à un morcellement de la société. Elles sont porteuses d'exclusion, de repli sur soi, d'isolement et de peur de l'autre. Elles sont génératrices de méfiance et de soupçon, parfois même de violence. Elles contrarient l'épanouissement individuel. Elles freinent les dynamiques collectives et les solidarités[17]. »

Le constat est implacable et le problème est identifié : « La société a considérablement *changé*. » Or, la société n'a pas changé toute seule. Il importe donc de mettre en lumière les méthodes qui font changer la société, même quand elle

---

16. Centre social de la Ferme du Parc des Meuniers de Villeneuve le Roi : « Développement, ingénierie sociale. »
http://acvlr.free.fr/ingenierie.html
17. Centre social de la Ferme du Parc des Meuniers de Villeneuve le Roi : « Charte de référence – Un projet pour tous, construit avec et par tous. »
http://acvlr.free.fr/charte.pdf

n'en a pas besoin, de sorte à pouvoir opposer à l'ingénierie du « changement provoqué vers la destruction » des contre-mesures d'ingénierie consistant à faire changer le changement, mais cette fois-ci dans le sens de la construction.

CHAPITRE III

QU'EST-CE QUE LE *MIND CONTROL**?

L'une des premières apparitions du *mind control* (contrôle mental, *Mind Kontrolle*, MK) dans la culture médiatique grand public est un roman intitulé *The Manchurian Candidat*, écrit par Richard Condon et publié en 1959. Il fut adapté deux fois au cinéma avec le même titre : en 1962, avec Frank Sinatra dans le rôle principal ; en 2004, avec Denzel Washington et Meryl Streep, sorti en France sous le titre *Un Crime dans la tête*. C'est de là que vient l'expression de « candidat mandchou » pour désigner un individu prêt à risquer sa vie ou celle d'autrui à la suite d'un conditionnement psychologique de type hypnotique ou « lavage de cerveau ». Ces trois œuvres étaient généralement classées dans la catégorie « thriller conspirationniste » jusqu'à ce que la réalité des programmes de MK soit révélée au grand public vers le milieu des années 2000. En effet, des fuites suivies de la déclassification de certains dossiers auparavant

*Égalité & Réconciliation, 25/02/2014.

top secret de la CIA donnèrent matière à écrire à deux auteurs reconnus, largement diffusés en librairies et peu suspects de « théorie du complot » : l'historien du renseignement et des services secrets Gordon Thomas, dans *Secret and Lies : a History of CIA Mind Control and Germ Warfare*, publié en France en 2006 sous le titre *Les Armes secrètes de la CIA – Tortures, manipulations et armes chimiques* ; et la militante altermondialiste Naomi Klein dans *La Stratégie du choc – La montée d'un capitalisme du désastre*.

Qu'est-ce que le *mind control* ? Dans l'éventail des méthodes de contrôle social scientifique qui sont apparues au xxe siècle, il s'agit probablement de la plus radicale. Au-delà des bonnes vieilles techniques d'hypnose connues et appliquées depuis l'Antiquité et déjà très efficaces pour conditionner des comportements, le MK rajoute les phénomènes de choc et de traumatisme ; dans un premier temps, on étudie leurs effets sur le comportement, puis, dans un deuxième temps, sur la base de la typologie définie, on provoque intentionnellement des chocs dirigés et des traumatismes contrôlés afin d'obtenir la modification comportementale escomptée. Qui dit choc, dit stress. Le stress étant un puissant déclencheur motivationnel et comportemental, le MK peut être vu comme une sorte de management par le stress. Le caractère invasif de cette approche est sans limites. En effet, la sensibilité et la souffrance vécue des sujets humains étudiés n'entrent jamais en ligne de compte, ou alors seulement comme données quantifiables (intensité des hurlements en décibels, nombre exact de coups de tête contre les murs, etc.). La philosophie du MK est strictement behavioriste : le sujet humain est un objet plastique, programmable et reprogrammable, un instrument, un outil, une machine, un robot dans lequel on va entrer des *inputs*, c'est-à-dire des *stimuli*, et dont il ressortira des *outputs* sous forme de réflexes et de comportements plus ou moins prévisibles. Entre les deux, c'est la « boîte noire » subjective et l'on ne s'y intéresse pas.

Le pionnier de ce champ d'étude que l'on pourrait appeler la psychologie du choc est Kurt Lewin (1890-1947). Il fut rapidement secondé dans les années trente par les scientifiques des pays communistes (Pavlov), anglo-saxons (Institut Tavistock, MIT) et par ceux du Troisième Reich, ces derniers ayant ensuite été récupérés par les blocs géopolitiques susnommés au sortir de la Deuxième Guerre mondiale, d'où la germanisation ironique du terme *Kontrolle*. Toutes ces recherches se sont poursuivies après 1945 sur de nombreux cobayes humains, essentiellement dans le cadre des services secrets de divers pays. Gordon Thomas et Naomi Klein rapportent les expériences menées à base d'électrochocs et de privation sensorielle dans les années cinquante et soixante dans certaines cliniques par d'authentiques savants fous tels que Sidney Gottlieb ou Ewen Cameron, psychiatres de formation mais qui n'hésitaient pas à parler de « sujets jetables » à propos de leurs patients. Or, loin de se confiner à l'univers aseptisé des scientifiques en blouses blanches, ces études ont essaimé et trouvé de multiples applications pratiques. Naomi Klein mentionne notamment le manuel de torture scientifique « Kubark », directement issu des recherches en *mind control*, dont le monde découvrit les applications concrètes à l'occasion du scandale des photos de la prison d'Abou Ghraib en Irak. À notre époque de communication et d'images, de nouvelles formes de torture « politiquement correct » et visuellement édulcorée ont été élaborées pour éviter des lésions physiques trop sanglantes et visibles : simulation de noyade (*washboard*), privation de sommeil, postures humiliantes tenues pendant des heures, musique idiote à plein volume 24 heures sur 24, etc. Les environnements concentrationnaires où l'expérimentateur peut maîtriser toutes les variables offrent naturellement des conditions d'observation optimales. Dans les territoires occupés de Gaza et de Cisjordanie, véritables laboratoires à murs fermés du *mind control* de masse, les effets du stress de guerre à long terme, subi dès la naissance, sont testés sur les Palestiniens et examinés attentivement par les psychologues des services de renseignement israéliens depuis des décennies. Les résultats de ces « études cliniques » de pointe sont modélisés pour ensuite être appliqués dans divers pays, notamment au travers des protocoles toujours plus sophistiqués de gestions de foule visant à conserver les apparences de la démocratie et dont l'exemple le plus connu est la consigne donnée aux soldats israéliens de ne pas tuer, mais seulement de blesser gravement, pour estropier et handicaper à vie. L'impact psychologique est ici plus important que le physique.

Le MK consiste donc à détruire autrui, mais de façon méthodique et rationnelle, car il est essentiel de garder le contrôle de la situation. Il s'agit donc de la forme scientifique et mise à jour de ce que l'on appelait jadis la magie, soit l'emprise totale sur autrui et sa transformation à volonté. L'ethnographie des rituels occultes et de magie noire de différentes cultures, occidentale, vaudou, asiatique (« voie de la main gauche »), etc., met en évidence les mécanismes psychologiques sur lesquels ils reposent : à chaque fois, il s'agit d'infliger des traumatismes émotionnels à la sensibilité, de sorte à repousser les limites de ce que le sujet peut supporter. La transgression des limites est recherchée pour son efficacité en termes de conduite du changement par le stress. Quand cette modification planifiée et agissant sur l'infra-conscient du comportement est mise en œuvre au niveau des groupes, on parle même d'ingénierie sociale, qui est du MK de masse. Le traumatisme visant à faire bouger les lignes pour les recomposer ensuite peut être conçu pour être spectaculaire, par exemple un grand attentat terroriste lourdement médiatisé. Mais il peut aussi être infusé à petites doses, comme on le voit avec la théorie de la confusion des genres, virus cognitif conçu pour induire un flou identitaire psychotique, dont la divulgation massive est niée en tant que telle mais avance masquée sous couvert d'autre chose (principe du hameçonnage). Dans les deux cas, les lésions peuvent être irréversibles.

Il ne faut cependant pas s'y tromper, l'étape nécessaire du chaos psychologique n'est qu'un moyen au service d'une fin : la fabrication d'un automate, un esclave, un zombie, un golem, dépouillé de tout instinct de conservation, donc taillable et corvéable à merci, sans volonté intérieure, amorphe, prêt à tout, y compris se suicider, au service exclusif de son maître. Si le vocable de *mind control* n'a que quelques décennies, la philosophie dont il procède est donc ancestrale. Il s'agit d'une énième déclinaison du « Dissoudre et coaguler » hermétique : dissoudre toutes les formes solides (en l'occurrence psycho-comportementales) pour les amener à l'état liquide et plastique, de sorte à pouvoir les recomposer selon une nouvelle coagulation, un nouvel agencement solide mais piloté de l'extérieur. Le principe illuministe *Ordo ab chao* de la démolition contrôlée des structures préexistantes au bénéfice d'un nouvel ordre à venir est donc au cœur de cette méthodologie.

Dans cette perspective, certains témoignages tels ceux de Cathy O'Brien et Mark Phillips, en vidéo sur la toile ou rassemblés dans les ouvrages *Pour cause de sécurité nationale* et *L'Amérique en pleine transe-formation* traduits et publiés par les éditions Nouvelle Terre, sont des pièces supplémentaires à verser à ce dossier, déjà lourd mais encore trop peu connu du public français.

CHAPITRE IV

QU'EST-CE QUE LE TRANSHUMANISME*?

Dans la culture populaire, le terme de « transhumanisme » est associé à des images de science-fiction comme le clonage, le mutant génétique, le cyborg, mi-homme/mi-robot, et toutes sortes d'utopies futuristes. Or, il semble bien que la réalité soit en train de dépasser la fiction. Des phénomènes de société ayant émergé récemment, comme la théorie du genre, le « mariage homo », la PMA et la GPA, l'anti-spécisme, s'inscrivent effectivement dans une logique transhumaniste.

Il est possible de définir le transhumanisme en quelques mots comme le projet de modifier la nature humaine durablement au point d'en sortir définitivement. Il s'agit d'aller « après » l'humain, de sorte à périmer l'espèce humaine, la rendre dépassée, obsolète. En ce sens, le vocable de « transhumain » est synonyme de « post-humain », mais le premier semble avoir gagné la compétition pour s'imposer dans l'usage courant. Une masse documentaire importante

*Égalité & Réconciliation, 30/03/2014.

sur le sujet est accessible sur l'Internet ou dans des ouvrages grand public que l'on peut se procurer en librairie.

Cette introduction se limitera à mettre en évidence la stratégie par étapes qui anime le transhumanisme et qui va s'imposer dans les années à venir, sur le modèle de la théorie de la confusion des genres ou du *lobby* LGBT, qui ont incubé pendant une quarantaine d'années discrètement et tissé leurs réseaux d'influence patiemment avant de se révéler ces derniers mois dans ce qu'il faut bien appeler une explosion de haine antihumaine coordonnée au niveau international. Ainsi, après un résumé de l'arrière-fond théorique et historique du projet transhumaniste, nous décrirons de quoi il retourne en pratique, soit les réseaux de pouvoir bien concrets et installés qui le soutiennent aujourd'hui.

Le sociologue américain Vance Packard (1914-1996) publiait en 1977 l'un de ses ouvrages majeurs, intitulé *The People Shapers*, traduit en français l'année suivante par *L'Homme remodelé*. Cet auteur s'était fait connaître dès 1957 avec ce qui reste son ouvrage le plus célèbre, *La Persuasion clandestine*, dans lequel il analysait les techniques de manipulation subliminale appliquées dans le marketing. Vingt ans plus tard, sa perspective s'était donc élargie à un propos politique général, consistant dans la critique d'une approche scientiste de la question politique. À la fin des années soixante-dix, la cybernétique et ses applications sociales avaient eu le temps de diffuser certaines idées, notamment que la société ou l'être humain sont des mécanismes comme les autres, justiciables d'une ingénierie permettant de les remodeler pour mieux les contrôler ou les améliorer selon un dessein précis. Vance Packard intitule ainsi son avant-propos : « La malléabilité de l'homme : une idée nouvelle. » Puis il met en exergue une citation de Skinner : « De ce que l'Homme peut faire de l'Homme, nous n'avons encore rien vu », qu'il commente ainsi : « Cette déclaration fracassante de Skinner relève de l'ambition autant que de la réalité. Mais il est vrai que des tentatives acharnées sont faites actuellement pour remodeler les individus et leur comportement. Leurs implications vont loin, et sont souvent inquiétantes. Des « ingénieurs de l'Homme » sont au travail dans toute une série de domaines. (...) Les psychologues du comportement comptent dans leurs rangs une armée de fougueux révolutionnaires. Le plus célèbre des behavioristes, B. F. Skinner, de l'université Harvard, a appelé de ses vœux une « technologie du comportement » parce que « nous avons besoin de réaliser de grands changements dans le comportement humain ». Quelques années auparavant, un groupe de ses disciples, essayant de décrire ce qu'est l'ingénierie du comportement, expliquait : « Nous pouvons mettre en place des techniques capables de produire en masse des êtres humains supérieurs... Nous disposons d'une technologie suffisante pour obtenir le type de comportement que nous désirons. »

Nous sommes ici dans un constructivisme intégral. L'une des constantes de l'ingénierie sociale, dont le transhumanisme est un volet, est de considérer l'existence entière comme une construction. Tout ce qui est donné, tout ce qui est naturel, peut être déconstruit et reconstruit selon un nouveau plan. Pour le transhumanisme, tout peut donc être transformé et artificialisé sans dommages fondamentaux, bien au contraire, car cela doit permettre de se « libérer » d'une nature humaine jugée encombrante ou trop limitée.

Ce schéma général de déconstruction-reconstruction de tous les aspects de la vie, Jean Baudrillard l'appelait le « crime parfait » pour dénoncer le fait que cela aboutirait en fait à un simulacre technologique du monde réel. Une illustration saisissante nous en est fournie dans la série de films *Matrix*, où le monde réel est détruit et réduit à un désert, et entièrement reproduit de manière virtuelle et sous contrôle dans un monde informatique simulé. Dans cette théologie constructiviste, l'univers entier est un édifice, un bâtiment, un « temple à reconstruire », où la place de « grand architecte » divin doit être occupée par l'Initié dès lors qu'il maîtrise les règles démiurgiques de la démolition contrôlée et de la reconstruction artefactuelle (destruction créatrice, « dissoudre et coaguler », *Ordo ab chao*, etc.).

Cette filiation kabbaliste du transhumanisme a façonné le visage d'une modernité largement placée sous le règne de la quantité et du nombre. Or, de l'imaginaire artistique aux sciences exactes, l'artificialisation du vivant et sa réduction au quantitatif ne visent pas franchement à son émancipation mais bien plutôt à sa simplification, de sorte à en faciliter la gestion rationnelle, numérique, industrielle et standardisée. Pour fabriquer le consentement à cet appauvrissement de l'existence et de la biodiversité, ainsi qu'aux pathologies physiques et mentales qui en résultent, des sommes colossales sont investies dans tous les domaines de la société pour y impulser des tendances sociétales technophiles et humanophobes.

Parmi les agents de conformité, passés et présents, on relève des initiatives comme les conférences Macy entre 1946 et 1953, le rapport Meadows du Club de Rome en 1972 (point de départ médiatique de l'idée de décroissance démographique contrôlée), l'Association transhumaniste mondiale créée en 1998 (dont la branche française « Technoprog! » a tenu son premier colloque à Paris en janvier 2011), des essayistes prévisionnistes tels que Jacques Attali, Timothy Leary, Douglas Rushkoff, Raymond Kurzweil (informaticien ayant fixé la date de péremption de l'humain à 2045, quand la « singularité technologique » de l'intelligence artificielle aura dépassé celle de l'Homme), des médias spécialisés comme *Wired Magazine* ou LaSpirale.org (le webzine francophone pour les « mutants digitaux »).

Ces initiatives sont chargées de diffuser des mèmes viraux tels que l'Humain 2.0 augmenté par la technologie, le piratage de l'esprit et du corps (*biohacking*, *body hacking*, extropianisme), l'eugénisme par le clonage reproductif, la procréation médicalement assistée (PMA), la gestation pour autrui (GPA), l'utérus artificiel (ectogenèse), la banalisation de l'avortement et de l'euthanasie, les organismes génétiquement modifiés (OGM) végétaux, puis les « chimères », c'est-à-dire le métissage génétique entre humains et animaux, et enfin les hybrides humain/animal/machine mis en scène par des artistes comme Matthew Barney et Enki Bilal (*Mécanhumanimal*).

Le transhumanisme n'est pas une émergence spontanée, naturelle. Il s'agit d'un projet politique arbitraire soutenu par des « minorités agissantes » et des réseaux de pouvoir dont il faut décrypter la logique pour comprendre non pas à quoi elle sert, mais à qui elle sert. En pratique, la montée en puissance du transhumanisme ces dernières années, notamment par le biais du *lobbying* LGBT, a révélé son vrai visage : il s'agit en fait d'une humanophobie. Nous trouvons là un cas d'école d'« hameçonnage » : sous prétexte de défendre positivement quelque chose, on attaque en réalité autre chose. Sur le même modèle, le féminisme est en réalité anti-hommes, la théorie du genre est anti-hommes ET anti-femmes, le *lobby* homo est hétérophobe, la protection des minorités consiste à attaquer la majorité, etc. Le transhumanisme n'aura donc évidemment jamais aucune réalisation positive, pas plus que le féminisme, la confusion des genres, le LGBT ou la protection des minorités. Ces diverses idéologies ne sont pas là pour ça, mais seulement pour attaquer l'Humain sous couvert de projets positifs. La haine de l'espèce humaine véhiculée par le transhumanisme est largement perceptible dans les mouvements politiques qui l'ont portée au siècle dernier. Le mythe du Nouvel Homme, régénéré par la science et la technique, a irrigué tout le fonds idéologique eugéniste des totalitarismes du XXᵉ siècle ainsi que leur esthétique futuriste. De ces totalitarismes, seul le capitalisme a survécu, dans la mesure où c'est lui qui tirait les ficelles des autres depuis le début et où ils dérivent tous des mêmes réseaux de pouvoir, contrôlés par les mêmes personnes versées dans l'illuminisme et le progressisme scientiste, dont la figure la plus représentative est évidemment Aldous Huxley et son *Meilleur des mondes*.

De nos jours, le mouvement transhumaniste est transnational et dispose de soutiens puissants. Loin d'être groupusculaire et confiné à la culture *geek*, il est en train de se constituer comme un authentique *lobby* politico-économique aux ramifications tentaculaires. On le voit commencer à construire des passerelles avec les groupes de pression déjà en place et hégémoniques, pro-israélien (*pinkwashing*), LGBT, pharmaceutique, ainsi qu'avec le complexe militaro-industriel, notamment dans le domaine des NBIC, acronyme pour les disciplines convergentes que sont les nano et biotechnologies, l'intelligence artificielle et les sciences cognitives (voir la Recherche & Développement militaire, DARPA, Pentagone, pour mettre au point de nouvelles armes et le « soldat du futur »).

L'objectif de ces réseaux d'influence étant toujours de se liguer contre leur ennemi commun, l'être humain, ils ajoutent leurs forces afin de se donner les moyens d'exercer une véritable terreur intellectuelle et de dicter leurs caprices aux institutions juridiques. Nul doute que nous verrons apparaître un de ces jours des lois antihumaines avançant masquées sous le prétexte moral de lutter contre la « transhumanophobie » et pour l'égalité humain/transhumain. Annonçant ce déferlement de haine antihumaine (dont le délit imaginaire d'homophobie créé par Sarkozy en 2004 ne fut que le prélude), des réflexions sont déjà en cours sur un nouveau statut juridique des animaux pour le rapprocher de celui des humains, de sorte à estomper les discriminations « spécistes », considérées comme aussi graves que les racistes[18]. Le « droit des robots », consistant à accorder aux machines des personnalités juridiques leur permettant d'exercer théoriquement des droits et des devoirs comparables à ceux des humains, est également en plein essor. Un juriste comme Alain Bensoussan parle ainsi sérieusement d'un droit des robots respectueux des principes éthiques : « Si la réflexion éthique ne doit pas être occultée, notamment en regard de la robotique humanoïde ou à forme animale, elle ne peut suppléer à l'élaboration d'un corpus de règles juridiques susceptibles de redéfinir les notions de personne et d'identité personnelle et d'encadrer les relations personne physique – personne robot[19]. » Et l'avocat Anthony Bem pose sérieusement la question « Quel statut juridique pour les robots ? » : « La première étape de l'instauration d'un droit des robots suppose d'accorder à ces derniers un véritable statut juridique. En d'autres termes, il s'agirait de leur reconnaître une personnalité juridique, c'est-à-dire de leur permettre d'avoir une identité propre et une existence juridique avec des droits et des obligations[20]. »

Le remplacement des humains par les robots pour effectuer des tâches mécaniques simples est en cours depuis

---

18. « Pourquoi changer le statut juridique de l'animal ? », *La Croix*, 30/10/2014.
http://www.la-croix.com/Actualite/France/Pourquoi-changer-le-statut-juridique-de-l-animal-2014-10-30-1256871
« Pour en finir avec l'idée d'humanité », *Les Estivales de la question animale*, 2013.
http://www.question-animale.org/fra/estivales-2013-yves-bonnardel-cr-1
19. « Un droit des robots respectueux des principes éthiques », *Alain Bensoussan*, 07/11/2013.
http://www.alain-bensoussan.com/tag/droit-des-robots/
20. « Droit des robots : quel statut juridique pour les robots ? », *Legavox*, 10/09/2013.
http://www.legavox.fr/blog/maitre-anthony-bem/droit-robots-quel-statut-juridique-12489.htm

longtemps, mais la Commission européenne a franchi un pas supplémentaire avec le projet PETROBOT qui prévoit de confier à des robots des tâches de contrôle de sécurité réclamant une véritable expertise : « (…) le but est d'élaborer des robots pouvant se substituer aux êtres humains pour l'inspection des cuves à pression et des réservoirs de stockage largement utilisés dans l'industrie du pétrole, du gaz et de la pétrochimie[21]. » Perspective de chômeurs humains en plus, mais puisque la rhétorique antihumaine consiste à inverser systématiquement les rapports de force, ce sont les humains qui seront accusés d'opprimer les robots depuis la nuit des temps. Bientôt des associations « SOS robots battus »…

La discrimination positive des robots pour leur accorder plus de droits qu'aux humains se fera sur le modèle juridique et sociétal éprouvé et testé de la discrimination positive des prétendues « minorités » : préférence aux étrangers sur les nationaux dans le cadre de l'antiracisme, préférence aux handicapés sur les valides dans le cadre de l'anti-discrimination des handicapés, préférence aux animaux sur les humains dans le cadre de l'anti-spécisme, etc. Sous couvert de protéger les minorités, il s'agit en fait de leur accorder plus de droits qu'à la majorité, donc de reconstituer un véritable régime de privilèges, donc une oligarchie des minorités qui serait moralement justifiée par la lutte contre les discriminations. Ces nouvelles lois antihumaines ne seront pas populaires et les votes parlementaires pour les faire passer seront truqués, comme pour le « mariage homo ». Ces lois resteront donc des projets de loi, non-votées donc illégales, mais seront appliquées quand même par la force, ce qui nous fera entrer dans un véritable fascisme des « minorités ».

---

21. « Stratégie numérique : dans un projet cofinancé par l'Union européenne, des robots remplacent les inspecteurs pour le contrôle des conteneurs dans l'industrie pétrochimique », Commission européenne – IP/13/810, 03/09/2013.
http://europa.eu/rapid/press-release_IP-13-810_fr.htm?locale=FR

La fusion de tous les groupes de pression antihumains dans un seul front commun se fera sous la houlette de textes tels que *Manifeste Cyborg – Science, technologie et féminisme socialiste à la fin du XXᵉ siècle*, de Donna Haraway, ou d'initiatives comme le colloque international intitulé *The Israeli Presidential Conference – Facing Tomorrow*, qui se tient depuis 2008 à Jérusalem. La liste des intervenants comporte Sergueï Brin (2008), Raymond Kurzweil (2009), Jacques Attali (2008, 2009, 2012), et l'édition de 2013 fut titrée *The Human factor*. Sergueï Brin est l'un des deux cofondateurs avec Larry Page de Google, où ils occupent maintenant respectivement les fonctions de directeur technique et de PDG. Ils ont recruté en 2001 Eric Schmidt, aujourd'hui président exécutif, qui fut invité à la conférence du groupe de Bilderberg de 2013. Ces trois hommes, convertis au transhumanisme, ont embauché en 2012 Raymond Kurzweil, le pape de cette nouvelle religion, pour travailler à renforcer encore les capacités du célèbre moteur de recherche et de son extension « Google Zeitgeist », cerveau informatique qui révèle les grandes tendances de l'état d'esprit mondial à partir des milliards de mots-clés tapés chaque année.

L'informatisation de la société, pour citer le célèbre rapport d'Alain Minc et de Simon Nora de 1978, ne cesse d'avancer. Le puçage électronique du bétail humain pour assurer sa traçabilité complète au moyen de composants RFID (ou autres) se met en place lentement mais sûrement. La chasse à l'Homme est ouverte et le piège risque de se refermer sur nous. Une prise de conscience collective, accompagnée de réactions militantes de mêmes ampleurs que la Manif pour tous ou que les Journées de retrait de l'école (JRE) lancées par Farida Belghoul, est donc nécessaire. Il devient urgent de réfléchir à la constitution d'un front général de défense de l'humain, fédération d'organisations qui rassemblerait des humains de toutes origines et obédiences pour défendre notre nature humaine commune contre toutes les tentatives de l'exterminer ou de la réduire en esclavage.

CHAPITRE V

INGÉNIERIE SOCIALE DU CONFLIT IDENTITAIRE[*]

L'ingénierie sociale est la modification planifiée, durable et furtive du comportement. Il s'agit de modifier définitivement la nature d'une chose, de manière irréversible, donc pour le long terme, et pas seulement à court terme. C'est ce qui distingue l'ingénierie sociale de la propagande et de la manipulation, dont les impacts sont ponctuels et réversibles. Les deux concepts de l'ingénierie sociale sont l'« hameçonnage » et le « conflit triangulé ». Leur application permet de produire le sentiment qu'un conflit est inévitable, alors qu'en réalité il pourrait très bien s'arrêter ou même ne pas commencer, ceci dans l'optique de naturaliser des structures conflictuelles qui ont été construites de manière artificielle. Il n'est pas excessif de parler ici de piratage de l'esprit et du comportement, comme on parle de pirater un ordinateur. Dans les deux cas, il s'agit de violer discrètement les défenses et l'intégrité d'un système de sécurité afin d'en prendre le contrôle, ni vu ni

*_Rébellion_, n° 66, septembre/octobre 2014 ; Égalité & Réconciliation, 09/01/2015.

connu. L'intérêt de cette approche d'ingénierie sociale est de fournir une méthodologie compacte, avec des recettes et des mots-clés, une sorte de kit mental pour pirater tout système quel qu'il soit, c'est-à-dire le violer furtivement en se l'ouvrant par abus de confiance ou en suscitant l'indifférence (hameçonnage), puis le détruire indirectement en faisant monter les contradictions et la méfiance entre les parties, c'est-à-dire en instaurant un conflit triangulé.

APPROCHE POLÉMOLOGIQUE DE LA QUESTION IDENTITAIRE

L'idée d'une ingénierie possible du conflit identitaire s'inscrit dans le cadre de la polémologie, ou science de la guerre, discipline fondée par le sociologue Gaston Bouthoul (1896-1980) après la Deuxième Guerre mondiale. Que ce soit en intelligence économique ou dans le renseignement militaire, la science de la guerre se consacre à la modélisation des conflits, et en particulier des facteurs sources de conflits, ou facteurs polémogènes et dissolvants. C'est précisément à ce niveau que se situe notre étude, un peu en amont du conflit proprement dit, puisqu'il s'agit de modéliser la production stratégique de conflit. Modéliser l'action de « dissoudre pour régner ».

La méthode classique pour garder le contrôle d'un groupe consiste à augmenter la visibilité de ses différences internes, souligner ses contradictions, de sorte à amplifier ses clivages latents et à paralyser son organisation. Vieille comme le monde, appliquée par les Romains contre les tribus gauloises ou de nos jours dans ce qui s'appelle la « doctrine Kitson », cette méthode est plus que jamais d'actualité, à l'heure où des « minorités agissantes », services spéciaux d'État ou organisations diverses, travaillent à élaborer en France, en Syrie, en Irak, en Ukraine, des tensions diverses à visées dissolvantes (coups d'État, guerres, terrorisme, communautarismes) en jouant la carte des « identités ». Du point de vue identitaire, les identités ethniques ou culturelles sont considérées comme un référentiel authentique, une terre dans laquelle s'enraciner en toute confiance car elle ne ment jamais. Mais à y regarder de plus près, on voit que les identités, même les plus traditionnelles et enracinées, n'échappent pas aux manipulations et qu'il est possible, en appliquant certaines techniques, de les faire mentir après les avoir littéralement « piratées ».

La thèse ici défendue est que la production de conflit s'appuie sur l'exacerbation des rivalités identitaires. Le concept de « rivalité identitaire » est largement inspiré de celui de « rivalité mimétique » que René Girard, anthropologue et membre de l'Académie française, a mis à l'honneur. La nuance apportée par un autre adjectif sert simplement à préciser que toute rivalité mimétique est en fait une rivalité mimétique *identitaire*, en ce que le phénomène de la rivalité mobilise les processus d'identification des rivaux. En outre, nous souhaiterions faire fonctionner ce concept dans un champ un peu différent de celui de Girard. Trois catégories de personnes s'intéressent à la question identitaire :

1) les militants de l'identité, individus et groupes politiques ou associatifs ;

2) les analystes de l'identité, chercheurs en sciences humaines, sociales et cognitives ;

3) les ingénieurs de l'identité, dans le *consulting* et le renseignement politique, commercial ou militaire (guerre psychologique).

Ce que les analystes décrivent objectivement mais sans y toucher, les consultants n'hésitent pas à le pirater, pour le retravailler et le reconfigurer dans une optique stratégique de management des perceptions afin d'influencer les militants au moyen d'opérations psychologiques. Ainsi, ce que René Girard décrit comme une structure anthropologique universelle peut également faire l'objet d'un façonnage et d'une instrumentalisation à des fins d'ingénierie sociale. Voyons maintenant ce qu'est une rivalité identitaire et comment elle peut être utilisée en termes de production stratégique de conflit.

DISTINGUER LES BONNES ET LES MAUVAISES RAISONS DE SE BATTRE

Qui dit polémologie, dit approche scientifique du conflit. Dans l'histoire humaine, les épisodes de conflits à analyser sont innombrables. Il semble que le fait de se battre à intervalle régulier soit inévitable. Cependant, avec le recul, il est évident que certains conflits auraient pu malgré tout être évités facilement. De fait, il y a des bonnes raisons de se battre, mais il y a aussi des mauvaises raisons de se battre. Comment distinguer ces bonnes et ces mauvaises raisons de se battre ? En déployant une approche scientifique et rationnelle du conflit, et en quittant les approches passionnelles et émotionnelles où tout se confond. La méthode scientifique consiste 1) à recueillir des faits objectifs et 2) à proposer des modèles (ou modélisations), c'est-à-dire des représentations schématiques et hypothétiques de la façon dont les faits objectifs sont liés entre eux par la causalité, ou relation de cause à effet. Ce sont là les deux temps, pratique et théorique, de l'activité scientifique. Les bonnes raisons de se battre sont « naturelles » et n'ont pas été orchestrées de manière triangulée. Tous les acteurs du conflit sont visibles et se ramènent généralement à deux camps. À l'opposé, les mauvaises raisons de se battre sont triangulées, c'est-à-dire provoquées artificiellement puis « naturalisées » au moyen de l'hameçonnage. Les acteurs du conflit sont trois, mais seuls deux apparaissent. Dans une perspective irénique et pacifiste mais non utopiste, il est possible de travailler à cerner et isoler les mauvaises raisons de se battre, de sorte à ne pas en être dupe, à réduire leur impact destructeur et à se concentrer sur les bonnes raisons de se battre. Il s'agira de répondre à la question schmittienne : qui est mon véritable ennemi, celui que je dois dissoudre, et qui sont mes vrais amis et mes vrais alliés, avec lesquels coaguler ? L'allié n'est pas l'ami mais, par définition, nous pouvons nous allier avec lui contre un ennemi commun.

LA RIVALITÉ MIMÉTIQUE IDENTITAIRE

La première question qui se pose à l'ingénierie du conflit triangulé est : comment créer un conflit à partir de rien ? Comment amorcer un conflit sans raisons ? Comment mettre en place un conflit qui n'a pas de raisons objectives de se produire, c'est-à-dire qui n'a pas de « bonnes raisons » de se produire ? Pour répondre à cette question, analysons le phénomène des « mauvaises raisons de se battre ». Décrivons comment implémenter une rivalité mimétique identitaire pour lancer artificiellement une mécanique conflictuelle, puis la naturaliser et l'automatiser dans la mesure du possible.

La notion de rivalité mimétique chez René Girard définit un mode de construction identitaire culminant dans l'affirmation volontariste de sa supériorité sur autrui. Un objet convoité en commun donne naissance à une compétition qui fait passer l'objet au second plan, derrière une rivalité de prestige entre deux sujets, deux ego. Girard dit ceci dans *Des choses cachées depuis la fondation du monde* : « Dans l'univers radicalement concurrentiel des doubles, il n'y a pas de rapports neutres. Il n'y a que des dominants et des dominés, (...) Le rapport à l'autre ressemble à une balançoire où l'un des joueurs est au plus haut quand l'autre est au plus bas, et réciproquement[22]. » Dans la plupart des cas, l'affirmation volontariste de soi provoque chez autrui une réponse en miroir de sa propre supériorité. Un mécanisme automatique de revendication narcissique croissante se met alors en place, concurrence induisant une montée aux extrêmes qui aboutit logiquement au conflit et à l'affaiblissement des deux parties engagées dans la rivalité. Sur ce sujet, on se reportera aussi à la théorie des jeux et aux phénomènes d'escalade schismogénétique étudiés par l'anthropologue Gregory Bateson, dont la course aux armements est une illustration pratique.

La rivalité mimétique est la structure générale de tout conflit proprement humain, quand on passe d'un conflit autour d'un objet à un conflit entre sujets, donc à un conflit intersubjectif et psychologique. Ce que je pense d'autrui, et ce que je pense qu'il pense, territoire purement mental que les sciences cognitives appellent la « théorie de l'esprit », prend le pas sur l'observation objective des faits. Quand il n'y a pas de raisons objectives de se battre dans le présent, on peut donc mettre en scène des raisons subjectives dans le champ des représentations, en allant les chercher dans le passé pour ranimer des souvenirs polémogènes (tel pays a attaqué tel autre au siècle dernier), ou dans le futur, en évoquant les risques à venir (attaque préventive sur la base de suppositions), ou encore, troisième option, dans une métaphysique exaltante jouant un rôle de psychotrope.

Les mauvaises raisons de se battre, scénarisées par un *storytelling* polémogène, naissent donc dans un champ purement représentatif, mental, égotiste, subjectif et narcissique, lié à l'image de soi et d'autrui, c'est-à-dire au sentiment de sa propre identité et de celle des autres. Malheureusement, de ce creuset originel purement

---

22. Grasset, 1978, p. 406.

psychologique peuvent néanmoins émerger des conséquences tout à fait concrètes et physiques. En effet, toutes les espèces vivantes peuvent être blessées physiquement, mais une seule, la nôtre, peut en plus être blessée psychologiquement au point d'entrer dans un processus concret de vengeance pour rétablir l'estime et l'intégrité de son identité, faisant déborder le conflit du champ subjectif pour être amenée à frapper physiquement et dans le réel. En effet, quand les lésions psychologiques et identitaires sont profondes, elles se traduisent par un sentiment dépressif d'humiliation qui peut pousser à un « passage à l'acte » physique : comportement de réparation, de revanche, de vengeance, de vendetta, induisant une montée de violence obéissant à la « loi du talion » et qui fait passer le conflit de l'état psychique et subjectif à l'état physique et matériel. Faire passer la violence des mots aux actes, c'est tout le travail de l'ingénierie sociale.

ORCHESTRER LA RIVALITÉ

Cette tendance humaine au conflit identitaire peut être cultivée, stimulée, amplifiée et manipulée. En effet, la rivalité mimétique est la structure principielle de toutes les situations dans lesquelles une tierce personne doit faire entrer deux autres qu'il souhaite voir s'entredéchirer. Dans le cadre d'une ingénierie polémogénétique triangulée, l'automatisation d'un cycle comportemental conflictuel en *crescendo* constant doit veiller à installer des cliquets d'irréversibilité pour jalonner et stimuler la montée aux extrêmes, de sorte qu'on ne puisse plus jamais revenir en arrière pour la pacifier. L'embrayage de ce mouvement perpétuel a souvent besoin de ce que le Renseignement appelle une « opération psychologique », en l'occurrence l'orchestration méthodique d'un préjudice profond, une blessure traumatique fondatrice dont on entretiendra la mémoire (rôle du slogan « Ni oubli, ni pardon »), et qui sera ainsi utilisée pour alimenter une soif de vengeance infinie, moteurs par excellence de la rivalité mimétique (récupération politique de la Shoah, affaire Clément Méric, attentats terroristes divers, etc.).

Une rivalité mimétique apparaît toujours à première vue sous la forme d'une structure duelle. Comme on dit : dans tout conflit, à la fin, on est deux. Considérons deux sujets qui n'ont pas de raison objective de se battre : ils peuvent néanmoins se trouver entraînés dans une rivalité mimétique conflictuelle pour de mauvaises raisons, purement mentales, qui seront cristallisées dans le champ intersubjectif des représentations (images et mots) par un troisième acteur ayant intérêt à affaiblir ces deux premiers sujets. Il est parfois difficile de démêler les raisons objectives et subjectives des conflits. L'humain vit autant dans le monde objectif des faits que dans celui des représentations et des images de soi et d'autrui. Néanmoins, la partie proprement identitaire, intersubjective et psychologique des conflits ne se dramatise et ne se déploie que dans le champ des représentations, donc du langage et des images. À ce titre, ce versant identitaire des conflits est grandement susceptible d'une manipulation médiatique, faisant passer l'objet réel derrière sa représentation langagière et iconique falsifiée.

Exemple : il se peut que l'islam soit incompatible avec l'Occident, comme le soutiennent les partisans du « choc des civilisations ». C'est une hypothèse à tester, comme toutes les hypothèses. Mais pour que le test soit neutre et objectif, il faut déjà se débarrasser de toutes les images et représentations associées à cette religion par les médias depuis le lancement de la théorie du complot islamiste, le 11 septembre 2001. Pour discuter sérieusement de l'islam en Occident, il faut donc revenir au minimum aux conditions du 10 septembre 2001, c'est-à-dire oublier volontairement tout ce qui s'est produit depuis cette date en termes de terrorisme d'État, faits divers truqués et attentats sous faux drapeau (opérations *false flags*) : 11 Septembre, Madrid, Londres, Toulouse, Boston, Bruxelles, Paris, État islamique, etc. Après ce travail de décapage, de nettoyage et de déconstruction de la gangue d'images médiatiques, l'objet réel apparaît et on peut l'appréhender scientifiquement, mais pas avant. Lutter contre l'islam pour les raisons invoquées depuis le 11 Septembre (fanatisme, terrorisme, incompatibilité culturelle absolue, etc.) relève donc d'une rivalité mimétique orchestrée, c'est-à-dire un duel identitaire mis en scène par les médias au moyen d'images et de mots-clés. Ce conditionnement pavlovien polémogène, comme on dresse des chiens ou des coqs de combat à se battre entre eux sans raison objective, s'appuie donc sur de mauvaises raisons. Évidemment, ceci n'exclut pas l'existence de bonnes raisons de lutter contre l'islamisation, mais ces raisons objectives sont à définir en toute indépendance vis-à-vis du discours médiatique et des représentations qu'il diffuse dans l'opinion publique.

Rappelons pour mémoire ce que notait un rapport militaire états-unien de la School of Advanced Military Studies (SAMS), commenté dans le *Washington Times* du 10 septembre 2001 : « Les officiers de la SAMS ont dit à propos du Mossad, le service de renseignement israélien : « Joker. Sans pitié et rusé. A la capacité de prendre pour cible des forces américaines et de faire croire à une action palestinienne/arabe[23]. » La BBC titrait de son côté dès 2002 qu'Israël imitait la présence d'Al-Qaïda et le site Wikistrike écrivait le 11 septembre 2011 : « Al-Qaïda a ciblé en dix ans le monde entier sauf Israël[24]. »

---

23. « U.S. troops would enforce peace under Army study », *The Washington Times*, 10/09/2001.
http://www.washingtontimes.com/news/2001/sep/10/20010910-025319-6906r/
24. « Israel 'faked al-Qaeda presence' », BBC News, 08/12/2002.
http://news.bbc.co.uk/2/hi/middle_east/2550513.stm

La propagande de guerre consiste toujours à construire une image infamante et polémogène de l'ennemi. En cette année de commémoration du centenaire de la Première Guerre mondiale, rappelons comment les médias de la Belle Époque, essentiellement les journaux imprimés, fabriquèrent sur plusieurs années une opinion publique favorable au conflit à venir en diffusant dans leurs colonnes des articles de presse mensongers et des dessins caricaturaux déformants, de sorte à précipiter les peuples les uns contre les autres. Nous sommes ici dans le domaine du management des perceptions, qui vient s'intercaler entre l'objet réel et le sujet percevant. Ma perception d'un objet, ou d'un autre sujet (autre pays, autre religion, autre identité), peut être altérée et modifiée par une tierce personne, un troisième sujet qui n'apparaît pas à première vue. Il existe donc une géométrie du conflit. Il y a au moins deux types de forme géométrique des conflits : duelle ou triangulée. Dans la structure duelle, deux acteurs s'affrontent en face à face. Le conflit advient « naturellement », par la rencontre problématique mais directe et sans médiateur de deux acteurs. À l'opposé, dans la structure triangulée, deux acteurs s'affrontent sous le regard d'un troisième. Le duel entre les deux acteurs situés à la base du triangle est supervisé, tutoré et influencé par le troisième acteur qui occupe le sommet du triangle. Ici, les problèmes sont orchestrés.

Un conflit peut donc être « médiatisé », au sens étymologique, c'est-à-dire entretenu par un média, ou un médium, occupant une position intermédiaire entre les deux belligérants. L'analyse transactionnelle propose le modèle du « triangle dramatique », ou triangle de Karpman, qui met en place une structure relationnelle entre trois rôles : la victime, le persécuteur et le sauveur. Il semble bien que la majorité des conflits qui ensanglantent la planète se trouvent ainsi triangulés. Autrement dit, pratiquement tous les conflits sont des artefacts, mis en scène, élaborés, façonnés, construits dans le cadre d'une véritable ingénierie stratégique de la tension intentionnelle. Pourquoi est-il aussi difficile de s'en rendre compte ? Parce qu'il manque à la plupart des observateurs une grille de lecture, celle du Renseignement. Un chercheur comme Bernard Lugan, par exemple, est une vraie mine d'informations factuelles sur les conflits ethniques qui traversent le continent africain, mais il applique rarement la grille de lecture du Renseignement. Conséquence : il manque souvent un élément dans sa description, le troisième élément, le sommet du triangle. Quand on le lit, on a l'impression que les tensions ethniques intra-africaines adviennent toutes seules, directement, par la rencontre polémique des acteurs en conflit. Le sommet du triangle, l'ingénieur du conflit, son chef d'orchestre, n'est pas décrit. L'application de la grille de lecture du Renseignement à ces conflits ethniques permet de révéler que dans la majorité des cas, ces conflits identitaires sont supervisés, entretenus, provoqués, tutorés par un acteur extérieur, le plus souvent occidental, à des fins coloniales et impérialistes. Cette action extérieure, cette ingérence étrangère, ne provient évidemment pas des peuples occidentaux, qui n'y sont pour rien, mais résulte de la convergence d'intérêts entre mafias financières, *lobbies* industriels, ONG diverses et services spéciaux occidentaux tels que la CIA, le MI6, le Mossad, la DGSE…

Or, ce qui s'applique avec succès en Afrique subsaharienne ou dans le monde arabo-musulman est appliqué également en France. Des représentations polémogènes destinées à construire la rivalité mimétique identitaire de deux groupes sociologiques sont diffusées dans les médias par un troisième groupe sociologique. À titre d'exemple, on se rappellera le Rav Ron Chaya et sa parabole talmudique du petit coq juif qui doit pousser les gros coqs chrétien et musulman à s'entretuer s'il veut prospérer (dans la lignée des théoriciens du suprémacisme juif tels que Yitzhak Shapira, Yaakov Yossef et Ovadia Yosef). Une application pratique en fut donnée pendant les émeutes de banlieue de 2005 qui ont secoué la France plusieurs semaines durant. Des sources personnelles confirmées par d'autres, reproduites en annexes, ont attesté de la présence parmi les casseurs d'individus agitateurs liés à Israël et au Mossad. La narration médiatique officielle de cette page de l'histoire de France rapporte un conflit duel entre des Français de souche terrorisés, repliés derrière les forces de l'ordre, et des délinquants fous furieux issus de l'immigration africaine et musulmane. Le troisième acteur de la situation, en l'occurrence l'agent provocateur professionnel, reste ignoré et n'apparaît qu'à la condition d'appliquer la grille de lecture du Renseignement. Cette structure triangulée se rencontre également dans le marché des produits *halal* en France, dont l'expansion incontestable repose entre les mains d'individus et d'entreprises pourtant non musulmans ; d'où la nécessité de toujours poser la question des éléments non musulmans à l'œuvre dans les processus d'islamisation si l'on veut vraiment comprendre leur fonction. On retrouve encore ce trinôme dans la fausse opposition politique entre la Droite et la Gauche, entretenue artificiellement par le sommet du triangle pour empêcher la jonction des forces populistes françaises dans un front commun, le fameux processus de coagulation que le Pouvoir passe son temps à dissoudre continuellement. Le clivage Droite/Gauche doit être dénoncé pour ce qu'il est, l'attrape-nigaud par excellence de la triangulation républicaine, un simple hameçon d'ingénierie sociale.

Dans la plupart des conflits, nous ne sommes donc pas deux, nous sommes trois. Quand on se trouve engagé dans un rapport de forces avec un autre sujet, il faut toujours se demander « qui » nous y a engagés, afin de reconstituer le « triangle de la rivalité », retrouver les trois acteurs de la rivalité mimétique, du rapport de forces. Il y en a deux qui sont évidents, mais le troisième l'est moins. Cela est normal. L'efficacité du conflit triangulé repose sur une condition *sine qua non* : il ne doit pas être perçu comme tel, comme mobilisant trois sujets, mais il doit être perçu comme un duel. La base ne doit en aucun cas percevoir le sommet. Ou alors, si elle le perçoit, elle ne doit pas le comprendre.

COMMENT DEVENIR INVISIBLE ?

Le piratage est l'art de la furtivité, donc de l'invisibilité. Comment s'y prend le sommet « pirate » du triangle pour que son rôle d'instigateur du conflit reste incompris et inaperçu de la base ? L'efficacité de la triangulation vient de ce que les deux sujets de la base se perçoivent mutuellement comme des ennemis, donc se méfient l'un de l'autre, mais ne perçoivent pas le sommet comme un ennemi, donc lui font confiance, ou au moins ne s'en méfient pas, lui restent indifférents.

D'après le célèbre pirate informatique Kevin Mitnick, l'ingénierie sociale est *L'Art de la supercherie* et consiste essentiellement à jouer sur la crédulité et la confiance d'autrui pour modifier son comportement, principe de l'« hameçonnage » (*phishing* et usurpation d'identité). En étant perçu dans la confiance ou dans l'indifférence, le sommet hameçonneur peut se permettre d'être perçu, mais il ne sera pas compris comme architecte du conflit. C'est une application de la technique dite « cacher en pleine lumière », « l'art royal » dont se servent les prestidigitateurs et les illusionnistes, ainsi que les sociétés ésotériques et les services secrets : se montrer en partie, pour gagner la confiance et donner le sentiment qu'il n'y a rien à creuser : « Ah, ce n'est que ça ? Circulez, y'a rien à voir. » En revanche, dès que les deux acteurs en conflit et occupant la base du triangle perdent confiance dans le troisième qui est au sommet, on sort du duel pour entrer dans un triangle conflictuel. Le rôle du sommet est perçu et compris en tant qu'ingénieur du conflit, on sort donc de la rivalité mimétique qui est une structure duelle ; les mauvaises raisons du conflit, celles orchestrées par le sommet, s'évaporent.

Pour parvenir à ses fins, le sommet hameçonneur, qui n'est jamais totalement invisible, doit néanmoins empêcher le regard de la base de rester focalisé sur lui. Le sommet pirate sait qu'il sera vu plus ou moins, mais doit empêcher l'attention de la base de rester concentrée sur lui. Il doit donc réussir à diffracter la focalisation de l'attention de la base. Comment ? En multipliant les leurres, les diversions, les fausses pistes, ou en prenant le contrôle des rapports de confiance. La maîtrise des relations de confiance et de méfiance est la clé de l'ingénierie sociale. Si je suis ingénieur social, mon travail pour occuper le sommet de la pyramide consistera à produire de la méfiance entre vous et de la confiance à mon égard, ou au moins de l'absence de méfiance, soit de l'indifférence. Si j'arrive à produire de l'indifférence à mon égard, je défocalise votre attention de ma personne et je deviens pratiquement invisible à vos yeux. L'hameçonnage consiste à devenir invisible, ce qui permet par contraste de mieux organiser la visibilité d'autrui en bien ou en mal. Quand on maîtrise la gamme des rapports méfiance/indifférence/confiance, donc quand on a la maîtrise de la focalisation de l'attention d'autrui, on maîtrise la technique d'invisibilité et on devient pratiquement tout-puissant. Dans l'orchestration triangulée d'un conflit, l'obtention de la confiance est ainsi le moment clé de l'hameçonnage, qui se résume par l'expression « un faux bien pour un vrai mal » : pour les faire avancer, l'hameçonneur fait miroiter aux deux hameçonnés une carotte, un conflit présenté comme salutaire, dont chacun croit qu'il sortira grandi et gagnant, et l'ennemi diminué et perdant, alors que l'issue en sera seulement perdant-perdant pour les deux hameçonnés, le seul gagnant étant l'hameçonneur.

CONCLUSION

On croyait qu'on était deux et on se rend compte qu'on était en fait trois : c'est le sentiment qu'ont dû éprouver les Poilus de 14-18 quand ils ont commencé à se mutiner et à fraterniser avec les malheureux soldats prussiens de la tranchée d'en face, découvrant soudainement qu'ils n'avaient aucune bonne raison de se battre et que s'ils s'entretuaient depuis des années, c'était uniquement parce qu'un troisième acteur en lequel ils avaient confiance les avait convaincus de le faire. Et quand ils ont réfléchi sur le sommet du triangle, ces courageux patriotes, totalement manipulés par leurs états-majors respectifs, eux-mêmes manipulés par les médias de l'époque, ont-ils remonté la chaîne causale jusque tout en haut ? Sont-ils allés jusqu'aux banquiers cosmopolites et aux « marchands de canons », ancêtres du complexe militaro-industriel, que Louis-Ferdinand Céline désignait dans ses pamphlets comme étant les vrais responsables du massacre ? Même si à l'époque certains soldats sont parvenus à décrypter individuellement la situation générale et l'identité des vrais fauteurs de guerre, la vérité historique sur ce conflit resta exclue des grands médias et stagna donc au niveau du signal faible. Conséquence : la même structure conflictuelle triangulée, mobilisant à peu près les mêmes acteurs, fut reproduite à l'identique entre 1939 et 1945 – pourquoi changer une formule qui gagne ? – et cette fois-ci, même Céline tomba dans le panneau ! De sorte à ne pas nous laisser piéger à notre tour dans de nouveaux massacres sans raisons objectives et orchestrés en haut lieu, il nous revient d'organiser massivement une force politique collective capable d'élaborer des mesures d'anti-piratage. Notamment, il est indispensable de démocratiser la culture du Renseignement, seul moyen de mettre en relief les divers hameçons et conflits triangulés qui nous sont appliqués en France, au Moyen-Orient, en Ukraine et partout où l'axe Washington/Tel Aviv s'acharnc à provoquer ses guerres, ses coups d'État et ses attentats terroristes.

ANNEXES

1) Extraits du *Wayne Madsen Report.*

« Le 23 octobre 2006 – WMR [Wayne Madsen Report] a déjà rapporté que le ministre de l'Intérieur français et candidat conservateur aux présidentielles Nicolas Sarkozy avait lancé des manœuvres de « guerre psychologique » en excitant la violence parmi les musulmans, essentiellement des gangs de la jeunesse nord-africaine à Paris et dans ses banlieues, pour convaincre le public français qu'il y a une « menace musulmane ». Nous pouvons maintenant rapporter que selon nos sources dans le Renseignement français, le programme est relié à des fonds de financement « hors bilan ».

Le ministre de l'Intérieur entretient ce qui est connu comme une « boîte noire » de fonds recueillis de la confiscation d'actifs français anti-narcotiques, contrebande, et d'autres activités illicites. Ces fonds non comptabilisés ont « disparu » dans les opérations clandestines de M. Sarkozy pour provoquer des troubles dans la jeunesse musulmane. L'argent est utilisé pour payer des fauteurs de troubles et convaincre des gangs de la rue d'attaquer les voitures de police, les bâtiments, les transports publics et en général exciter la violence. Hier, des provocateurs ont arrêté un bus à Grigny, dans l'Essonne, en banlieue de Paris. Dans ce que la police a appelé une attaque bien planifiée, les passagers ont été forcés de descendre du bus et deux jeunes l'ont ensuite embrasé avec du pétrole. Les flammes se sont étendues à quatre voitures garées. L'incident fait écho à des attaques précédentes planifiées contre la police ou des cibles civiles.

En plus des opérations de boîte noire, le Renseignement français a confirmé que les forces de renseignement intérieur de M. Sarkozy ont reçu ordre par le ministre de l'Intérieur de placer la candidate socialiste aux présidentielles Ségolène Royal sous surveillance électronique et physique totale[25]. »

« Le 25 octobre 2006 – Un nouveau livre en Allemagne met en lumière le programme clandestin d'Israël de provocation de violence chez les musulmans en Europe de l'Ouest et d'engagement dans des opérations « sous faux drapeau » dans le but pour les gouvernements occidentaux de blâmer l'islam radical. Le livre, *Der Krieg im Dunkeln* (*La Guerre de l'ombre*) par Udo Ulfkotte, un ancien correspondant du *Frankfurter Allgemeine Zeitung*, fournit les détails d'opérations de deux unités du Renseignement israélien – la Metsada, spécialisée dans le sabotage, incluant les attaques terroristes « sous faux drapeau » et les assassinats ; et le LAP (Lohamah Psichlogit), qui est engagé dans la guerre psychologique.

Le précédent livre de Ulfkotte sur l'extrémisme islamiste, titré *The War in our Cities* (*La Guerre dans nos villes*), a été retiré du marché allemand à cause de « pressions légales massives de plaignants islamiques ».

---

25. http://www.waynemadsenreport.com/articles/20070426_48

Ulfkotte affirme que des agents de renseignement britanniques et allemands ont rencontré des agents de la Metsada et du LAP en France provoquant des violences pendant les émeutes de novembre 2005, dont les extrémistes islamistes furent accusés. WMR a également rapporté que le ministre de l'Intérieur et candidat aux présidentielles Nicolas Sarkozy, soutenu en France par les factions favorables à la Droite israélienne (Likoud/Netanyahou/Olmert), a coordonné et continue de coordonner le paiement d'agents provocateurs de violence dans les banlieues à prédominance musulmane de Paris et d'autres villes.

Les émeutes de novembre 2005 se sont étendues de Paris à Rouen, Lille, Nice, Dijon, Strasbourg, Marseille (où la Branche C du Mossad, également responsable pour Paris et Londres, entretient une importante cellule), Bordeaux, Rennes, Pau, Orléans, Toulouse, Lyon, Roubaix, Avignon, Saint-Dizier, Drancy, Évreux, Nantes, Dunkerque, Montpellier, Valenciennes, Cannes, et Tourcoing.

Ulfkotte cite aussi une source du MI6 britannique attestant que le but d'Israël est de façonner une image des musulmans comme étant des menaces imprévisibles qui ne peuvent pas être intégrées dans la société occidentale.

Pendant ce temps, des sources du Renseignement états-unien rapportent un effort continuel du Renseignement israélien pour lancer des opérations sous faux drapeau aux États-Unis. En plus des nationaux israéliens et des binationaux américano-israéliens attrapés pendant qu'ils examinent des tunnels, ponts, bases militaires, hauts bâtiments, agences gouvernementales, maisons privées d'agents de la loi, aéroports, usines pétrolières et chimiques, et autres cibles potentielles, des nationaux israéliens sont également attrapés pendant qu'ils mettent sur pied d'autres tactiques de panique et de terreur. Il y a eu également une infiltration sans précédent d'agents du Mossad dans les postes sensibles et de haut niveau du département de la Défense, de la CIA, de la Sécurité intérieure, du FBI, et d'autres agences, qui toutes continuent de reconnaître officiellement Israël comme une nation au « Renseignement hostile ».

Lundi, Yechezkel Wells, un garçon de vingt et un ans, binational américano-israélien, a plaidé coupable pour avoir téléphoné une fausse alerte à la bombe le 26 août aux services de secours de l'aéroport de Long Beach (Californie) depuis une cabine téléphonique. Wells a affirmé qu'il avait passé cet appel parce qu'il était en retard pour son vol et qu'il espérait ainsi retenir l'avion de décoller. Wells a dit qu'il y avait une bombe dans le vol Jet Blue de Long Beach à Fort Lauderdale, en Floride. Le vol Blue Jet a été retardé d'une heure.

On ne sait pas grand-chose sur Wells. Il affirme être étudiant mais il n'y a aucune information sur sa scolarisation. Wells a plaidé coupable pour le simple délit de fausse information sur une menace visant un aéronef. La sentence est prévue pour le 29 janvier 2007 et Wells encourt au maximum cinq ans de prison ou de probation. Si le passé sert de leçon, on peut s'attendre à ce que l'administration Bush accepte la probation en échange d'une expulsion de Wells en Israël, où des milliers d'autres agents comme lui du Mossad, de la Metsada, du LAP attrapés en train d'élaborer des opérations psychologiques ou de terrorisme sous faux drapeau aux États-Unis avant, pendant et après les attaques du 11 Septembre, peuvent continuer à exercer leurs travaux en tromperies[26]. »

« Le 26 octobre 2006 – WMR a reçu un témoignage oculaire des opérations du ministre de l'Intérieur français Nicolas Sarkozy pour provoquer des violences dans les banlieues parisiennes. Sarkozy est en lice pour les élections présidentielles

26. http://www.waynemadsenreport.com/articles/20070426_57

de l'an prochain. Le 25 septembre, un convoi de la police a utilisé le quai des Célestins sur la rive droite de la Seine comme zone d'entraînement pour un assaut dans la cité des Tarterêts dans le but de « bousculer » les habitants. Plusieurs centaines de policiers ont été recrutés pour l'attaque. Il y eut seulement quelques arrestations pour ce qui s'avère être une opération de guerre psychologique (voir le reportage d'hier sur la responsabilité du LAP d'Israël dans les émeutes en France).

L'assaut planifié de la police était mené en représailles d'une attaque contre deux policiers aux Tarterêts. WMR a appris de sources dans le Renseignement français que l'agression des policiers était également orchestrée par Sarkozy et ses soutiens qui ont totalement infiltré le service de renseignement intérieur, la DST, et se trouvent maintenant en nombre croissant à la DGSE, le service de renseignement extérieur[27]. »

« 12 novembre 2006 – WMR a obtenu un courriel crypté envoyé par le Renseignement états-unien à un officiel du gouvernement français en juillet 2005 mettant en garde contre l'infiltration de groupes immigrés en France par des membres du Renseignement néoconservateur entraînés aux États-Unis pour fomenter des émeutes dans les banlieues parisiennes peuplées d'immigrés musulmans en novembre 2005. WMR a déjà rapporté la responsabilité d'éléments contrôlés par le ministre de l'Intérieur français et candidat aux présidentielles Nicolas Sarkozy dans le déclenchement des émeutes. WMR a également rapporté que des éléments du Mossad issus des unités de guerre non conventionnelle Metsada et LAP (psyops) étaient engagés dans les émeutes en France, selon les informations présentées dans un nouveau livre en Allemagne[28]. »

« Le 6 février 2007 – Le candidat de droite aux élections présidentielles en France, Nicolas Sarkozy, a reçu de l'argent

---

27. http://www.waynemadsenreport.com/articles/20070426_60
28. http://www.waynemadsenreport.com/articles/20070427_19

du fugitif international américain et pivot de la mafia russo-israélienne Marc Rich, selon des sources françaises. L'argent a été transmis par le biais de la division de blanchiment de la Deutsche Börse basée au Luxembourg à Clearstream. Sarkozy a proclamé son innocence dans l'affaire de corruption et de blanchiment d'argent sale des frégates de Taïwan, accusant le Premier ministre français Dominique de Villepin d'être derrière un sale coup politique. Dans tous les cas, en éructant sur son innocence dans le scandale de Taïwan, Sarkozy a diverti l'attention des fonds reçus de la mafia russo-israélienne de Clearstream du compte de la banque Menatep, la banque possédée par le magnat russe emprisonné Mikhail Khodorkovsky. Sarkozy, un néoconservateur coopté pour favoriser une ligne dure envers les Arabes sur le territoire et au plan international, est aussi connu pour avoir reçu des fonds de Marc Rich, basé en Suisse, par le biais des comptes Clearstream de Menatep, avant et après l'effondrement de Menatep en 1998. Menatep a des liens avec un grand nombre de mafieux russo-israéliens, incluant Semion Mogilevich, considéré comme le plus dangereux parrain de la mafia russo-israélienne dans le monde. L'ancien avocat de Rich, Irve Lewis « Scooter » Libby, est en procès à Washington, D.C. pour faux témoignage et obstruction de justice dans le dévoilement d'un officier de la CIA sous couverture. La police fiscale française s'aiguise sur des comptes *off-shore* exploités par l'ancien officiel de Ioukos et Menatep, Alexei Golubovich, qui était assigné à domicile en Italie avant qu'il ne retourne en Russie. Golubovich a accepté de témoigner contre Khodorkovsky en échange d'un abandon par les procureurs russes des charges pesant contre lui. Dans ce qui pourrait être lié à un scandale de blanchiment d'argent sale, Yuri Golubev, un cofondateur de Ioukos, est mort à Londres le mois dernier dans des circonstances que les procureurs russes estiment suspectes. En décembre, WMR avait rapporté, « Sarkozy a été accusé de recevoir des fonds illégaux par des comptes en banque douteux au Luxembourg et certains de ces fonds ont des empreintes digitales de la mafia russo-israélienne partout. » Sarkozy est dans une lutte serrée avec la candidate du Parti socialiste française Ségolène Royal. Une véritable infection de scandales d'argent et de corruption continue de s'accrocher à Sarkozy[29]. »

« Le 10 mai 2007 – La purge néoconservatrice des services de renseignement français commence.

Seulement quelques jours après l'élection du néoconservateur Nicolas Sarkozy comme président de la France, la purge néoconservatrice attendue des membres anti-sarkozystes du Renseignement français et des services de sécurité a commencé. Le capitaine Thierry Tintoni des Renseignements généraux (RG) a été mis en doute par un tribunal secret pour violation de lois du secret. Tintoni est accusé d'avoir fourni à la candidate battue du Parti socialiste Ségolène Royal des informations sensibles sur la conduite de Sarkozy quand il était ministre de l'Intérieur. Les services de renseignement français vont maintenant subir les mêmes purges que les purges néoconservatrices similaires qui arrivèrent aux services de renseignement états-uniens, britanniques, australiens, danois et italiens.

Les sources françaises du WMR disent que les services de renseignement français, incluant la DGSE et la DST, s'attendent à une purge stalinienne par les forces de Sarkozy. Les cibles attendues incluent des agents suspectés d'être trop proches des socialistes et ceux considérés trop pro-arabes. L'équipe de Sarkozy va aussi cibler ces agents qui, par les télécommunications interceptées de Sarkozy et de ses associés et officiels d'organisations clés américaines et néoconservatrices, incluant l'American Enterprise Institute et l'American Jewish

---

29. http://www.waynemadsenreport.com/articles/20070430_64

Committee, sont devenus conscients de la politique étrangère secrète de Sarkozy et de ses canaux de financement de campagne. Sarkozy a pris avec les néoconservateurs américains des engagements en politique étrangère qui sont en opposition tranchée avec les politiques du président sortant Jacques Chirac et de son Premier ministre Dominique de Villepin[30]. »

2) Articles en ligne sur les activités du Mossad en France.

« La vérité, enfin, sur les menées du Mossad ? », *The International Solidarity Movement*, 20 mars 2004[31].

« Émeutes des banlieues françaises en novembre 2005 provoquées par le Mossad », *Narkive – Israel francophones*[32].

« Dr Udo Ulfkotte, Wayne Madsen and Israel's covert program to provoke the Muslim riots in France », *The Daily Sketch*, 31 octobre 2006[33].

« Le Mossad derrière les émeutes des banlieues en novembre 2005 », *Union des Patriotes,* 4 août 2007[34].

« Notizbuch », *Deutschland Brief,* juillet 2007[35].

« *Der Krieg im Dunkeln* (Udo Ulfkotte) » (« *La Guerre de l'ombre*, de Udo Ulfkotte »), *Scriptoblog*[36].

« Udo Ulfkotte : le Mossad a alimenté les révoltes dans les banlieues », *La Voix de la Russie*, 22 octobre 2014[37].

« Après *Charlie Hebdo*, le Mossad accroît sa présence en France », *Al-Manar*, 21 février 2015[38].

---

30. http://www.waynemadsenreport.com/articles/20070510_13
31. http://www.ism-france.org/analyses/La-verite-enfin-sur-les-menees-du-Mossad--article-934
32. http://israel.francophones.narkive.com/p5rB1nMT/emeutes-des-banlieues-francaises-en-novembre-2005-provoquees-par-le-mossad
33. http://dailysketcher.blogspot.fr/2006/10/dr-udo-ulfkotte-wayne-madsen-and.html
34. http://uniondespatriotes.hautetfort.com/archive/2007/08/04/le-mossad-derriere-les-emeutes-des-banlieues-en-novembre-200.html
35. http://uniondespatriotes.hautetfort.com/media/01/01/4240686e41be796abeae8721626de59e.pdf
36. http://www.scriptoblog.com/index.php?option=com_content&view=article&id=427:der-krieg-im-dunkeln-udo-ulfkotte&catid=49:geopolitique&Itemid=55
37. http://french.ruvr.ru/2014_10_22/Udo-Ulfkotte-le-Mossad-a-alimente-les-revoltes-dans-les-banlieues-Partie-2-7788/
38. http://www.almanar.com.lb/french/adetails.php?fromval=2&cid=26&frid=19&seccatid=26&eid=220901

CHAPITRE VI

L'EFFONDREMENT CONTRÔLÉ DES SOCIÉTÉS HYPER-COMPLEXES[*]

À l'occasion des manifestations des Bonnets rouges contre l'écotaxe en Bretagne, un nouveau terme a fait son entrée dans le vocabulaire politico-médiatique français, la « coagulation », pour désigner un phénomène de convergence et d'unification des forces populaires dans un front commun contre le Pouvoir, lui-même poussé à la « dissolution ». Ces éléments de langage, « dissoudre et coaguler », apparaissent dans certaines traditions ésotériques mais décrivent des mécanismes psychologiques et sociologiques objectifs et universels. Ils ont été transposés au XXᵉ dans une méthodologie scientifique dont le tronc commun est la cybernétique, en particulier dans son application sociale, subdivisée entre une ingénierie sociale négative, méthode de « dissolution » de l'ennemi, et une ingénierie sociale positive, méthode de « coagulation » des amis et alliés. L'exposé s'attachera, tout d'abord, à décrire la stratégie appliquée par le Pouvoir pour

Rébellion, n° 66, septembre/octobre 2014 ; Scriptoblog, 04/12/2014.

« dissoudre » les populations en faisant monter l'entropie et le désordre en leur sein et les génocider à terme ; puis, dans un deuxième temps, en réponse à ce programme d'extermination génocidaire appliqué en France aujourd'hui, des pistes de stratégie seront proposées pour neutraliser l'attaque et reprendre l'avantage en « coagulant » les options et les sensibilités politiques résistantes.

QU'EST-CE QUE L'INGÉNIERIE SOCIALE NÉGATIVE ?

La définition de l'ingénierie sociale négative, IS– pour abréger, tient en deux mots : démolition contrôlée. La démolition contrôlée des peuples et des identités consiste à installer en leur sein des conflits triangulés. Depuis le sommet du triangle, l'IS– implémente des rivalités mimétiques et des duels identitaires à la base du triangle. L'objectif est la guerre de tous contre tous, en un mot le chaos, mais sous pilotage triangulé. Le terrain le plus favorable pour augmenter le niveau général d'entropie chaotique, donc augmenter les risques de conflits et de séparatisme, est l'hyper-complexité identitaire.

Dans *L'Effondrement des sociétés complexes*, l'anthropologue Joseph A. Tainter se pose la question des mécanismes d'entropie sociale qui aboutirent par le passé à l'effondrement puis à la disparition de certaines sociétés. Autrement dit, quels sont les facteurs de la mort d'une société ? Selon Tainter, le facteur principal d'entropie sociale est la complexification excessive de la société, aboutissant à des rendements marginaux décroissants. Tainter n'envisage qu'un effondrement « naturel » des sociétés. Or, la mort d'une société peut être naturelle, mais elle peut être aussi provoquée. L'IS– consiste à provoquer la mort d'une société, c'est-à-dire à activer artificiellement tous les facteurs d'entropie sociale et à produire un effondrement contrôlé de la société en augmentant méthodiquement sa complexité. Augmenter la complexité d'une société, cela veut dire augmenter le nombre de codes de communication qui la composent, c'est-à-dire le nombre de subcultures. Autrement dit, faire la promotion du multiculturalisme.

Distinguons au préalable un multiculturalisme naturel et raisonné, dont le rythme est lent, produit d'une rencontre et d'un échange entre des cultures qui communiquent de façon plus ou moins aléatoire au cours de l'histoire pour aboutir à des synthèses viables ; et un multiculturalisme artificiel et destructeur, dont le rythme est rapide, à marche forcée, résultat d'une planification dirigée, intentionnelle et balistique. Pourquoi « balistique » ? Parce que le multiculturalisme artificiel possède un fort potentiel polémogénétique et qu'il est utilisé par l'IS– comme une arme de destruction massive des peuples et de leurs identités. La définition d'une arme est : tout ce qui accélère artificiellement l'entropie d'une cible. La société est la cible, dont on accélère artificiellement l'entropie, le désordre, le morcellement, la fragmentation, la dislocation, au moyen d'un multiculturalisme centrifuge imposé.

Les sociétés traditionnelles sont assez homogènes et ne proposent généralement qu'un seul code de communication culturel, considéré comme absolu par manque d'éléments de comparaison. La Renaissance a vu l'introduction en Occident de la perspective, donc du point de vue, donc de la comparaison, donc du relativisme, donc du Multiple. Cette rupture n'a pas affecté que l'art, mais aussi la religion et les sciences, à la suite d'événements tels que : 1) la Réforme protestante, qui introduisit en Europe un deuxième christianisme, concurrent du premier ; 2) Christophe Colomb et la découverte d'un « Nouveau Monde » de l'autre côté de l'Atlantique ; 3) la démonstration de l'héliocentrisme, la première « révolution copernicienne », blessure narcissique infligée par la science aux religions, l'Homme n'étant plus au centre de la création ; 4) l'essor de l'imprimerie et de la diffusion incontrôlée des idées. La Renaissance, qui fait entrer l'Europe dans ce que les historiens appellent la Modernité, a complexifié la situation traditionnelle du code unique en ajoutant dans les sociétés occidentales un deuxième code, voire un troisième, un quatrième, un cinquième… L'esprit critique fait son apparition. La somme des codes différents restait cependant dénombrable et en quantité finie. La multitude restait limitée.

La postmodernité au XXᵉ siècle nous a fait passer à l'hyper-complexité, c'est-à-dire au stade où le nombre de codes est en droit indénombrable, infini, illimité. Or, si nous pouvons parler plusieurs langues, nous ne pouvons pas parler une infinité de langues. Pourtant, que nous dit l'idéologie dominante en Occident depuis les années soixante ? En substance : nul n'a le droit de limiter le nombre de codes, sous peine d'être qualifié de « réactionnaire ». Conséquence : alors même qu'on est « chez soi », on se retrouve à devoir développer une expertise en communication interculturelle, car une infinité de codes de communication sont potentiellement « chez vous ». Cette situation paradoxale, qu'on pourrait résumer par « je suis chez moi et ailleurs en même temps », oblige le cerveau à traiter toujours plus de signaux et d'informations, ce qui accélère le métabolisme et induit une consommation énergétique accrue, donc une surcharge de travail et une tension nerveuse supplémentaire, source de stress, facteur d'anxiété, ce que le cerveau n'aime pas du tout car il n'est pas équipé pour traiter l'infini, son fonctionnement étant fini et sélectif. Le rejet de l'hyper-complexité, de l'infinité des codes et du « multi-tout » (multi-culti, multi-ethni) possède donc une base neuronale légitime, saine et naturelle.

L'IMMIGRATIONNISME :
OUTIL D'INGÉNIERIE SOCIALE NÉGATIVE

La multiplication à l'infini des codes et des identités constitue une véritable agression du cerveau, capable d'empêcher et de handicaper son fonctionnement normal. La traduction politique de cette hyper-complexité identitaire est l'idéologie immigrationniste, dont le caractère offensif est évident. Au-delà d'un certain seuil démographique, l'immigration de travail devient une immigration de remplacement, donc un véritable outil d'ingénierie sociale négative, une véritable arme de destruction massive prisée pour son caractère précarisant, déstabilisant, dissolvant, pathogène, entropique et génocidaire[39].

Les chiffres officiels de l'immigration en France montrent que, dès le milieu des années 2000, Sarkozy et l'UMP, avec le soutien des libéraux de droite et des libertaires de gauche, ont commencé à faire rentrer en moyenne 200 000 étrangers en France tous les ans (sans compter les clandestins). Quelle que soit l'origine des immigrés et leurs motivations, une telle folie immigrationniste ne peut que détruire le pays d'arrivée, incapable d'absorber un tel flux continu équivalant à rajouter la population d'une ville complète tous les ans, et ne peut que détruire aussi le pays de départ, qui assiste impuissant à la fuite des cerveaux et des bras, et se voit ainsi vidé de ses forces vives comme une hémorragie mortelle. C'est d'ailleurs ce que pense Moustapha Al-Mikdad, écrivain et journaliste syrien, réagissant au départ de ses jeunes compatriotes causé par la guerre que les puissances occidentales mènent contre son pays : « Les épisodes de la conspiration du bloc occidental contre la Syrie ne sont pas encore épuisés, chaque jour nous amenant son lot de détails inattendus. (…) Maintenant

39. « Social Engineering 101 : How to Make a Refugee Crisis », *New Eastern Outlook*, 13/09/2015. http://journal-neo.org/2015/09/13/social-engineering-101-how-to-make-a-refugee-crisis/

que leur guerre terroriste contre nous a épuisé une grande partie de nos ressources, l'organisation de l'immigration de nos jeunes commence à prendre de très graves proportions qui laissent à penser qu'un nouveau plan est en cours de préparation pour vider la Syrie de ses compétences humaines et scientifiques, en jouant sur la corde sensible de la « souffrance insupportable des migrants » auprès de l'opinion publique européenne en premier, et occidentale ensuite. (…) Un dernier plan qui, en effet, viderait considérablement la Syrie de cette catégorie d'âge susceptible de combattre le terrorisme et de reconstruire le pays ; ce qui signifie la poursuite de la politique guerrière occidentale par d'autres moyens qui atteindraient les mêmes objectifs, en cas d'échec de leurs opérations incessantes d'extermination, de destruction et d'extension du terrorisme[40]. »

L'immigration, quelles que soient ses conditions, devrait être renommée « déportation », surtout quand elle a pour fonction de recomposer les équilibres démographiques en déportant telle population pour remplacer telle autre, ce qui revient à génocider les deux. Or, en dépit de ses conséquences criminelles, le concept de « migration de remplacement » est utilisé et appliqué sans scrupule et en toute impunité par les démographes de l'ONU et par la technocratie européiste[41] (rapport Pisani-Ferry/Enderlein, etc.). Les guerres menées par les États-Unis, Israël et leurs mercenaires islamistes contre la Syrie, l'Irak, la Libye et divers pays d'Afrique subsaharienne sont à l'origine d'une nouvelle étape dans cette déportation migratoire de masse, franchie à l'été 2015 avec l'afflux soudain en Europe, par mer et par terre, de clandestins

---

40. « Syrie : Que nous prépare l'Occident après sa guerre destructrice et son terrorisme ? », Arrêt sur Info, 04/09/2015.
http://arretsurinfo.ch/syrie-que-nous-prepare-loccident-apres-sa-guerre-destructrice-et-son-terrorisme/
41. « Nouveau rapport sur les migrations de remplacement publié par la Division de la population des Nations unies »
http://www.un.org/esa/population/publications/migration/pressfr.htm

déclenchant une véritable crise internationale. Enfin, pas pour tout le monde ! En effet, Pierre Gattaz, le président du MEDEF, bras armé du capitalisme patronal en France, pouvait ainsi déclarer sans broncher que les migrants sont un atout pour la France[42]. Comme on s'en doute, et comme l'ont rapporté divers observateurs, cette crise n'a rien de spontané mais est supervisée par des puissances discrètes (services de renseignement, réseaux financiers, ONG) et s'accomplit au bénéfice des intérêts cosmopolites les plus cyniques : « Les instigateurs du mondialisme et de son levier immigrationniste sont à la fois les plus motivés et les plus aptes au financement : par exemple le machiavélique Soros qui n'en est pas à ses débuts, lui qui présente dans son *curriculum* le succès de la dissolution de la Yougoslavie, grâce au maniement de l'explosif levier ethno-religieux… Maintenant, Soros consacre ses efforts et fonds gouvernementaux (convertis discrètement en actions privées), pour déstabiliser l'Europe et la Russie. (…) Les services de renseignement autrichiens révèlent en effet que la CIA organise l'afflux de migrants musulmans en Europe. Un employé du Bureau de la Défense autrichien qui a préféré garder l'anonymat (on peut le comprendre… vu qu'il opère sous la direction du ministère fédéral autrichien de la Défense) affirme que des organisations situées aux États-Unis paient les trafiquants afin qu'ils acheminent davantage de migrants africains et d'Orientaux en Europe. « Les trafiquants demandent des sommes exorbitantes pour amener illégalement des « réfugiés » en Europe. Les conditions sont souvent très précaires, mais un transport coûte actuellement 7 000 à 14 000 € » a déclaré un employé du Bureau de la Défense autrichienne au site Info-DIREKT.

---

42. « Pierre Gattaz : l'accueil des migrants est « une opportunité pour notre pays » », *Le Monde*, 08/09/2015.
http://www.lemonde.fr/idees/article/2015/09/08/les-migrants-sont-un-atout-pour-la-france_4749301_3232.html

« Il y a des éléments qui attestent que des organisations situées aux États-Unis ont créé un modèle de cofinancement et contribuent substantiellement aux paiements exigés par les trafiquants », a-t-il ajouté[43]. »

On le voit par ces exemples, le développement des peuples et des cultures n'est pas toujours « naturel », « libre et non faussé », mais il est parfois piraté, c'est-à-dire pris en charge et transformé artificiellement ; ce qui s'appelle de l'ingénierie sociale. Nafeez Mosaddeq Ahmed rappelait dans les colonnes du *Guardian* que « le Pentagone se prépare à des effondrements civils importants » et que pour les anticiper, il avait investi dans les sciences humaines pour parvenir à modéliser, anticiper et façonner les facteurs de changement social de masse : « Parmi les projets retenus pour la période 2014-2017, on trouve une étude de l'université Cornell dirigée par le service de la Recherche scientifique de l'US Air Force qui vise à développer un modèle empirique de « dynamique de la mobilisation et de la contagion d'un mouvement social ». Il s'agit de déterminer la « masse critique (seuil de basculement) » de la contagion sociale par l'étude des « traces numériques » dans les cas de « la révolution égyptienne de 2011, des élections russes à la Douma de 2011, de la crise d'approvisionnement en fioul au Niger en 2012, et du mouvement de protestation du parc Gazi en Turquie en 2013 ». Les messages et les conversations sur Twitter seront examinés pour « identifier quels sont les individus mobilisés dans une contagion sociale, et quand ils se sont mobilisés ». Un autre projet retenu cette année à l'université de Washington « cherche à découvrir dans quelles conditions naissent les mouvements politiques visant un changement politique et économique à grande échelle[44]. »

---

43. « Qui peut payer autant de migrants-clandestins ? », lesobservateurs.ch, 27/08/2015. http://www.lesobservateurs.ch/2015/08/27/qui-peut-payer-autant-de-migrants-clandestins/
44. « Pentagon preparing for mass civil breakdown », *The Guardian*, 12/06/2014.

Après avoir modélisé ces facteurs de « changement à grande échelle », l'ingénierie sociale négative consiste à les produire furtivement, donc à pirater la société pour piloter scientifiquement sa mort lente, la tuer à petit feu en lui faisant subir un génocide méthodique mais de basse intensité. Comment ? En imprimant à la société un mouvement centrifuge et séparatiste, individualiste et dissolvant, par la multiplication à l'infini des codes de communication et des langages, de sorte à complexifier la situation au-delà du gérable, ce qui fera monter mécaniquement le taux d'incommunicabilité, donc de violence et d'entropie. Pour détruire une chose, pour la faire mourir, il faut la diviser, la subdiviser, la fragmenter, d'où l'angoisse du « corps morcelé », en termes psychanalytiques. L'hyper-hétérogénéité sémantique qui dérive d'une démultiplication illimitée des codes vise en fait à en finir avec la communication et avec les identités, lesquelles reposent nécessairement sur du mouvement centripète et unificateur. Un code n'existe que s'il est partagé. L'identité a besoin d'unité et d'homogénéité, elle ne peut pas survivre dans le Multiple pur. « Y'a d'l'Un », comme disait Lacan, et cet Un est structurel et incontournable. La nation, une et indivisible, est logiquement la première cible de l'IS–. Pour lutter contre ce chaos séparatiste planifié, deux options stratégiques sont donc à envisager : 1) le retour immédiat à un enracinement identitaire simple et homogène ; 2) l'inversion progressive de l'hyper-complexité destructrice en avantage adaptatif, ce qui suppose dans un premier temps de « faire avec » l'hyper-complexité sans la refouler immédiatement[45].

---

http://www.theguardian.com/environment/earth-insight/2014/jun/12/pentagon-mass-civil-breakdown

45. « US Using 'Controlled Chaos' Strategy for Social Engineering in Europe », Sputnik, 24/09/2015.
http://sputniknews.com/politics/20150924/1027437566/us-social-engineering-europe-refugees.html

L'ENRACINEMENT IDENTITAIRE
COMME OUTIL DE CONTRÔLE SOCIAL

La première stratégie, celle qui vise à un réenracinement immédiat, peut être soumise à la critique. L'être humain a des racines, certes, mais nous ne sommes pas des plantes. Nous sommes même programmés génétiquement pour nous déplacer dans l'espace, à l'inverse des plantes. La possibilité du déracinement fait donc partie intrinsèque de notre nature génétique, de même que la migration, le nomadisme, le voyage, l'errance et tout ce qui tourne autour du déplacement géographique. Il ne s'agit pas ici de faire la promotion du déracinement mais d'assumer que la condition humaine soit intrinsèquement problématique car tiraillée entre des tendances contradictoires. Au plan identitaire, nous sommes toujours pris entre le vecteur de l'enracinement et le vecteur du déracinement, entre l'ici et l'ailleurs. En termes psychologiques, nous sommes toujours pris entre « maman » et « papa ». Croire qu'il suffit de s'enraciner pour régler tous les problèmes relève d'un fantasme d'en finir avec le monde et les problèmes chroniques qu'il nous pose pour remonter dans le ventre maternel. La traduction comportementale à l'âge adulte de ce fantasme est la fameuse quête du « groupe fusionnel » qui anime de nombreuses personnes et qui représente le poison par excellence de la vie en société.

Le retour immédiat à un enracinement identitaire simple, de type communautaire ou communautariste, est donc une fausse bonne idée. De fait, l'idée peut paraître séduisante : restons « entre nous », entre gens qui se ressemblent, entre Blancs ou Noirs, entre juifs, ou chrétiens, ou musulmans, entre Européens ou entre Asiatiques, entre homosexuels, entre rappeurs, entre gothiques, entre gauchistes ou droitistes, etc. Cette solution de repli communautaire serait pertinente si elle permettait de recouvrer une authentique souveraineté politique. L'impression de souveraineté est produite par la fermeture de la communauté en question, qui donne le sentiment de maîtriser son destin en maîtrisant ses limites et frontières. Malheureusement, cet enracinement identitaire et communautaire ne présente en soi aucune garantie de souveraineté politique. Pire, la promotion de l'enracinement identitaire ethnique ou culturel peut même constituer un instrument d'aliénation politique particulièrement efficace. Du repli communautaire volontaire à la ghettoïsation aliénée et à l'impuissance politique organisée par le sommet du Pouvoir, il n'y a qu'un pas. En effet, le vrai but du Pouvoir n'est pas le déracinement mais le séparatisme. Or, pour arriver au séparatisme, il faut parfois passer de manière apparemment paradoxale par la case « enracinement ». La criminologie a fourni des modèles de contrôle social qui font justement la promotion de l'enracinement identitaire et communautaire. Le communautarisme est testé et approuvé en milieu carcéral depuis des décennies comme technique de gestion de groupes. En prison, les individus s'enracinent dans leur communauté, ce qui les protège contre une certaine violence, certes, mais ils ne sont pas libres pour autant et sont même bien plus faciles à surveiller ainsi, chaque groupe communautaire restant séparé des autres sous le regard panoptique du Pouvoir, qui applique encore une fois le « diviser pour régner ». La fragmentation d'une masse humaine en sous-groupes fermés sur eux-mêmes et qui ne communiquent pas, ou alors avec autorisation et médiation du contrôleur au *checkpoint*, permet d'assurer une meilleure stabilité et prévisibilité du système global pour son gestionnaire.

La dialectique enracinement/déracinement est donc subtile à manier et produit des effets parfois contre-intuitifs. Par exemple, s'enraciner dans la région, dans la race ou dans la religion peut équivaloir à se déraciner de la nation, donc à s'engager sur la voie du séparatisme et de l'impuissance géopolitique. Seule la nation peut quelque chose au plan politique, car seule la nation est une organisation politique. La race n'est pas une organisation politique, c'est une information génétique, or la politique relève de l'épigénétique. Le régionalisme relève bien de l'épigénétique mais possède une surface politique trop réduite. Quant à la religion, elle appartient aussi à l'épigénétique, donc au politique, et sa surface peut s'avérer suffisante, mais la dimension dogmatique barre l'accès aux dimensions stratégiques et tactiques.

LA DISCRIMINATION POSITIVE
COMME OUTIL DE CONTRÔLE SOCIAL

Pour pirater une identité (religieuse, ethnique, politique, etc.) et la détruire à terme, il faut parfois dans un premier temps la soutenir et la défendre. L'enracinement peut se révéler un stratagème à finalité destructrice. La contradiction apparente se lève quand on rappelle le nom courant de cette technique d'ingénierie sociale négative : la « discrimination positive ». David H. Price, anthropologue spécialiste de l'usage stratégique des identités par l'armée et les services secrets, analyse dans la revue *Horizons et débats* des documents récemment déclassifiés. Comme on le voit, l'enracinement identitaire aliénant a commencé d'être théorisé dans les années quarante par l'un des fondateurs des sciences de la communication, Gregory Bateson, quand il travaillait pour les Renseignements américains, l'OSS à l'époque, sur la base d'observations menées un peu partout, notamment en URSS. La méthode est fort simple et consiste pour le colonisateur à valoriser et flatter la culture traditionnelle et la spécificité identitaire du colonisé afin que ce dernier ne se

sente pas agressé et se laisse ainsi dominer plus facilement :
« L'expérience la plus importante menée jusqu'ici sur le
réajustement des relations entre les peuples *supérieurs* et les
peuples *inférieurs* est la manière dont les Russes s'y prennent
avec leurs tribus asiatiques de Sibérie. Les résultats de cette
expérience appuient fortement la conclusion selon laquelle il
est très important d'encourager l'observation d'autrui chez
les supérieurs et le désir de se montrer chez les inférieurs.
En gros, ce que les Russes ont fait est d'inciter les indigènes
à entreprendre un renouveau de leur culture traditionnelle
tandis qu'eux-mêmes admiraient les fêtes de danse et d'autres
manifestations de la culture indigène : littérature, poésie,
musique, etc. Et cette attitude spectatrice a été ensuite
étendue aux réalisations dans la production et l'organisation.
En revanche, quand l'homme blanc pense être un modèle et
encourage les indigènes à l'observer afin de voir comment
on fait les choses, les indigènes finissent par créer des cultes
à caractère ethnique. Le système s'amplifie jusqu'à ce qu'une
machinerie compensatoire se développe et alors le renouveau
des arts, de la littérature, etc., indigènes devient une arme
utilisée contre l'homme blanc (des phénomènes comme
le rouet de Gandhi s'observent en Irlande et ailleurs). Si,
d'autre part, le peuple dominateur favorise le renouveau de la
culture indigène, le système dans son ensemble est beaucoup
plus stable et le culte ethnique ne peut pas être utilisé contre
le peuple dominant. (…) *Respect inattendu de la tradition.*
Les conseillers en communication et les *spin doctors* d'un
Steinbrück ont-ils appris cela aux États-Unis ? Par exemple
que l'on ne doit pas menacer d'envoyer la cavalerie en Suisse
parce que les Suisses resserrent alors les rangs, mais que
l'agresseur doit procéder d'une manière plus « astucieuse » ?
Précisément au moyen d'« ateliers du futur », mais également
en soutenant les coutumes indigènes ? Gregory Bateson serait

très heureux de constater ce respect soudain pour les coutumes et les fêtes des indigènes, attitude que, dans son document à l'intention de l'OSS, il louait chez les Soviétiques vis-à-vis de leurs sujets sibériens qui ne se soulevaient pas en raison de la tolérance à l'égard des coutumes indigènes[46]. »

À lire ces lignes, on ne peut s'empêcher de penser au mode de pénétration de la CIA dans les banlieues françaises, dans la droite ligne de toute la politique américaine en Europe depuis 1945, et dont firent état certains câbles et mémos révélés par *Wikileaks*[47]. C'est le « projet Rivkin », d'après le nom de l'ambassadeur états-unien de l'époque, Charles Rivkin, et son programme de discrimination positive et de promotion des minorités immigrées et musulmanes en France, s'appuyant sur le renforcement communautaire et associatif, le parrainage économique et la « visibilisation » médiatique[48]. La discrimination positive des musulmans en France consiste bien à favoriser leur enracinement dans le pays. Mais le résultat escompté de cet enracinement islamique en France sous contrôle américain n'est ni une francisation de l'islam, ni même une islamisation de la France : c'est une disparition des deux identités dans un flou identitaire psychotique sous contrôle triangulé du capitalisme et du *show-business* spectaculaire[49]. L'islamisation de l'Europe se réalise dans un

---

46. « Gregory Bateson et l'OSS : la Seconde Guerre mondiale et le jugement que portait Bateson sur l'anthropologie appliquée » http://www.horizons-et-debats.ch/index.php?id=2316&print=1&no_cache=1 ; « Actualité des stratégies de manipulation de Gregory Bateson, ancien agent de l'OSS » http://www.horizons-et-debats.ch/index.php?id=2317&print=1&no_cache=1, *Horizons et débats* no 35, 13/09/2010.

47. « Engagement With Muslim Communities – France », WikiLeaks, 25/01/2007. http://cablegatesearch.wikileaks.org/cable.php?id=07PARIS306 ;   http://wikileaks.ch/cable/2007/01/07PARIS306.html
« Embassy Paris – Minority Engagement Strategy », WikiLeaks, 19/01/2010. http://cablegatesearch.wikileaks.org/cable.php?id=10PARIS58 ;   http://wikileaks.org/cable/2010/01/10PARIS58.html

48. « The Rivkin Project : How Globalism uses Multiculturalism to subvert Souvereign Nations », *Foreign Policy Journal*, 12/03/2011. http://www.foreignpolicyjournal.com/2011/03/12/the-rivkin-project-how-globalism-uses-multiculturalism-to-subvert-sovereign-nations/4/

49. « L'offensive américaine sur les banlieues françaises », *La Voix de la Russie*, 03/11/2012. http://french.ruvr.ru/2012_11_03/France-offensive-americaine/

cadre défini par des non-musulmans. La France et l'Europe ne vivront donc jamais sous la *charia* car ce n'est pas le but de la manœuvre. L'islam est utilisé pour déchristianiser l'Europe, mais quand le travail sera accompli, l'islam implanté en Europe sera dissous également en créant en son sein des mouvements contradictoires autodestructeurs. La forme utilisée pour en briser une autre sera brisée à son tour : principe de tout conflit triangulé. On fait tuer quelqu'un par un tueur, puis on tue le tueur. À la fin du processus d'enracinement de l'islam en France piloté depuis Washington, D.C., on devient un *mipster*, mot-valise anglais pour décrire une nouvelle tendance, hybride de *muslim* et *hipster*, traductible par « musulman branché » ; dès lors, on ne prie plus ni Allah, ni Jésus, mais Lady Gaga, et on ne parle plus ni arabe, ni français, mais l'anglais d'aéroport (le *globish*)[50]. Et quand on fait son pèlerinage à La Mecque, on porte une puce RFID dans son *smartphone* afin d'assurer sa traçabilité électronique auprès des autorités saoudiennes, comme l'annoncent divers mémorandums en Recherche & Développement[51].

En route vers « l'Islam de marché » et le « stade Dubaï du capitalisme » ! – pour faire référence aux ouvrages de Patrick Haenni, Mike Davis et François Cusset. Depuis des années, l'Arabie saoudite détruit des lieux saints de l'islam sur son territoire sans provoquer de réaction majeure, ni chez les musulmans, ni ailleurs[52]. Le cœur historique du monde musulman est donc lui-même en voie d'acculturation et de désislamisation. Pour coloniser un pays ou un groupe

---

50. « La stratégie américaine pour influencer les minorités en France », *Gestion des risques interculturels – Entreprise et management interculturel*, 04/12/2010.
http://gestion-des-risques-interculturels.com/risques/la-strategie-americaine-pour-influencer-les-minorites-en-france/
51. « Hajj crowd management and navigation system : People tracking and location based services via integrated mobile and RFID systems », Ricardo O. Mitchell, H. Rashid, F. Dawood, A. AlKhalidi, International Conference on Computer Applications Technology (ICCAT), 2013.
http://www.researchgate.net/publication/261377787_Hajj_crowd_management_and_navigation_system_People_tracking_and_location_based_services_via_integrated_mobile_and_RFID_systems
52. « L'Arabie saoudite détruit des vestiges de l'Islam dans l'indifférence », Slate, 05/12/2012.
http://www.slate.fr/lien/64353/islam-arabie-saoudite-mecque-medine-detruit-vestiges

social, le *soft power*, l'influence culturelle et le *social learning* (Albert Bandura) sont donc parfois plus efficaces que les conflits frontaux et déclarés. En 2003, un rapport de la RAND Corporation – principal *think tank* du complexe militaro-industriel américain – intitulé *Civil Democratic Islam : Partners, Resources and Strategies*, rédigé par l'auteur féministe Cheryl Benard et téléchargeable en PDF sur Google, détaillait de manière extrêmement précise sur 88 pages un vaste programme d'ingénierie sociale et de conduite du changement visant à introduire dans l'islam des clivages conformes aux intérêts occidentaux, de sorte à pouvoir adapter cette religion plus facilement à la modernité libérale anglo-saxonne. Résumé du plan : « L'Amérique essaie de subdiviser l'Oummah musulmane en divers camps. Bush a initié ce plan après le 11 Septembre lorsqu'il a clairement annoncé : « Soit vous êtes avec nous, soit alors avec les terroristes. » Le rapport de RAND divise l'Oummah en quatre camps : 1. les fondamentalistes, 2. les traditionalistes, 3. les modernistes, 4. les séculiers. (…) Pour encourager le changement positif dans le monde islamique vers une plus grande démocratie, une plus grande modernité, et une meilleure compatibilité avec le nouvel ordre international contemporain, les États-Unis et l'Occident ont besoin de considérer chaque élément avec beaucoup d'attention : – les tendances et les forces internes à l'islam qu'ils entendent renforcer ; – quels sont vraiment les buts et les valeurs de leurs divers alliés potentiels et protégés ; – quelles vont être les conséquences plus larges dans l'avancement de leurs projets respectifs. Une approche complexe composée des éléments qui suivent, pourrait être l'approche la plus efficace : 1. Supporter les modernistes (…) 2. Supporter les traditionalistes contre les fondamentalistes (…) 3. Confronter et s'opposer aux fondamentalistes (…) 4. Porter assistance aux laïcs de manière sélective (…) »[53]

53. « Le plan américain pour corrompre l'islam », Islamic-Intelligence, 23/04/2011.

Dans ses diverses interventions, Pierre Hillard rapporte également l'existence de programmes séparatistes définis en haut lieu pour être appliqués au Moyen-Orient ou en Europe, sur les modèles irakien ou yougoslave. Le plan d'Oded Yinon, commenté par Israël Shahak, pour les pays arabo-musulmans semble procéder de la même inspiration que la carte des euro-régions devant remplacer les nations d'Europe. Remontant à leur source commune, Pierre Hillard démontre dans un article intitulé B'nai B'rith, régionalismes et protection des groupes ethniques dans le nouvel ordre mondial, comment divers groupes d'influence ont travaillé depuis les années vingt à la discrimination positive des minorités européennes par le soutien à leur enracinement identitaire ethnique et régionaliste pour détruire les États-nations d'Europe : « La dislocation des États par la promotion de l'ethno-régionalisme est un moyen permettant la digestion plus rapide des nations par les tenants de l'oligarchie mondialiste. (…) En effet, les B'nai B'rith n'hésitèrent pas à coopérer avec les mouvements pangermanistes dans les années vingt. En effet, sous l'égide du chancelier Gustav Stresemann, il se mit en place un « Congrès des nationalités » chargé de promouvoir l'émancipation des groupes ethniques en Europe en liaison avec la Société des Nations (SDN). (…) Au lendemain de la Seconde Guerre mondiale, le « Congrès des nationalités » mua pour se transformer en une « Union fédéraliste des communautés ethniques européennes » (UFCE ou Föderalistische Union europäischen Volksgruppen, FUEV). En effet, c'est au palais de Chaillot à Paris que le Breton Joseph Martray lança un Congrès, en avril 1949, en présence de nombreux groupes ethniques (Catalans, Frisons, Basques, etc.) et de divers hommes politiques européens dont un certain François Mitterrand. Suite au succès de ce Congrès, il fut décidé de créer l'UFCE en novembre 1949 à Versailles afin

http://islamic-intelligence.blogspot.fr/2011/04/le-plan-americain-pour-corrompre-lislam.html de promouvoir l'idéal ethnique. C'est à partir de 1956 que les autorités politiques allemandes apportèrent leur soutien financier par l'intermédiaire de son ministère des Affaires étrangères. L'UFCE se doit d'être connue car c'est elle qui est à l'origine des grands textes en faveur de la promotion de l'ethnicisme en Europe : la charte des langues régionales ou minoritaires et la convention-cadre pour la protection des minorités[54]. »

L'ingénierie sociale négative appliquée aux États-nations porte un nom : le séparatisme. Punis de la peine de mort dans certains pays, les séparatistes, qu'ils agissent à découvert ou dans l'ombre, sont les ennemis mortels de tous les peuples et de toutes les nations. Dans la revue *Libres*, David Mascré analyse les projets de séparatisme ethnico-culturel pour la Belgique et les commente ainsi : « L'idée s'inscrit dans la droite filiation du plan américain d'affaiblissement de l'Europe. Ce dernier vise en effet à multiplier un peu partout la création de micro-États qui à l'instar du Kosovo ou de la Bosnie seront des clients dociles et serviles du super-empire américain, incapables de développer une politique de puissance propre dotée des instruments de souveraineté adéquats – armée puissante, politique étrangère propre, politique d'alliance spécifique, rayonnement culturel et scientifique fort. Dans le droit fil des principes et processus politiques définis par les géostratèges américains (Brzezinski, Kissinger), elle conduira à la balkanisation de l'Europe, *via* la constitution de centaines de bantoustans – petites enclaves territoriales composées sur la base de regroupements de population ethniquement et culturellement homogènes. L'idée n'est pas neuve. Elle a été appliquée avec succès par l'Afrique du Sud

---

54. « B'nai B'rith – Régionalismes et protection des groupes ethniques dans le Nouvel Ordre mondial », *Mécanopolis*, 23/10/2010.
http://catholicapedia.net/Documents/cahier-saint-charlemagne/documents/C385_Minorites-et-action-juive_52p.pdf

dans les années soixante à quatre-vingt-dix et par la Russie soviétique de Staline et de Khrouchtchev. Avec chaque fois le même objectif : empêcher la constitution de pôles alternatifs forts susceptibles de mettre en question l'autorité des oligarchies dominantes. Richelieu en avait conçu le principe en définissant les lignes directrices de cette *Kleinstaaterei* qui, au lendemain du traité de Westphalie (1648), devait donner à la France la suprématie sur l'Empire germanique pour cent cinquante ans en interdisant la constitution d'une Allemagne forte et unie[55]. »

SEUL L'ÉTAT-NATION PEUT DIRE « NON » AU MONDIALISME

S'il faut critiquer le régionalisme, le séparatisme, l'indépendantisme, ce n'est donc pas pour une question de principe, dérivant d'une sorte de jacobinisme centralisateur idéologique, mais pour une question très concrète de rapport de forces. Aucune région d'Europe n'a les moyens de dire « non » au mondialisme. Pour dire « non » au mondialisme, il faut au minimum les moyens d'un État. L'enracinement identitaire ethnico-culturel, régionaliste ou de taille encore inférieure, ne protège donc aucunement de la colonisation directe ou indirecte par des puissances étrangères. Il ne protège pas plus du mondialisme économique le plus agressif. Le samedi 4 décembre 2010, le Bloc identitaire organisait à Paris un colloque intitulé « Localisme et identité, la réponse au mondialisme ». L'événement rassemblait des personnalités de divers horizons, dont Hervé Juvin qui intervenait sur le thème « La redécouverte de la fonction politique (la frontière et l'identité) comme solution à la crise mondiale ». Auparavant, en 2008, il avait publié *Produire le monde – Pour une croissance écologique*, dont la thèse d'inspiration

---

55. « Triomphe des nationalistes flamands, une Europe en voie de désagrégation », *Libres*, 01/2011, p. 55-56.

libérale-conservatrice décrivait une forme de capitalisme intégral visant à commercialiser la totalité du globe terrestre et le moindre aspect de nos existences. Dès la quatrième de couverture, l'auteur annonçait la couleur : « Il va falloir se mettre à produire, à brève échéance, l'ensemble des biens considérés comme « naturels », y compris l'air que nous respirons et l'eau que nous buvons. Mais cette contrainte représente un formidable levier de croissance. Nous sommes devant une « nouvelle révolution industrielle » dont l'enjeu n'est autre que de produire le monde ».

Produire le monde… C'est-à-dire privatiser le monde. Privatiser l'air, l'eau, la lumière, la vie… Hervé Juvin décrit ici un mouvement d'artificialisation et de brevetage du vivant dont un certain nombre de multinationales telles que Monsanto se rendent coupables. Dans le capitalisme mondialisé, tout s'achète, tout se vend, tout se loue, y compris le ventre des femmes, comme dirait Pierre Bergé. En finir avec toute forme de gratuité est bien sûr le *leitmotiv* de tous les mondialistes, qui doivent donc également en finir avec la forme politique de l'État, dont les services publics échappent à la spéculation financière et représentent un frein à cette inquiétante « production du monde ». Or, la promotion d'un enracinement identitaire localiste dont la surface politique serait inférieure à celle de l'État-nation vise toujours, consciemment ou pas, à en finir avec la puissance protectionniste étatique et sa « fonction publique » (au sens fort), ce qui aboutit mécaniquement à exposer les populations à la prédation des multinationales sans plus aucun bouclier. En effet, l'infranational est toujours récupéré par le supranational. Le régionalisme, soit l'abolition ou la neutralisation des frontières nationales, profite en dernière instance aux entités mondialistes telles que la banque financière, les *lobbies* industriels et les accords de libre-échange comme le TAFTA. Le courant libéral-conservateur et la mouvance identitaire régionaliste (souvent ethnico-culturaliste) se mettent ainsi au service du mondialisme quand ils prennent pour cibles l'État-nation, la fonction publique et les nationalisations économiques.

SORTIR DU CAPITALISME : CONDITION D'UN ENRACINEMENT IDENTITAIRE AUTHENTIQUE

Le capitalisme menace par nature toute forme d'enracinement identitaire, lequel ne peut se réaliser qu'en étant anticapitaliste. La thèse politique libérale-conservatrice, qui tente de concilier le capitalisme, c'est-à-dire l'argent-roi, et l'enracinement, est incohérente. Le libéralisme économique produit toujours un effet général de déracinement, que ce soit par l'immigration de masse et l'abolition des frontières réclamées en chœur par les banques et le haut patronat, les privatisations qui revendent le patrimoine national au plus offrant, les délocalisations d'entreprise pour être plus concurrentiel, le libertarisme des mœurs induit par la publicité et le consumérisme, le capitalisme de la séduction, la pornographie ambiante, etc. Un enracinement authentique n'est donc possible qu'en dehors du libéralisme économique. Historiquement et anthropologiquement, les identités ethniques, culturelles, religieuses jouent des rôles fondateurs dans les sociétés humaines, mais seulement dans les sociétés précapitalistes, les sociétés traditionnelles. Comme l'indique Garry Leech, le capitalisme est un génocide structurel, qui extermine les identités traditionnelles et recompose les clivages ancestraux sur des bases purement socioéconomiques. On passe de l'identité ethnico-culturelle à l'identité de classe. Dans la sphère capitaliste n'existe aucune solidarité ethnique, confessionnelle, de genre ou nationale au niveau infrastructurel. Les solidarités identitaires ne subsistent qu'à un niveau super-structurel, donc toujours friable et subordonné aux aléas du capital. En revanche, comme le savent très bien les riches, et comme le supportent les pauvres, il existe *de fait* une homogénéité de classe socioéconomique, dont le critère réside dans la qualité des conditions de vie matérielles, bonnes ou mauvaises selon la position haute ou basse dans la pyramide des revenus, ainsi que dans l'espérance de vie qui augmente avec le capital.

Dans un système où c'est votre compte en banque (votre pouvoir d'achat) qui définit votre destin, la question de l'identité ethnico-culturelle relève donc simplement du folklore. Un programme politique fondé sur l'enracinement identitaire ethnico-culturel est irréalisable sans sortir du capitalisme, sauf à produire des formes parodiques de l'identité, des simulations et des simulacres, au sens de Baudrillard. Ce que l'on appelle aussi la postmodernité, le règne des « tribus », au sens de Michel Maffesoli, persuadées d'être authentiques car elles recyclent les signes extérieurs des identités traditionnelles, mais dont l'action aboutit en fait à morceler encore davantage le corps social en y introduisant des subcultures passées à la moulinette du Spectacle et de la Consommation ; l'un des exemples les plus saugrenus en étant le soutien financier de l'Union européenne à la région Bretagne pour « relancer » l'usage de la langue bretonne à Rennes, alors que personne n'a jamais parlé le breton dans cette ville mais le gallo…

« LA POLITIQUE, C'EST L'OCCUPATION PHYSIQUE »

Pour des militants identitaires, la première chose à faire consiste à sortir du capitalisme. Sans cela, on perd son temps car on détruit d'une main ce que l'on construit de l'autre. Comme dirait Bossuet : « Dieu se rit des hommes qui déplorent les effets dont ils chérissent les causes. » Sortir du capitalisme n'est pas excessivement difficile : il suffit de placer au moins une valeur au-dessus de l'argent. La patrie, par exemple. Pour un chef d'entreprise, cela consiste tout simplement à ne pas délocaliser son entreprise, voire à la relocaliser, par patriotisme économique et pour faire vivre son pays, même si cela représente un manque à gagner au final. Ensuite, pour des militants identitaires « ethnicistes » en particulier, la deuxième chose à faire est de comprendre que c'est inapplicable en France car il faudrait alors se couper des départements et territoires d'outre-mer, donc entrer dans un processus séparatiste antinational, façon Christiane Taubira (l'auteur de ces lignes est au contraire partisan d'une absorption des TOM dans les DOM). Quiconque soutient la thèse identitaire ethniciste ou racialiste doit aussi comprendre qu'il perd son temps à lire ces lignes, et à lire quoi que ce soit, d'ailleurs. En effet, le militantisme racialiste ne se mène pas dans le champ intellectuel, sémantique et langagier : il se mène uniquement dans les chambres à coucher, en trouvant une femme ou un homme de son groupe ethnique pour la féconder ou être fécondée par lui, et donner naissance à des enfants du même groupe ethnique. Il n'y a rien de plus à faire dans le cadre du militantisme racialiste.

Le capitalisme, ennemi du genre humain et des identités, est un malthusianisme et débouche toujours sur des programmes de décroissance démographique et de réduction de population, *via* la stérilisation, l'euthanasie et la lutte contre les familles nombreuses, et contre les familles tout court. Donc si vous êtes ethnicistes, faites des bébés, un maximum de bébés, point à la ligne ! La question raciale, pour évoquer un titre de Michel Drac, n'est un objet de pensée que du point de vue ethnographique. Du point de vue du militantisme politique, cela se résume à une pratique démographique nataliste. Arthur Kemp, auteur et éditeur anglophone, de sensibilité ethniciste, originaire de Rhodésie du Sud et fin connaisseur de l'Afrique du Sud où il a travaillé, écrivait en 2009 à propos du régime d'apartheid : « Les hommes politiques sud-africains blancs et conservateurs n'ont jamais compris quel était le ressort essentiel du pouvoir politique, à savoir l'occupation physique. Le pouvoir politique découle de l'occupation physique : pas des droits historiques, des titres de propriété, des droits moraux – seulement de l'occupation. Ceux qui occupent un territoire déterminent la nature de la société de la région en question[56]. »

GOUVERNER LE CHAOS

Entre la communauté traditionnelle ancestrale et l'hyper-complexité identitaire contemporaine, il y a la même différence qu'entre une prairie plantée d'un ou deux arbres et la jungle amazonienne. Nous ne sommes pas adaptés à la prolifération de la seconde, qui peut carrément nous tuer, d'où une angoisse légitime, celle du « corps morcelé ». Cette angoisse diffuse dans notre pays vient de ce que nous sommes effectivement engagés dans une guerre. Une guerre d'extermination, qui, au-delà de la France et de l'Europe, vise l'humanité entière, engagée aujourd'hui dans un processus de Grand remplacement par le transhumain et le robot. Or, quand on est en guerre, il faut passer de l'idéologie à la stratégie, sinon on est mort. Il faut passer de la fixité au mouvement, de la religion au calcul. Pour survivre à cette guerre d'extermination qui nous est livrée, je propose

---

56. « Arthur Kemp – Le mensonge de l'apartheid. » (Traduction du chapitre 1 du livre d'Arthur Kemp, *Lie of the Apartheid and Other True Stories from Southern Africa,* Ostara Publications, Burlington (Iowa), 2009.)
http://www.the-savoisien.com/blog/index.php ?post/Arthur-Kemp-Le-mensonge-de-l-apartheid

donc de passer de la revendication identitaire à la stratégie identitaire. Qui dit stratégie, dit calcul. Il faut donc définir un algorithme identitaire, un programme comportemental en plusieurs étapes. Dans l'état actuel des choses, le militantisme identitaire doit commencer par du *damage control* : « sauver les meubles », « faire avec » la situation présente, aussi dégradée soit-elle, sans forcément l'approuver mais pour en contenir et limiter les effets négatifs. D'abord endiguer pour, ensuite, être en situation d'inverser collectivement et patiemment un rapport de forces qui nous est défavorable. Ces deux temps sont nécessaires pour retourner la situation à notre avantage de manière méthodique et contrôlée, soit une « révolution lente » ou une « transformation silencieuse ». À cette fin, je propose une nouvelle définition de l'identité nationale française : « Être français, c'est maîtriser le chaos. » L'oligarchie mondialiste, ennemie du genre humain, donc ennemie du peuple français, gouverne par le chaos. Pour que la France reprenne sa place dans le concert des nations, elle doit dès lors reprendre sa place dans la lutte des peuples contre le chaos mondialiste.

Cette nouvelle définition de l'identité française est stratégique et dynamique, elle est liée à un « faire » pragmatique et pas à un « être » fixe et idéologique. Techniquement, comment s'y prend-on pour être français dans ces conditions ? Deleuze disait que pour comprendre quelque chose, il faut partir non pas du début, ni de la fin, mais du milieu. On ne commence ni par l'origine, ni par ce que l'on projette pour l'avenir, mais par la situation présente, qui définit la donne factuelle réelle, en acte. Or, la situation présente, c'est le chaos. Pour gouverner le chaos, il faut partir du chaos, étudier ses structures, plutôt que d'imaginer un début ou une fin non chaotiques mais qui ne sont pas là, qui n'existent pas. Il faut s'efforcer à la *realpolitik*, analyser le réel, plutôt que d'imaginer un autre monde. Quand je joue aux cartes, je joue avec les cartes qu'on m'a données. Quelle est la donne ? L'hyper-complexité. Être français dans le réel consiste tout d'abord à comprendre intellectuellement l'hyper-complexité sociale, comprendre l'hyper-hétérogénéité et l'hyper-*melting pot* des cultures et des races, et à s'en rendre les maîtres. Parvenir à refaire de l'Un avec le Multiple intégral, c'est-à-dire faire du « nationalisme permaculturel ».

Si nous sommes aujourd'hui contraints à une certaine ouverture identitaire, nous n'éviterons la dissolution pure et simple qu'en réinstaurant des mécanismes de fermeture à divers niveaux. Réussir à penser et à organiser la fermeture est l'enjeu majeur qui nous attend. L'hyper-complexité chaotique, c'est-à-dire l'hyper-ouverture, est certes destructrice mais c'est notre point de départ. La question « Fait-on avec ou sans ? » a déjà sa réponse : il faut faire « avec et sans », en même temps. « Avec » seulement n'est pas viable, et « sans » est irréalisable aujourd'hui. Il faut donc organiser une ouverture-fermeture. Pour ce faire, après une phase de contrôle défensif des impacts, il faut dans un deuxième temps renverser la destruction en création, selon la fameuse phrase de Nietzsche : « Ce qui ne me tue pas me rend plus fort. » Le management parle de « pensée positive » pour inverser le négatif en positif, le handicap en avantage, l'entropie en néguentropie.

PRENDRE SOIN

Si la crise est le Multiple, dominer la crise consiste à fonder mon identité sur la compréhension du Multiple. Être un Homme, être un surhomme pour Nietzsche, c'est maîtriser le chaos, dominer la bête, chevaucher le tigre, selon la belle image que Julius Evola reprend aux sagesses asiatiques. Ce sera « être français » aussi. L'ingénierie sociale négative est la production stratégique de chaos, donc l'ingénierie sociale positive sera la méthode stratégique de maîtrise du chaos, possiblement similaire à l'identité française. Il faut que la domination de l'hyper-complexité chaotique devienne notre « maison commune », pour évoquer Laurent Ozon. De fait, cette maîtrise du chaos est en soi un processus d'unification communautaire dont l'horizon commun est le soin apporté à nos conditions de vie. Nous pouvons vivre entre gens de diverses origines à condition d'être rassemblés dans le fait de « prendre soin » du territoire où nous vivons. Nous avons déjà un point commun : nous vivons tous « ici ». Les Français de souche et d'ailleurs ont donc un intérêt objectif commun, ce qui n'implique pas qu'ils l'aient tous compris : prendre soin de ce pays, car leurs vies en dépendent. Prendre soin de ce pays comme d'un enfant, ou d'un jardin à faire fructifier, en lui impulsant une dynamique néguentropique, structurante et créatrice. Prendre soin de ce pays comme ils prennent soin d'eux-mêmes, respecter ce pays comme ils se respectent eux-mêmes, en un mot, aimer ce pays comme ils s'aiment eux-mêmes. Telle est la voie de la paix identitaire que ce texte visait à explorer.

CHAPITRE VII

À PROPOS DE *LA SOCIÉTÉ DE L'INDÉCENCE,* DE STUART EWEN[*]

Stuart Ewen, né en 1945, est historien des médias et de la publicité. Il enseigne sa discipline, dont il est l'un des fondateurs, à l'université de la Ville de New York (City University of New York – CUNY). Son travail de décryptage des images et des mythologies de la société de consommation le rattache au courant situationniste fondé dans les années soixante par Guy Debord. Son œuvre reste cependant méconnue du public francophone : un seul ouvrage traduit en 1983, qui était même épuisé chez l'éditeur avant notre réédition de 2014. Cette absence d'intérêt vient peut-être d'une mise à l'index intentionnelle, la démarche de Stuart Ewen présentant quelque chose d'atypique, y compris au sein du corpus situ- et post-situationniste.

En effet, la critique situationniste classique attribue généralement l'émergence du Spectacle et de la Consommation à un processus quasi naturel d'entropie sociale, ce que l'on

Réfléchir & Agir, n° 48, automne 2014 ; Scriptoblog, 06/01/2015

appelle aussi la « décadence ». Nos sociétés occidentales, après avoir connu l'apogée et la maturité, seraient en train de mourir de leur belle mort et nous en serions à la phase de débilité sénile. Personne n'est responsable de la chute, c'est un cycle naturel, comme le vieillissement des corps et des esprits. Cette naturalisation de la fin de l'Occident permet à ceux qui la provoquent de ne jamais apparaître publiquement. Or, le travail de Stuart Ewen met en lumière non seulement les intentions et le programme, mais aussi les méthodes employées, et ceci de manière parfaitement académique et universitaire.

UN PROJET RÉFLÉCHI

De fait, la société de consommation n'est pas advenue toute seule mais obéit à un projet réfléchi et concerté, que Samuel Strauss appellera le « consommatisme », soutenu et mis en œuvre par les organisations et les individus qui animent le capitalisme industriel depuis le début du XXᵉ siècle. Pourquoi une planification d'une telle ampleur est-elle nécessaire ? Parce que le capitalisme est contre-nature, que le peuple se fiant à son instinct de conservation le rejette spontanément au bénéfice d'un mode de vie plus traditionnel, et que pour l'y retenir contre son inclination profonde il faut donc « fabriquer son consentement » à y rester au moyen des techniques de « persuasion clandestine » (Vance Packard).

L'agenda général des capitaines d'industrie dans les années vingt est donc le suivant : adapter le peuple au marché, plutôt que d'adapter le marché au peuple. Pour ce faire, un objectif monstrueux a été défini : la déconstruction intégrale des modes de vie traditionnels et préindustriels, lesquels représentent évidemment un obstacle à l'acceptation totale de la nouvelle culture consumériste. L'entropie sociale, soit la fameuse décadence du Spectacle et de la Consommation, n'a donc rien de naturel ni de fatal, mais est pilotée au moyen d'une véritable ingénierie scientifique des instincts et des mœurs pour engendrer un nouveau type humain dégénéré, complètement adapté au marché. Ce type humain inférieur, de nombreux auteurs en ont fait la peinture au vitriol, dont le collectif Tiqqun, fin lecteur de Stuart Ewen, dans ses grands textes du début des années 2000, la *Théorie du Bloom* et *Premiers matériaux pour une Théorie de la Jeune-Fille*. L'individu adapté au marché y était résumé à ses deux caractéristiques, le déracinement et la frivolité. Le dépressif et la pétasse.

C'est l'émergence planifiée en Amérique du Nord de cette société malade, indécente, obscène dirait Baudrillard, car ayant perdu le sens des limites, que Stuart Ewen analyse dans son ouvrage, émergence tutorée artificiellement parce que trop aberrante pour qu'elle arrive toute seule. L'être humain n'est pas fou et possède un solide instinct de préservation, qui a donné naissance à un « sens commun » et à une « décence commune », lesquels nous indiquent intuitivement les limites à ne pas franchir, ce qui est normal et ce qui ne l'est pas, ce qui respecte nos constantes anthropologiques et ce qui ne les respecte pas. Or, ce sont précisément ces constantes qui font l'objet d'une « démolition contrôlée », en vue d'un grand remplacement de notre espèce entière par quelque chose de plus standardisé.

UN MODÈLE DE SOCIÉTÉ POST-HUMAINE

Fort heureusement, cette politique eugéniste et sa population en voie de robotisation n'ont pas une extension universelle. En effet, un grand clivage entre deux variantes s'est dessiné au sein du paradigme industriel à partir des années vingt. Le premier modèle de société post-traditionnelle, élaboré aux États-Unis, est donc une société de l'indécence qui exerce son contrôle social par le relâchement libidinal et dont les mots clés sont « laisser-faire » et « laisser-aller ». Son principe de base est la transgression de toutes les limites, ce qui s'appelle aussi le capitalisme. Le second modèle, élaboré dans les pays communistes, est un peu moins éloigné des sociétés traditionnelles en ce qu'il partage avec elles un mode de contrôle social par la répression libidinale (mentale et physique) et l'imposition de limites. Or, la rétention de la libido à l'intérieur de limites qui permettent sa canalisation et sa sublimation est le point de départ de toute civilisation (mécanisme connu en psychologie sous les termes de « gratification différée » et de complexe d'Œdipe).

Ce clivage géopolitique et civilisationnel possède une actualité brûlante, à l'heure où les États-Unis envisagent d'attaquer la Russie et la Chine à coups d'ogives nucléaires. En effet, étrangement, la structure de la Guerre froide semble se redéployer aujourd'hui, bien que le communisme ait disparu, ce qui tend à montrer que le clivage Est/Ouest était certainement plus profond que la simple opposition communisme/capitalisme. Le communisme est mort, mais force est de constater que les pays, les oligarchies et les peuples qui en sont sortis se retrouvent aujourd'hui en meilleure santé que ceux qui n'ont connu que le capitalisme et son incitation au relâchement décivilisateur. Les phénomènes de répression, limitation, canalisation et sublimation de la libido que les peuples ont connus sous le communisme possèdent des effets de discipline, structurants et constructifs, qui obligent à assumer un principe de réalité situé à l'opposé de l'avachissement déstructurant et pathogène du capitalisme, lequel entretient l'individu dans le principe de plaisir et les satisfactions virtuelles et régressives. Avec le temps, la supériorité civilisationnelle du modèle anthropologique véhiculé par le communisme apparaît de mieux en mieux. Les peuples occidentaux qui n'ont connu que l'anti-modèle contre-civilisationnel véhiculé par le capitalisme en perçoivent aujourd'hui les impasses et commencent à trouver enviable et désirable l'autre modèle issu des ex-pays communistes, dont les fondamentaux sont restés sains.

UN CLIVAGE MAJEUR

En effet, c'est bien chez nous, et pas en Russie ni en Chine, qu'une nouvelle étape dans la psychose sociale et le chaos identitaire a été franchie avec la théorie de la confusion des genres, le projet de « mariage homo », la « femme à barbe » de l'Eurovision, et les « hommes en jupe » dans les écoles. En réaction à ces bouffées délirantes, un mouvement de masse est en train de se lever en Europe pour dire « non », une véritable lame de fond irréversible manifestée par le succès des partis populistes aux élections européennes de 2014. Dans cette nouvelle guerre mondiale, la ligne de front devient évidente, entre un axe Washington/Bruxelles/Tel Aviv qui essaye d'étendre la dictature des « Conchita Wurst » au monde entier, par les bombes s'il le faut (*pinkwashing*), et d'autre part une espèce humaine qui se défend, représentée par les BRICS et les Non-alignés relancés par l'Iran. Pour se réarmer mentalement et prendre part à cette bataille tant que les mots sont encore utiles, lisez et partagez le livre de Stuart Ewen.

DEUXIÈME PARTIE

ENTRETIENS

CHAPITRE PREMIER

GOUVERNER PAR LE CHAOS, APPENDICE À *L'INSURRECTION QUI VIENT*[*]

THIBAULT PHILIPPE : Pouvez-vous nous expliquer la genèse de cet essai et le choix de l'anonymat à l'époque ?

LUCIEN CERISE : Comme beaucoup de monde, j'ai été frappé par ce que l'on a appelé l'affaire de Tarnac. Pour rappel, en novembre 2008, une dizaine de jeunes gens vivant essentiellement dans le village corrézien de Tarnac se fait arrêter de manière extrêmement brutale et médiatique par la police et les brigades de l'anti-terrorisme avec comme chef d'inculpation le sabotage de voies ferrées de trains à grande vitesse. Le nom de Julien Coupat ressort particulièrement car il est supposé être le cerveau de ce groupe appartenant à l'ultragauche et auteur d'un ouvrage intitulé *L'Insurrection qui vient*, rédigé sous le prête-nom de « Comité invisible » et qui annoncerait les actes de terrorisme à venir. Cette publication d'inspiration plutôt situationniste fait suite

*Entretien commandé par le magazine *Nexus* mais refusé à la publication au motif que des coupes étaient nécessaires et que les auteurs ne l'ont pas souhaité ; Égalité & Réconciliation, 22/03/2012.

à d'autres, notamment celles du groupe Tiqqun, dont la plus connue est la fameuse « théorie de la Jeune-Fille ». En résumé : le jeunisme et le féminisme sont des outils de contrôle social déguisés en outils d'émancipation. Ayant circulé moi-même pendant des années dans les milieux d'extrême gauche, à l'université de Paris 8 (Vincennes/Saint-Denis), dans les squats et les réseaux anarcho-autonomes-libertaires, ou dans le syndicalisme sur mon lieu de travail, il m'est arrivé à plusieurs reprises, dans des soirées ou des réunions, de croiser la route de certains membres de cette nébuleuse intellectuelle et militante. Quelle ne fut pas ma surprise quand je les ai vus placés au cœur de l'attention médiatique, et en plus de cette façon! Même si je n'ai jamais été un de leurs amis proches, j'ai senti le vent du boulet passer, car nous fréquentions les mêmes cercles. Je n'ai pas pu m'empêcher de me sentir concerné par ce qui leur arrivait et j'ai donc commencé à suivre systématiquement tout ce qui touchait à cette affaire. Dans la même période, quelqu'un m'avait demandé de faire une conférence sur l'ingénierie sociale, thème sur lequel je travaillais depuis un certain temps. Quand il a commencé à apparaître que ce groupe de Tarnac n'était qu'un bouc émissaire, les dégradations de voies ferrées ayant été revendiquées par des écologistes allemands, je me suis mis à rédiger un texte qui associerait les deux thèmes qui m'occupaient. Après l'annulation du projet de conférence, je suis parti sur l'écriture d'un article assez long, qui a rapidement atteint la taille d'un opuscule. N'ayant pas encore d'éditeur à l'époque, je l'ai mis directement sur Internet, avec le titre « Ingénierie sociale et mondialisation ». Par solidarité et hommage envers ce groupe de Tarnac, j'ai repris le prête-nom d'auteur de « Comité invisible », ce qui a attiré l'attention de quelques personnes, dont Aude Lancelin, qui en a fait un article dans *Le Nouvel Observateur*. Quand les éditions Max Milo l'ont publié dans une version revue et augmentée, nous avons demandé à Éric Hazan, l'éditeur du premier Comité invisible, s'il acceptait de nous accorder la franchise, et il a refusé. D'où la publication sous anonymat, car l'identité des auteurs n'a pas d'importance, seul compte le texte, que j'ai écrit comme un manuel d'introduction à quelque chose de méconnu, pas pour attirer l'attention sur moi. Aujourd'hui, le chef d'inculpation de terrorisme a été abandonné contre Julien Coupat et ses amis, mais au bout de combien d'années de procédures – sachant que les accusés disposaient, heureusement pour eux, du capital de santé économique et intellectuelle nécessaire pour se défendre, ce qui n'est pas le cas de tout le monde? Cette affaire reste emblématique à plusieurs titres car le traitement qui leur a été infligé va être étendu et appliqué à toute la population, au prétexte de l'anti-terrorisme, et par le biais notamment de la loi sur le renseignement. Pour bien comprendre ce qui est en cours, on peut voir ou lire leurs interventions de 2015, « Bye-bye Saint-Éloi! », texte de 38 pages téléchargeable sur Internet coécrit par les inculpés et qui raconte l'affaire de leur point de vue, et divers entretiens et conférences où ils nous préviennent : « Ce régime spécial qu'on a vécu va être ouvert à tout le monde. »

TP : *Gouverner par le chaos* porte pour sous-titre « Ingénierie sociale et mondialisation ». Qu'est-ce que l'ingénierie sociale? En quoi est-elle liée à la mondialisation?

LC : En un mot, l'ingénierie sociale, le *social engineering*, consiste à considérer le fait social comme un objet. Normalement, le fait social est considéré comme subjectif. Un groupe social est constitué par des sujets individuels qui, ensemble, se mettent à constituer un sujet collectif. Ça, c'est l'approche classique, qui induit un rapport d'interlocution, puisqu'on est dans des rapports intersubjectifs, de sujets à sujets. Ces rapports d'interlocution sont médiatisés par le langage (du moins par un code) et peuvent être pacifiques, belliqueux, neutres ou de toute autre nature. Dans tous les cas, on s'adresse la parole, oralement ou par écrit, voire on s'apostrophe, on s'engueule ou on se menace, mais on reste des « sujets parlants », comme dit la psychanalyse. En un mot, je produis des signes et j'attends qu'on me réponde. À l'opposé, dans une approche d'ingénierie, la sphère du sujet parlant est littéralement zappée. Tout est dé-subjectivé. Ici, on ne se parle plus. Autrui n'est donc plus l'adresse d'une interlocution mais l'objet d'une gestion, d'un contrôle, d'un management. Les idées, les émotions, les vécus, tout est objectivé. Autrui, mais aussi soi-même, peuvent alors être décrits comme des objets « en chantier », c'est-à-dire à reconfigurer, à reformater, à réinitialiser, un peu comme en informatique, en génétique ou dans le BTP, d'où l'appellation d'ingénierie, qui n'est même pas métaphorique. Il s'agit bel et bien de « faire des travaux » sur la subjectivité, de recombiner les parties, etc. Cette mécanisation de l'humain vient directement de l'approche cybernétique. Quelque part, c'est le mépris maximum pour le vivant. En même temps, c'est le type de relation à autrui que l'Occident libéral-libertaire essaie de normaliser sous le concept de « mondialisation » : relation instrumentale, de soi à soi, ou de soi à autrui. Étant donné que sur un chantier il est souvent moins coûteux de tout casser et de tout reconstruire à neuf que de modifier l'ancien, on voit où cela peut mener dans les sociétés humaines. Cela revient à normaliser un rapport à autrui complètement sociopathe : 1) le sujet est un objet ; 2) je peux le détruire pour un bien supérieur (ou que j'estime tel). Je sais qu'il existe en France un diplôme d'ingénierie sociale pour les gens qui veulent travailler dans le social. Mais justement, le vrai travail social est aux antipodes de l'esprit de l'ingénierie et consiste à réinjecter du langage, de l'interlocution, du sujet parlant, donc du respect, dans les couches populaires. À mon humble avis, le nom de ce diplôme devrait être changé.

TP : Aujourd'hui, qui sont les principaux ingénieurs sociaux ?

LC : On pourrait reformuler : qui, aujourd'hui, considère autrui comme un objet ? Je cite pas mal de noms dans mon bouquin. Ils se répartissent en catégories. Globalement, il faut distinguer :

1) les « petites mains », qui font de l'ingénierie sociale au quotidien dans leur travail et qui sont souvent des idiots utiles du système, tous ces gens qui travaillent dans le *consulting*, le *management*, le *marketing*, le *business*, la stratégie militaire, le Renseignement, l'informatique de haut niveau (intelligence artificielle, cryptologie), la robotique, la sécurité des systèmes, etc. ;

2) les « concepteurs », qui sont souvent des esprits très brillants, plus ou moins conscients du danger de leurs recherches, les Norbert Wiener, Kurt Lewin, Pavlov, Skinner, Albert Bandura et autres Gregory Bateson ;

3) les « salauds », eux-mêmes subdivisés en deux sous-catégories : les financiers dans la haute banque, avec leur projet de gouvernement mondial, écrit noir sur blanc et assumé en toutes lettres par un David Rockefeller dans ses *Mémoires* ; et les planificateurs tels que Edward Bernays (et la « com' »), Milton Friedman (et la stratégie du choc), Zbigniew Brzezinski (et son *Grand Échiquier*) ou George Soros (et les révolutions colorées).

Quant au corpus bibliographique, il est assez vaste et n'est pas toujours perçu comme procédant d'une même inspiration. On peut y inclure un célèbre texte aux origines douteuses – ce qui n'a à ce stade aucune importance car c'est la méthodologie qu'il faut retenir – intitulé *Les Protocoles des*

Sages de Sion; ensuite, tout ce qui tourne autour de Gramsci et de la mémétique, du renseignement, de la guerre cognitive, psychologique et culturelle; les publications de l'École de guerre économique (autour de Christian Harbulot) ; la sémiotique (Barthes, Baudrillard, Kristeva), la psychologie sociale, le structuralisme, la systémique et la cybernétique, et ensuite butiner ce que l'on peut trouver émanant de la RAND Corporation ou d'autres instituts du complexe militaro-industriel nord-américain.

TP : Politique et manipulation ne sont-elles pas traditionnellement liées? L'ingénierie sociale possède-t-elle une spécificité, un caractère de nouveauté?

LC : Du point de vue de la morale, la politique s'adresse à des sujets que l'on cherche à convaincre en s'adressant à leur raison. Mais du point de vue de la *realpolitik*, c'est plutôt la manipulation qui l'emporte, et depuis longtemps effectivement. Ensuite, on peut manipuler un corps social de deux façons : une façon « conservatrice », à la Platon ou à la Machiavel, et une façon « progressiste », à la Joseph Goebbels ou à la Bernard-Henri Lévy. Autrement dit, il y a deux manières de faire du contrôle social : par la construction d'un ordre conservateur simple, ou par la construction d'un ordre à partir du chaos. L'ordre conservateur construit et impose un ordre unique, le même pour tout le monde, auquel on peut s'opposer de l'extérieur. En revanche, l'ordre à partir du chaos, l'ordre progressiste, détruit pour construire, il impose son ordre en semant le désordre au préalable. C'est la différence entre contrôle social simple et ingénierie sociale : la même chose pour tout le monde, ou alors un poids et deux mesures. En effet, dans un cadre d'ingénierie, je ne dois pas être moi-même affecté par la déstabilisation que je provoque, au risque de ne plus pouvoir la provoquer. Je dois donc réussir à me dissocier, à me désolidariser, à me distancier de l'objet social que je déstabilise. L'opération de calcul de ce découplage a pour nom *shock testing*, test de choc. C'est le complément organique de la stratégie du choc du capitalisme, dont la méthodologie doit veiller à faire en sorte que les chocs provoqués n'affectent pas en retour ceux qui les provoquent. Luis de Miranda, dans *L'Art d'être libre au temps des automates*, évoque ce sujet assez confidentiel. Je vais tenter d'en résumer les grandes lignes.

Quand l'ordre s'impose à tout le monde et se répète à l'identique au fil du temps, c'est le signe que l'on se trouve dans un système de société traditionnel, conservateur. Mais quand mon ordre et ma puissance s'appuient nécessairement sur la déstabilisation d'autrui, c'est le signe qu'on est entré dans le mode de fonctionnement du capitalisme, où les riches ne peuvent s'enrichir qu'en appauvrissant les pauvres et en semant le chaos dans leur mode de vie. Pour faire mieux accepter le chaos et la déstabilisation aux populations, on a appelé ça du « progressisme ». Dans le vocabulaire du management, c'est de la « conduite du changement », ou changement dirigé. L'ingénierie sociale est le mode de contrôle social spécifique du capitalisme, qui consiste donc à dissocier le système en lui appliquant des boucles de *feedback* positif. Pour revenir aux mécanismes de *feedback* de la cybernétique appliqués à la société, on a l'opposition entre ce que l'on appelle les « boucles négatives », qui homogénéisent et égalisent le système avec un effet de thermostat régulateur qui oriente vers une moyenne, et les « boucles positives » qui découplent le système en accusant les différences. C'est cette accentuation des différences aboutissant à une dissociation croissante des classes sociales qui est aujourd'hui recherchée. Ce travail perpétuel de désolidarisation intentionnelle de l'oligarchie vis-à-vis du peuple, Pierre Bourdieu l'a appelé « la distinction » (dans l'ouvrage du même titre). Son analyse est poursuivie par Monique et Michel Pinçon-Charlot, notamment dans *Les Ghettos du Gotha – Comment la bourgeoisie défend ses espaces*, ou *Les Rothschild, une famille bien ordonnée*. De nos jours, cette distinction passe par la création d'espaces de vie physiquement dissociés, en édifiant des *apartheids* de toutes sortes, mentaux ou physiques, comme le mur que les Israéliens dressent en Palestine, ou les *gated communities*, ghettos de riches protégés par des milices privées et qui fleurissent dans de nombreux pays.

L'étude de ces procédures d'ingénierie sociale permet de comprendre pourquoi il n'y aura pas d'effondrement économique global à la *Mad Max*, c'est-à-dire hors de contrôle et qui impacterait toutes les classes sociales, pas plus en France qu'en Suisse, d'ailleurs. Pour en rester à ces deux pays, la France permet d'envahir militairement d'autres pays (Afghanistan, Côte d'Ivoire, Libye) et la Suisse est une place forte de la finance cosmopolite en Europe. Le tourisme de luxe est également très développé dans ces deux pays. Pourquoi voulez-vous que l'oligarchie se mette à casser ses jouets ? Les pays sont des outils, des instruments très utiles, et les diverses crises actuelles sont toutes provoquées et sous contrôle. Un effondrement global impacterait aussi la qualité de vie de trop nombreux riches et ce n'est pas le but de la manœuvre. Les dominants du système ne détruiront le système que dans la mesure où ils ne seront pas touchés en retour. Ils ne sont pas masochistes et ne vont pas se mettre à scier la branche sur laquelle ils sont assis. Ce qu'ils veulent, c'est purger le système de leurs adversaires mais sans être affectés eux-mêmes, donc sans détruire intégralement le système, du moins dans un premier temps, car ils appliqueront la politique de la terre brûlée s'ils voient qu'ils ont perdu.

Pour éviter d'en arriver là, le processus de découplage des classes sociales piloté par l'oligarchie doit se faire sans heurt et sans risque pour elle. Cette atténuation des conséquences se modélise précisément en termes de *shock testing* par l'application du calcul balistique aux circuits socioéconomiques afin de répondre à la question : comment minimiser le choc en retour dans une partie du système qui inflige un impact à une autre partie du système ? La cybernétique a été inventée entre autres pour calculer et minimiser le choc en retour et l'effet de recul subis par un véhicule ou un canon au moment d'un tir de missile. Les résultats des tirs de projectiles ont été ensuite transposés dans une sorte de balistique sociale, inscrite dans un vrai programme de calcul des impacts. En effet, à tout choc infligé, il y a un choc en retour, c'est une loi universelle. Quand on inflige un coup à autrui, il y a toujours le contrecoup. En termes balistiques : l'effet de recul. L'oligarchie essaie toujours de s'affranchir des limites et des conditionnements universels, ce qui l'a conduite à se poser la question : comment frapper autrui sans se faire mal soi-même ? Comment détruire l'ennemi sans conséquences pour soi ? Comment réduire le choc en retour quand je provoque une crise ? Comment faire pour qu'il n'y ait aucun coût à infliger des coups ? En termes hindouistes, comment supprimer tout *karma* ? En termes monothéistes, comment abolir toute culpabilité ? En termes orwelliens, comment s'extraire de la décence commune ? En termes psychanalytiques, comment abolir tout Surmoi, toute vergogne, toute empathie, tout scrupule et devenir un parfait sociopathe pervers ? En clair : comment les riches vont-ils s'y prendre pour éliminer physiquement les pauvres sans que cela ne provoque trop de remous, révoltes, révolutions, insurrections, donc une instabilité trop forte du système global dans lequel ils vivent aussi ? Pour l'oligarchie, la mixité sociale reste l'ennemi numéro 1. Afin de réduire ces effets de choc en retour, il faut donc déjà dissocier physiquement les circuits des flux de valeurs économiques et symboliques, les infrastructures matérielles (eau, gaz, électricité, transports, alimentation, éducation, etc.), ainsi que les populations elles-mêmes en les faisant vivre dans des espaces différenciés, avec des quartiers de riches et des quartiers de pauvres. Cette désolidarisation existe déjà, mais pas encore suffisamment. Les riches et les pauvres vivent encore de manière trop entrelacée et imbriquée, trop solidaire, d'où l'attaque massive de tout ce qui est facteur d'égalité, services publics, États-nations, afin de tout privatiser et de morceler la société en fonction du capital de chacun.

Ce patient travail de découplage des parties a besoin de normaliser les chocs afin que le peuple accepte de souffrir. Des laboratoires de sociologie travaillent notamment sur la notion d'« acceptabilité du risque », ou comment faire accepter le risque aux populations? On peut, par exemple, communiquer sur « les excès » du principe de précaution, comme le font Jean de Kervasdoué dans *La Peur est au-dessus de nos moyens – Pour en finir avec le principe de précaution*, ou Alain Madelin dans divers éditoriaux. Le principe de précaution et son arsenal juridique sont des problèmes pour l'oligarchie car ils protègent le peuple contre les risques qu'elle veut lui faire courir. Le principe de précaution, comme tout dispositif légal, induit une certaine rigidité qui fait obstacle à la flexibilité libérale et à la « société liquide » que le Pouvoir cherche à normaliser. Ce principe fait donc obstacle à une docilité totale, à l'instrumentalisation complète et à la réduction du peuple à un objet complètement plastique. On remarquera que cette acceptation du risque est elle-même toujours découplée. Les producteurs d'OGM ou de pesticides chimiques mangent bio, comme l'ont prouvé des activistes américains en fouillant leurs poubelles. Et quand il était Premier ministre, Tony Blair voulait faire interdire des compléments alimentaires que lui-même et ses enfants utilisaient.

TP : Aidée par les découvertes scientifiques – notamment cybernétique et psychologie sociale – l'ingénierie sociale, arme du pouvoir, sait anticiper sur nos réactions, écrivez-vous. Cela peut même aller jusqu'à les provoquer. Pourriez-vous développer ?

LC : On peut effectivement programmer des algorithmes comportementaux. Comment ? Pour l'espèce humaine, la structure élémentaire de la perception du monde est un rapport de dualité. Pour que nous percevions un monde qui fasse sens, quel que soit son contenu, il faut percevoir une structure d'opposition entre au moins deux choses : intérieur/extérieur, yin/yang, papa/maman, jour/nuit, Bien/Mal, ami/ennemi, etc. L'astuce du management des perceptions consiste à produire, non pas un discours auquel on peut s'opposer, mais d'emblée les deux discours situés aux deux pôles de la dualité, afin de mettre en scène une pseudo-opposition complète, un faux débat, ce qui permet de prendre le contrôle complet du monde de quelqu'un. À ce stade, on est déjà au-delà de la simple description scientifique des réactions et des comportements, on passe à leur conditionnement.

Le socle théorique de l'ingénierie sociale est fourni par les sciences humaines et sociales, et plus particulièrement les approches comportementales ou inspirées des sciences naturelles. La grosse différence avec ces sciences vient de ce que l'on ne se contente pas de décrire les choses, on intervient dessus, on les modifie. C'est ce que l'on appelle aussi une « logique proactive ». Afin d'anticiper sur les comportements populaires et de les garder sous contrôle, il faut aller plus loin que la simple observation et le recueil d'informations – en un mot, le renseignement – il faut aller jusqu'à provoquer ces comportements, y compris les comportements d'opposition, critiques et contradictoires. Cette démarche proactive est celle de la communauté du Renseignement, en particulier depuis les années cinquante et le programme COINTELPRO (*Counter Intelligence Program*), élaboré aux États-Unis dans le cadre du maccartisme et de la chasse aux sorcières anti-communiste. Les services secrets américains (FBI, CIA) ont consciemment créé pour la jeunesse une contre-culture *beatnik* et *hippie* totalement inoffensive, à base d'expressionnisme abstrait (Pollock, De Kooning), de « bougisme » (Kerouac), d'art *pop* psychédélique et de produits stupéfiants incapacitants, afin de mettre en place un circuit de dérivation hors de l'institution du potentiel de subversion autrement plus dangereux que représentait le communisme orthodoxe, qui était situé, lui, au cœur de l'institution[57]. C'est ainsi que la Droite capitaliste américaine inventa la Nouvelle Gauche anti-communiste pour lutter contre la Gauche communiste, comme le montre Frances Stonor Saunders dans *Qui mène la danse ? La CIA et la Guerre froide culturelle* (2003), dont le site de Michel Collon propose un compte rendu : « Qui dit « Guerre froide » pense course aux armements, rideau de fer, voire chasse aux sorcières, mais rarement à la culture, qui en a pourtant été un des principaux champs de bataille. La récente traduction française de *Who paid the Piper ?*, de Frances Stonor Saunders nous montre comment la CIA a utilisé la culture comme arme contre la gauche au sortir de la Deuxième Guerre mondiale. (…) Dans son ouvrage, Saunders fournit des preuves évidentes d'un plan soigneusement mûri par la CIA et dont le but était d'inféoder la vie culturelle et intellectuelle de l'après-

57. « Comment la CIA a soutenu des artistes ex-communistes pendant la Guerre froide », *20 minutes*, 04/05/2012.
http://www.20minutes.fr/culture/912023-20120405-comment-cia-soutenu-artistes-ex-communistes-pendant-guerre-froide

guerre à l'impérialisme américain et aux conceptions de mise durant la Guerre froide. En fait, la CIA s'était transformée en mécène des arts d'une envergure qui aurait fait pâlir d'envie les Médicis eux-mêmes. Si j'écris cette critique, c'est parce je suis désemparée de me rendre compte que mon développement intellectuel, en apparence autonome, est en réalité le résultat d'un plan secret soigneusement mijoté par un service de renseignement étranger. (...) « À l'apogée de la Guerre froide, le gouvernement américain a investi des moyens gigantesques dans un programme secret de propagande culturelle en Europe occidentale. Nier l'existence d'un tel programme est devenu une composante importante du projet lui-même, exécuté dans le plus grand secret par la CIA. Au cœur de ce programme se trouvait le CCF (Congress for Cultural Freedom), dirigé de 1950 à 1967 par Michael Josselson, un agent de la CIA. Ses résultats, et surtout sa durée, furent tout sauf négligeables. À son apogée, le CCF employait des dizaines de personnes dans trente-cinq pays, il publiait plus de vingt revues prestigieuses, montait des expositions, possédait son propre service de presse, son propre service cinématographique, organisait d'importantes conférences internationales et récompensait musiciens et artistes par des prix et des performances publiques. Sa tâche consistait à séduire les *intelligentsias* occidentales, demeurées longtemps sous le charme du marxisme et du communisme, pour leur faire adopter progressivement une attitude plus accommodante vis-à-vis des façons d'agir américaines. » (...)
En décembre 1947, George Kennan, l'architecte du plan Marshall, introduisait le concept du « mensonge nécessaire » en tant que pierre angulaire de la diplomatie américaine : on défendrait la vérité en recourant au mensonge, la liberté en recourant à la manipulation, la démocratie par le biais d'une oppression impitoyable, l'ouverture du régime par

des opérations secrètes et sournoises. *La CIA embauche des socialistes et des ex-communistes.* Les soutiens principaux de ce renversement angoissant des valeurs n'étaient nullement des idéologues de droite ni des nazis réhabilités au lendemain de la guerre, mais bien des prétendus gens de gauche s'affirmant comme « non communistes ». Le stratège le plus important fut Arthur Koestler[58]. »

La même méthodologie est employée de nos jours, au Front de gauche, par exemple. Il y a évidemment des gens sincères dans ce mouvement, mais ils se font manipuler. Le Système cherche à éliminer toute incertitude, toute critique ; pour ce faire, il crée lui-même une pseudo-incertitude et une pseudo-critique, lesquelles seront surmédiatisées afin de monopoliser l'attention et d'attirer les énergies potentiellement critiques dans une visibilité hors système qui les neutralise. En termes hégéliens, la thèse produit elle-même son antithèse ; de la sorte, la thèse est sûre de garder le contrôle de sa propre contradiction antithétique ; elle est donc sûre de ne jamais être contredite fondamentalement, seulement à la marge, et de garder le contrôle tout court. Le Pouvoir en vient donc à organiser lui-même sa propre contestation. Il met en scène de la pseudo-incertitude, avec des faux terroristes et des faux mouvements d'opposition. Par exemple, en France, le ministère de l'Intérieur ne se contente pas d'infiltrer les milieux gauchistes, il organise lui-même les grèves et les manifestations au moyen de ses indicateurs et agents doubles (naguère trotskistes, aujourd'hui plutôt libertaires). Depuis les grandes grèves de 1995 et le « Plus jamais ça ! » de Juppé, de gros moyens ont été déployés. Toute l'extrême gauche, que je connais bien, est aujourd'hui complètement noyautée et infiltrée par des agents d'influence dont la tâche est de l'aligner sur les intérêts atlantistes et sionistes, qui se

---

58. « Le « mensonge nécessaire » : la CIA et les grands écrivains », Investig'Action, 06/05/2006. http://michelcollon.info/Le-034-mensonge-necessaire-034-la.html

confondent plus ou moins. On en trouve les preuves sur un moteur de recherche en tapant « Indymedia Soros », par exemple. Le milieu anarcho-libertaire français a commencé à se poser sérieusement des questions en 2008, quand une polémique éclata à l'occasion de l'invitation d'antifascistes russes. Un forum de la CNT-AIT donne les explications suivantes : « La polémique a éclaté lorsqu'un internaute a dévoilé que les fameux antifascistes russes invités en France avaient des liens avec *Searchlight*, magazine britannique qui affiche certes un bel antifascisme mais dont le rédacteur en chef reconnaît avoir des liens avec les services secrets de son pays. Ce même internaute faisait par ailleurs remarquer que le mouvement qui faisait venir en France ces Russes (en l'occurrence le conglomérat « REFLEX », « SCALP », « réseau No Pasaran »), fait partie d'un réseau appelé United (auquel appartient également *Searchlight*). Qu'est-ce donc que cet United ? C'est, d'après ce qu'affirme son site, « le plus grand réseau pan-européen antiraciste ». Il regroupe 560 organisations et lutte contre le nationalisme, le racisme, le fascisme et pour les droits des immigrants et des réfugiés. Très bien jusque-là. Sauf que, si l'on se donne seulement la peine de lire ses rapports d'activité, on a directement connaissance de la liste des organisations qui financent United. C'est là qu'on rigole. Dans le rapport d'activité 2006, on relevait en vrac, parmi les généreux donateurs : la Commission européenne, le Conseil de l'Europe, le Conseil mondial des Églises (!), le Conseil culturel de Suède, le Groupe parlementaire européen des Verts, le Groupe parlementaire européen Socialiste, le Groupe parlementaire européen Communiste, le ministère des Affaires étrangères suisse, etc. Bien pire, deux ministères de la police (au moins) financent directement United : le ministère de l'Intérieur britannique et le ministère de l'Intérieur néerlandais. Et c'est bien de ce réseau que REFLEX (auquel appartient le SCALP) est membre ! Ces révélations qui appelaient soit un démenti formel (si elles étaient fausses) soit, dans le cas contraire, des explications politiques ont certes soulevé une vive polémique, mais les explications se font toujours attendre. Ainsi le principal mis en cause, le réseau No Pasaran (auquel appartient REFLEX, tout comme le SCALP) s'est fendu d'un communiqué tonitruant (dont nous reproduisons plus loin les principaux extraits) mais qui, sur le fond, se garde bien de donner quelque explication que ce soit. Remarquons tout d'abord que le SCALP-No Pasaran se garde bien de démentir formellement les deux accusations qui ont lancé la polémique : – à savoir tout d'abord qu'ils participent eux-mêmes à un réseau financé par la police ; – ensuite que le directeur de la revue *Searchlight* est en relation avec la police secrète britannique[59]. »

Parmi les sponsors non mentionnés ci-dessus, ajoutons l'Open Society Foundations de George Soros et la Fondation Rothschild, comme on le voit sur la page « Supported by[60] ». Les conséquences de ce piratage complet de l'extrême gauche par le Grand Capital de droite se révèlent dans l'inefficacité totale du syndicalisme révolutionnaire, qui a complètement cédé sa place au syndicalisme de cogestion réformiste. Le seul type de grève vraiment efficace serait une grève pendant laquelle on ne perd pas d'argent. On peut ainsi la poursuivre indéfiniment. C'est une « grève durable », ce qu'on appelle généralement une grève du zèle. On vient au travail, mais on ne fait rien, ou presque, et surtout on organise collectivement cette absence de travail, évidemment sans préavis de grève ni aucune déclaration officielle. Ce ne serait guère que de la désobéissance civile de bon aloi. Arriver à cette conclusion et

59. « Quelques questions de principe... (À propos des accointances) », CNT-AIT, 23/08/2008. http://cnt.ait.caen.free.fr/forum/viewtopic.php?p=32625&highlight=
60. « United is supported by », UNITED for Intercultural Action. European Network against nationalism, racism, fascism and in support of migrants and refugees. http://www.unitedagainstracism.org/about-united/supported-by/

commencer à la mettre en pratique est juste du bon sens, mais tout est fait au niveau des directions syndicales pour qu'on n'y arrive jamais. Après plusieurs années dans les milieux de gauche, on sent bien ce « plafond de verre », cette résistance aux initiatives de la base opposée par les cadres et les chefs, qui eux-mêmes obéissent à un agenda défini encore au-dessus d'eux, dans les réseaux de renseignement. Cette proactivité des services secrets va au-delà de l'organisation de grèves inefficaces et de manifs purement carnavalesques, et même au-delà de l'organisation artificielle d'émeutes en banlieue au moyen de racailles payées en barrettes de *shit* par les flics pour les aider à compléter leurs propres effectifs de casseurs en civil (ou « appariteurs »), cela touche aussi les idées, avec la diffusion de virus mentaux incapacitants conçus à l'image du système, tels que la théorie du genre, nouvelle mouture du féminisme d'antan mais en plus hystérique encore, à la sauce *girl power* et *gay friendly*. Le résultat est devant nous : il n'y a plus de différence aujourd'hui entre la gauche et les Spice Girls. Hollande, Cohn-Bendit, Besancenot et Lady Gaga : même combat ! Dans la continuité, j'observe aussi depuis des années un gros travail de fond pour que l'extrême gauche devienne pro-israélienne. On part de loin et cela semble improbable mais le retournement s'opère petit à petit. Comment s'y prennent les agents d'influence ? En appliquant la technique du *pinkwashing*. On évite soigneusement de se mettre à militer explicitement CONTRE la cause palestinienne, cela paraîtrait louche, mais en revanche on se met à militer à fond POUR la cause des homos et des transsexuels. Il faut qu'en cas de radicalisation des tensions, si l'extrême gauche est sommée de choisir un camp définitif entre les combattants barbus du Hezbollah et la *gay pride* de Tel Aviv, ce soit la seconde qui l'emporte parce qu'elle aura été rendue plus familière et dépeinte comme authentiquement progressiste.

Sur tous ces sujets, on lira avec fruit Frédéric Charpier, *La CIA en France – 60 ans d'ingérence dans les affaires françaises*, ou l'article de Christian Bouchet, « À l'extrême gauche de l'oncle Sam ». Sur la complicité droite-gauche, il faut aussi mentionner Charles Robin et *La Gauche du capital*, et Jean-Claude Michéa qui posait la question dans un de ses livres : « La gauche, stade suprême du capitalisme ? »

Cela dit, l'extrême droite n'est pas en reste, question noyautage et infiltration. Les réseaux de l'OTAN issus du nazisme et du fascisme, dits *stay-behind* et Gladio, sont encore très actifs, comme on le voit en Ukraine. En France et ailleurs, les droites nationales ont été majoritairement atlantistes pendant des décennies, elles ont donc leur part de responsabilités dans la situation actuelle, y compris dans la montée du LGBT et dans l'invasion migratoire, phénomènes qui ne viennent pas du communisme, ni des pays ex-communistes. La question des identités, largement propagée à droite, est également à double tranchant. On ne peut pas l'évacuer totalement mais il faut reconnaître qu'aujourd'hui, l'ingénierie sociale joue à fond la carte identitaire, de gauche comme de droite, notamment par la production de rivalités identitaires dans les classes populaires afin de les morceler, d'empêcher leur organisation et de « diviser pour régner ». Il y a une théorie identitaire de gauche, avec les questions de genre et de sexe, et une théorie identitaire de droite, avec les questions de race et de culture. Pendant qu'on perd du temps avec ces questions-là dans des débats « pour ou contre » surmédiatisés et complètement oiseux, les questions socioéconomiques sérieuses ne sont pas abordées et le Pouvoir continue d'avancer ses pions. Les bonnes vieilles ficelles sont usées jusqu'à la corde mais fonctionnent toujours, cela ne cesse de m'étonner. En effet, depuis la nuit des temps, la guerre cognitive menée par le Pouvoir contre le peuple consiste toujours : 1) à essentialiser les petites différences identitaires pour les dresser les unes contre les autres ; 2) à coloniser son « temps de cerveau disponible » avec du bruit informationnel et des questions anecdotiques ou secondaires comme leurres de diversion à ce qui est important. La question des identités est au cœur du lien social, évidemment, comme le montrent les sciences humaines, mais ces identités ne définissent votre destin que dans les systèmes précapitalistes. En revanche, quand c'est votre compte en banque qui définit vos conditions de vie réelles, donc tout ce qui vous arrivera dans la vie, il est illégitime d'en parler autant.

Cela dit, je n'accuserai pas de « fascisme » les gens qui évoluent dans la mouvance identitaire. L'étiquette de « facho » est bien trop commode et rassurante finalement, car les rôles médiatiques sont clairement définis, entre les bons et les méchants. D'ailleurs, à ce propos, un contact m'a attesté que la campagne sur le thème de l'antifascisme (les antifas, Ras l'front, « Conspis hors de nos villes », etc.), relancée récemment dans les milieux d'extrême gauche, a été en fait élaborée depuis un *brainstorming* commun de la DCRI (les ex-RG) et du journal *Le Monde* pour tenter de dénigrer toute critique trop appuyée du système. Déjà, son mode d'apparition met la puce à l'oreille, car il est beaucoup trop concerté et discipliné pour être une émergence spontanée de l'extrême gauche (laquelle est trop individualiste et désorganisée pour se trouver en état de lancer ce genre de campagne), avec tous ses éléments de langage préfabriqués et livrés « clé en main » : accusation de confusionnisme droite/gauche quand on veut faire la synthèse du meilleur (façon CNR ou Soral) ; accusation des gouvernements « autoritaires » et « populistes », de Chavez à Poutine, pour dissuader de les prendre comme modèles ; accusations en vrac d'antisémitisme, de racisme, de misogynie, d'homophobie ou de théorie du complot, etc. Bref, le pseudo-débat entre les fachos et les gauchos est une routine de contrôle social sans risque et bien huilée, entièrement fondée sur la vieille technique bien connue de « disqualification avant débat », qui consiste à attaquer l'auteur du message pour éviter d'avoir à examiner la pertinence intrinsèque du message.

Maintenant, si vous voulez vraiment mettre les gens mal à l'aise dans un dîner en ville, faites un tour de table en demandant à chacun combien il gagne, puis orientez la discussion sur les différences de revenus et de capital, les clivages et les hiérarchies que cela induit en termes de qualité de vie, voire d'espérance de vie, et est-ce que c'est bien mérité ?! Vous verrez le résultat. J'ai déjà testé, ambiance marécageuse ou électrique assurée (c'est selon). C'est encore pire que de passer pour le facho de service car vous ne correspondez à aucun rôle prédéfini.

TP : Dès lors, comment éviter le piège du contrôle ?

LC : Justement, en ne rentrant dans aucun rôle prédéfini. Le principe de la « gestion de risques », qui est une branche de notre étude, consiste à réduire l'incertitude, en créant de la fausse incertitude si nécessaire. Il faut donc réinjecter de la vraie incertitude dans le système. Réinjecter de la vraie contradiction. Comment être sûr que c'est de la vraie contradiction ? Comment être sûr que je ne suis pas une antithèse générée de manière proactive, une fausse contradiction ? La seule solution consiste à s'extraire totalement du système thèse/antithèse. N'être la contradiction de rien. N'être l'antithèse de rien. Comment ? Ne pas se situer dans des rapports « pour ou contre » quoi que ce soit. Pour cela, il faut apprendre à méta-communiquer : quand je suis face à un débat, « pour » ou « contre » quelque chose, ne pas prendre parti mais monter à l'échelle logique supérieure pour découvrir le tronc commun des thèses contradictoires en présence. En général, le « pour » et le « contre » possèdent un présupposé commun, qui est au moins la pertinence du débat en question. Puis, s'extraire de ce tronc commun également. À ce moment-là, on sort d'un débat d'idées pour aller voir la structure de ce débat d'idées et si cette structure correspond à quelque chose dans les faits. Questionner l'origine du débat plutôt que de rentrer dedans. On fait alors de l'analyse de systèmes (systémique et cybernétique), ou de l'analyse de modèles, dont l'ossature obéit à la théorie mathématique des ensembles : les systèmes se chevauchent ou s'emboîtent les uns dans les autres et il y a des systèmes de systèmes, toujours plus intégrateurs, qui permettent de dégager la structure des structures, etc. C'est aussi la logique du Concept et de l'Esprit, qui consiste à subsumer toujours plus.

Cette procédure de méta-communication permanente sur les idées doit en outre être confrontée à des faits. La base à laquelle nous revenons toujours doit être neutre sur le plan des idées : sortir du jeu des contradictions et des antithèses pour penser les choses uniquement au regard des faits concrets. Les faits, rien que les faits, tous les faits. Ça, c'est totalement irrécupérable. La subversion maximum, à jamais irrécupérable, c'est juste la bonne vieille méthode scientifique expérimentale : des raisonnements logiques appuyés sur des faits concrets. Attention, pas de malentendu, je ne parle pas de scientisme ou de positivisme. Je parle d'une attitude simplement non idéologique face au monde, c'est-à-dire avec le moins d'idées possible. Je me méfie comme de la peste des idées et des systèmes d'idées (les idéologies). Les idées et les théories, on ne peut pas s'en passer totalement, mais il faut toujours garder présent à l'esprit que ce ne sont que des hypothèses, plus ou moins cohérentes et consistantes, mais des hypothèses seulement. Les idées et les hypothèses doivent toujours être soumises à l'autorité des faits bruts, l'autorité du Réel, la seule autorité que je reconnaisse, pour ma part. (À une époque, je voulais lancer un mouvement baptisé « La Communauté du Réel », d'après l'article sur la *reality-based community* de Ron Suskind, mais l'initiative est restée foireuse, faute de temps et de moyens.)

Le Réel, c'est la manière dont les choses sont, indépendamment de ce que l'on voudrait qu'elles soient. Autres définitions du Réel, celles de la topologie lacanienne : « Ce qui revient toujours à la même place », « Ce qui ne se contrôle pas ». Je milite donc en faveur d'un empirisme intégral, un « factualisme » avec le moins d'idées possible, car ce sont les idées et les idéologies qui se manipulent, qui se mettent en scène dans des débats « pour ou contre ». Il faut donc savoir rester « trivial » au sens épistémologique, c'est-à-dire au ras des pâquerettes, et sans idées préconçues. Je défends donc une méthode vide, sans contenu, sans idées, ce qui réduit considérablement les risques d'être manipulé. Cette vision de la méthode scientifique, composée d'une méta-communication sur les systèmes, c'est-à-dire sur nos formes mentales, associée à un retour constant à la trivialité factuelle, est également assez proche du bouddhisme zen. Pour tout dire, c'est juste du « bon sens ».

TP : La désinformation, expliquez-vous, passe notamment par les glissements sémantiques *via* la promotion de nouveaux mots à des fins de propagande. Qu'en est-il ?

LC : Pour le Pouvoir, la manipulation du langage en général est essentielle car c'est de cette façon-là qu'il construit une réalité. Je disais au début de l'interview que dans un cadre d'ingénierie, on ne se parle plus. Pour être plus précis, on peut continuer de se parler « en apparence », mais c'est du pseudo-langage, de la langue de bois ou de coton, du langage qui n'est plus indexé sur le Réel. Les grands totalitarismes du XXe siècle ont fait avancer l'art de la déréalisation au moyen du langage jusqu'à une extrême sophistication. Orwell a tout dit avec son concept de novlangue, mais on le complétera judicieusement par les ouvrages de Victor Klemperer, Éric Hazan et Christian Salmon.

Pourquoi le *storytelling* marche-t-il aussi bien ? Comment se fait-il que nous soyons sensibles à ce point aux histoires qu'on nous raconte et que ces narrations souvent fictives pèsent malgré tout d'un tel poids dans nos vies et sur la marche du monde ? Cela vient du fait que l'*Homo Sapiens* n'est jamais en contact direct avec le réel brut. Nous n'avons accès au réel que par l'intermédiaire d'une construction sémantique, langagière, qui fournit la représentation, la carte du territoire dans lequel nous subsistons. Cette carte, c'est l'ensemble de ce que nous savons sur le monde, c'est la grille de lecture culturelle que nous apprenons et perfectionnons depuis la naissance et sans laquelle nous ne pourrions survivre. Pour plus d'explications sur ces affaires de sémiotique appliquée à la psychogenèse, on se reportera aux recherches de Dany-Robert Dufour, notamment dans *On achève bien les hommes*. Je vais essayer de résumer.

Tout part du fait que l'espèce humaine est néotène, c'est-à-dire prématurée. L'héritage génétique seul n'est rien, il a besoin d'être activé par de la fiction. Dans une vie d'Homme, la fiction représente une part plus importante que le Réel. La mise en fiction du vécu humain est inscrite dans notre condition de sujets parlants. En fait, tout ce qui fait Sens relève peu ou prou de la fiction. Cela inclut tous les grands récits identitaires et communautaires, tous les grands mythes historiques, religieux, politiques, mémoriels, et pas seulement ceux dont la censure interdit le questionnement depuis quelques années. Pour comprendre cela, il faut examiner les mécanismes de l'acquisition du langage, puisqu'il n'y a pas de production de sens sans un code, sans un véhicule langagier. À la naissance, sur un plan strictement génétique, le bébé est capable de produire tous les sons. Or, aucune langue humaine ne contient tous les sons. Pour entrer dans une langue et commencer à échanger du sens, le bébé doit donc apprendre à inhiber certaines potentialités génétiques, certaines potentialités réelles et naturelles, au bénéfice du renforcement d'autres potentialités génétiques. L'entrée dans le langage, l'entrée dans le sens, suppose donc une négation sélective au sein de l'héritage génétique, dans l'éventail des potentialités qui nous sont léguées, ce qui constitue une sorte de dénaturation. La nature est trop riche, l'entrée dans la culture et le sens en constitue une réduction et une orientation spécifique, aux dépens d'une autre orientation. Cette réduction, ou limitation, ou dénaturation, ou information (au sens de mise en forme) du matériel génétique inné, correspond aussi au mécanisme de la socialisation. L'apprentissage social, l'acquis post-natal, l'éducation, la culture, en un mot la « compétence langagière », imposent des limites et inhibent sélectivement l'héritage naturel, qui sans cette influence extérieure reste anarchique, amorphe, non structuré, « lettre morte ». C'est cette information inhibitrice qui donne du Sens. Chez les humains, l'héritage génétique tout seul ne conduit qu'à l'autisme et à une absence handicapante de socialisation. La socialisation langagière et sémantique constitue donc en elle-même une déréalisation : le vécu natif, originel, génétique, du Réel brut naturel n'est pas pris en bloc, il n'est pas respecté dans son intégrité totale, on n'en retient que certaines parties, mais ce mécanisme sélectif passe inaperçu et la « partie », la construction sélective, est prise pour le « tout ». En effet, pour que le code culturel au moyen duquel nous communiquons soit crédible et fonctionnel, il doit reposer sur le postulat illusoire de son adéquation pleine et entière au Réel : oublier que c'est une convention pour se mettre à croire que c'est un absolu. Si je commence à douter du langage que j'utilise, c'est non seulement ma capacité au lien social qui s'effondre, mais encore toute forme de « sens de la vie » (processus de la psychose). Pour entrer dans l'univers du Sens, dans l'univers des symboles et des codes langagiers, il faut donc nier sélectivement le Réel tout en croyant qu'on le respecte. Pour continuer à utiliser la carte, il faut croire qu'elle correspond au territoire.

TP : Pourquoi conclure par « L'Appel des Résistants » ? Stéphane Hessel n'a-t-il pas, comme le rappelle Jean-Claude Michéa dans *Le Complexe d'Orphée*, fourni plusieurs membres à la Commission trilatérale *via* son club Jean Moulin ?

LC : Stéphane Hessel n'est pas le seul signataire de cet « Appel des Résistants », ils sont une quinzaine. Par ailleurs, quand j'ai écrit mon bouquin en 2008-2009, je ne savais même pas qui était Stéphane Hessel, en dehors d'un nom mêlé à d'autres au bas d'un texte, car il ne s'est rendu vraiment célèbre qu'en 2010 avec *Indignez-vous !* Auparavant, l'« Appel des Résistants » qu'il a cosigné en 2004 a été rédigé pour commémorer le 60e anniversaire du Programme du Conseil national de la Résistance, écrit en 1944. Ce programme du CNR, de son vrai titre *Les Jours heureux*, est un texte absolument extraordinaire, merveilleux, époustouflant d'intelligence et de bonté, tout le génie français est là, dans cette alliance entre gaullistes et communistes, qui vous donne la chair de poule et vous fait monter les larmes aux yeux. À moins d'être un salaud, on ne peut qu'être d'accord avec ce texte et ressentir l'urgence d'en faire la promotion ; mais bien qu'il n'ait que la taille d'un manifeste, ses quarante pages interdisent de pouvoir le citer dans son intégralité. Je voulais néanmoins rappeler son existence et me placer sous son patronage. Faute de place, je me suis contenté de reproduire l'« Appel des Résistants », qui en fournit un résumé sur deux pages. En plus synthétique encore, notons que l'on retrouve également tout l'esprit du Conseil national de la Résistance dans la maxime assez géniale d'Égalité & Réconciliation, le mouvement fondé par Alain Soral : *Gauche du travail, droite des valeurs.*

TP : Passons au plan géopolitique. Les récents bouleversements en Italie, Grèce, la loi NDAA d'Obama peuvent-ils s'interpréter en termes d'ingénierie sociale ?

LC : Du point de vue de l'oligarchie occidentale, dont Obama et ses conseillers sont des représentants, un monde multipolaire, un monde multiculturel, est intolérable car il n'est pas totalement sous contrôle, sous son contrôle. Un monde multipolaire rappelle à l'oligarchie le monde réel en la rappelant à certaines limites, aux frontières, à la contradiction, au fait qu'elle ne domine pas le monde entièrement. Pour l'oligarchie capitaliste, le monde doit être Un et sans frontières. Telle est sa vision de la géopolitique. Pour y parvenir, elle s'emploie donc à détruire le monde tel qu'il est pour le remplacer par le monde tel qu'elle voudrait qu'il soit. Méthodologiquement, dans son œuvre de destruction, elle fait usage de la « stratégie du choc » et du « management de la terreur ». La *terror management theory* est une branche des sciences humaines née en 1986 sous l'impulsion de trois chercheurs américains : Jeff Greenberg, Tom Pyszczynski et Sheldon Solomon. Cette approche gestionnaire, rationnelle et scientifique de la terreur propose une analyse des mécanismes psychologiques et comportementaux de la peur et de la panique. Au niveau d'une ingénierie, on peut en tirer des applications permettant de répondre à certaines questions. Comment terroriser et paniquer autrui de la manière la plus efficace possible ? Comment rendre les gens complètement fous, comment les pousser au suicide ou à s'entretuer, sans que cela ne m'impacte en retour, évidemment ?

Conformément à ce que nous disions plus haut sur le langage, la représentation est parfois suffisante pour provoquer les mêmes effets que le réel. Par exemple, ce que l'on appelle communément la « dette publique » n'existe que dans le langage. Mais du fait que l'oligarchie ne pouvait pas y faire croire du jour au lendemain sans un minimum de mise en scène, il a fallu passer par le stratagème de la crise de 2007-2008, au moyen de laquelle les banques ont surendetté les États avec l'argent qui a servi à les sauver, elles. Créancières et débitrices en même temps, les banques nous font entrer dans un système circulaire d'auto-confirmation performative sans rapport avec le réel et de nature profondément hallucinatoire et psychotique. Jean-Claude Paye est très bon pour analyser ces mécanismes de folie sociale. Si ça marche quand même, c'est uniquement parce que la police et l'armée sont là pour protéger les banquiers, qui ne sont que des types dans des bureaux (ou des châteaux), et sont donc par eux-mêmes totalement impuissants à imposer quoi que ce soit. Le pouvoir de la finance repose entièrement sur ce que l'on appelle communément le *bluff*, comme au poker. D'ailleurs, on attribue à Mayer Rothschild, le fondateur de la dynastie, la remarque suivante : « Prenez l'apparence du pouvoir, et on ne tardera pas à vous le donner réellement. »

Ce qui marche pour le pouvoir fonctionne également pour le danger. La capacité à « faire croire » (au pouvoir ou au danger) est fondamentale puisque la représentation du danger provoque à peu près les mêmes effets anxiogènes que le danger réel. D'où le fait que l'anti-terrorisme, dont le *Patriot Act*, la NDAA ou nos lois scélérates en France sont des avatars, n'a pas besoin de vrais terroristes. D'où le fait qu'il s'en passe effectivement ! Personnellement, quand j'entends parler de « menace terroriste », je souris. Pendant des années, je suis allé à l'École militaire, située en face de la tour Eiffel à Paris, pour y écouter des colloques et des conférences sur le renseignement, la sécurité, les Forces spéciales, la stratégie militaire et la géopolitique. Ces événements rassemblent le gratin de l'armée, de la police, des services secrets, de la politique, du patronat et du journalisme. La « menace terroriste islamiste » constitue la toile de fond de tous les débats. Bizarrement, on rentrait dans ces conférences sur simple inscription par Internet et présentation rapide d'une pièce d'identité banale et aisément falsifiable à l'entrée. Il n'y avait aucun portique détecteur de métaux, aucun scanner corporel ni tapis roulant pour les sacs et valises, aucun chien renifleur, et je n'ai pas souvenir d'une seule caméra de vidéosurveillance. Cohérence et vraisemblance semblent donc secondaires, y compris de la part des professionnels de la sécurité puisqu'ils ne prennent même pas la peine de se protéger des dangers dont ils dissertent complaisamment par ailleurs. En réalité, il n'y a AUCUNE menace terroriste islamiste. Zéro, rien, et ces professionnels le savent pertinemment, raison pour laquelle ils s'épargnent à eux-mêmes les nuisances tatillonnes de la paranoïa sécuritaire. Il a fallu attendre le prétexte des attentats de janvier 2015 pour faire basculer le pays entier en alerte terroriste permanente, sans que cela n'empêche le gouvernement d'organiser lui-même des manifestations de rue dès le premier jour des attentats, au mépris le plus flagrant des dispositions légales du plan Vigipirate puisque, selon ce même gouvernement, des terroristes en nombre inconnu circulaient en liberté et armés de lance-roquettes !

Pour ma part, j'ai suffisamment étudié la question : les seuls risques terroristes réels en Occident viennent des services secrets occidentaux eux-mêmes, et en particulier anglo-saxons et israéliens. Il suffit de se cultiver un peu sur les méthodes de travail des services spéciaux pour apprendre que l'attentat sous faux drapeau (*false flag*), c'est-à-dire faussement attribué à quelqu'un d'autre, est d'un usage complètement banalisé depuis des siècles. La fabrication de faux documents, l'usurpation d'identité, ainsi que les identités entièrement inventées de toutes pièces – ce que l'on appelle dans le jargon des « légendes » – sont le pain quotidien du boulot dans le Renseignement.

La menace terroriste en Occident est donc largement une fiction, comme la dette publique, mais qui s'inscrit parfaitement dans ce management de la « terreur virtuelle ». Tous les événements géopolitiques que vous mentionnez sont les symptômes de ce qu'il faut bien appeler une véritable ingénierie de la peur appliquée aux peuples, mais sans aucune raison objective, sans raison réelle, il faut ne jamais cesser de le dire. La puissance de la « communication », c'est-à-dire des médias, fait tout. Ce raffinement proprement satanique dans le sadisme révèle que l'oligarchie occidentale atlantiste est passée bien au-delà de la décadence, elle en est au stade de la sociopathie généralisée. Pour continuer sur ces sujets, à côté de l'ouvrage bien connu de Naomi Klein, j'en recommande d'autres, tout aussi indispensables, *Choc et Simulacre* de Michel Drac, et *La Stratégie du chaos* de Michel Collon. Si nos titres font écho les uns aux autres, ce doit être le *Zeitgeist*…

TP : Quelle grille d'analyse peut-on appliquer aux révolutions colorées ?

LC : Il faut partir d'un constat. C'est un raisonnement déductif mais appuyé sur des observations empiriques : toutes les révolutions authentiques, venant vraiment du peuple, ont échoué ; toutes les révolutions qui ont marché étaient des « révolutions colorées » menées par des « minorités actives ». Ce fut le cas de la Révolution américaine, de la nôtre en 1789, puis celle de 1917 en Russie. Cela commence à se savoir également pour Mai 68 (*cf.* Alain Peyrefitte, Roger Frey, *L'Express*, n° 2437), dont le but était d'ouvrir la France aux réseaux américano-israéliens. Ces minorités actives, composées de *lobbies* et de groupes d'influence divers, surfent sur la colère du peuple, colère parfois justifiée mais aussi parfois complètement fabriquée, ou amplifiée. « Agiter le peuple avant de s'en servir », comme disait Talleyrand. Ensuite, usant des médias comme de caisses de résonance, ces minorités actives filment en gros plan une zone circonscrite où les gens s'agitent effectivement, comme la place Tahrir au Caire, pendant que le reste de la ville et du pays vaque à ses occupations ou fait la sieste, ainsi que me l'a rapporté un contact en Égypte. On a eu le même genre de manip' avec le « Printemps arabe » en Syrie, en Iran, en Libye – avec la place centrale de Tripoli reconstituée en carton-pâte au Qatar – ou en Ukraine deux fois à dix ans d'intervalle : la Révolution orange puis l'EuroMaïdan.

Même quand le peuple souffre vraiment, sa capacité à plier et à ne pas se révolter « spontanément », sa capacité d'inertie, est presque infinie. Il arrive cependant parfois qu'un *leader* charismatique émerge et provoque une insurrection, une révolte, une jacquerie. En général, ça s'essouffle rapidement par manque de moyens, ou alors c'est réprimé dans le sang vite fait, bien fait. Quand ça dure et que c'est couronné de succès, cela veut dire qu'il y a des professionnels derrière. Car, oui, il y a des professionnels de la révolution, des professionnels de l'agitation et de la subversion. Comme il faut quand même de gros moyens pour faire tomber un État ou un régime, cela prouve *de facto* qu'on a affaire à des acteurs très puissants derrière ces pseudo-révolutions, c'est-à-dire d'autres États, dotés de services de renseignement performants, ou des fortunes privées qui peuvent concurrencer les États. Voir à ce sujet Roger Mucchielli, *La Subversion*, ainsi que les théoriciens de la contre-insurrection : Kitson, Galula, le général Francart. Les États-Unis sont connus pour avoir mobilisé des quantités de chercheurs universitaires en sciences humaines et sociales pour modéliser les processus insurrectionnels, de sorte à les anticiper pour mieux les contrôler en les vidant de leur potentiel ou en lançant d'autres pseudo-mouvements qui seront sous contrôle dès l'origine et qui serviront de diversion ou de dérivation. Les « émeutes FMI » (*IMF Riots*) est un concept utilisé par le FMI lui-même, notamment par les chercheurs employés pour calculer et prédire l'ampleur des troubles sociaux provoqués par l'application de ses mesures. Encore avant, dès les années de Guerre froide, un programme de la CIA nommé « projet Camelot » (*Project Camelot*), dont le nom complet est « Méthodes de prédiction et d'influence du changement social et du potentiel de guerre intérieure » (*Methods for Predicting and Influencing Social Change and Internal War Potential*) fut mis sur pied avec sensiblement les mêmes objectifs. Résumé : « Les sciences de la communication, dont le développement a été piloté par la CIA à partir des années cinquante, ont constitué un instrument essentiel de la « guerre psychologique » menée contre les gouvernements prosoviétiques et les pays susceptibles de basculer dans le camp communiste. En collaboration avec l'armée et les services secrets, les spécialistes du comportement ont contribué à collecter des informations sur « l'ennemi », à élaborer la propagande atlantiste, à prévenir des mouvements de libération hostiles à Washington, allant même jusqu'à conseiller les experts de la torture. Cette « alliance entre le savant et le politique » est à l'origine d'un dispositif encore utilisé afin de diffuser la voix de l'Amérique dans le monde. (…) Autre avatar de la « guerre psychologique », le Projet Camelot consiste, dans les années soixante, à modéliser les processus de révolutions nationales dans les pays du Tiers-Monde afin de guider les opérations de contre-insurrection. Camelot illustre à la perfection l'intensification des relations entre les comportementalistes et les services secrets états-uniens. Lancé en 1963, le projet, destiné à faciliter les interventions au Yémen, à Cuba et au Congo belge, doit en théorie permettre de prévoir et prévenir les risques de révolutions[61.] »

TP : Pouvez-vous revenir sur l'actualité du concept de biopouvoir que vous exposez dans votre dernier chapitre ?

LC : Si l'on poursuit la réflexion de Foucault ou Agamben, on arrive au brevetage du vivant, c'est-à-dire à sa privatisation, aux organismes génétiquement modifiés, à l'eugénisme et au transhumanisme. Malheureusement, tout cela est d'actualité. En effet, il existe des volontés affirmées au sein d'organisations supranationales sans légitimité comme l'Union européenne ou l'Organisation mondiale de la santé d'en finir avec la biodiversité au moyen de textes à prétentions légales tels que le Catalogue des semences autorisées, le Certificat d'obtention végétale ou le Codex Alimentarius. Toutes ces prospectives sont résumées par le concept de *Gestell*, formulé par Heidegger, que l'on pourrait traduire par le « disposé ». Ou encore, au prix d'un néologisme, « l'ingénieré ». C'est vraiment l'esprit de l'époque : rien ne doit être « en dur » et rien ne doit durer, il faut pouvoir tout réécrire, tout modifier, tout recomposer à chaque instant car tout doit être mis à disposition, tous les aspects de la vie, y compris les plus intimes, en l'occurrence le code génétique des êtres vivants, de tous les êtres vivants, de la plante à l'humain. À cet égard, l'initiative commune d'un Bill Gates et d'un Rockefeller de créer sur l'île norvégienne de Svalbard une sorte de bunker « arche de Noé » contenant toutes les graines et semences

61. « Les sciences de la domination mondiale », *Epsys – Revue électronique de psychologie et sciences humaines*.
http://www.eepsys.com/fr/sciences-de-domination-mondiale/

du monde est plutôt inquiétante. Pourquoi font-ils cela, que manigancent-ils? Question rhétorique, le projet est fort clair : il s'agit de commencer à privatiser toute la biosphère, ce qui permettra de la contrôler intégralement après l'avoir intégralement détruite. Rigidifier après avoir fluidifié, nous sommes au cœur du *Gestell* et de l'ingénierie cybernétique, qui partagent le même horizon : l'automatisation complète du globe terrestre.

TP : Dès lors, avec les ingénieurs sociaux, quelle humanité pour demain et dans quelle démocratie? Peut-on d'ailleurs encore parler de démocratie?

LC : On se souvient de la fameuse phrase du générique de *L'Homme qui valait trois milliards* : « Messieurs, nous allons le reconstruire. » Le principe commun de l'ingénierie sociale et du transhumanisme tient dans cette phrase, et pour tout dire, la première conduit inévitablement au second. (Je dois l'avouer, moi-même j'ai été transhumaniste, mais je revendique le droit à « l'erreur de jeunesse », dès lors qu'on en prend conscience et que l'on fait amende honorable.) Conformément aux vœux de leurs financiers de Wall Street, les nazis ont été les pères fondateurs du transhumanisme moderne. Ils n'étaient pas là pour durer et ils n'ont donc pas eu le temps d'appliquer leur programme, mais leur anthropologie, appuyée sur une interprétation puérile du concept de surhomme de Nietzsche, relevait d'un principe de transformation du donné naturel et visait à la création d'un Nouvel Homme par l'ingénierie génétique. Les libertaires gauchistes qui font la promotion du transgenre et du changement de sexe ou d'identité à volonté en sont les dignes descendants spirituels, avec Toni Negri et Deleuze. Ils se reconnaîtraient peut-être davantage chez les Soviétiques des années vingt et trente, qui furent plus prompts à dégainer l'alibi progressiste (« Du passé, faisons table rase ») pour défendre des programmes similaires de reconstruction intégrale de la nature humaine. Et comme on le voit sous la plume de Jacques Attali (ainsi que chez Raymond Kurzweil et Howard Bloom), la pointe fine du sionisme fusionne également avec le projet transhumaniste et adopte à ses heures la notion corollaire de « Nouvel Ordre mondial », nouvel ordre issu du chaos selon la terminologie de l'illuminisme anglo-saxon (voir Aldous Huxley et consorts). En un sens, Claude Vorilhon, *alias* Raël, a tout compris de son époque, lui qui imbrique le svastika lévogyre, symbole de destruction, avec les deux pyramides entrelacées de l'étoile de David sur fond de clonage reproductif! Bref, il semble que tous les « tarés de la Terre » convergent depuis toujours dans le transhumanisme.

Du transhumanisme au post-humanisme, puis au postmodernisme, il n'y a qu'un pas. En fait, c'est la même chose. Le postmodernisme, c'est quoi? En un mot, le postmodernisme c'est quand la copie remplace l'original. L'original est imparfait, on le remplace par sa copie retouchée et lissée, comme sur Photoshop. Le transhumanisme remplace l'humain original par des copies soi-disant améliorées, augmentées (comme la « réalité augmentée » virtuellement). Aujourd'hui, c'est tout le monde réel qui se trouve menacé par une vague de déréalisation postmoderniste et de remplacement par sa copie réécrite. Le Réel, c'est ce qui ne se contrôle pas. Pour arriver au contrôle total dans ces conditions, pas d'autre choix que de détruire le Réel original et de le remplacer par sa copie virtuelle. Puis on produit des copies de copies à l'infini, pour parvenir à un contrôle toujours croissant. À la fin, il ne reste de l'original qu'un simulacre complètement dévitalisé et désubstantialisé. Sur le plan politique, c'est l'avènement de la post-démocratie, qui n'est qu'une pâle imitation de la démocratie originale, comme on le voit avec la Commission européenne dont les directives passent leur temps à bafouer toutes les lois et à transgresser toutes les Constitutions. *Idem* dans le champ des religions. On voit apparaître des pratiques qui se limitent à la récupération de signes extérieurs d'affiliation identitaire, mais des signes totalement vidés de leur substance. Le capitalisme est passé par là. Pour être juste, il faudrait parler de post-judaïsme, de post-christianisme ou de post-islam. Quand le capitalisme veut se donner un supplément d'âme pour mobiliser ses troupes, il se pare d'oripeaux mythologiques et raconte une histoire, par exemple qu'il n'est pas fondé sur une hiérarchie de classes socioéconomiques mais qu'il agit pour une communauté culturelle ou ethnique, etc. Bref, il joue du pipeau et tente de vous prendre par les émotions. Cela marche quand même sur les individus et les groupes sociologiques naïfs, peu politisés, en détresse ou angoissés.

TP : Quels moyens de riposte nous reste-t-il ? Où et comment nous investir ?

LC : D'abord, quelques mots de méthode et de formation. Il faut ne jamais oublier une chose : nous sommes en guerre. Il faut vivre avec ça présent à l'esprit. Nous devons donc devenir des guerriers et faire la guerre. Il y a mille façons de faire la guerre, parfois très détournées, très impalpables, comme la guerre psychologique, et il y a aussi des reculs tactiques et des pauses. Mais le cadre général, c'est la guerre et le combat. Nous allons la mener en démocratisant la culture du Renseignement. Au quotidien, nous pouvons être les acteurs d'une véritable guerre de l'information très stimulante, comme un jeu de cache-cache avec le Pouvoir et ses relais dans la population. Que chacun devienne un agent d'influence à son niveau. La plupart de nos concitoyens sont timorés et intimidés. Il faut donc les désinhiber, les déniaiser en quelque sorte, et faire monter leur envie de lutter contre le système, mais de manière parfaitement canalisée et rationnelle sur le plan de l'action et de la méthodologie du renversement. « Frapper sans haine », comme on apprend dans les arts martiaux. Cette exigence de rationalité scientifique dans l'action, il faut la maintenir jusqu'au bout. Même en situation de crise, ne jamais, jamais, jamais céder à la panique et aux émotions. Rester lucide, maître de soi, décontracté. Surtout, ne jamais simplifier les choses et savoir rester dans la complexité. Nous devons devenir aussi tranchants, acérés et dangereux que la lame de l'épée, sur le plan intellectuel et physique. Une élite, en somme.

Maintenant, définir l'ennemi : l'Occident atlantiste, selon un axe Washington/Bruxelles/Tel Aviv, et ses alliés et supplétifs, dans les pétromonarchies et les divers réseaux Gladio d'ultradroite, d'ultragauche et islamiques. Ensuite, le programme : nous allons en finir totalement et définitivement avec cet Occident atlantiste et ses alliés. Nous ne conserverons ce moment atlantiste et postmoderne de l'Histoire dans la mémoire des Hommes qu'à titre pédagogique, comme un bêtisier pour rappeler tout ce qu'il ne faut pas faire, une parenthèse pénible qui pourra être décrite comme le règne de l'Antéchrist pour les croyants, ou comme l'âge nihiliste du Dernier homme en termes nietzschéens, en un mot, le Mal absolu, le stade terminal, la déjection ultime. Nous allons tirer la chasse d'eau et passer à la reconstruction de la civilisation.

Maintenant, les moyens. D'abord, nous devons être nombreux, c'est la seule chose que le Pouvoir n'est pas. Il faut faire des enfants, un maximum d'enfants. Il n'y a rien qui fasse plus horreur au Pouvoir qu'une démographie galopante, d'où sa promotion de la contraception, de l'avortement et ses efforts pour détruire la famille en mettant les femmes au travail et en dressant les enfants contre les parents. Le peuple doit être nombreux car « Le peuple est tout », comme dit

Alexandre Douguine dans *La Quatrième théorie politique*. Le nombre est notre force, mais ce nombre doit être organisé. Il faut donc mettre les « petites différences » narcissiques au placard, couleurs de peau, origines culturelles, croyant/pas croyant, tout ça on s'en fout. Le peuple n'est jamais parfaitement homogène, de toute façon.

Comment organiser le peuple ? Il faut construire un « cerveau collectif » pour le peuple, un cerveau collectif populaire et populiste. Ce cerveau collectif doit être fondé sur la Tradition. Donc sur LES traditions. Si l'une tombe, les autres peuvent prendre le relais. Toutes les traditions authentiques peuvent s'entendre car elles convergent dans leurs principes. Ces principes ont tous en commun d'organiser le psychisme et la société dans une combinaison de hiérarchie et d'hétérophilie. Autrement dit, la Loi et l'Amour. Définition de la normalité selon Freud : « Aimer et travailler. » La formule de la Tradition, c'est donc la « hiérarchie hétérophile ». Symétriquement, l'ingénierie cognitive postmoderne (de droite comme de gauche) essaie de désorganiser et de stériliser le peuple en lui inoculant un virus qui se résume en deux mots-clés : « anarchie homophile », c'est-à-dire la loi du plus fort et l'amour du Moi. En un mot, l'individualisme. Ces antivaleurs doivent être les repoussoirs absolus.

Avec notre cerveau collectif traditionaliste, hiérarchisé et hétérophile, nous pouvons passer à l'attaque. La règle de l'action doit être de se placer au niveau de ce qui est et qui ne change pas. S'inscrire dans la durée et le long terme. Quand on analyse un système, il y a des constantes et des variables. Il faut distinguer les unes des autres et se placer au niveau des constantes. Le Pouvoir, de son côté, met en œuvre une véritable ingénierie des perceptions en multipliant les variables à l'infini, de sorte qu'elles capturent notre attention et que nous ne percevions jamais les constantes. L'ennemi veut nous plonger dans le court terme, la panique, toujours pour nous désorganiser. Il faut donc se placer du point de vue de l'éternité. Nous sommes l'éternité. De ce point de vue, il faut ensuite faire feu de tout bois, attaquer sur tous les fronts en même temps sans en oublier aucun. Nous allons irriguer tout le corps social de manière capillaire de sorte à rétablir en tout lieu la Loi et l'Amour. Comme nous sommes dans une guerre culturelle, il faut veiller à notre hygiène mentale. À ce niveau, la priorité absolue, qui ne coûte rien, au contraire, consiste à se séparer définitivement de la télévision, qui reste le principal outil de *management* des perceptions du Pouvoir. Pour ma part, je n'ai plus de télé depuis des années, ça change la vie, car vous n'êtes plus sous l'influence virtualisante des images qui vous dépossèdent de votre propre vie mentale. Sans télé, vous récupérez votre souveraineté cognitive, vous gagnez en « réalisme », en capacité à voir les choses comme elles sont et pas comme on vous dit de les voir. À propos des médias, de la désinformation et de la réinformation, les Français n'ont plus d'autre choix aujourd'hui que de s'informer à l'étranger. Plus largement, il faut éviter dans la mesure du possible de s'informer à des sources occidentales « grand public » et se réinformer auprès des médias non occidentaux. Les médias occidentaux ou pro-occidentaux *mainstream* doivent mourir.

Sur le plan de l'insertion sociale et professionnelle, il faut « faire carrière ». Constituer l'analogue des réseaux de *sayanim* ou de francs-maçons pour les concurrencer sur leur propre terrain, dans les institutions publiques, pour les revivifier de l'intérieur, mais aussi dans les secteurs privé et associatif, et jusqu'en cherchant des alliés à l'étranger. Dans l'institution, s'investir dans ce qui reste de l'État, la fonction publique, les partis (UMPS et autres), les syndicats, la police, l'armée, pour travailler à y renforcer toutes les tendances souverainistes qu'on aura repérées, de droite comme de gauche, le but de la manœuvre étant de reconstruire une authentique démocratie nationale. Certes, il n'y a plus aucun contre-pouvoir institutionnel en France. Il faut donc le recomposer en s'appuyant sur les structures déjà existantes. Cela exigera nécessairement de démondialiser, sortir de l'Union européenne, de l'euro, de l'OTAN et d'abolir la fameuse « loi de 1973 » pour rétablir un authentique protectionnisme économique.

Abattre, ou du moins affaiblir le système bancaire est essentiel car, dans le fond, il est purement parasitaire. Le *bank run* est un idéal vers lequel il faut tendre, mais il est difficilement praticable pour la plupart des gens. Il faut essayer quand même de dévirtualiser nos biens et de rematérialiser notre capital au maximum, par exemple, dans les métaux précieux ou l'immobilier. Si on n'a pas beaucoup d'argent, acheter des objets utiles pour le bricolage, des denrées alimentaires non périssables, des graines et des semences, ou un petit terrain, voire un garage, une cave, un grenier, un comble, un box. Bref, convertir tout ce qui n'a qu'une valeur d'échange, une valeur fiduciaire, sous format papier ou numérique, en choses à valeur d'usage, valeur réelle et concrète.

Dans le privé, il faut faire carrière également partout avec le même objectif souverainiste, et en particulier dans les médias et l'intelligence économique, qui restent des secteurs d'avenir dans nos sociétés tertiarisées, mais aussi dans l'agriculture et l'industrie, si possible. Dans l'associatif, on peut s'investir dans divers mouvements, les villes en transition, la relocalisation, le survivalisme, les monnaies alternatives et complémentaires, où l'on apprend à s'organiser concrètement en dehors du capitalisme. La reconquête locale d'une souveraineté alimentaire, énergétique, puis économique et politique permet d'améliorer la résilience, la capacité de résistance aux chocs infligés par le capitalisme et son mode de fonctionnement par la crise, la délocalisation et le déracinement. Comme disait Sun-Tzu : « Gagner, c'est rester en vie. » Tant que nous sommes en vie, quelles que soient les conditions de cette vie, l'ennemi n'a pas gagné. Donc nous ne perdons pas. Donc nous gagnons.

Il faut agir localement, mais ne pas oublier de penser aussi globalement. Pour cette raison, il faut soutenir tous les pays libres : Russie, Chine, Iran, Syrie, Venezuela, Hongrie… Il faut également soutenir tous les résistants partout dans le monde, créer des liens avec eux puis réinformer les populations occidentales sur ce qui s'y passe vraiment, et qu'il ne faut pas croire un mot de la propagande de guerre visant à les salir. L'oligarchie occidentale ne craint qu'une chose : que les peuples qu'elle est en train de martyriser, à commencer par les Grecs et à suivre par nous, se tournent vers des pays non occidentaux pour y trouver du soutien, d'abord moral et plus si affinités. L'oligarchie craint par-dessus tout que l'on puisse comparer les systèmes de société et que cela soit en défaveur du système dans lequel elle veut nous faire rester. Elle veut que nous aimions notre cage et nous inoculer le syndrome de Stockholm afin que nous aimions notre bourreau. À cette fin, les pays non occidentaux sont décrits dans les médias comme « autoritaires », où les gens sont malheureux, persécutés, assassinés, les élections truquées, etc. Balayons devant notre porte et ne cessons jamais de rappeler la triste réalité de l'Occident atlantiste : dictature des banques, démocratie virtuelle, référendums annulés et scrutins trafiqués par diverses méthodes, fiction totale de la « menace terroriste » ici, mais soutien au terrorisme ailleurs, kidnappings de milliers d'innocents dans des prisons plus ou moins secrètes où on les torture en douce, épidémies de dépressions, de cancers, de divorces et d'enfants obèses ou hyperactifs, etc. Le multiculturalisme, qui permet de comparer les codes culturels, donc de les critiquer, est l'ennemi frontal de l'oligarchie occidentale car il ouvre sur autre chose que son modèle unique de société; raison pour laquelle cette oligarchie essaie de remplacer le multiculturalisme et la pluralité des nations souveraines par un seul monde sans frontières où régnerait la monoculture occidentale libérale-libertaire, de sorte à abolir les éléments de comparaison. Et quand le *soft power* ne suffit plus, l'oligarchie du capital continue sa colonisation à coup de bombes et d'invasions militaires sous prétexte humanitaire et en invoquant le droit d'ingérence et les « droits de l'homme ».

Pour agir concrètement en France, il existe de nombreuses structures souverainistes qui me paraissent adéquates, je ne refais pas la liste. Le principe directeur de notre action doit être d'empêcher coûte que coûte et par tous les moyens possibles et imaginables la constitution d'un gouvernement mondial, ce qui serait pire que l'Armageddon thermonucléaire. Pour Baudrillard, la véritable apocalypse n'était pas la fin réelle du monde, sa fin physique, matérielle, assumée, mais son unification dans ce qu'il appelait le « mondial », ce que l'on appelle aujourd'hui le mondialisme, et qui signait la vraie fin, le simulacre ultime, le « crime parfait », c'est-à-dire la fin niant qu'elle est la fin, la fin non assumée, donnant l'illusion que ça continue. La Matrice, comme dans le film, si vous voulez.

L'Histoire s'arrêtera, ce sera la fin du monde, le jour où il n'y aura plus au moins deux blocs, deux Pouvoirs. Faisons donc vivre la dualité, l'antagonisme, le rapport de forces. Notre ennemi doit le savoir : nous allons nous battre. Cela tombe bien car nous aimons nous battre, nous adorons ça, nous n'aimons que ça, c'est le sens de notre vie, nous n'arrêterons donc jamais car la paix nous ennuie. Le combat, le *polemos*, c'est la vie, comme disait Héraclite. C'est dans le combat que nous nous sentons vivre et que nous sommes heureux. La perspective de l'affrontement nous remplit de bonheur, nous commençons à sourire et nos yeux brillent quand l'heure de la bataille approche. Et nous ne sommes jamais fatigués, jamais découragés, et nous revenons toujours à l'assaut car la victoire n'est même pas le but, car nous aimons le combat pour le combat et qu'il est en lui-même la récompense. Et c'est ainsi que ceux qui aiment la vie en tant qu'elle est combat deviennent invincibles et ne peuvent que gagner. Car la victoire, c'est de se battre.

CHAPITRE II

ENTRETIEN AVEC LUCIEN CERISE, AUTEUR DE *GOUVERNER PAR LE CHAOS**

RÉBELLION : Pouvez-vous vous présenter en quelques lignes ?

LUCIEN CERISE : Venant de l'extrême gauche de l'échiquier politique, je vote « Non » en 2005 au référendum sur le Traité établissant une Constitution pour l'Europe, comme 55 % des votants. Quand je vois au cours des années 2006 et 2007 ce que le Pouvoir fait du scrutin, cela me décide à m'engager dans les mouvements anti-Union européenne et antimondialistes, quelle que soit l'étiquette, indépendantistes, nationalistes, autonomistes ou localistes. L'autogestion signifie pour moi « liberté des peuples à disposer d'eux-mêmes », ainsi que « souveraineté » dans tous les sens du terme : alimentaire, énergétique, économique, politique et cognitive. Au fil du temps et des rencontres, je me suis rendu compte que le clivage politique droite/gauche était en fait complètement bidon et que la seule différence à considérer réside entre la vie et la mort.

Rébellion, n° 58, mars/avril 2013 ; Égalité & Réconciliation, 20/09/2013.

R. : En 2010, vous faisiez paraître *Gouverner par le chaos – Ingénierie sociale et mondialisation* chez Max Milo. Pouvez-vous revenir sur l'origine de votre réflexion et sur votre choix de l'anonymat[62] ?

LC : L'origine est multiple. D'abord, comme beaucoup de monde, j'ai observé chez nos dirigeants politiques, économiques et médiatiques une telle somme d'erreurs et une telle persistance dans l'erreur que j'ai été amené à me demander s'ils ne le faisaient pas exprès. En Occident, les résultats catastrophiques des orientations prises depuis des décennies sont évidents à court terme, si bien qu'on ne peut leur trouver aucune excuse. Une telle absence de bon sens est troublante. Cela induit un vif sentiment de malaise, qui peut devenir une dépression plus ou moins larvée, qui a été mon état pendant longtemps. J'en suis sorti progressivement, mais certains éléments ont été plus décisifs que d'autres pour me faire comprendre ce qui se passait vraiment et l'origine de ce malaise.

La lecture de *La Stratégie du choc*, de Naomi Klein, a été un choc, justement. On comprend enfin à quoi servent ce que l'on pourrait appeler les « erreurs volontaires » de nos dirigeants. Dans un premier temps, on attribue leurs erreurs à de la stupidité, ou à de la rapacité aveugle. En réalité, ces erreurs volontaires obéissent à une méthode générale tout à fait rationnelle et maîtrisée, développée sur le long terme et qui envisage positivement le rôle de la destruction. La *Stratégie du choc* aborde pour la première fois dans un livre pour le grand public cette doctrine de la « destruction positive » et du « chaos créateur » qui constitue le cœur du capitalisme depuis le XVIIIe siècle et qui repose sur des crises provoquées et récupérées. Klein met cela en parallèle avec les méthodes de torture et de reconditionnement mental

---

62. Deuxième édition revue et augmentée en 2014.

du type MK-Ultra, qui procèdent de la même inspiration : détruire ce que l'on ne contrôle pas, pour le reconstruire de manière plus « rationnelle » et assujettie.

En 2003, j'avais aussi fait des recherches sur le groupe de conseillers ultrasionistes qui entourait Georges W. Bush et qu'on appelle les néoconservateurs. Je me suis plongé dans leurs publications, *A Clean Break*, le PNAC, ainsi que dans leur maître à penser, Leo Strauss, lequel m'a ramené sur Machiavel et Kojève, et sur une approche de la politique qui ne dédaigne pas le Führerprinzip de Carl Schmitt, l'État-total cher à Hegel, ni de faire usage de « moyens extraordinaires », selon le bel euphémisme de l'auteur du « Prince ». De là, je suis allé voir du côté de la Synarchie, avec Lacroix-Riz, puis j'ai élargi mon étude à tous ces clubs, groupes d'influence, sociétés secrètes et discrètes qui n'apparaissent que rarement dans les organigrammes officiels du pouvoir.

Par ailleurs, au cours de ces années, j'ai été en contact de deux manières différentes avec le monde du *consulting*, dans ses diverses branches : *management, marketing*, intelligence artificielle, mémétique, ingénierie sociale, cybernétique, etc. J'ai rencontré des gens qui étaient eux-mêmes consultants professionnels mais j'ai vu également l'autre côté de la barrière car j'ai subi sur mon lieu de travail des méthodes de management négatif, du même type que celles appliquées à France Telecom. Cela m'a poussé non pas au suicide mais à devenir représentant syndical dans le cadre du Comité hygiène, sécurité et conditions de travail (CHSCT). Je m'étais spécialisé sur les questions de « souffrance au travail », de *burnout*, de « harcèlement moral » (*cf.* Marie-France Hirigoyen, Christophe Dejours, Vincent de Gaulejac).

À la même période, j'ai aussi commencé à m'intéresser très sérieusement à l'univers du Renseignement, du *lobbying*, de l'influence et de la guerre cognitive, car j'envisageais de m'y réorienter pour y faire carrière (École de guerre économique, DGSE, etc.). Pendant toute cette période, j'ai rencontré des gens et lu des publications qui m'ont beaucoup appris sur les méthodes de travail des manipulateurs professionnels, que ce soit en entreprise, en politique ou en tactique militaire, car on y rencontre les mêmes techniques et concepts : *storytelling*, management des perceptions, opérations psychologiques (*psyops*), attentats sous faux drapeau, etc.

Au début des années 2000, j'avais aussi exploré la piste du transhumanisme et du post-humanisme. J'y ai adhéré sincèrement, par déception de l'humain essentiellement, avant de comprendre que c'était une impasse évolutive. Ma formation universitaire, que j'ai débutée en philosophie et poursuivie en sciences humaines et sociales, en particulier dans la communication et la sémiotique, m'a donné les outils conceptuels pour synthétiser tout cela. Donc, pour revenir à la question « nos dirigeants font-ils exprès de commettre autant d'erreurs ? », après vérification, je peux confirmer que « oui », et que cela obéit même à une méthodologie extrêmement rigoureuse et disciplinée. Il existe une véritable science de la destruction méthodique, qui s'appuie sur un art du changement provoqué, et dont le terme générique est « ingénierie sociale ». (J'ai introduit par la suite une nuance entre deux formes d'ingénierie sociale, mais nous y reviendrons.)

Pourquoi l'anonymat ? Et j'ajoute une question : pourquoi suis-je en train de le lever plus ou moins ces temps-ci ? Pour tout dire, je me trouve pris dans une double contrainte. Je n'ai aucune envie d'exister médiatiquement, ni de devenir célèbre. Une de mes maximes personnelles est : « Pour vivre heureux, vivons cachés. » Je préfère être invisible que visible. En même temps, quand on souhaite diffuser des informations, on est contraint de s'exposer un minimum.

Or, je veux vraiment diffuser les informations contenues dans *Gouverner par le chaos,* ou dans d'autres publications qui ne sont pas forcément de moi. Je ne vois personne d'autre qui le fait, alors j'y vais. Je pense qu'il est indispensable de diffuser le plus largement possible les méthodes de travail du Pouvoir. J'ai un slogan pour cela : démocratiser la culture du Renseignement.

Une autre raison à l'anonymat est de respecter le caractère assez collégial de *Gouverner par le chaos.* Plusieurs personnes ont participé plus ou moins directement à son existence : inspiration, rédaction, médiatisation, etc. J'avoue en être le scribe principal, mais sans la contribution d'autres personnes, ce texte n'aurait pas existé dans sa forme définitive.

R. : Que pensez-vous de la production du « Comité invisible » et de la revue *Tiqqun* ? L'affaire de Tarnac marque-t-elle une étape supplémentaire dans la manipulation des esprits et la répression du système contre les dissidents ?

LC : J'ai lu tout ce que j'ai pu trouver de cette mouvance situationniste extrêmement stimulante. Leurs textes proposent un mélange bizarre d'anarchisme de droite, vaguement dandy et réactionnaire, tendance Baudelaire et Debord, avec un romantisme d'ultragauche parfois idéaliste et naïf. Le tout sonne très rimbaldien. La vie de Rimbaud, comme celle d'un Nerval ou d'un Kerouac, combine des tendances contradictoires : la bougeotte du nomade cosmopolite avec la nostalgie d'un retour au réel et d'une terre concrète dans laquelle s'enraciner ; mais aussi une soif d'action immanente et révolutionnaire coexistant avec le mépris pour tout engagement dans le monde et la fuite dans un ailleurs fantasmé comme plus authentique. Une constante de ce *topos* littéraire, c'est que l'étranger est perçu comme supérieur au local. Ceci peut conduire à une sorte de masochisme identitaire, une haine ou une fatigue de soi qui pousse à rejeter tout ce que l'on est en tant que forme connue, majoritaire et institutionnelle, au bénéfice des minorités ou des marginaux, si possible venant d'ailleurs. Il y a une sorte de foi religieuse dans les « minorités », desquelles viendrait le Salut, croyance entretenue par de nombreux idéologues du Système, de Deleuze et Guattari à Toni Negri et Michael Hardt, en passant par la rhétorique des « chances pour la France ». Dans *L'Insurrection qui vient*, les Lumpen-prolétaires animant les émeutes de banlieue en 2005 sont idéalisés de manière assez candide (et apparemment sans savoir que des agitateurs appartenant à des services spéciaux étrangers s'étaient glissés parmi les casseurs).

Pour recentrer sur le corpus de textes en question, aujourd'hui je n'en retiens que le meilleur, le côté « anar de droite », c'est-à-dire une critique radicale et profonde du Capital, de la Consommation et du Spectacle mais qui reste irrécupérable par la gauche capitaliste, libertaire, bobo, caviar, sociétale, bien-pensante et « politiquement correcte ». De *Tiqqun*, je retiens donc surtout la « théorie de la Jeune-Fille », texte absolument génial et très drôle. On y trouve des références à l'historien de la publicité Stuart Ewen, dont les recherches montrent comment le féminisme et le jeunisme furent dès les années vingt les outils du capitalisme et de la société de consommation naissante aux États-Unis.

En outre, je suis très travaillé par la question du rapport entre le visible et l'invisible. J'ai beaucoup « mangé » de phénoménologie pendant mes études de philo, comme tous les gens de ma génération : Edmund Husserl, Martin Heidegger, Maurice Merleau-Ponty, Michel Henry, etc. Cette dialectique visible/invisible recoupe aussi le couple « voir et être vu » des théories de la surveillance, de Jeremy Bentham à Michel Foucault, et fait également écho au champ lexical du situationnisme. Et là on revient dans l'univers du Comité invisible.

Sur l'affaire de Tarnac proprement dite. Il se trouve que j'ai croisé certaines personnes de cette mouvance en diverses occasions, sans jamais faire partie directement de leur carnet d'adresses. J'évoluais à peu près dans les mêmes réseaux et la même nébuleuse dans les années 2000-2005, entre les squats, les revues, les collectifs et l'université de Paris 8 (historiquement très marquée à gauche). Je me suis donc senti visé par l'affaire de Tarnac, dont le seul avantage a été de faire progresser la critique de la criminologie, en particulier dans sa forme actuarielle. La science actuarielle consiste à calculer le potentiel de dangerosité et à prendre des mesures par anticipation. Sur ce sujet, il faut lire notamment Bernard Harcourt, dont voici l'extrait d'une interview sur le sujet : « La dangerosité, écrivait il y a plus de vingt-cinq ans Robert Castel dans un livre prémonitoire intitulé *La Gestion des risque*s ; la dangerosité, écrivait-il, est cette notion mystérieuse, qualité immanente à un sujet mais dont l'existence reste aléatoire puisque la preuve objective n'en est jamais donnée que dans l'après-coup de sa réalisation. Le diagnostic qui est établi est le résultat d'un calcul de probabilité ; la dangerosité ne résulte pas d'une évaluation clinique personnalisée, mais d'un calcul statistique qui transpose aux comportements humains les méthodes mises au point par l'assurance pour calculer les risques. D'où une nouvelle science (et retenez bien ce mot) : la science actuarielle. »

Globalement, la présomption d'innocence est inversée en présomption de culpabilité. Ce n'est plus au procureur d'apporter la preuve que vous êtes coupable, c'est à vous d'apporter la preuve que vous êtes innocent. En 2008, Alain Bauer avait publié une brochure sur le « décèlement précoce des risques ». L'affaire de Tarnac tombait à point nommé pour illustrer ses thèses... La « menace terroriste », dont Julien Coupat et ses amis ont été accusés, s'inscrit complètement dans ce dispositif qui permet de criminaliser à peu près quiconque ne pense pas « correctement ». Pour tous ceux qui sont tués pendant leur arrestation, en l'absence de procès, nous ne saurons donc jamais s'ils étaient coupables dans le monde réel, et pas seulement dans celui des médias! Dans la série des montages politico-médiatiques visant à terroriser la population, passons rapidement sur l'affaire Clément Méric, dont l'objectif semblait être de faire exister une « menace fasciste » émanant d'une « droite radicale » pourtant très assagie. Et pour revenir à Tarnac, si le montage s'est effondré rapidement, c'est parce que les inculpés disposaient de soutiens dans l'*intelligentsia* parisienne ; sans cela, il y a fort à parier qu'ils seraient passés à la postérité comme des terroristes d'ultragauche avérés. Le cauchemar de science-fiction imaginé par Philip K. Dick et transposé au cinéma dans *Minority Report* est devenu réalité. On pense aussi au chef-d'œuvre absolu de Terry Gilliam, *Brazil*.

R. : Pour vous, le contrôle des masses a profondément changé avec l'apparition de l'ingénierie sociale. Que recouvre ce terme selon vous ?

LC : Il y a plusieurs définitions de l'ingénierie sociale. On peut les trouver en tapant sur Google. Certaines universités proposent un Diplôme d'État d'ingénierie sociale (DEIS) et donnent quelques descriptions sur leurs sites. Il existe aussi de nombreuses publications, des articles sur la sécurité informatique, de la littérature grise, des manuels de sociologie et de management, des rubriques d'encyclopédies, etc. Je propose la synthèse suivante de toutes ces définitions : l'ingénierie sociale est la modification planifiée et furtive du comportement humain. Il est difficile de fixer une date précise à l'apparition du terme. En revanche, l'intuition qui est derrière, en gros la mécanisation de l'existence, remonte probablement à l'apparition des premières villes en Mésopotamie et dans l'Égypte pharaonique, vers 3000 avant J.-C. Je pense aux premiers centres urbains rassemblant plusieurs milliers de personnes dans une structure différenciée et néanmoins relativement unifiée sous un seul nom qui en définit les contours.

L'échelle du village et de l'artisanat n'est pas suffisante pour percevoir l'existence comme un mécanisme. Le passage des sédentaires ruraux aux sédentaires urbains a fait émerger la première représentation des groupes humains comme étant des objets automates, ou du moins automatisables dans une certaine mesure. En adoptant le point de vue surplombant qui était celui des premiers oligarques du Proche-Orient, une ville ressemble assez à une grosse machine : une horloge, ou un ordinateur, au risque de l'anachronisme. Quand les intellectuels de l'époque, c'est-à-dire les prêtres, ont eu sous leurs yeux les premières villes – les premiers mécanismes d'organisations humaines complexes – l'idée du contrôle et de la prévisibilité de ces mécanismes a nécessairement germé en eux. Quelques siècles plus tard, Platon invente le terme de cybernétique, ou l'art du pilotage. L'alchimie et la franc-maçonnerie sont les héritières spirituelles de ces premières observations, avec leurs métaphores physicalistes et architecturales récurrentes.

Le fil conducteur de cette tradition rationaliste en politique est la réduction de l'incertitude, qui est l'objectif poursuivi par tout gestionnaire de système. Quand il s'agit d'un système vivant, cet objectif peut avoir des effets sclérosants et meurtriers. Je ne suis pas loin de partager le point de vue radical de Francis Cousin, à savoir que nos problèmes ont commencé au Néolithique! Cependant, inutile de remonter aux chasseurs-cueilleurs pour retrouver le « paradis perdu ». L'échelle rurale et villageoise, voire celle de la petite agglomération urbaine, me paraissent suffisantes pour une relocalisation autogestionnaire satisfaisante qui permette d'éviter certaines pathologies du contrôle à distance.

La nouveauté au XXᵉ siècle vient de ce que l'on passe d'un contrôle social par l'ordre à un contrôle social par le désordre. L'ordre par le chaos. Je fais remonter le projet concret de la gouvernance par le chaos à l'invention du « capitalisme révolutionnaire » entre 1750 et 1800, c'est-à-dire un capitalisme provoquant des révolutions pour faire avancer son agenda. Mais il a fallu attendre les années soixante pour fabriquer le consentement total des masses au capitalisme en l'introduisant dans les mœurs sous les termes de « libertarisme » ou « d'émancipation des minorités ». En France, l'événement fondateur de cet arraisonnement complet des masses par le Capital et sa gouvernance par le chaos fut Mai 68. Il faut voir le documentaire *Das Netz,* de Lutz Dammbeck, qui fait la jonction entre les projets de contrôle social issus de la cybernétique dans les années cinquante et l'émergence dix ans plus tard de la contre-culture pop anglo-saxonne, comme par hasard. Les preuves existent que la contre-culture était un outil du Capital pour produire de l'entropie sociale. On pense au financement de Pollock par la CIA, ou encore à ce que rapporte Mathias Cardet dans *L'Effroyable Imposture du rap.* À partir des années soixante, donc, une idéologie dominante fondée sur des principes d'anarchie, d'individualisme, d'anomie, d'hédonisme et de « jouissance sans entrave » s'est diffusée dans toute la sphère culturelle occidentale, préparant le tsunami de pathologies mentales et sociales qui nous submerge depuis les années quatre-vingt : dépressions, vagues de suicides, violences conjugales, épidémie d'avortements de confort, enfant-roi hyperactif, délinquance juvénile, toxicomanies, criminalité sociopathe, obésité, cancers, pétages de plombs divers qui finissent en bain de sang, etc.

Cette idéologie dominante individualiste et an-archique, voire acéphale, commune à la Gauche libertaire et à la Droite libérale, n'a qu'un but : faire monter l'entropie, c'est-à-dire le désordre et le déséquilibre dans les groupes humains, pour les disloquer, les atomiser et améliorer l'asservissement des masses en rendant leur auto-organisation impossible. Diviser pour régner. Pousser les masses à « jouer perso », les éduquer au « chacun pour soi », pour enrayer la force des collectifs. Donc dépolitiser. En effet, le geste fondateur du phénomène politique consiste à soumettre la liberté individuelle à l'intérêt collectif. En inversant les priorités par le sacrifice de l'intérêt collectif sur l'autel de la sacro-sainte liberté individuelle, l'ingénierie sociale du Capital paralyse et sape ainsi toute capacité organisationnelle concrète. Comme on le voit, le capitalisme contrôle les masses par le désordre. Le véritable anticapitalisme, c'est donc l'ordre. La rébellion, la dissidence, la résistance, la subversion, c'est l'ordre.

R. : La psychanalyse semble avoir un rôle ambivalent dans ce phénomène. Quelle est votre opinion sur cette école (sur Freud, Jung ou Lacan) ?

LC : La psychanalyse passe son temps à rétablir du Surmoi, c'est-à-dire de l'ordre, de l'autorité morale, des limites comportementales et de la stabilité mentale. Elle est donc l'ennemie du capitalisme. Mais elle est perçue aussi comme une ennemie par les religions, car elle leur fait concurrence dans une certaine mesure. Donc, tout le monde la déteste et la passe en procès. Le problème, c'est que ce mauvais procès fait à la psychanalyse n'est pas toujours très cohérent. On dit simultanément : « La psychanalyse ne marche pas » et « la psychanalyse détruit les êtres qui s'y adonnent ». Il faudrait choisir. Les deux accusations sont mutuellement incompatibles sur le plan strictement logique. Si elle ne marchait pas, elle n'aurait aucun effet, même pas destructeur. Ce serait un facteur nul, un 0, ni « plus », ni « moins ». En fait, la psychanalyse marche, raison pour laquelle elle peut effectivement détruire les gens qui sont sous son influence. Ses applications excèdent le cadre de la thérapie et se retrouvent aussi beaucoup en *management*, en *marketing* et, ce que l'on sait moins, en sécurité informatique, dans sa branche ingénierie sociale, justement.

Le fait que Freud ait été chez les B'nai B'rith est une raison supplémentaire pour s'informer sur les méthodes de manipulation et de déconstruction psychologique qui nous sont appliquées. Carl G. Jung est indispensable à connaître également, mais Jacques Lacan est encore plus précis et nous propose une vraie boîte à outils permettant d'agir directement sur soi ou sur autrui. Pour user de métaphores biologiques ou informatiques, la psychanalyse lacanienne, et le structuralisme en général, donnent accès au « code génétique », ou au « code source » de l'esprit et de la société. Par exemple, un mathème lacanien, le schéma R (pour Réalité), modélise le mécanisme de la construction de confiance, qui est exactement le même que le mécanisme de la construction de la réalité : on peut donc appliquer ce schéma pour abuser de la confiance d'autrui en lui créant une réalité virtuelle, ou à l'inverse pour empêcher la construction de confiance, en soi ou en autrui, et ainsi empêcher la construction d'une réalité viable et habitable. Si vous observez les choses de près, vous trouverez l'équation « confiance = réalité ». Quand la confiance disparaît, c'est la réalité qui s'effondre. En revanche, si vous me faites confiance, je commence à construire votre réalité. On voit le danger : si la psychanalyse dévoile et met à nu les règles de base de la construction de la réalité, du psychisme et de la vie en société, elle peut être utilisée également pour déconstruire la réalité, le psychisme et rendre impossible la vie en société. Comment ? En jouant sur l'Œdipe, c'est-à-dire le sens dialectique. Je détaille.

Une société possède nécessairement des différences. Une société parfaitement homogène n'existe pas. Or, la gestion des différences, leur articulation fonctionnelle et organique, ne se fait pas toute seule. L'articulation des différences porte un nom : la dialectique. La dialectique, cela s'apprend. Les différences premières, fondatrices de toute société, se résument par un concept : le complexe d'Œdipe. Ce sont les différences hommes/femmes et parents/enfants (par extension jeunes/vieux). Ces différences sont néanmoins articulées et fonctionnent ensemble, de manière organique, au sein de la famille. Le schéma familial offre ainsi le modèle originel du fonctionnement de tout groupe social : des différences respectées, on ne fusionne pas, mais fonctionnant ensemble. Si on n'intériorise pas ce premier système de différences articulées, on ne peut pas en intérioriser d'autres et on développe des problèmes d'identité et d'adaptation sociale. En effet, l'identité est à l'image du système social : dialectique. Je ne sais qui je suis que par opposition et différenciation. L'identité, la construction identitaire, repose donc sur la position d'une différence première, originelle, fondatrice. Pour que je puisse agir dans le monde et me socialiser normalement, je dois donc sortir du flou identitaire pré-œdipien, le flou fusionnel qui précède la perception des différences.

Dans sa vidéo de janvier 2013, Alain Soral et son équipe rapportent un document stupéfiant. À l'occasion d'une audition sur le projet de « Mariage pour tous », l'anthropologue Maurice Godelier préconisait de remplacer les termes « père » et « mère » par le terme générique de « parents ». D'après lui, le mot « parent », qui peut désigner simultanément le père, la mère, comme le grand-père et la grand-mère, présente ce double avantage d'effacer la différence des sexes et d'effacer la différence des générations.

Quiconque possède quelques éléments d'anthropologie ou de psychanalyse repère immédiatement où Godelier veut en venir : produire intentionnellement du flou identitaire, donc de la psychose, en effaçant le complexe d'Œdipe, les différences hommes/femmes et parents/enfants, donc les différences au sein de la famille, et par extension au sein de la société. En fait, les différences persistent dans le réel, mais elles ne sont plus perçues, ni intériorisées. Si les différences ne sont plus perçues, les identités non plus. Cette incapacité à percevoir, intérioriser et gérer les différences et les identités porte un nom : la psychose, le flou identitaire. « Je ne sais pas qui je suis parce que je ne sais pas ce qui est en face de moi. » Godelier et les partisans de la théorie du genre, qu'il faudrait renommer « théorie de la confusion des genres », cherchent à produire du flou identitaire chez les enfants, et pourquoi pas chez les adultes. Ils cherchent donc à produire des handicapés mentaux, incapables de se socialiser. Ils cherchent à créer des problèmes d'identité et à générer des pathologies mentales et sociales, qui finiront en suicides, en meurtres ou en toxicomanies de compensation.

L'effacement des différences fondatrices, c'est l'effacement des limites, de toutes les limites. L'objectif, c'est la plasticité identitaire infinie, qu'on renommera « liberté identitaire infinie » pour mieux hameçonner la proie avec une accroche désirable, au prix de l'émergence de nouvelles souffrances. Toujours dans sa vidéo de janvier 2013, Soral remarquait fort justement que « la liberté, c'est la folie ». C'est bien de cette folie que Deleuze et Guattari se sont faits les chantres à partir de *L'Anti-Œdipe*, cette bible de l'antipsychiatrie dont le sous-titre est *Capitalisme et schizophrénie*. Publié en 1972, ce texte a profondément marqué la pensée libertaire. Il y est fait une apologie de la schizophrénie comme étant le parachèvement du capitalisme en tant que libération de toutes les structures et affranchissement de toutes les limites psychiques, comportementales et identitaires. L'alliance objective entre libertarisme et libéralisme est donc conclue officiellement et revendiquée depuis une bonne quarantaine d'années.

Une liberté sans limites rend fou et empêche la socialisation. À l'opposé, la psychanalyse tourne entièrement autour de cet adage : « Ma liberté s'arrête où commence celle des autres. » La limite, le Surmoi dans le jargon freudien, a un effet positif et négatif en même temps. La limite réprime l'expression libre du désir. Apprendre à vivre en société, c'est apprendre qu'on ne fait pas ce qu'on veut et qu'il y a des limites à respecter. Il y a des bornes à l'expression de mon désir, il y a des règles, des lois, des structures, des cadres, des interdits à respecter et sans lesquels la société ne peut pas fonctionner. Cette répression de la liberté du désir permet donc de vivre en société, mais induit également une frustration. Cette frustration peut s'accumuler, s'enkyster, et devenir une névrose. C'était la pathologie la plus courante jusque dans les années soixante-dix. L'ordre social exercé par une autorité morale et l'intériorisation d'une limite (un Père ou un phallus symbolique) était simultanément répressif et socialisant, frustrant et structurant, névrotique et normatif. C'était le mode de socialisation normal dans l'espèce humaine, avec des avantages et des inconvénients. C'était la gouvernance par l'ordre, par l'imposition de limites rigides à ne jamais dépasser, sous peine de punition.

Cet ordre ancien, celui de notre espèce et de ses constantes anthropologiques depuis ses origines, est aujourd'hui attaqué. L'Occident postmoderne a vu naître un « ordre nouveau », un mode de gouvernance par le chaos qui est une forme de contrôle social entièrement neuve consistant à lever toutes les limites et à laisser le désir s'exprimer librement. Dans un premier temps, on a l'impression de respirer enfin, on s'amuse, sans le Surmoi phallique et surplombant. Le problème, quand on tue le Père, c'est qu'on est récupéré par la Mère, qui est en réalité tout aussi despotique que le Père. En Mai 68, Lacan disait à ses étudiants libertaires : « Vous aussi, vous cherchez un maître. » En l'occurrence, une Maîtresse, car la libre expression du désir, sans plus aucune limite ni structure, est le mode d'être hystérique, puis pervers, puis psychotique. Sans répression du désir, pas de sublimation, pas de symbolisation, pas de structuration psychique et comportementale possible, pas d'accès au langage et à la dialectique articulée.

Il existe donc une véritable ingénierie psychosociale de la levée des limites, de la transgression des interdits, des lois, des tabous et de l'abolition des frontières, donc une ingénierie de la désocialisation, de l'ensauvagement, de la déstructuration des masses et de la régression civilisationnelle provoquée, en un mot une ingénierie de la désœdipianisation, mise en œuvre par des gens qui savent exactement ce qu'ils font, grâce ou à cause de Freud et Lacan (Jung n'ayant pas reconnu le caractère fondateur de l'Œdipe et de la limite), qu'il s'agisse de psychanalystes à proprement parler ou d'auteurs imprégnés de psychanalyse. La théorie de la confusion des genres n'est qu'un outil de cette offensive du Capital pour transformer l'humain en une matière plastique modelable à l'infini, fluidifier toutes les structures comme le recommande l'Institut Tavistock, afin de parvenir à la « société liquide » décrite par Zygmunt Bauman.

Le résultat de cette déshumanisation, ou dés-hominisation, c'est ce que d'autres psys dénoncent, dont Julia Kristeva, dès les années quatre-vingt dans *Les Nouvelles Maladies de l'âme*, ou l'Association lacanienne internationale (ALI), notamment Charles Melman et Jean-Pierre Lebrun dans *L'Homme sans gravité* : l'explosion de ces pathologies très contemporaines, dépression, perversion, toxicomanie, hystérie banalisée, « psychoses froides », « états limites », *borderline*, sociopathie, psychopathie. On lira aussi Dominique Barbier, Dany-Robert Dufour ou Jean-Claude Michéa.

R. : Vous évoquiez dans un de vos récents textes « l'industrie du changement ». Qui sont pour vous ces « faiseurs » des bouleversements que nous subissons ? Que recherchent-ils ?

LC : À l'occasion d'un séminaire auquel j'ai assisté, un consultant spécialisé en conduite du changement nous avait dit que son entreprise travaillait à « industrialiser la compétence relationnelle ». Les changements provoqués au moyen de crises dirigées ne servent donc pas à améliorer le fonctionnement des choses, mais à l'industrialiser, c'est-à-dire à le rationnaliser, le standardiser, l'automatiser. Cela consiste à changer d'échelle de production et de contrôle. Quand on passe de l'artisanat à l'industrie, on passe aussi d'une production locale à une production globale. La production locale est décentralisée, enracinée, contextualisée, démocratique, quand la production globale est centralisée, déracinée, décontextualisée, oligarchique. L'industrie du changement consiste à transférer tout le contrôle de la production de l'échelle locale à l'échelle globale. La gouvernance par le chaos consiste à détruire le pilotage local et autonome de l'existence pour le remplacer par un pilotage global et hétéronome, toujours à distance.

En géopolitique, la transitologie est la discipline qui traite du *regime change*, les changements de régime que l'Empire américano-israélien cherche à produire dans les pays arabo-musulmans, et un peu partout en fait, pour s'approprier le pilotage à distance de ces pays. En dernière instance, le but recherché est la modification de la structure générale des relations humaines : passer d'un lien social normal, fondé sur l'altruisme, l'empathie et la mutualité, à un lien social sociopathe, retravaillé par le capitalisme et le libertarisme, fondé sur la liberté individuelle. C'est ça, l'industrialisation de la compétence relationnelle. Concrètement, cela donne le « mariage homo », la GPA, soit la location du ventre des femmes, la PMA, soit le commerce des enfants, et pour finir l'euthanasie pour tous.

En fait, le « comment ? », la méthode appliquée, m'intéresse plus que le « qui ? », l'identité. En outre, la réponse au « comment ? » donne la réponse au « qui ? » Donc, qui sont les faiseurs des bouleversements pathogènes que nous subissons ? Réponse : tous ceux qui appliquent la méthode générale de bouleversement contrôlé. En gros, ce sont tous les acteurs du capitalisme et des révolutions de rupture, dont 1789 et 1917 sont les prototypes, et dont les « révolutions colorées », de Mai 68 au « Printemps arabe », sont les prolongements, jusqu'en Libye et en Syrie aujourd'hui. Ces acteurs du capitalisme sont secondés par ce que l'on dénommait jadis les conseillers en propagande du Prince, et qu'on appelle aujourd'hui des *spin doctors*, des consultants, des influenceurs, des communicants, bref tous ceux qui travaillent à faire du *storytelling* et de la désinformation dans des entreprises, des *think tanks*, des *lobbies*, des médias, des services de renseignement, des sociétés de pensée plus ou moins ésotériques.

R. : Cette stratégie du choc amène à la notion de chaos que vous utilisez pour définir la logique du système. Pouvez-vous revenir sur la généalogie de cette soif de destruction de l'oligarchie mondiale ?

LC : La pulsion de mort est largement partagée dans l'espèce humaine. Il semble néanmoins que certains groupes sociologiques l'actualisent davantage que d'autres. En termes de topologie structurale lacanienne, la destruction est une place à occuper, et en termes de psychologie archétypale jungienne, le Destructeur est un rôle à endosser. La question qui me vient tout de suite est : qui occupe cette place dans mon environnement immédiat, que je puisse m'en protéger ? Si l'on fait une généalogie de la destruction en Occident, on arrive à un résultat qui n'est pas « politiquement correct ». Une Histoire des idées impartiale montre que, sous nos latitudes monothéistes, le premier exposé d'un programme politique fondé sur la destruction est déposé dans le texte que les juifs appellent la Torah, et les chrétiens le Pentateuque. Pour certaines personnes, détruire est donc un commandement divin, consigné noir sur blanc dans des textes sacrés. Un échantillon, *Deutéronome*, chapitre XX, versets 10 à 16 : « Quand tu t'approcheras d'une ville pour l'attaquer, tu lui offriras la paix. Si elle accepte la paix et t'ouvre ses portes, tout le peuple qui s'y trouvera te sera tributaire et asservi. Si elle n'accepte pas la paix avec toi et qu'elle veuille te faire la guerre, alors tu l'assiégeras. Et après que l'Éternel, ton Dieu, l'aura livrée entre tes mains, tu en feras passer tous les mâles au fil de l'épée. Mais tu prendras pour toi les femmes, les enfants, le bétail, tout ce qui sera dans la ville, tout son butin, et tu mangeras les dépouilles de tes ennemis que l'Éternel, ton Dieu, t'aura livrés. C'est ainsi que tu agiras à l'égard de toutes les villes qui sont très éloignées de toi, et qui ne font point partie des villes de ces nations-ci. Mais dans les villes de ces peuples dont l'Éternel, ton Dieu, te donne le pays pour héritage, tu ne laisseras la vie à rien de ce qui respire. »

Cela dit, personne ne détient le monopole de la pulsion de mort. Le Japon ou la Corée du Sud connaissent des processus d'auto-génocide liés au « tout technologique ». Certaines régions d'Orient et d'Asie sont à la pointe de tous les délires post-humains et cybernétiques ; on y parle sérieusement de clonage reproductif ou de remplacement du peuple par des robots, ce genre de choses. Je pense que la soif de destruction et d'autodestruction remonte en fait à un profil psychologique qui porte au moins trois noms : sociopathe, psychopathe, pervers narcissique. Le psychiatre polonais Lobaczewski est l'un des premiers à l'avoir étudié et il en a tiré une science, la ponérologie, ou la science du Mal. Je suis extrêmement convaincu par ce modèle ; pour ma part, je situe l'origine du Mal sur Terre dans ce profil psychologique sociopathe. Sa caractéristique est l'absence d'empathie, ce qui le conduit à traiter autrui comme un objet, un moyen, et à le chosifier. On peut rencontrer ce profil psychologique dans toutes les cultures, mais il semble néanmoins que certaines conjonctures favorisent son apparition. Notamment, les environnements socioculturels marqués par les thèmes de la destruction et du génocide sont, par excellence, des fabriques de sociopathes.

R. : Comment voyez-vous l'évolution des révoltes en Europe ? L'Union européenne va-t-elle être amenée à durcir son emprise sur les États et les peuples ?

LC : La Commission européenne a perdu la bataille des idées. L'Union européenne est aujourd'hui reconnue pour ce qu'elle est : une dictature des banques et des *lobbies*. Et c'est tout. Le poids de Goldman-Sachs ou les directives de la PAC aux ordres de Monsanto, telles que le Catalogue des semences autorisées et le Certificat d'obtention végétale, trahissent le vrai projet totalitaire de l'UE, sans compter les dénis de démocratie référendaire. Mais les technocrates de Bruxelles vont refuser de nous laisser sortir de la prison qu'ils ont construite et qui va se transformer progressivement en un camp de concentration aux dimensions d'un continent. Pour fabriquer notre consentement au pyjama rayé et tenter de conserver les apparences de la démocratie, la Commission européenne va donc nous livrer une guerre cognitive sans merci pour nous convertir de force à l'idéologie euro-régionaliste et surtout construire notre acceptation à la baisse du niveau de vie et aux souffrances qui vont nécessairement avec.

Une information annonçait que l'UE avait l'intention de financer des brigades de *trolls* sur les forums internet pour contrer les eurosceptiques qui s'y expriment. Ce ne sera évidemment pas suffisant et il y aura des tentatives pour criminaliser la simple expression de la critique de l'UE ou des projets pour en sortir, par exemple interdire l'expression du nationalisme en essayant de l'amalgamer au racisme ou à l'antisémitisme. Tout ça pour rien puisque nous sortirons de l'UE et de l'euro nécessairement un jour! Dans les années quatre-vingt, l'Union soviétique donnait l'impression de pouvoir durer encore très longtemps. Et puis ça n'a duré que soixante-dix ans. De sorte à hâter notre processus de sortie de l'UE et de l'euro, il faut donc communiquer dès à présent sur « après l'Union européenne » et « après l'euro ». Communiquer sur le Grexit, le Brexit et le Frenchxit. Préciser que la question n'est pas « si », mais « quand » nous sortons de l'UE. Pour ce faire, il faut communiquer autour de nous sur le retour aux monnaies nationales et aux États-nations. La création de monnaies locales ou alternatives est une idée séduisante, mais je crains que l'échelle de développement soit trop faible pour offrir un contre-pouvoir efficace au rouleau compresseur globaliste. En outre, si ces monnaies locales cohabitent avec l'euro, elles resteront indexées dessus forcément, et ne serviront donc à rien.

R. : Vous distinguez ingénierie sociale négative et ingénierie sociale positive. Cette dernière est-elle un élément possible pour la résistance au système?

LC : L'ingénierie sociale négative (IS–), c'est la méthode générale de production de crise. À l'inverse, l'ingénierie sociale positive (IS+), c'est la méthode générale de sortie de crise. Le point de départ de toute l'IS+, c'est donc la stabilité de l'humeur. Pour sortir de la crise, il faut déjà l'expulser en dehors de soi. C'est une sorte d'exorcisme : « *Vade retro chao !* Chaos, sors de ce corps ! » C'est la base, sans laquelle on ne peut rien commencer, ni rien reconstruire ou reconquérir. La stabilité de l'humeur, c'est aussi la lucidité. La crise est synonyme de « perte de lucidité », quand tout est instable, à court terme, émotionnel ou instinctif ; la sortie de crise consiste donc à reconstituer de la stabilité, de la maîtrise émotionnelle et une vision à long terme. La maîtrise du tonus émotionnel est essentielle en IS+, c'est par là qu'il faut commencer, car cette disposition permet de rester lucide et de durer. « Résistance » est synonyme de « durabilité ». Dans un rapport de forces, la seule chose qui compte est de durer. Celui qui gagne, c'est celui qui dure plus longtemps que l'autre. Il faut donc aussi savoir s'économiser, selon le proverbe : « Qui veut aller loin, ménage sa monture. » Dans un système de domination fondé sur l'hystérie, la crise, l'anarchie, le chaos et l'instabilité émotionnelle, le premier geste de la résistance au système, le premier geste de l'IS+, c'est la stabilisation de l'humeur, l'équanimité, l'impassibilité. La virilité, en un mot. Rester zen en toutes circonstances et prêcher par l'exemple, de sorte à contaminer positivement son entourage et son environnement. Le reste suivra. Tout ce qui est stable est anticapitaliste et antimondialiste. Pour reprendre le concept de Base Autonome Durable, il faut non seulement bâtir des BAD, mais il faut devenir soi-même une BAD.

On peut s'inspirer de la manière dont le Kremlin gère les crises provoquées par Washington, D.C., ou comment Obama et Brzezinski gèrent le *lobby* israélien aux États-Unis depuis quelques années. Il s'agit de calmer le malade.

Pour cela, il faut s'inspirer des techniques employées par la psychiatrie et la psychanalyse : dans la mesure du possible, ne pas répondre au délire, le laisser se vider et s'épuiser de lui-même. Si l'on est obligé de répondre au délire, alors on peut aller dans son sens, dire : « Oui, oui, vous avez raison », mais sans le prendre au sérieux et continuer d'agir contre lui.

Précisons une chose : pour se faire accepter, l'IS– est toujours obligée d'avancer masquée, de mentir, d'hameçonner (le *phishing*). Le Pouvoir nous plonge dans un monde invivable, entièrement chaotique, où rien n'est prévisible et où sont entretenus volontairement l'insécurité, la délinquance, le crime ainsi que tout ce qui est anxiogène et facteur de précarité socioéconomique et mentale. Mais pour faire passer plus facilement ce génocide en cours, on convoque les notions de justice et d'égalité, qui ne servent ici que d'hameçons. Le mensonge, la simulation, le simulacre, sont donc structurels en IS–. À l'opposé, l'IS+, la sortie de crise, c'est donc non seulement la reconstruction de sécurité et de stabilité, mais aussi le simple fait de dire la vérité. Parfois, il faut ruser, en fonction du rapport de forces. Ruser, c'est-à-dire faire du contre-*phishing*, du contre hameçonnage. Contourner la censure réclame parfois des acrobaties sémantiques. L'IS–, en tant que cheval de Troie de la destruction, c'est « un faux bien pour un vrai mal » : on prétend dire la vérité pour faire passer une fiction. L'IS+, en tant que cheval de Troie inversé, cela peut être « un faux mal pour un vrai bien » : on utilise la fiction pour faire passer la vérité.

R. : Face à la domination globalisée du Capital, quelles voies individuelles et collectives nous reste-t-il pour vaincre ?

LC : Il faut s'engager dans toutes les démarches qui reconstituent de la souveraineté, à tous les sens du terme : alimentaire, énergétique, économique, politique et cognitif. La souveraineté, c'est-à-dire l'autonomie, est anticapitaliste par définition. La définition du capitalisme c'est : « Tout système où l'argent est la valeur suprême. » Si vous mettez une valeur au-dessus de l'argent, l'État-nation par exemple, vous sortez techniquement du capitalisme. Le capitalisme ne tolère aucune frontière, ni aucun protectionnisme car il est, par nature, supranational, transnational, multinational, voire international, selon la définition de ce terme. La base de la base, le plus facile à faire, c'est de commencer à reconquérir sa souveraineté cognitive en mettant la télévision à la poubelle et en se coupant totalement et définitivement des gros médias de désinformation. Ensuite, pour la souveraineté économique, ne souscrire aucun crédit et laisser le moins d'argent possible à la banque.

Il y a une guerre à mener. Une guerre culturelle et cognitive, une guerre des idées et des cerveaux, une guerre des mots et des représentations, et nous pouvons en devenir les soldats. Il faut donc créer des synergies autour d'un projet commun : la lutte contre le mondialisme. Des nuances existent dans cette lutte, mais concentrons-nous sur ce qui nous rassemble. À cette fin, nous devons devenir des propagandistes du quotidien. Toutes les occasions sont bonnes pour diffuser des idées : cercle d'amis, famille, épicier, travail, inconnus dans la rue, forum internet, Facebook, etc. Ne pas craindre de passer pour monomaniaque. De toute façon, c'est une question de survie. Parfois il faut ruser, et ne pas attaquer frontalement mais adopter une stratégie indirecte. Il peut être opportun d'infiltrer des mouvements pour essayer de les retourner en y faisant de l'influence. Entrisme et noyautage, à l'UMPS ou ailleurs. Dans tous les cas, afin de hâter les événements au moyen d'énoncés performatifs à fonction de prophéties auto-réalisatrices, il faut « communiquer » sur le retour protectionniste des frontières et sur l'après Union européenne, par exemple, mais aussi communiquer sur l'après-empire américano-israélien, pour le faire tomber plus vite, ainsi que sur l'après-nihilisme et le retour aux vraies valeurs structurantes : méritocratie, patriotisme économique, sens du collectif, du service public et du « prendre soin » du pays (théorie du *Care*), etc.

Au-delà de la bataille des idées que nous sommes en train de gagner, il ne faut pas oublier qu'il faudra un jour transformer l'essai, c'est-à-dire qu'il y ait une traduction de cette reconquête de souveraineté dans les urnes. Il n'y a aucune porte de sortie en dehors de l'institution. Et pour ma part, je ne vois qu'un seul parti politique en état d'arranger les choses, en commençant par nous sortir de l'Union européenne. Je l'égratigne un peu dans *Gouverner par le chaos*, mais il évolue dans le bon sens. Par ailleurs, on peut lui trouver tous les défauts qu'on veut, mais tant qu'il n'a pas exercé concrètement le pouvoir, ce sont des critiques virtuelles. Aujourd'hui, l'anticapitalisme cohérent conduit donc nécessairement à soutenir le Front national, y compris pour les immigrés, qui ont intérêt à la stabilité politique dans ce pays autant que les nationaux.

En attendant, il faut « faire carrière » dans le Système et dans l'institution, pour en reprendre le contrôle de l'intérieur. Sinon, tout ce que vous faites reste marginal, donc sur un siège éjectable. Tous les réseaux d'influence sérieux le comprennent et l'appliquent. Aujourd'hui, si vous voulez vraiment devenir un contre-pouvoir à l'Empire (au sens de Soral), il faut posséder la bombe atomique, donc se hisser aux moyens logistiques d'un État. On le voit bien avec la crise syrienne. Si le peuple syrien et son gouvernement n'étaient pas protégés par la Russie et la Chine, deux puissances nucléaires, la Syrie aurait été envahie rapidement par l'entité sioniste et les États-Unis, deux autres puissances nucléaires (et les deux principaux facteurs de troubles aujourd'hui). L'Irak ou la Libye n'ont pas tenu très longtemps.

R. : Vous faisiez remarquer que l'oligarchie au pouvoir était à bout de souffle. Coupée du peuple et sans renouvellement de qualité. Est-elle condamnée par sa propre nature ?

LC : Ce qui va nous sauver, indépendamment de notre travail et de notre mérite, c'est, paradoxalement, que le niveau baisse, comme on dit. Le niveau, c'est-à-dire le niveau intellectuel, baisse partout, en premier lieu au sein de l'oligarchie. Le niveau baisse à cause de l'oligarchie, mais cela l'impacte également. Le *shock testing* du Pouvoir pour éviter tout choc en retour aux chocs qu'il inflige, autrement dit le découplage complet des classes socioéconomiques, qu'on appelle aussi le double standard, la double éthique, ne marche pas si bien que cela et aboutit au phénomène de l'arroseur arrosé. Quand il nous frappe, il se frappe aussi.

Par exemple, la génération de désinformateurs professionnels qui occupe les médias depuis les années soixante-dix, cette génération de gens plutôt bons en rhétorique et parfois réellement brillants, n'a pas réussi à organiser sa relève, sans doute trop préoccupée d'elle-même que de transmettre. À leur place, on a droit à quoi : des hystériques incultes et qui n'ont clairement pas le niveau. Par ailleurs, les élites politiques nord-américaines et européennes sont composées de débiles légers (et légères), c'est évident. Nous nous acheminons vers *Idiocracy*, un système où le pouvoir sera détenu par des sortes de « rois fainéants ». Donc nous avons gagné. Maintenant, il faut attendre que la génération des soixante-huitards meure entièrement, tout en continuant de notre côté à tenir notre position et notre niveau d'exigence. Les technocrates dans les institutions, à Bruxelles ou ailleurs, changeront aussi. Mais nous, nous ne changerons pas. Mécaniquement, dans cette guerre d'usure et de tranchées, nous allons gagner par forfait de l'ennemi. Dans tout conflit, la seule chose qui compte, c'est de durer.

Celui qui dure plus que l'ennemi, eh bien c'est celui qui a gagné. Nous, le peuple de France, nous allons durer plus que notre ennemi. Pour durer plus que l'ennemi, il faut s'économiser, gérer son énergie, donc ne pas tout donner d'un seul coup, ne pas tout dépenser rapidement, mais travailler patiemment selon un rythme lent et assuré, ce que j'appelle une « révolution lente », ou une « transformation silencieuse ». Si l'on reprend La Fontaine, nous sommes la tortue, et l'ennemi est le lièvre. Et qui gagne à la fin ?

CHAPITRE III

LA PATRIE EST EN DANGER, TOUTES LES PATRIES SONT EN DANGER[*]

Jeudi 16 janvier 2014, dans le cadre du Cercle de Précy, les Identitaires lyonnais recevront Lucien Cerise, auteur de *Gouverner par le chaos*, à 20 heures à la Traboule, pour traiter de la surveillance et de la manipulation des masses. Novopress a rencontré, à cette occasion, cet auteur au parcours atypique et au discours plus que détonnant.

Novopress : Vous avez un parcours atypique, venant de la Gauche. Quelle est l'origine de cette évolution vers cette prise de conscience patriote ?

Lucien Cerise : Pour ma part, je n'ai qu'une seule nationalité. Si on me retire ce pays, je suis foutu, j'ai tout perdu, je n'ai plus qu'à mourir, sauf à quémander un statut de réfugié et à entrer dans un processus d'immigration. Or, on est en train de me retirer ce pays, en le faisant disparaître, ainsi que sa qualité de vie, dans ce que l'on appelle la globalisation, le « village global » sans frontières, autrement

[*]Novopress, 13/01/2014.

dit le capitalisme mondialisé. Le but de cette manœuvre, c'est la fin des patries et « l'immigration pour tous ». Quand on sera tous des immigrés, le Capital aura gagné. Nous ne serons plus en position de nous défendre, à aucun niveau, et nous n'aurons plus qu'à disparaître. En effet, l'immigration n'est elle-même que l'outil d'un programme génocidaire global appliqué dans divers pays, dont le nôtre. La destruction totale d'un pays et l'extermination physique complète de sa population sont en cours, et c'est en France que ça se passe. Ce génocide a lieu ailleurs également, le capitalisme étant génocidaire par nature, comme l'indique Garry Leech, mais c'est ici que je vis et que je me retrouve le dos au mur, c'est donc ici que je dois me battre pied à pied pour ma survie, comme tous les habitants de ce pays, même si tous ne l'ont pas encore compris. La situation m'a sauté aux yeux quand j'ai vu ce que l'oligarchie faisait du référendum de 2005 sur le traité établissant une Constitution pour l'Europe : les Français votent « Non » à un approfondissement de l'Union européenne, mais l'UMPS et la Commission européenne se sont empressés de trahir ce résultat car il contredisait leurs objectifs. À ce moment-là, nous avons eu la preuve éclatante que les frontières nationales étaient bien le seul obstacle sérieux au rouleau compresseur capitaliste.

Ma ligne directrice en politique, c'est donc l'anticapitalisme. Pourquoi ne suis-je pas au NPA dans ces conditions ? Parce que je suis un anticapitaliste cohérent, ce qui me conduit à dépasser certains clivages médiatiques. Il faut œuvrer à la « coagulation » des forces antisystème, vers le nouveau Conseil national de la Résistance, le grand rassemblement des « nonistes » de 2005, tous unis contre l'ennemi commun, l'ennemi du genre humain, soit la dictature des banques et la barbarie ultralibérale mondialiste et cybernétique. Pour ce faire, il faut de nouveaux concepts, qui proposent un redécoupage dans le réel et qui permettent de recomposer de nouvelles alliances. À cette fin, je propose le « nationalisme permaculturel », appuyé sur la théorie féministe du *Care*, c'est-à-dire la notion de « prendre soin » de son environnement humain et matériel de proximité, selon la formule : « Charité bien ordonnée commence par soi-même. »

La patrie est en danger. Toutes les patries sont en danger. Qu'est-ce qu'une patrie ? C'est un espace de stabilité. Aujourd'hui, c'est la possibilité même d'une stabilité quelconque qui est en danger. Le constat de cette déstabilisation et expatriation générale est purement empirique et précède même les idées politiques. En effet, quand on regarde les choses d'un point de vue systémique, on voit que le capitalisme déstabilise et accélère tout ce qu'il touche. Il provoque de l'entropie, c'est-à-dire du désordre, partout où il passe. En un mot, le capitalisme c'est le chaos. C'est d'ailleurs ce qu'en disent Deleuze et Guattari dans *L'Anti-Œdipe*, mais pour le célébrer, comme des « gauchistes » irresponsables, dans une dialectique étrange entre territoire et déterritorialisation qui recoupe celle entre l'enracinement et le déracinement. À l'opposé du chaos deleuzien, les processus vitaux ont besoin de stabilité et de lenteur, donc d'enracinement, pour se développer normalement. Les sociétés traditionnelles, précapitalistes, offrent des conditions de vie lentes et stables, alors que les sociétés dites progressistes, qui apparaissent toujours à la suite d'un traumatisme fondateur qu'on appelle une « révolution », accumulent les ruptures et les changements rapides.

En fait, la dualité entre enracinement et déracinement est transversale à la Droite et à la Gauche. C'est une structure croisée, chiasmatique. Il y a effectivement une Gauche culturelle, deleuzienne et anti-Œdipienne, qui déracine mais il y a aussi une Gauche populiste et patriote qui enracine, au moyen des nationalisations économiques (qui font hurler les libéraux) ou de diverses formes de relocalisation, dont certaines figures historiques furent par chez nous Simone Weil, Georges Sorel, Proudhon, Édouard Berth (*cf.* le dernier livre d'Alain de Benoist), et ailleurs Hugo Chavez et les gauches latino-américaines ; et il y a une Droite traditionaliste, donc précapitaliste et qui enracine, mais il y a aussi une Droite libérale et antipatriote, qui déracine au moyen d'un immigrationnisme délirant et qui était officiellement au pouvoir en France jusqu'en 2012[63].

N. : Vous accordez une grande importance à l'ingénierie sociale, c'est-à-dire aux méthodes de contrôle social (stratégie de la tension, *mind control, tittytainement,* etc.). Pensez-vous qu'une guerre psychologique est à l'œuvre contre les peuples et la démocratie ?

LC : Cette guerre psychologique à l'œuvre contre les peuples et la démocratie, nous en avons les preuves. J'en ai rassemblé un certain nombre dans mon petit bouquin, mais il n'y a qu'à se pencher pour les ramasser en sources ouvertes sur Internet ou dans l'expérience directe de certains milieux socioprofessionnels. De plus, les méthodes de contrôle et d'ingénierie sociale sont divulguées dans des manuels qu'on peut acheter en librairie, ainsi que dans des cours et des formations en *management, marketing* ou sécurité des systèmes. Il existe même un diplôme d'État d'ingénierie sociale, délivré par certaines universités françaises. Il faut voir aussi du côté du mentalisme et des trucs d'illusionnistes et de prestidigitateurs. Au premier abord, tout cela peut sembler innocent ou simplement intéressé, mais dès que l'on creuse, on voit que c'est

---

63. « Sarkozy favorable au droit de vote des étrangers aux municipales ! », Parti socialiste de Bourg-la-Reine, 26/04/2012.
http://www.ps-blr.com/article-sarkozy-favorable-au-droit-de-vote-des-etrangers-aux-municipales-104130086.html

redoutable. Quand on maîtrise ces techniques de modification du comportement, on peut arriver à tuer quelqu'un en le poussant au suicide, donc en gardant les mains propres. C'est le « crime parfait », très exactement ce qui est appliqué dans les sociétés de masse occidentales. Les deux grands axes de la guerre psychologique qui nous est menée pour nous pousser au suicide collectif sont l'individualisation et la culpabilisation. Le but est d'en finir avec notre envie de vivre. Tous les êtres vivants sont animés par un instinct de conservation. Cet instinct de conservation est l'ennemi de l'oligarchie ; c'est cet instinct de conservation que le Pouvoir travaille à déprimer, affaiblir, culpabiliser, dénaturer, inverser, de sorte à pousser les peuples à s'autodétruire, sans qu'elle ait besoin de les frapper directement. L'oligarchie doit fabriquer le consentement du peuple à sa propre disparition en le convainquant qu'il est mauvais et que la Terre ne s'en portera que mieux s'il la quitte. Depuis Mai 68, la France est un véritable laboratoire à ciel ouvert de toutes ces techniques d'ingénierie sociale négative et de destruction de l'instinct de conservation.

Pour comprendre ces phénomènes dans leurs propres termes, il faut laisser tomber la grille de lecture classique des sciences politiques, qui est complètement biaisée et caduque depuis au moins deux siècles. Les théories politiques se répartissent en deux grands ensembles, libéral et marxiste, mais procèdent d'un tronc commun : la croyance en des lois historiques autonomes que personne ne maîtrise. En réalité, le développement des sociétés modernes depuis le XVIIIe siècle est tutoré de manière complètement artificielle. Quand on regarde de près, on voit que le processus est maîtrisé et dirigé : c'est une démolition contrôlée. À ce stade, on sort de la fausse alternative entre libéralisme et marxisme puisque l'on se rend compte que leur présupposé commun, l'autonomie des lois historiques et socioéconomiques, est faux.

N. : Dans un entretien récent, vous avez déclaré que les notions de droite et de gauche étaient dépassées, et qu'il ne restait qu'un combat pro-vie contre pro-mort.

LC : Le clivage droite/gauche est devenu définitivement ringard et *has been* avec la Manif pour tous. Nous avons assisté à un renversement complet de tous les signes et de toutes les significations politiques. Nous avons vu des manifestations de droite contre le capitalisme, et un gouvernement de gauche envoyer les CRS pour cogner sur la bourgeoisie catholique et défendre à coups de matraque la marchandisation libérale du ventre des femmes. Toute la construction du clivage droite/gauche a été pulvérisée avec une inversion complète des pôles sémantiques, des valeurs et des messages : une droite conservatrice animant un mouvement révolutionnaire au vrai sens du terme avec des slogans de gauche tels que « l'Humain n'est pas une marchandise », contre une gauche ultracapitaliste et ultrarépressive faisant régner la terreur au bénéfice d'une oligarchie. Ceci m'a conduit à dire sur Radio Courtoisie que la droite découvrait enfin le capitalisme. Il se peut que cela ait déplu, mais peu importe, il y a une situation d'urgence nationale et il faut dire les choses comme elles sont.

Pour concrétiser l'union sacrée « par-delà Droite et Gauche » (Arnaud Imatz), le nouveau CNR que j'appelle de mes vœux à la fin de *Gouverner par le chaos*, il faut définir un vocabulaire commun, élaborer des éléments de langage communs qui redéfinissent qui est l'ennemi, qui est l'ami et qui est l'allié. Il faut réécrire la perception des rapports de force en se basant sur le réel, et non plus sur les médias. Pour cela, il faut savoir parler à tout le monde dans sa propre langue, puis faire bouger les gens vers une langue commune en construisant des ponts langagiers et cognitifs. Je fais donc moi-même de l'ingénierie sociale. En effet, depuis des années, je circule de l'ultragauche à l'ultradroite dans cette perspective de synthèse nationale et de grande jonction à construire. Cela m'est facilité par le fait que je suis extrêmement curieux et que je veux comprendre le monde dans lequel je vis, ce qui me conduit à explorer des milieux sociologiques parfois antagonistes en faisant des « terrains » comme on dit, ce qui suppose d'aller sur place pendant plusieurs années pour faire de l'observation participante. À force, on développe une capacité d'adaptation à tous les milieux, même les plus hétérogènes, et on devient un peu caméléon, un peu Protée. Cette adaptabilité vient aussi de ce que ma formation initiale n'est ni politique, ni militante. C'est d'abord les arts, puis la philosophie avec une spécialisation en épistémologie, ainsi que les sciences humaines et sociales. Aujourd'hui, j'ai une bonne connaissance pratique, plus que théorique, de tout l'éventail politique.

La Droite et la Gauche ont donc encore un peu de signification, mais uniquement au niveau psychologique, selon une dialectique ouverture/fermeture, et avec beaucoup de guillemets : la psychologie de droite est plutôt « fermée », quand la psychologie de gauche est plutôt « ouverte ». Dans un rapport de forces, il vaut mieux être de droite, fermé, pour mieux se défendre et contre-attaquer ; en revanche, pour collecter et traiter de nouvelles informations, il vaut mieux être de gauche et ouvert. Dans l'idéal, il faut un juste milieu. Les systèmes vivants ont besoin de relations avec leur environnement, donc d'ouverture, mais aussi de fermeture, sinon, ils se dissolvent et meurent. Un système entièrement ouvert, sans délimitations, dépourvu de frontières, disparaît, tout simplement. La demande de fermeture et de protection des mouvements nationalistes est donc parfaitement légitime. L'instinct de conservation pousse naturellement à la fermeture. Toutes les voix qui nous demandent de nous ouvrir toujours plus au monde, à l'Autre, à l'étranger, aux immigrés, aux minorités, flattent en nous la « belle âme », moralement généreuse et intellectuellement tolérante, mais lancent en fait un hameçon d'ingénierie sociale pour fabriquer le consentement à la mort, sorte de dressage au renoncement à l'instinct de conservation, lequel commande évidemment de se protéger.

Il faut l'avouer, dans l'espace francophone, la plupart des organisations d'extrême gauche se sont laissées largement infiltrer et noyauter au fil du temps à cause de leur ouverture justement, et sont maintenant pilotées en sous-main par la Commission européenne, Tel Aviv et Washington. Les « antifascistes » français ont produit une série de tracts et d'autocollants écrits directement en anglais (« *Support your local antifa* », etc.), ce qui évite à leurs agents traitants de la CIA de se fatiguer à apprendre notre langue ; en outre, vous aurez remarqué qu'ils n'attaquent jamais leurs maîtres susnommés, pourtant de vrais fascistes, mais vont s'en prendre à Soral, Dieudonné, ou au Front national, qui n'ont pourtant aucune responsabilité dans la « Nakba hexagonale » que nous subissons. Les représentants de la Gauche encore indépendante et capable d'envisager une fermeture protectionniste souverainiste sont généralement attaqués par les « antifas » comme étant des « rouges-bruns », pour les dénigrer : Étienne Chouard, Michel Collon, Jean-Claude Michéa, Jacques Cheminade, Jean-Pierre Chevènement, le Parti ouvrier indépendant, le Réseau Voltaire, le Pôle de renaissance communiste, le site Le Grand Soir, les mouvances nationale-bolchevique et nationale-révolutionnaire comme *Rébellion* à Toulouse, des sections locales de syndicats, du PCF ou d'Attac, souvent désavouées par les dirigeants (on se souvient de René Balme). Pour ma part, j'ai encore un pied à gauche, dans le milieu associatif de la relocalisation et de la permaculture, donc dans la branche environnementaliste, qui est plus anarcho-écolo-décroissante-luddite-survivaliste-situationniste que proprement marxiste, et à laquelle on pourrait associer les gens de Tarnac ou de Notre-Dame-des-Landes. Des gens courageux et intelligents mais qui doivent comprendre que leur cause est perdue si le sommet du Pouvoir ne leur est pas favorable. Leur négligence de la question de l'État-nation les perdra, mais il faut leur tendre la main quand même, ce ne sont pas des ennemis.

Ce qui me fidélise à ce milieu, au-delà des idées ou des personnes sympathiques, c'est la perspective du travail manuel. Ceci dans l'optique d'un questionnement anthropologique sur ce que signifie « appartenir à l'espèce humaine ». La condition humaine normale, c'est le travail manuel au sein de petites communautés rurales où les rôles et les identités sont spécialisés en fonction des sexes et de l'âge (d'où le complexe d'Œdipe, structure mentale hétéro-normative au fondement de toute culture). Ce mode de vie a constitué 99 % de l'histoire de l'humanité, jusqu'à l'exode rural dans la deuxième moitié du XXᵉ siècle. Ce mode de vie est donc la norme dans l'histoire de l'espèce ; ce qui s'en écarte depuis une cinquantaine d'années relève simplement de l'anomalie pathologique. Pour bien le comprendre, il faut le vivre personnellement, l'expérimenter sur le terrain, le sentir physiquement. Quand on doit travailler un sol et y faire pousser de quoi subsister, les tâches se répartissent spontanément en fonction des aptitudes de chacun. Les faux problèmes entre hommes et femmes, entre jeunes et vieux, disparaissent. On n'a pas le temps pour ce genre de bêtises car il y a des choses plus urgentes à faire. On voit alors concrètement et en acte ce que c'est qu'un organisme social, un collectif vivant : c'est la focalisation de toutes les énergies sur un objet matériel (village, terrain) dont il faut « prendre soin » en commun. La survie physique d'un groupe dans un environnement hostile ou indifférent a façonné au fil des siècles les invariants de notre espèce. Il existe en effet des constantes anthropologiques, dérivées des impératifs de la survie physique, dont il est impossible de s'extraire sans s'autodétruire. Transgresser ces constantes anthropologiques revient à préparer le génocide de l'espèce humaine et son remplacement par une espèce non humaine, clonée, robotisée, zombifiée. C'est la voie suivie depuis quelques décennies par un monde occidental en pleine « tertiarisation » et qui tente d'imposer une nouvelle conception de la vie, de type ultralibéral, entièrement monnayable, mais surtout détachée du corps et sous contrôle scientifique et technologique total : OGM végétaux, animaux et humains, brevetage du vivant, Catalogue des semences autorisées (ordonné par l'UE), identité virtuelle, confusion des Genres, « mariage homo » (toujours illégal en France à cause de votes truqués à l'Assemblée), GPA, PMA, marchandisation de l'humain et location du ventre des femmes (Pierre Bergé), contraception et avortement de confort, eugénisme, euthanasie des non-productifs, vieillards et malades, RFID pour tous… En un mot, le « meilleur des mondes » transhumaniste de Aldous Huxley. Avec la relocalisation, j'essaye de rester en contact avec mes « origines humaines », c'est-à-dire de cul-terreux, qui doit tout fabriquer avec ses mains et qui ne passe pas son temps devant un écran ou un micro-onde.

N. : Par ailleurs, vous avez fait plusieurs fois référence aux Évangiles. Est-ce que votre évolution politique s'est accompagnée d'une évolution religieuse vers le christianisme ?

LC : J'ai reçu une éducation catholique mais je n'avais jamais lu la Bible *in extenso* avant l'an dernier. Je l'ai donc fait et cela a renforcé l'intérêt que je porte à cette religion, qui est une sorte d'amélioration dialectique du judaïsme. On ajoute l'Amour à la Loi. Le christianisme possède une dimension supra-raciale authentique, à distinguer de l'antiracisme primaire, qui n'est qu'un racisme anti-blanc déguisé, ce que Gérald Pichon a bien vu. On trouve dans le Nouveau Testament une reconnaissance mais aussi un appel au dépassement de l'incarnation, donc de l'apparence physique, dans le rapport à autrui. L'apparence physique ne pense pas, elle ne véhicule aucun message, aucune idée, aucun sens. La photo d'un *top model* équivaut au vide sémantique le plus total. La barbarie ultime est là, bien pire qu'Auschwitz. Face au règne de l'image creuse, se tient le Verbe, le *logos*, le langage, donc le concept, le symbolique, le signifiant et l'abstraction qui nous introduisent à la pensée, à la civilisation et au monde des humains. « Au début était le Verbe », écrit saint Jean en *incipit* de son Évangile. C'est le *logos*, johannique ou grec, qui doit retenir notre attention, car nous sommes avant tout des « sujets parlants », comme dit aussi Jacques Lacan. (Avant de pouvoir parler, le bébé est déjà pris dans les filets du Verbe de ses parents, mais s'il ne fait pas sienne cette compétence linguistique qu'on lui tend, il reste profondément handicapé, en attente de devenir un sujet parlant.) Le christianisme oblige à une discipline mentale, c'est une ascèse qui éduque à se concentrer sur ce que les gens disent et pensent, donc sur ce qu'ils ont dans la tête plutôt que sur sa forme, donc sur les idées et les concepts, sur les mots plus que sur les choses. On apprend à mettre entre parenthèses l'image du corps, ce qui est le dispositif du confessionnal (ainsi que du divan psychanalytique), où les interlocuteurs ne se voient pas, de sorte à neutraliser les effets parasitaires d'attirance ou de répulsion physique. Pour ma part, quand je parle avec quelqu'un, je dé-visualise et je me concentre sur ce qu'il dit, sur son discours et sa structure, logique ou pas, indexée sur les faits ou imaginaire, etc. Bref, je ne vois plus vraiment la personne qui est en face de moi, ce qui m'a souvent posé problème dans certains rapports avec l'autre sexe, où le langage ne doit pas être utilisé aussi sérieusement, au risque de voir la demoiselle bâiller !

Pour revenir à ce qui me parle dans le christianisme, c'est que, quelle que soit notre origine raciale, nous sommes tous appelés à l'universalisme du *logos* chrétien. L'interprétation haute des monothéismes consiste ainsi à dépasser le fétichisme narcissique de la couleur de la peau ou de la conformation du corps. Certes, le christianisme est moins iconoclaste que le judaïsme ou l'islam, au sens où il n'interdit pas totalement la représentation, mais il nous appelle quand même fortement à la surmonter. On sort ainsi du « tout visuel » et du « tout image » pornographique de la société de séduction et du spectacle. On se protège mentalement de l'orgie iconique de l'audio-visuel et du multimédia, qui n'est qu'un dispositif de domination par la fascination de l'effet miroir des images et des représentations. Cette même société du spectacle véhicule aussi un message d'obligation au métissage, un impératif mélangiste, qui en fait une société de l'indistinction, comme dirait Francis Cousin. C'est une sorte de démarche cabalistique tendant à l'abolition de toutes les différences, sauf celles du compte en banque, évidemment, qui vise en réalité au génocide de toutes les identités, y compris les identités ethniques. Mais cette abolition de l'ethnique n'est qu'une étape, donc inutile de trop se focaliser dessus. Nous sommes déjà passés au-delà de la « question raciale » avec la théorie de la confusion des genres et le projet d'abolir les différences entre les sexes, puis bientôt entre les espèces avec l'anti-spécisme, jusqu'à l'abolition de la différence entre le vivant et le mort, avec la mode du zombie depuis quelques années. À l'opposé de cette régression cabalistique vers une sorte de chaos originel crépusculaire indifférencié, le christianisme propose un dépassement par le haut des différences et des facteurs sources de conflit. Dans cette perspective de dépassement des conflits, la lecture la plus stimulante que je connaisse des Évangiles est celle de René Girard, qui est parvenu à en dégager le cœur, selon moi. Girard se trompe parfois sur certains points, notamment le caractère historique unique de l'exemple christique. En effet, la mort de Socrate, par exemple, présente une structure similaire à celle du Christ. Mais il faut admettre que l'approche girardienne parvient à montrer que le message de Jésus a effectivement quelque chose de surhumain et d'un peu fou, forcément troublant et qui laisse songeur.

Une fois que j'ai dit ça, je dois ajouter que je ne suis pas croyant. Quelle que soit la religion au pouvoir, judaïsme, christianisme, islam ou pseudo-laïcité franc-maçonne, je vis donc sous domination. Ceci ne fait pas de moi un athée militant pour autant. Mon rapport aux religions est le suivant : quand les religions disent vrai, je prends, quand les religions disent faux, je ne prends pas. De ce point de vue, il faut reconnaître que les religions disent souvent vrai sur les questions morales, éthiques, axiologiques, car on y trouve exprimées des constantes anthropologiques, mais qu'elles sont aussi régulièrement invalidées par la méthode expérimentale dès qu'on aborde les phénomènes du monde en tant que tel. Au final, on constate qu'il existe des logiques et des vérités latérales aux religions : ni pour, ni contre, mais à côté, voire carrément ailleurs. Si je dis 2 + 2 = 4, je prononce une vérité absolue qui appartient à un domaine qui est simplement indifférent aux religions, c'est-à-dire qui n'a pas à se positionner par rapport à elles.

N. : Un local, « la Traboule », le cercle de Précy où vous êtes invité le 16 janvier prochain, mène des actions régulières. Que pensez-vous de l'implantation locale des Identitaires lyonnais ?

LC : Pour tout dire, je ne connais pas bien l'implantation locale des Identitaires lyonnais, mais je me félicite que la démarche identitaire se répande, à Lyon ou ailleurs, car elle propose une entrée dans la seule question importante, la question de l'identité. Une fois qu'on a posé la bonne question, il faut lui trouver la ou les bonnes réponses. Pour traiter convenablement de la question identitaire, il faut une méthodologie scientifique. Les sciences humaines et sociales sont les mieux adaptées à ce travail. Le militantisme n'est pas suffisant, car il repose souvent sur des impensés et peut se laisser manipuler par des influenceurs qui travaillent sur une ingénierie identitaire destructrice, notamment dans le Renseignement et à un haut niveau géopolitique. La question identitaire est explosive car lourdement chargée sur le plan émotionnel, il faut donc savoir raison garder et conserver son sang-froid au moyen d'un cadre rigoureux. Pierre Hillard, par exemple, fait un travail important dans ce sens. Notamment, il ne faut jamais perdre de vue que le régionalisme est utilisé par le mondialisme pour attaquer les structures intermédiaires : les États-nations. Le but est toujours le même : le séparatisme. Pour y parvenir, les identités ethniques, culturelles et régionales sont souvent instrumentalisées à leur insu. Il faut donc rendre su cet insu, rendre conscient cet inconscient identitaire émotionnel, pour qu'il ne puisse pas être manipulé à des fins de conflit séparatiste. Il faut donc appliquer la grille de lecture du Renseignement à la question identitaire pour anticiper et dégonfler toute manipulation visant à provoquer et orchestrer un conflit séparatiste sur une base identitaire. Diffuser cette grille de lecture du Renseignement dans les milieux identitaires me paraît une priorité absolue. En outre, il faut toujours se rappeler une chose : en système capitaliste, ce ne sont plus vos origines ethniques ou culturelles qui définissent votre destin, c'est votre compte en banque, votre pouvoir d'achat, votre capital. Il ne faut donc pas surestimer les causalités identitaires aujourd'hui, car ce sont les causalités socioéconomiques qui s'y substituent dans la définition de nos conditions de vie concrètes et quotidiennes. Les identités ethnico-culturelles ou de genre ne sont vraiment structurantes que dans les modèles précapitalistes. Retour des identités traditionnelles et sortie du capitalisme : ce sont là finalement deux formulations synonymes, deux façons de parler de la même chose et de viser un horizon commun.

CHAPITRE IV

ENTRETIEN
VU DE FRANCE[*]

Propos recueillis par Franck Abed.

Nous vous offrons ce jour un entretien avec Lucien Cerise, écrivain, qui a publié divers textes, seul ou dans des collectifs, dont notamment : *Photographies d'un hamburger* (Scali, 2006 ; Stéphane Million, 2011) ; *Gouverner par le chaos – Ingénierie sociale et mondialisation* (Max Milo, 2010) ; *Oliganarchy* (Le Retour aux Sources, 2013). Refusant le clivage gauche/droite, il analyse les rapports de force et propose différentes solutions de sortie de crise. Dans les semaines qui arrivent, nous lui proposerons un entretien vidéo…

Vu de France : Bonjour. Pourriez-vous prendre la peine de vous présenter ?

Lucien Cerise : J'ai quarante-trois ans, dont douze passés dans divers départements de l'université française, en philosophie, communication, linguistique, sciences humaines et sociales, pour des diplômes ou en auditeur libre. L'apprentissage de la méthode expérimentale et de sa

[*] Vu de France, 14/03/2014.

discipline mentale de fer est ce qui a le plus compté dans ma formation générale, infiniment plus que la politique, qui ne m'intéresse pas tant que ça. L'une de mes maximes personnelles est : « Les faits, rien que les faits, tous les faits », car il faut toujours privilégier les faits aux idées. L'analyse froide et rationnelle est toujours supérieure à tout ce qui vient des tripes. À part ça, j'ai vécu entre le nord-est de la France, où j'ai une partie de mes origines, et l'agglomération parisienne, où je me suis stabilisé après moult tribulations qui ont failli me coûter la vie. En termes de catégorie socioéconomique, je viens de ce néo-prolétariat précaire et surqualifié dont on nous parle parfois dans les médias et qui concerne aujourd'hui des millions de gens dans ce pays.

VdF : Initialement vous étiez, selon les catégories imposées par le système, à l'extrême gauche. Aujourd'hui, vous conseillez de voter Front national. Comment l'expliquez-vous ?

LC : C'est un cheminement parfaitement logique. Ma ligne directrice en politique est l'anticapitalisme. Pour se mettre d'accord sur une définition consensuelle du capitalisme, revenons à l'étymologie. Le suffixe « isme » indique la prévalence et la direction donnée par la racine du mot. Le capitalisme, c'est donc quand le capital, ici l'argent, dirige (de même que le royalisme, c'est quand le roi dirige ; le nationalisme, c'est quand l'intérêt national prime, etc.). Évidemment, l'argent n'est pas voulu pour lui-même mais pour le pouvoir qu'il confère sur autrui. La psychologie du capitalisme obéit à un schéma dominant/dominé, fondamentalement sadomasochiste. Certaines personnes éprouvent un bonheur sadique évident à dominer autrui par le fric, un plaisir de l'écraser sous sa botte ou de le manipuler comme une marionnette, émotion régressive de même nature que celle de l'enfant qui aime torturer de petits animaux. Cette jouissance toxicomane du pouvoir sur autrui conférée par le Capital est intrinsèquement expansionniste, coloniale, impérialiste et ne tolère aucune limite. On appelle ça aussi la sociopathie, ou psychopathie, dont une illustration littéraire fameuse nous est donnée par Bret Easton Ellis dans *American Psycho*. Le capitaliste, bloqué au stade sadique-anal en termes psychanalytiques, va jusqu'à proposer de mettre en location le ventre des femmes, selon les mots de Pierre Bergé. C'est un mouvement de transgression de toutes les limites et frontières, le mouvement de « l'indécence » à l'état pur, animé par une *hybris*, une démesure viscérale. L'expression de « capitalisme national » ne veut rien dire, c'est un oxymore, une contradiction dans les termes (comme « capitalisme local » ou « capitalisme limité »). On sort du capitalisme, c'est-à-dire du sadomasochisme, en plaçant au moins une valeur au-dessus de l'argent, et du pouvoir pour le pouvoir. La première étape de l'anticapitalisme, c'est donc la mesure, le respect des limites et des frontières, ou le retour à ces limites et frontières quand elles ont été transgressées. C'est en substance ce que disent Serge Latouche, Régis Debray et Alain de Benoist. Au niveau géopolitique, cela s'appelle le nationalisme.

Le nationalisme est la forme optimale de l'anticapitalisme ; c'est l'autogestion et l'autonomie à l'échelle locale d'un pays. En termes de systémique, le nationalisme a un effet stabilisateur. Je propose dans un article l'idée de « nationalisme permaculturel » (« prendre soin » du pays où l'on vit comme si c'était un jardin) car l'échelle de développement localiste la plus efficace est l'État-nation. La région est impuissante à contrer le capitalisme et son impact de déstabilisation générale. En termes de rapports de forces, aucune région d'Europe n'a les moyens de dire « non » au FMI, à Wall-Street ou à Bruxelles. L'attachement identitaire à sa région d'origine est parfaitement légitime mais c'est un autre sujet. Aujourd'hui, il y a plusieurs partis politiques qui proposent de soutenir clairement la thèse anticapitaliste et nationaliste en France (thèse au sens de « position »). Seul le Front national semble en mesure de remporter des élections majeures. Bruno Gollnisch écrivait récemment un article sur son blog : « Versaillais et communards rassemblés : l'union sacrée qui effraye la secte. » Il a tout compris. Pour des raisons d'origine sociale et de parcours personnel, je me reconnais davantage dans les communards, évidemment. Mais seule une « coagulation » des communards et des Versaillais sauvera ce pays et sa population de l'extermination génocidaire que nous promet le capitalisme mondialisé. La coagulation a déjà eu lieu en 2005, quand le « Non » l'a emporté au référendum sur le projet de Constitution européenne, grâce à l'association de toutes les voix soutenant des valeurs supérieures à celles de l'argent et opposées au règne exclusif du Capital et du « marché libre et non faussé » (qui est par ailleurs une pure fiction théorique).

Les gens issus de la Gauche qui pensent que le Front national est un parti d'extrême droite, fasciste, néo-nazi, doivent comprendre que l'extrême droite, le fascisme et le néo-nazisme sont en fait déjà au pouvoir dans l'Union européenne, à Bruxelles, dans les banques, à Washington, à Tel Aviv, à Paris, etc. On le voit aujourd'hui à l'occasion du coup d'État en Ukraine, mené par des putschistes néo-nazis avec le soutien diplomatique et logistique total de la Commission européenne et des puissances occidentales, qui rappelle le soutien de même nature aux islamistes et djihadistes en Libye ou en Syrie pour y renverser les gouvernements légaux. Les réseaux mafieux et les divers *lobbies* qui occupent le pouvoir en Occident passent leur temps à déclencher des guerres, des coups d'État, des crises économiques et sanitaires, des attentats terroristes sous faux drapeau ainsi qu'une régression mentale de masse parfaitement planifiée. Le pire fascisme est donc déjà au pouvoir chez nous! En comparaison, le Front national est un parti populiste assez bonhomme. Comme la plupart des électeurs communistes l'ont fait dans les années quatre-vingt, je me tourne donc aujourd'hui vers ce parti nationaliste. Cela m'est d'autant plus facile que sa doctrine économique est enfin devenue cohérente. Le FN est devenu protectionniste-conservateur, après avoir été longtemps libéral-conservateur, ce qui représentait aussi une contradiction dans les termes, le libéralisme économique l'emportant toujours sur le conservatisme et conduisant nécessairement au libertarisme des mœurs et inversement.

La Gauche ayant trahi consciemment le peuple, en jouant les « minorités » contre le peuple, comme le recommande Terra Nova, ou ayant été retournée par des agents d'influence, je n'ai donc aucun regret à aller voir ailleurs. Je sais de source sûre que le Front de gauche a été lancé fondamentalement pour fabriquer le consentement de l'extrême gauche à l'UE (et rabattre sur le PS au second tour des scrutins, ce qui revient au même), les prises de position apparemment anti-UE ne relevant que de l'hameçonnage, au sens de l'ingénierie sociale. Le NPA et les écologistes relaient docilement la propagande de l'OTAN et du transhumanisme. Les syndicats sont programmés pour perdre. Quant aux « antifascistes », tout le monde sait aujourd'hui que ce n'est qu'une brigade de police créée récemment par le ministère de l'Intérieur en partenariat avec les réseaux israéliens et anglo-saxons, autrement dit un *counter-gang* (*cf.* Frank Kitson) bourré d'indics, de flics en civil et d'agents de renseignement spécialisés dans l'agitation et le vandalisme. Les seules initiatives encore intéressantes à gauche sont dans les milieux de la relocalisation ainsi que des médias intelligents comme *Rébellion – Organisation socialiste révolutionnaire européenne*, *Le Grand Soir*, *La Décroissance* ou autour de Michel Collon, Étienne Chouard, Luc Michel, Thierry Meyssan, ainsi que divers groupuscules.

VdF : Pour quelles raisons avez-vous décidé de vous engager dans le combat intellectuel ?

LC : Je m'engage dans le combat intellectuel, autrement dit dans la guerre cognitive, pour essayer d'entraîner le maximum de gens à en faire de même. C'est maintenant qu'il faut le faire, après il sera trop tard, et nous devons être le plus nombreux possible. Notre survie en dépend. Nous sommes à un tournant, tout le monde le sent. Au moyen de « guerres humanitaires » et de « révolutions colorées », le Nouvel Ordre mondial des *lobbies* et des banquiers occidentaux, promis par James Warburg, David Rockefeller, Jacques Attali, Bush senior ou Sarkozy, essaie de prendre pied et de s'installer définitivement dans le monde entier. Il arbore le visage du capitalisme sans frontières, de l'immigrationnisme délirant qui va avec, du « mariage homo » (toujours illégal en France à cause de fraudes pendant le vote à l'Assemblée), de la théorie de la confusion des genres et de sa composante pédophile évidente, et bientôt de l'anti-spécisme, c'est-à-dire la discrimination positive des animaux en leur attribuant des droits supérieurs à ceux des humains. Dans quel but ? Celui de fabriquer le consentement à l'euthanasie de masse des humains, sous prétexte que nous serions trop nombreux sur Terre et trop coûteux à la Sécurité sociale ou à l'environnement. Ceci pour laisser la place aux « chimères », créatures de laboratoires issues du métissage génétique entre humains et animaux, qui seront rapidement suivies de l'hybridation entre humains, animaux et machines. Le titre de la dernière exposition du dessinateur Enki Bilal résume le tout dans un mot-valise : « Mécanhumanimal ». Nous sommes bien dans la cybernétique, où toutes les différences qualitatives sont nivelées, ne laissant subsister entre les choses que des variations quantitatives. De cette bouillie cabalistique, qui prétend adopter le point de vue de Dieu, c'est-à-dire situé avant les différences, ne sortira rien. La question que je pose est : acceptez-vous de vivre dans un monde aussi stupide ? Si nous laissons faire, nous nous dirigeons tout droit vers *Soleil Vert*, *Le Meilleur des mondes*, *1984* et *L'Île du docteur Moreau* réunis, et pour finir *Idiocracy*. Et comme il semble bien que les vrais pilotes de ce chaos organisé imbécile soient des pédophiles haut placés et organisés en réseaux criminels, je pose une deuxième question : acceptez-vous d'être dirigés par des malades sexuels qui auront droit de vie et de mort sur vous ? Pour ma part, il n'en est évidemment pas question une seule nanoseconde.

VdF : Vous avez commis une analyse sur le *mind control*. Pourriez-vous nous la résumer en quelques mots ?

LC : Le *mind control*, le contrôle mental, est une variante des techniques de manipulation de l'esprit dont la spécificité est de s'intéresser aux effets des chocs et des traumatismes sur la sensibilité et le comportement. De nombreuses expériences ont été menées en contexte scientifique depuis bientôt un siècle par les services secrets de divers pays. Des applications concrètes en sont dérivées, notamment dans les nouvelles méthodes de torture (manuel Kubark) et de gestion carcérale et concentrationnaire (Palestine occupée). Le but des chocs infligés peut être d'effacer la mémoire pour arriver à une « table rase », sorte de réinitialisation (*reset*) du psychisme pour y implanter un nouveau programme, ou de provoquer artificiellement des troubles dissociatifs de l'identité en affaiblissant le Moi conscient du sujet cobaye, qui peut être un individu mais aussi un groupe, afin de le disloquer dans un mouvement « séparatiste ». Un autre aspect du MK, proche de l'hypnose, consiste à produire artificiellement un syndrome de Stockholm. Il faut parvenir à recomposer à l'envers l'une des structures psychiques les plus élémentaires, à savoir l'instinct de conservation qui conduit à reconnaître l'ami, lequel soutient mon instinct de conservation et à qui j'accorde ma confiance, et l'ennemi, qui menace ce même instinct de conservation et dont je me méfie. Dans l'idéal, le MK consiste à réécrire les perceptions ami/ennemi pour inverser ces relations confiance/méfiance et reprogrammer une confiance totale, absolue, inconditionnée d'un individu envers son pire ennemi, généralement le reprogrammeur lui-même. Orwell, dans *1984*, nous en donne une illustration. La deuxième partie du roman est un long lavage de cerveau, un long processus de reprogrammation mentale, dont la victime est Winston Smith et le bourreau, un certain O'Brien, espion infiltré dans la population pour épier les dissidents potentiels et les dénoncer au Pouvoir. Entre deux séances de torture, O'Brien explique à Winston qu'il ne suffit pas de tuer physiquement un opposant pour tuer un opposant. Tout d'abord, il faut retourner psychologiquement l'opposant en faveur du Pouvoir, de sorte qu'il aime son bourreau, ce qui revient à tuer psychiquement l'opposant, et ensuite seulement on le tuera physiquement. Par cette méthode consistant à faire aimer son bourreau, il est donc possible de produire un être qui soit physiquement en vie, mais psychiquement mort. Un zombie, quoi. Tel est la philosophie profonde du MK. Pour y parvenir, une peur intense, un choc, un trauma est nécessaire. Pour Winston, ce sera l'expérience de la « chambre 101 », qui va le conduire à inverser toutes ses attaches relationnelles en trahissant sa petite amie Julia, puis à aimer O'Brien et Big Brother, ses vrais bourreaux.

VdF : Vous interviendrez en mars 2014 à Paris, pour une conférence sur le thème de l'ingénierie sociale. Pourriez-vous nous en dire plus ?

LC : Le jeudi 13 mars 2014, je fais une conférence en compagnie de Paolo Cioni, neuropsychiatre italien, professeur de psychopathologie et co-auteur avec Marco Della Luna de *Neuro-Esclaves*, ouvrage essentiel pour bien comprendre dans le détail les différents aspects de notre esclavage cognitif postmoderne. Le titre de la conférence commune est « Neuro-pirates. Neuro-esclaves. » J'y rappellerai les principes de base de l'ingénierie sociale et du piratage du cerveau, qui sont l'hameçonnage et le conflit triangulé, et je prendrai comme exemple la théorie de la confusion des genres. Paolo Cioni évoquera les diverses façons dont nous sommes réduits en esclavage sur le plan cérébral et neurocognitif.

VdF : Les dominants entendent contrôler les peuples par différentes solutions. Une envisagée serait l'implantation d'une puce électronique dans le corps humain. Info, intox, progrès, danger ?

LC : S'il y a encore des gens pour croire que c'est de l'intox, je les invite à s'informer en librairie ou sur Internet, en tapant simplement « RFID » sur un moteur de recherche. Tout est accessible, en sources ouvertes. Il n'y a pas de complot. On peut seulement parler d'un agenda. L'oligarchie financière nourrit effectivement le projet d'établir un système de traçabilité intégrale du bétail humain au moyen de puces électroniques sous-cutanées. Pour y parvenir, il est prévu d'abolir l'argent liquide et les paiements en espèces, de sorte à rendre obligatoires les paiements électroniques au moyen de composants RFID (ou autres) implantés dans nos corps et contenant des informations personnelles ainsi que notre compte en banque. Notre traçabilité sera ainsi complète aux yeux des banquiers, qui disposeront en outre d'un droit de vie et de mort sur nous par la possibilité de bloquer à distance l'accès à notre épargne. De nombreux animaux ont déjà leur puce pour la gestion informatisée des troupeaux et des animaux domestiques. Cette technologie RFID sera un jour dépassée, mais pour l'instant elle est en plein essor dans ce que l'on appelle l'Internet des objets. On peut suivre l'actualité de tout cela facilement. Pour ma part, je suis abonné à des *newsletters* de professionnels de la RFID, qui multiplient les salons, les conférences, les annonces. Jacques Attali est très investi dans ce marché émergent.

VdF : Est-il possible de contrôler les êtres humains à distance sans insérer dans leurs corps du matériel technologique/informatique ?

LC : Oui, au moyen d'ondes électromagnétiques pour influencer le fonctionnement du cerveau. Mais Paolo Cioni vous en parlerait mieux que moi. Je suis plutôt spécialisé sur les questions de représentations et de matière sémantique, les mots et les images, qui permettent également le contrôle à distance, y compris dans le temps. Les auteurs des grands textes fondateurs de civilisations, religieux (Bible, Coran), philosophiques (Platon, Aristote), juridico-politiques (juristes romains), artistiques (Homère, Dante), parviennent à contrôler leurs affiliés encore plusieurs générations et centaines d'années plus tard. Évidemment, ce type de contrôle sémantique, dans la mesure où il s'appuie sur le langage, est conforme à la nature humaine et permet d'assurer un *continuum* identitaire à travers le temps par la transmission d'éléments de culture et de représentations communes. En revanche, la plupart des formes de contrôle à distance par signaux électroniques ou chimiques de synthèse sont pathogènes et cancérigènes. On appelle ça aussi la pollution électromagnétique, et on peut se demander si ce n'est pas utilisé avant tout comme une arme.

VdF : De plus en plus de films, de livres évoquent un monde robotisé. Pensez-vous qu'il soit possible, à l'instar du film *Terminator*, de voir dans l'avenir une guerre entre les robots et les êtres humains ?

LC : Derrière les robots, il y a toujours d'autres humains. Une intelligence artificielle ne peut pas devenir véritablement autonome. Les chercheurs en IA qui essaient de modéliser le fonctionnement cognitif comme s'il y avait un auto-survol possible de la conscience perdent leur temps. Ce que les chercheurs en IA oublient toujours, c'est l'inconscient, qui est la condition *sine qua non* à un fonctionnement cognitif autonome. Or, par définition, il est impossible de modéliser et de programmer de l'inconscient, sinon il devient conscient. Pour qu'une IA comme Skynet dans *Terminator* prenne conscience d'elle-même et se mette à nous attaquer, il lui manque donc une condition fondamentale : une part de non-intelligence de soi-même, une part de non-conscience d'elle-même. Il manque une tache aveugle. Pour modéliser l'intelligence, il faut réussir à modéliser un facteur d'inconscience qui, par nature, ne doit pas apparaître dans le modèle. Pour qu'elle devienne autonome, il faut qu'il y ait dans l'IA une part de non-programmation dans son programme. C'est contradictoire. On peut donc seulement simuler une intelligence autonome, en y programmant des facteurs d'aléa et de randomisation. De même, il est impossible de générer vraiment des nombres aléatoires au moyen d'un calculateur (ordinateur, calculatrice) puisque c'est un programme qui imite l'aléa. En théorie du chaos, on parvient à modéliser l'aléa et l'incertitude mais ce ne sont que des imitations des vrais facteurs d'imprévisibilité, qui par définition restent imprévisibles. On peut toujours s'approcher par la modélisation de quelque chose de rétif à la modélisation. Cela ne change rien. Le fonctionnement de l'intelligence doit impérativement tourner autour d'une tache aveugle, mais une vraie, non simulée, donc impossible à modéliser. Cette tache aveugle, c'est ce que Lacan ou Baudrillard appellent le Réel ; ce que l'épistémologie appelle l'incomplétude. Conséquence : pour qu'un programme d'IA devienne vraiment autonome, il ne doit pas être programmé complètement, ni par son auteur, ni par lui-même (ce qui met hors jeu la programmation d'une capacité d'apprentissage). C'est impossible par structure. On peut s'en rapprocher de manière asymptotique, ce qui donnera peut-être l'illusion à certains d'y arriver, mais nous n'y serons jamais vraiment. Si nous nous retrouvons dans une guerre contre des robots ou des ordinateurs, ce sera donc nécessairement encore un conflit triangulé par d'autres humains.

VdF : À l'heure du Net, des portables, des satellites, du projet Echelon, est-il possible de résister et de combattre le « système » ? Par ailleurs comment définiriez-vous le « système » ?

LC : Il ne faut pas se laisser intimider par les outils d'espionnage de la population, comme s'ils tuaient dans l'œuf toute résistance possible. Le vrai problème, c'est l'asymétrie de la surveillance, quand le Pouvoir me regarde et que je ne le sais même pas. En revanche, si le Pouvoir me voit, mais que je le vois aussi, l'égalité est rétablie. Or, aujourd'hui, nous pouvons voir le Pouvoir autant qu'il nous voit. Afin de voir le Pouvoir agir en direct sous nos yeux, il faut s'informer sur ses méthodes de travail, ce qui suppose de démocratiser la culture du Renseignement. Pour ma part, les affaires Merah, Méric, Kouachi/Coulibaly m'ont sauté aux yeux tout de suite intuitivement comme des opérations psychologiques des services secrets. Puis, on a eu toutes les preuves des magouilles dans les semaines suivantes. En revanche, j'ai été berné au début pour le 11 Septembre et même un peu pour Tarnac, parce que j'étais moins instruit des stratagèmes du Pouvoir, ils ne m'apparaissaient pas en relief. Quand tout le monde connaîtra les méthodes d'espionnage, d'influence, de conditionnement, de manipulation collective, en bref les méthodes d'ingénierie sociale, elles seront alors complètement démonétisées et n'auront plus aucune efficacité. La résistance au système consiste donc, non pas à cacher des choses, mais au contraire à en dévoiler un maximum, notamment à déballer sur la place publique comment travaille le Pouvoir. Inutile de révéler du contenu, il suffit de dévoiler les méthodes, les techniques, les protocoles, les *process*, les recettes, les algorithmes, les « façons de faire » pour les neutraliser. Il n'y a donc pas à craindre d'être surveillé. Même, au contraire, il vaut mieux s'organiser publiquement et n'avoir rien à cacher sur les plans politique et idéologique, ce qui annule la pertinence et les bénéfices de l'espionnage technologique, qui fait alors double emploi, ce qui donnera à nos espions l'impression pénible et déprimante de travailler pour rien. J'ai un certain amusement à imaginer la tête des flics quand ils se rendent compte qu'ils ne récoltent rien de plus en lisant mes courriels ou en écoutant mes conversations téléphoniques que ce qui se trouve déjà dans mes livres ou dans cet entretien.

Ensuite, qu'est-ce que le « système » ? C'est tout ce qui fait monter le désordre, l'anomie, l'entropie, tout ce qui abolit les limites pour nous faire entrer dans la société liquide et plastique. Le système cherche à nous dissoudre et à nous déstructurer. Résister signifie donc coaguler, restructurer, réordonner. Le capitalisme, c'est le chaos ; l'anticapitalisme, c'est donc l'anti-chaos, c'est donc l'ordre. Ensuite, il faut trouver la bonne échelle de coagulation structurante. La thèse nationaliste, ou l'attitude nationaliste, est la « voie royale » pour réintroduire déjà les concepts de limite et de frontière dans les esprits, lesquels nous amènent à la notion de forme fixe, non plastique, mais au niveau de la seule unité fonctionnelle efficace en géopolitique : l'État-nation. Le système gouverne par le chaos. Face à cela, je propose une nouvelle définition de l'identité nationale : être français, c'est maîtriser le chaos. On le voit, le système digère tout, récupère tout, inverse tout, sauf le nationalisme. Pour Bernard-Henri Lévy, porte-parole du système, le Front national est plus dangereux que les néo-nazis ukrainiens putschistes et que les islamistes sous amphétamines en Libye et en Syrie. CQFD.

Une autre caractéristique structurelle du système est de cultiver sa propre contradiction, qui devient dès lors de la contradiction simulée sous contrôle. Techniquement, cela prend la forme d'hameçons d'ingénierie sociale pour nous engager sur des voies de pseudo-résistance dont l'impact critique antisystème est nul. L'exemple récent le plus caricatural est évidemment la pseudo-opposition ukrainienne sous tutelle de l'OTAN : Svoboda ou Pravy Sektor. D'autres attrape-nigauds romantiques du même genre : le djihadisme, tel qu'il sévit en Syrie, la contre-culture pop et libertaire façon « Mai 68 », ou la mode végane. En effet, « végane » ne veut pas dire « bio », naturel, cela consiste seulement à exclure tous les produits d'origine animale pour ne consommer que des produits d'origine végétale. Les organismes génétiquement modifiés (OGM) peuvent donc être labellisés et certifiés « véganes » dès lors qu'ils ne sont pas d'origine animale ; *idem* pour les produits industriels à base de pétrole ou les aliments imprégnés d'engrais chimiques et de pesticides cancérigènes. Sur le fond de son dogme, le véganisme est donc totalement compatible avec le transgénique et le capitalisme industriel. Son effet majeur recherché est essentiellement comportemental et consiste à implanter en nous une hyper-sensibilité vis-à-vis des autres espèces animales, en fait une vraie sensiblerie cherchant à culpabiliser notre identité humaine en tant que nous sommes au sommet de la chaîne de prédation. Manger un yaourt devient une faute morale. C'est proprement délirant. Une autre mode actuelle, celle des handicapés, avec les Jeux handisport et paralympiques surmédiatisés en dépit de leur absence d'audimat, relève de cette même tentative de culpabilisation déprimante de la majorité valide. L'antidote à tout cela est le nationalisme, qui déculpabilise et qui reconstruit du collectif fonctionnel sans discriminer personne, ni négativement, ni positivement.

VdF : Pour finir, notre pays s'est construit avec le catholicisme. La dimension spirituelle, plus précisément catholique, est-elle importante dans le combat que vous menez ?

LC : Je ne suis pas croyant, bien que je sois passé par le baptême, le catéchisme, deux communions, un collège privé et les Scouts de France. Dans ces conditions, suis-je catholique ou pas ? Peu importe. J'ai remarqué que les débats théologiques et métaphysiques sont des pommes de discorde, des facteurs de division, avant tout pour les croyants, qui n'arrivent jamais au consensus, y compris au sein d'une même religion. Pour ne pas tomber dans ces querelles sans fin, je dirai que j'envisage les religions sous l'angle de la sociologie des organisations. L'Église catholique est un réseau d'influence civilisateur, de toute évidence plus sain et constructif que celui dont Vincent Peillon émane, par exemple. La figure du Christ est l'une des plus troublantes de l'histoire de l'humanité. J'ai une tendance « Action française ». La monarchie catholique a naturellement plus de légitimité historique à gouverner la France que la république des francs-maçons. Le cœur identitaire de la France, c'est le roi et l'Église. C'est juste un fait historique. Il y a des choses avant, après et à côté, mais qui restent périphériques. La « Révolution française » est le premier coup d'État maquillé en révolution populaire de l'histoire, l'équivalent de ce que Washington et Tel Aviv essaient de perpétrer en Syrie, en Ukraine ou au Venezuela de nos jours. L'événement « 1789 », année sans pareille comme dit Peillon, repose donc sur un mensonge fondateur et n'aura donc jamais aucune légitimité politique. Jamais. C'est ainsi. Il faut donc pouvoir envisager au moins théoriquement de refermer la parenthèse ouverte en 1789. Je dis « théoriquement », car je ne crois pas que ce soit faisable à moyen terme, et il se peut que ce ne soit même pas absolument nécessaire en pratique. En effet, il y a aussi des francs-maçons et des républicains authentiquement souverainistes et nationalistes avec lesquels il est possible de cohabiter pour travailler ensemble à « prendre soin » de ce pays. Je ne sais pas combien ils sont, mais je sais qu'ils existent. Il en va de même avec les autres religions, juifs, musulmans, ainsi que les non-croyants dont je suis. Mon souci principal aujourd'hui n'est peut-être pas très spirituel : c'est très modestement de travailler à ce que ce pays n'éclate pas en morceaux. Si nous disons tous « Français d'abord ! », de même que les Syriens derrière Bachar el-Assad disent « Syriens d'abord ! », nous pourrons gagner contre l'ennemi commun et sa stratégie de dissolution séparatiste.

CHAPITRE V

LA GUERRE DES MONNAIES, FAIRE SAUTER LA BANQUE[*]!

Propos recueillis par Monika Berchvok.

Les éditions Le Retour aux Sources viennent de rendre disponible pour le lectorat francophone le livre de Hongbing Song, *La Guerre des monnaies* dont a parlé récemment André Gandillon, président des Amis de Rivarol. Destiné à faire comprendre au public chinois la guerre menée par l'oligarchie mondialiste pour conserver sa domination planétaire, il fut un succès de ventes dans l'Empire du Milieu. Nous avons rencontré Lucien Cerise, membre de l'équipe du Retour aux Sources, pour évoquer ce curieux ouvrage.

RIVAROL : Comment avez-vous découvert ce livre ?

LUCIEN CERISE : Par hasard, en surfant sur Internet. Je suis tombé en 2008 sur un article intitulé « Enfin, les Chinois peuvent goûter à l'antisémitisme ! » Loin de me faire fuir, cela a déclenché ma curiosité. En outre, c'était sur le site de *Marianne* et le journaliste Zheng Ruolin était lui-même

*Rivarol, n° 3142, 22/05/2014 ; Égalité & Réconciliation, 28/06/2014.

chinois, ce qui ne l'empêchait pas d'attaquer son compatriote et son livre en termes quasi diffamatoires. La combinaison de tous ces éléments m'a laissé une impression durable.

R. : Quel est le parcours de Hongbing Song ? Quel était le but de son important travail de recherche ?

LC : Hongbing Song est consultant en finance. Il est né en Chine, puis a vécu aux États-Unis où il a travaillé pour les fonds de pension Freddie Mac et Fanny Mae au moment où ils ont fait faillite, fin 2006, entraînant la crise financière de 2007-2008. Bien placé pour observer ce qui se passait, il a décidé d'en faire un livre pour alerter ses compatriotes chinois sur les dangers de la finance occidentale. Son message a été parfaitement reçu car son ouvrage est devenu un grand succès populaire et sert de base de travail aux dirigeants politiques et économiques chinois. À tel point qu'en 2009, Hongbing Song a été classé vingtième personnalité la plus puissante en Chine par *Business Week*.

R. : Édité en 2007, comment expliquer le succès de ce livre en Chine ? Il a aussi provoqué une polémique car il fut jugé par certains médias occidentaux comme complotiste, voire antisémite...

LC : Le succès de ce livre en Chine vient de ce que le *lobby* financier occidental, et en particulier sioniste, n'a aucun pouvoir dans ce pays et ne peut y exercer aucune censure. Il est donc possible d'écrire et de diffuser librement des informations sur ce sujet. Quant à l'accusation de complotisme ou d'antisémitisme, c'est une stratégie d'intimidation usée jusqu'à la corde, une simple combine, comme l'a dit Shulamit Aloni, ancienne ministre israélienne.

R. : Extrêmement pédagogique, c'est une vraie généalogie de la finance mondiale que dresse Hongbing Song. Comment analyse-t-il les mécanismes en œuvre dans la mondialisation des marchés ?

LC : L'auteur remarque que le fil conducteur de la finance occidentale (mais pas chinoise), c'est la « démolition contrôlée ». Il faut détruire intentionnellement les économies indépendantes pour les placer sous contrôle des marchés mondialisés. Les crises économiques qui frappent les pays occidentaux depuis deux siècles sont toutes provoquées de manière complètement artificielle par les banquiers eux-mêmes pour arriver à ce résultat.

R. : Quelles sont ses sources ? Avez-vous vérifié les informations qu'il fournit ? On remarque aussi que le livre fait de nombreuses références à des auteurs américains non conformistes, n'est-ce pas ?

LC : Les sources de Hongbing Song sont toutes ouvertes. Ce sont essentiellement des ouvrages d'histoire de la finance, des articles de grands médias, plus ses propres observations de professionnel. Tout est vérifiable et tout a été vérifié, en particulier par Jean-François Goulon qui dispose d'une bibliothèque et d'une expertise toutes deux supérieures aux miennes sur ces sujets-là. Il a d'ailleurs lui-même travaillé à l'édition au Retour aux Sources des ouvrages incontournables d'Eustace Mullins et d'Antony Sutton sur les liens entre la haute finance anglo-saxonne et les totalitarismes du xxᵉ siècle. On peut les compléter par Carroll Quigley, Douglas Reed, Benjamin Freedman, Pierre de Villemarest, Henry Coston et Adam LeBor.

R. : Il décrit en détail le parcours de la famille Rothschild et son emprise sur le monde des affaires. Quels sont pour vous l'héritage et la force actuelle de ce clan ?

LC : L'héritage de la famille Rothschild est un programme de domination du monde par la dette des nations, exposé depuis 2 500 ans dans la Torah (Pentateuque vétérotestamentaire), Deutéronome, xv, 6 : « Car Yahweh, ton Dieu, te bénira, comme il te l'a dit ; tu feras des prêts à beaucoup de nations, et toi tu n'emprunteras pas ; tu domineras beaucoup de nations, et elles ne te domineront pas. » La force de cette dynastie financière vient de l'argent, qui est un facteur de cohésion suffisant. Mais ne pas oublier les tensions internes, qui peuvent aboutir à des morts violentes, comme ce fut le cas du prénommé Amschel au milieu des années quatre-vingt-dix.

R. : Selon vous, qui compose l'oligarchie mondiale ?

LC : Les gens les plus riches de la planète, qui occupent le sommet de la pyramide socio-économique, soit les détenteurs du Capital, tant financier qu'industriel. Leur pouvoir n'étant pas fondé sur du réel mais sur le crédit psychologique accordé aux monnaies, ils ont besoin en plus de s'organiser en gangs criminels pour se protéger par les armes. Ces mafias financières arrivent parfois à prendre le contrôle d'un État complet (l'Angleterre en 1815, les États-Unis avec la Fed en 1913, la France en plusieurs étapes, Mai 68, loi Rothschild en 1973, réseaux Sarkozy), ou même à créer de toute pièce un pseudo-État (Israël, paradis fiscaux divers). Ceci dit, on voit se dessiner deux projets bien distincts au sein de cette oligarchie mondiale : un projet « mondialiste » et unipolaire, avec une gouvernance par le chaos de Washington et Tel Aviv ; et un projet simplement « mondialisé », car à l'heure d'Internet on ne peut plus y échapper, soutenu par les BRICS, l'Eurasisme, etc., travaillant à intégrer les nations dans de grands ensembles de partenariats multipolaires respectant les souverainetés et les spécificités locales, et qui propose un modèle de gouvernance par l'ordre assez classique. La branche mondialiste de l'oligarchie, qui intègre aussi les pétromonarchies islamistes et l'Union européenne, est composée de sociopathes sadiques irresponsables, des vampires assoiffés de sang qui adorent tuer et détruire. À l'opposé, la branche simplement mondialisante, telle qu'elle apparaît en Chine, en Russie, en Inde, est composée de chefs de gangs qui gèrent leurs affaires comme de bons pères de famille et ne tuent que lorsque c'est nécessaire.

R. : Hongbing Song reprend certaines des théories sur le rôle de la haute finance dans le déclenchement des deux guerres mondiales, dans la révolution bolchevique en Russie et dans la montée du nazisme en Allemagne. Que pensez-vous de ces hypothèses audacieuses ?

LC : À vrai dire, ce ne sont plus des hypothèses. Les guerres, les révolutions, la montée des extrémismes sont toujours sponsorisées par la haute finance. Il faut des « montagnes de fric » pour organiser tous ces phénomènes déstabilisateurs. D'où vient tout cet argent ? Dans les années vingt et trente, l'information circulait moins bien qu'aujourd'hui. Les gens ne voyaient que les effets, pas les causes, ce qui pouvait donner l'illusion d'une spontanéité des événements. Mais de nos jours, grâce à Internet, on peut remonter aux causes, et le rôle central de la haute finance dans les événements violents devient plus facile à démontrer, que ce soit dans le « Printemps arabe » ou les « révolutions colorées », qui sont en fait de simples coups d'État, dans les pays de l'Est ou ailleurs.

R. : Étudiant le cas de la Réserve fédérale américaine, l'auteur explique les mécanismes qui aboutiront à la crise économique que nous traversons actuellement. Pouvez-vous revenir sur l'origine de ce mal ?

LC : Hongbing Song rappelle que la Fed, la Banque centrale des États-Unis créée en 1913, est privée. Ce n'est donc pas un raccourci de dire que ce pays est possédé par des banquiers. En contrôlant l'économie des États-Unis, ces banquiers peuvent ainsi provoquer des crises économiques à résonance internationale et financer des guerres coloniales et impériales en utilisant l'armée.

R. : Il existe un vrai risque d'embrasement en Ukraine actuellement. Quel jugement portez-vous sur cette situation à la lumière de *La Guerre des monnaies*?

LC : Le coup d'État occidental en Ukraine permet de mieux comprendre les relations historiques entre fascisme, nazisme et finance cosmopolite. La structure est la même : opposition de façade, mais complicité et collaboration en coulisses. Les putschistes ukrainiens, de Svoboda à Pravy Sektor, dont la véritable idéologie est le « judéo-bandérisme » (Zhidobanderovets, Жидобандеровец), entretiennent de fait d'excellentes relations avec leurs parrains des réseaux sionistes, américains et européens, tels que George Soros, Bernard-Henri Lévy, Igor Kolomoïsky, John McCain, Victoria Nuland ou Vitali Klitschko. Quant à Arseni Iatseniouk, c'est carrément un ancien de Goldman Sachs.

R. : Quel conseil de lecture donneriez-vous aux lecteurs de *Rivarol*?

LC : La liste est trop longue! Hormis les œuvres déjà citées dans cet entretien, il faut mentionner des éditeurs avec leur catalogue complet. Le Retour aux Sources, Max Milo, Kontre Kulture, pour ceux que je connais de près.

CHAPITRE VI

LE SYSTÈME
VEUT NOUS DISSOUDRE[*]

Propos recueillis par Alain de Benoist.

Le chaos n'est plus l'ennemi des classes dirigeantes. Le chaos est devenu la stratégie privilégiée du Système. C'est la thèse développée par Lucien Cerise, essayiste venu de l'extrême gauche et auteur remarqué d'un essai, *Gouverner par le chaos*, qui décrit l'orchestration rationnelle et méthodique de cette guerre de tous contre tous.

ALAIN DE BENOIST : Après des études dans le domaine des sciences sociales, en particulier la communication et la sémiotique, vous avez publié en 2010, chez Max Milo, un livre qui ne comportait aucune signature : *Gouverner par le chaos* (dont une nouvelle édition doit paraître ces jours-ci). Il était pour l'essentiel consacré à la mise en œuvre de toute une série de techniques relevant de l'« ingénierie sociale ». Qu'entendez-vous par là ? La gouvernance par le chaos est-elle le nouveau nom du Système ? Quelle différence par

Éléments, n° 153, octobre/décembre 2014 ; Égalité & Réconciliation, 25/01/2015.

rapport aux anciennes théories de la surveillance, de Jeremy Bentham à Michel Foucault ?

LUCIEN CERISE : Tout d'abord, je précise que je n'ai rien inventé. La notion de *social engineering* apparaît au XXᵉ siècle sous la plume de chercheurs anglo-saxons versés dans les sciences de la gestion (*management*, *marketing*, cybernétique, systémique, psychologie comportementale) pour désigner une approche mécaniste et constructiviste de la société, et surtout orientée vers la transformation d'un donné, comme dans le génie génétique, le bâtiment ou la finance. Puis, l'ingénierie sociale connaît un second souffle venu des milieux du piratage informatique en 2002 quand le célèbre *hacker* Kevin Mitnick lui consacre un livre, en modifiant un peu la notion par l'insistance sur la furtivité, soit l'invisibilité. J'arrive en troisième position pour faire la synthèse des deux vagues qui m'ont précédé, expliciter la continuité de l'une à l'autre et unifier le concept.

Je propose donc la définition suivante : l'ingénierie sociale est la modification planifiée, durable et furtive du comportement. Il s'agit de transformer définitivement la nature d'un être social, individu ou groupe, et pas seulement de le manipuler ponctuellement. Pour y parvenir, il faut la plupart du temps pirater l'être social en question, c'est-à-dire le modifier sans son consentement éclairé, de manière subliminale, furtive, de sorte qu'il reste inconscient de la transformation. En effet, la plupart des êtres sociaux sont adaptés à leur environnement à la suite d'une évolution lente et naturelle. Ils n'éprouvent donc aucun besoin de voir leurs pratiques et leurs valeurs modifiées artificiellement et définitivement de l'extérieur par une ingérence étrangère. Dès qu'il sent qu'on veut le faire changer de force et contre sa nature, l'être social se met sur la défensive et son niveau de vigilance augmente ; pour contourner ces mécanismes d'autodéfense et les tromper, il faut passer par la porte de derrière, prendre une *backdoor*, ou alors lancer un hameçon, faire du *phishing* dans le jargon informatique du piratage (principe de l'usurpation d'identité). Dans tous les cas, le pirate ne doit pas être vu. La base du *hacking* est donc la dissociation du couple « voir » et « être vu ». Pirater un cerveau, réaliser une infiltration cognitive, signifie que je vois les idées à modifier mais sans être vu moi-même pendant que je les vois. Cette structure asymétrique de la perception et du recueil d'information est celle du Panoptique étudié par Bentham et Foucault, dont les théories de la surveillance peuvent être considérées comme des proto-théories du piratage social. Ces auteurs ont bien exposé cette nouvelle forme de contrôle social exercé par une instance qui voit tout, mais que l'on ne voit pas, si bien qu'on ne sait même pas qu'elle existe. Cette invisibilité du pouvoir contemporain le distingue de la figure traditionnelle du pouvoir patriarcal et phallique qui, lui, n'existe *a contrario* que dans la visibilité totale et la symétrie « voir » et « être vu ».

En outre, l'ingénierie sociale n'en reste pas à la surveillance furtive et au vol de contenus, mais procède aussi à la transformation furtive de la nature de ce qu'elle surveille. Or, on constate à l'usage que cette transformation est le plus souvent hostile à l'être social piraté et vise sa destruction. Comment détruire furtivement ? En faisant monter les contradictions internes du système cible, donc en triangulant un conflit entre au moins deux de ses parties. C'est l'orchestration rationnelle et méthodique de la guerre de tous contre tous, la gouvernance par le chaos, expression que j'ai trouvée pour qualifier l'ambiance générale du Système.

AdB : Le capitalisme mondialisé est au centre de votre propos. Depuis le XVIIIᵉ siècle, dites-vous, il fonctionne dans le registre de la « destruction créatrice » et de la « démolition contrôlée ». Il est aujourd'hui le principal bénéficiaire des manipulations de l'opinion visant à obtenir le consentement total des masses. Pour aller où ?

LC : Ce qui anime le capitalisme, c'est une vision du monde kabbalistique et numérologique, la gématrie, où la totalité de l'existence peut se réduire à des chiffres. Ici, la substance du monde est quantitative, les mathématiques sont le langage de Dieu et les valeurs numériques surpassent les valeurs éthiques. C'est le grand marché cosmique, où tout se vend et s'achète, et où vous êtes entièrement réductible à votre compte en banque. Les milieux kabbalistes new-yorkais de Wall Street, que Darren Aronofsky met en scène dans son premier film intitulé *Pi* (du nombre 3,14), ces milieux voient une continuité parfaite entre leur mystique et le capitalisme financier le plus immonde. Pour eux, la spéculation boursière est une sorte de prière. Le PDG de Goldman Sachs a même déclaré un jour que les banquiers accomplissaient le travail de Dieu. Quant à Christine Lagarde, directrice du Fonds monétaire international (FMI), elle se livre à des « compressions numérologiques » et parle de « *Magic 7* » dans des conférences publiques et sur des plateaux de télé où elle évoque également un « *reset* » de l'économie mondiale, une réinitialisation, un redémarrage à zéro. Cette association de l'ésotérisme et de la robotique apparaît également chez Norbert Wiener, le mathématicien fondateur de la cybernétique, qui publiait en 1964 *God & Golem, Inc.*, avec pour sous-titre *Un commentaire de certains points où la cybernétique empiète sur la religion*.

L'oligarchie capitaliste a besoin d'un supplément d'âme, qu'elle va chercher dans ce spiritualisme numérique qui abolit les différences qualitatives pour ne laisser subsister que les différences quantitatives. La kabbale consiste à adopter le point de vue de Dieu, c'est-à-dire situé avant les différences.

Réaliser ce point de vue divin dans le monde consiste à détruire le monde donné et ses différences naturelles pour revenir à la « soupe primordiale » indifférenciée, le chaos informe et primitif, qui est une pâte à modeler plastique constituée de chiffres. Il est alors loisible de reconstruire le monde sur de nouvelles bases et de nouvelles différenciations. Cette combinatoire technoscientifique infinie imposée au forceps, c'est ce que Heidegger appela le *Gestell*, auquel Peter Sloterdijk a opposé le *Gewächs*, concept illustré par la croissance des plantes, processus lent et discret mais naturel et équilibré. Dans le monde du *Gestell*, les formes solides sont liquéfiées, de sorte à mélanger leurs substances, et ensuite resolidifiées selon de nouvelles synthèses et un nouveau plan. La maxime hermétique « Dissoudre et coaguler » résume bien ce vaste travail d'ingénierie globale : redémarrer la Création, faire un *reset* ontologique global, recommencer tout à zéro. Cette destruction créatrice du monde suppose une démolition contrôlée et rationnelle, afin de ne pas être détruit soi-même dans le processus. Il faut trouver la bonne distance. Quand on dynamite les fondations d'un bâtiment, on prend soin de ne pas être dynamité soi-même, principe du test de choc en retour et du calcul du contrecoup (effet de recul en balistique).

Pourquoi la kabbale poursuit-elle ce programme de table rase globale ? Parce que l'argent n'est pas à l'origine du monde. Il faut donc détruire ce monde dont l'origine ne doit rien au Capital pour le remplacer par un monde qui devra son origine au Capital. L'argent doit devenir l'origine du monde. En temps normal, le sommet du Capital n'est pas le sommet de la Création, car il doit encore se soumettre au Réel, ou à Dieu. Mais après le redémarrage global, une nouvelle hiérarchie émerge. Le Nouvel Ordre mondial, c'est quand l'argent décide de tout, car il est devenu à l'origine de tout, après avoir détruit le monde donné naturellement. D'un monde donné, on passe à un monde produit. Produit par qui? Par le sommet de la pyramide du Capital, qui devient alors le sommet de la pyramide de la Création. Le propriétaire du Capital devient divin, il est le producteur démiurgique du monde. L'argent qui mène le monde ne suffit pas, il doit « faire » le monde carrément, le créer, le produire dès l'origine, donc en définir la substance, l'essence, la nature. Quand on s'imprègne de cette pensée pour la comprendre de l'intérieur, on ressent que l'énergie qui l'anime est la haine. Inutile de préciser qu'il s'agit de l'idéologie la plus dangereuse de tous les temps.

AdB : Quel est le type d'homme que l'on veut promouvoir lorsque l'on cherche à modifier les comportements humains en produisant intentionnellement du flou identitaire? Psychiatrie et psychanalyse ont-elles quelque chose à nous dire là-dessus?

LC : En fait, on ne cherche pas à promouvoir un type d'homme. Ce qui est visé, c'est la fin de l'humain, donc le post-humain, le transhumain, etc. Le flou identitaire vient de ce que les différences sont attaquées au bénéfice d'un mélangisme généralisé, sorte d'hyper-métissage kabbalistique qui dépasse de loin les races et les cultures. Plus aucune différence ne doit subsister, comme le stipule la théorie du genre pour les sexes, et encore au-delà l'anti-spécisme et le véganisme, qui dénient une différence substantielle entre l'humain et les autres espèces pour nous préparer au métissage entre humains et animaux, les « chimères » génétiques qui sortiront bientôt des laboratoires. Un pas plus loin, ce sont les juristes et les avocats (Alain Bensoussan, Anthony Bem) qui travaillent sur le droit des robots, de sorte à accorder une personnalité juridique aux machines et à abolir ainsi la distinction entre vivant et non-vivant. Les identitaires ne comprennent pas toujours que le Grand Remplacement n'est pas celui d'une race ou d'une culture par une autre, mais celui des humains par les machines. Par exemple, j'ai vu sur une page Facebook s'exprimer en ces termes un partisan de l'écologie profonde (*deep ecology*), branche de l'ultragauche sponsorisée par des fondations américaines : « L'humain est tellement mauvais pour la nature qu'il vaudrait peut-être mieux confier la gestion des ressources terrestres à une intelligence artificielle. » Raisonnement qui reproduit « la voix de son maître », celle de la cybernétique sociale de Wiener qui voulait confier l'organisation des sociétés humaines à des ordinateurs, ou du Club de Rome et de l'Agenda 21 et leurs programmes de contrôle démographique à l'échelle mondiale, il va de soi.

À ce stade, on largue les amarres du principe de réalité pour entrer dans un état où toutes les limites sont tombées, induisant une interpénétration de l'intérieur et de l'extérieur, une confusion entre Moi et l'Autre et un flou identitaire global où les formes fixes disparaissent au bénéfice de flux numériques en recomposition constante. Cliniquement, on parlera d'un trouble psychotique qui s'installe, une bouffée délirante chronique. En effet, la psychiatrie et la psychanalyse montrent que la santé mentale nécessite d'avoir une perception stable des limites identitaires, avec une démarcation claire de l'intérieur, Moi, et de l'extérieur, l'Autre. La fluidité, l'état liquide, voire gazeux, ne sont pas viables quand il s'agit de définir une identité vivante, qui échappe à la dissolution, à la précarité et au chaos. Chacun a besoin de savoir qui il est, tout simplement, ce qui requiert une certaine permanence et fixité. Si je suis un homme, je ne suis pas une femme, si je suis le parent, je ne suis pas l'enfant, et vice versa. Ce schéma à quatre places distinctes articulées par les connecteurs booléens et/ou, c'est le complexe d'Œdipe de Freud et Lacan, soit la matrice identitaire universelle imposée par le logos, le quadrillage logique, politique, légaliste et langagier du Père, qui nous arrache à l'*ethnos*, le monde charnel, prépolitique, fusionnel et changeant de la Mère.

AdB : Peut-on dire que droite libérale et gauche libertaire aspirent l'une et l'autre à promouvoir l'entropie ? Qu'est-ce qui les rapproche fondamentalement ?

LC : Ce qui identifie carrément la droite libérale et la gauche libertaire, c'est qu'elles travaillent toutes deux à ouvrir les systèmes au maximum jusqu'à leur dissolution entropique, puis leur mort. Pour bien comprendre la politique, on peut la traduire en termes de cybernétique et de systémique. Le clivage fondateur dans ces disciplines se situe entre système ouvert et système fermé. Pour maintenir sa structure dans le temps, un système a besoin d'échanger de l'information avec son environnement, donc d'être ouvert, mais il a également besoin de fermeture, sinon il se dissout dans cet environnement. L'ouverture alimente, la fermeture protège. Ce sont la fermeture totale et l'ouverture totale qui augmentent l'entropie des systèmes. À l'opposé, le bon équilibre entre une semi-ouverture et une semi-fermeture augmente la néguentropie et l'organisation, ce qui est le principe des « structures dissipatives » observées par Prigogine déjà dans la matière inanimée. Ce juste milieu dans le contrôle et la sélection des flux entrants et sortants est la condition d'une bonne tenue énergétique et informationnelle. C'est ainsi qu'un système conserve sa structure, son identité, sa forme typique et qu'il perdure. En géopolitique, cela s'appelle les frontières et les principes westphaliens. En biologie, c'est la peau, la membrane épidermique, nécessaire à l'intégrité de l'être vivant. En psychologie ou en écologie, on parle des limites identitaires et comportementales à intérioriser pour ne pas développer de pathologie. Il faut donc relancer l'idée d'une « fermeture positive », ce qui fera hurler tous les libéraux-libertaires qui ne jurent que par l'ouverture complète à tous les vents et nous ordonnent de nous ouvrir toujours plus au monde, à l'Autre, aux Roms, aux minorités, aux capitaux étrangers, à la concurrence… Leur tactique est maligne, car il est plus facile de détruire un système en l'ouvrant totalement qu'en le fermant totalement. L'ouverture lève les défenses du système mais possède une connotation positive qui parvient à rendre cet affaiblissement attractif, la fermeture étant plus difficile à justifier moralement. Mais il faut se décomplexer sur ces questions et savoir attaquer l'impératif morbide d'ouverture totale de la droite libérale et de la gauche libertaire, car il n'y a pas de vie sans fermeture et protectionnisme à un moment ou à un autre.

AdB : Que représente à vos yeux Internet ? Un nouvel espace de liberté ou une nouvelle méthode de flicage ?

LC : À une époque, j'étais complètement réfractaire à Internet, arc-bouté sur une position néo-luddite un peu primaire. Aujourd'hui, je pense que c'est salvateur. Le Pentagone considère Internet comme faisant partie du champ de la guerre (*war domain*). C'est ainsi qu'il faut le voir. En effet, c'est un outil de flicage, mais dans les deux sens. Les services de renseignement peuvent nous espionner, mais nous pouvons le faire également en retour, et sans besoin d'être des as de l'informatique. En fait, avec une connexion internet et une bonne méthode de recherche par mots-clés, n'importe qui peut être mieux informé qu'un chef d'État. Le nombre d'informations aujourd'hui en sources ouvertes est hallucinant, il suffit de savoir chercher. Des opérations clandestines importantes, comme des attentats terroristes sous faux drapeau ou des coups d'État déguisés en révolution populaire (Libye, Syrie, Ukraine), qui naguère mystifiaient tout le monde, sont aujourd'hui démontés en direct. Par exemple, un mémo de la CIA fuité par WikiLeaks a montré que le président d'Ukraine issu du putsch, Petro Porochenko, travaillait pour les États-Unis depuis au moins 2006 (qualifié d'*insider*). Internet est donc bien un espace de liberté et de démocratie, car il rétablit la symétrie de l'information entre le pouvoir et le peuple.

AdB : Il ne serait pas difficile de faire une interprétation complotiste de vos observations. Cela pose le problème de l'efficacité réelle de l'ingénierie sociale, et aussi de ses limites. Qu'est-ce qu'on peut avec certitude lui attribuer ? Qu'est-ce qui lui échappe ?

LC : Les complots qui émaillent l'Histoire mondiale obéissent tous aux méthodes du Renseignement professionnel, qui se résument ainsi : dissociation du couple voir/être vu et asymétrie de la perception et de l'information. Ces méthodes sont appliquées dans la sécurité des systèmes (surveillance, piratage), l'Intelligence économique, la guerre cognitive, les techniques d'influence, le *soft power*, le conseil managérial, le *marketing*, les médias, la politique, etc. Mon slogan est « démocratiser la culture du renseignement », car dès qu'on se familiarise avec cette grille de lecture et ses méthodes de travail, celles-ci apparaissent en relief dans la vie quotidienne et nous sautent aux yeux. On peut alors distinguer ce qui est piraté de ce qui ne l'est pas et se protéger contre les tentatives d'infiltration cognitive (neuro-piratage). Deux universitaires américains, Cass R. Sunstein et Adrian Vermeule, ont publié en 2008 un article intitulé « *Conspiracy Theories : Causes and Cures* » pour recommander de travailler à l'infiltration cognitive des milieux « conspirationnistes » afin de les neutraliser. Les anti-conspirationnistes conspirent donc eux-mêmes, et parfois au grand jour, comme le titrait H. G. Wells pour son ouvrage *The Open Conspiracy : Blueprints for a World*

Révolution (*La Conspiration au grand jour – Plans détaillés pour une révolution mondiale*). Les opérations d'infiltration cognitive de masse les mieux documentées sont celles qui utilisent la sensibilité identitaire. Depuis des décennies, les grands services de renseignement anglo-saxons embauchent des anthropologues, des ethnologues, des sociologues, des psychologues, des historiens pour élaborer des hameçons narratifs adaptés aux mythologies identitaires culturelles des peuples qu'ils veulent pirater et contrôler. L'ingénierie sociale est en quelque sorte la méthodologie racine du renseignement, qui expose comment pirater un être social (Ukraine, islam) après en avoir dessiné le modèle détaillé, le *blueprint*, la maquette 2D. On peut donc attribuer à cette méthode les phénomènes de piratage comportemental, qui sont légion à notre époque mais qu'on ne peut discerner qu'au cas par cas, ainsi que les effets sociétaux de chosification induits par le travail de modélisation schématique des comportements à pirater. Ce qui échappe à l'ingénierie sociale c'est donc d'y être formé. Sans cela, on prend pour spontanés des phénomènes et des événements qui ont été en fait orchestrés, mis en scène, provoqués, façonnés, « ingénieurés » de manière complètement artificielle : crises économiques, guerres, coups d'État maquillés en révolutions... Camille Desmoulins ne parlait-il pas dès 1793 des « machinistes » de la Révolution ?

AdB : Le Système, avez-vous déclaré, « c'est tout ce qui fait monter le désordre, l'anomie, l'entropie. Le Système cherche à nous dissoudre et à nous déstructurer. Résister signifie donc coaguler, restructurer, réordonner. » Peut-il y avoir une ingénierie sociale positive ?

LC : Je cogite en ce moment sur une ingénierie sociale positive, que j'abrège en IS+, pour la distinguer d'une IS–. En termes de systémique, c'est le combat de l'homéostasie contre le déséquilibre. Si les maîtres mots de l'IS– sont désordre, anomie, entropie, déstabilisation et production de chaos contrôlé, alors ceux de l'IS+ seront ordre, régulation, néguentropie et stabilité. La néguentropie en politique, l'IS+, se résume en deux mots : « prendre soin ». Ici, je me laisse volontiers inspirer par la théorie du *Care*, de l'anglais *to take care*, fondée par Carol Gilligan. À mon avis, tout est là en politique, dans le « prendre soin », notamment du pays où l'on vit, ce qui s'appelle aussi du nationalisme, du souverainisme, du patriotisme. De fait, l'individu est une abstraction sur le plan politique, seuls les collectifs, les réseaux, les organisations peuvent quelque chose. L'individu n'existe que dans des relations, des liens. L'IS– est un travail entropique du lien social pour le dissoudre. L'IS+ est un travail néguentropique du lien social pour le coaguler. Or, quelle est la bonne échelle de coagulation du lien social ? Sans aucun doute, celle de l'État-nation, qui est aujourd'hui la forme optimale de l'organisation collective anticapitaliste.

CHAPITRE VII

TROIS QUESTIONS
À LUCIEN CERISE[*]

Des lecteurs de Scriptoblog et des éditions Le Retour aux Sources adressent parfois des questions aux auteurs et membres de l'équipe. Deux personnes qui souhaitent rester anonymes et Lucien Cerise vous proposent des extraits de cette correspondance privée qui pourront intéresser un plus large public.

QUESTION : La page Wikipédia sur *Gouverner par le chaos* vous accuse de faire de l'entrisme à l'extrême gauche. Que répondez-vous à cela ?

LUCIEN CERISE : Je fais de l'entrisme absolument partout, parce que tout m'intéresse. Quand on fait des études de terrain en observation participante, on doit fréquenter tous les milieux, tous les groupes sociologiques, sans exclusive et sans *a priori* idéologique. En outre, je dirai toujours « oui » à toutes les propositions de conférences et sollicitations médiatiques d'où qu'elles viennent car les informations que

*Scriptoblog, 28/04/2015.

259

j'ai à diffuser intéressent tout le monde, même le diable. Je fais donc de l'entrisme partout, mais aussi du « sortisme » partout. Conséquence : les gens de droite pensent que je suis de gauche, et les gens de gauche pensent que je suis de droite. Cela marche à tous les coups et c'est plutôt bon signe, une garantie d'objectivité. Évidemment, la police de la pensée a horreur des gens qui bougent, qui restent curieux dans leur tête et libres dans leurs fréquentations. Les flics veulent développer le communautarisme, que les gens restent à leur place, les gauchistes à gauche, les droitistes à droite, et surtout que les groupes ethniques ou religieux ne se rencontrent pas, car ils sont plus faciles à gérer et à utiliser ainsi. Dans ces conditions, c'est un acte politique critique que d'aller partout et de parler avec tout le monde, de l'ultradroite à l'ultragauche et avec toutes les communautés identitaires.

Je dis ceci bien que le militantisme politique soit secondaire pour moi, ma priorité étant de respecter une bonne méthodologie scientifique. En effet, ce qui m'intéresse en premier lieu en politique est de comprendre comment fonctionnent les diverses cultures, de l'ultragauche à l'ultradroite, quels sont leurs mythes fondateurs et comment certains *lobbies* s'en emparent et les piratent pour les manipuler. Au-dessus des organisations politiques, il y a les organisations d'influence, les fameuses minorités agissantes, ou minorités actives, dont parlait Serge Moscovici en 1976, qu'on appelle encore des *lobbies*, ou groupes de pression. Quand on étudie ce domaine, il devient clair que si les tendances politiques qui vont de l'UMP à l'ultragauche se rejoignent finalement au-delà d'un clivage apparent, c'est parce que les groupes d'influence qui les dirigent sont d'accord sur l'essentiel du dogme libéral-libertaire, qui se résume ainsi : « Il faut ouvrir toujours plus la société, sans jamais commencer à la refermer un peu pour se protéger. »

C'est d'ailleurs ça, le capitalisme : l'abolition de toutes les frontières et de toutes les limites, au moyen des traités de libre-échange européens et transatlantiques, TAFTA, TISA, CETA, ou par la marchandisation du vivant, les OGM, le « mariage homo », la PMA, la GPA, l'euthanasie, etc. Les milieux souverainistes sont encore préservés de ce fanatisme de l'ouverture totale ; le bon sens, le sens des limites, c'est à-dire la nécessité du protectionnisme et de la fermeture sélective, ne les a pas encore quittés.

Paradoxalement, ces idées de base de la lutte contre le capitalisme sont aujourd'hui minoritaires à gauche. Qui comprend encore à gauche qu'il faut sortir de l'euro, de l'UE, de l'OTAN et relocaliser la production, c'est-à-dire limiter drastiquement l'immigration et annuler la dette du tiers-monde pour en tarir les flux ? L'anticapitalisme a donc migré. L'échiquier politique a bougé. Si un jour la critique authentique du capitalisme renaît dans les organisations de gauche, j'y retournerai. Et si des médias ou des organisations de gauche me proposaient aujourd'hui des créneaux d'expression, je les saisirais volontiers, pour les raisons exprimées plus haut. Mais que voit-on depuis les années quatre-vingt ? Des communistes qui passent au Front national par centaines de milliers et qui ne reviennent pas en arrière. Il faut dire que le terrain intellectuel de la Gauche a été entièrement stérilisé par Terra Nova et le GODF. Conséquence : les seuls individus, médias et organisations qui se sont intéressés à mon livre sont ceux que le politiquement correct diabolise en les qualifiant d'extrême droite. Mais je récuse également cette étiquette réductrice qui n'est qu'un stéréotype. Aujourd'hui, il faut avancer et porter la critique sociale par-delà la Droite et la Gauche, c'est-à-dire dans les faits et au-delà des idées. Alors, on découvre quelle est vraiment l'idéologie au pouvoir en Europe, en Amérique du

Nord et en Israël : c'est le transhumanisme, c'est-à-dire le capitalisme intégral.

Q. : Il me semble qu'il n'existe que trois différents types de liens sociaux qui puissent structurer une société humaine. Le premier type de lien est sanguin (ex. : famille, clan, tribu), le deuxième type est intellectuel (ex. : sujet d'un royaume, citoyen d'un État), et enfin le troisième type est magique (ex. : religion). Êtes-vous d'accord avec cela et si oui, lorsque l'on parle de société traditionnelle, à quel type de lien fait-on allusion ?

LC : Les trois types de liens sociaux que vous mentionnez ont un point commun : ils passent tous par le langage, donc par l'épigenèse. Pour qu'un lien social quelconque puisse se nouer et se structurer, il doit être mis en conscience, donc faire l'objet d'une représentation. Un lien social inconscient, non représenté, est dénué d'efficience. Cette représentation consciente du lien social doit être évidemment indexée sur le réel dans ses grandes lignes. Dans un premier temps, le lien social doit donc être un « savoir » assumé consciemment dans le langage et correspondant à une réalité objective hors langage et « naturelle », au sens de donnée. Dans un deuxième temps, le lien est intériorisé et il devient une seconde nature, sur la base de la première nature, mais sans lui être identique, car le mot n'est pas la chose. C'est dans cet interstice épigénétique que la part de construction culturelle, voire de déformation psychosociale, vient se glisser, entre la première nature donnée, et la deuxième nature construite et intériorisée sur la base de la première.

Le lien social n'est donc pas automatique, il faut qu'on me « dise » que j'ai un lien avec tel individu ou tel groupe, et il faut que j'y croie, c'est-à-dire que je l'intériorise, pour que le lien s'enracine en moi et creuse ses rhizomes dans ma sensibilité. Les « liens du sang », les liens génétiques, n'ont d'efficacité que s'ils sont représentés, mis en discours, pris en charge de façon épigénétique. Par exemple, un enfant s'attachera aussi fortement à n'importe quelle mère, sans qu'elle soit nécessairement sa mère biologique, si le discours ambiant, notamment celui de la mère adoptive, affirme que c'est sa mère. D'autre part, une mère schizophrène verra son propre bébé sans émotion et comme un étranger, voire comme un objet, une bûche de bois, à cause de son impossibilité à assumer sa descendance dans un discours.

Autrement dit, si je ne « sais » pas que j'ai un lien réel, objectif, naturel, génétique avec quelqu'un, il n'y a pas de lien fonctionnel. Cette méconnaissance originelle de tout lien est à l'origine de certaines pathologies du spectre autistique : si certaines personnes souffrent de difficultés à être en lien avec autrui, c'est parce qu'elles ne parviennent pas à intégrer un discours qui leur dit qu'elles ont un lien avec autrui et qui stabilise ce lien dans la sensibilité. La relation entre Moi et l'Autre est alors plongée dans le flou complet. Si j'étais schizophrène, je ne parviendrais pas à établir une différence nette entre vous et moi. Un symptôme de schizophrénie est de confondre qui parle, à cause d'un grand flou identitaire. Je ne sais pas qui est « je », je ne le positionne pas de manière stricte, donc je peux avoir l'impression que c'est moi qui parle quand vous parlez, et que c'est vous qui parlez, quand je parle.

La nécessité d'en passer par le langage et l'épigenèse pour définir le lien social et l'identité ne signifie pas « construction par le langage », mais « représentation par le langage ». Le constructivisme intégral, qui dit que les identités sont « construites » par le langage, est faux. En fait, les identités sont « représentées » dans le langage. La représentation culturelle n'est pas la chose naturelle, certes, mais elle ne construit pas pour autant la chose naturelle à partir de rien.

Elle est l'image d'une chose naturelle, sans lui être identique, d'où les variantes culturelles dans l'espace et le temps.

Le fait que le lien social se construise toujours dans le langage, par une épigenèse relativement plastique, explique qu'il soit possible de le déconstruire et de provoquer des pathologies sociales en attaquant le langage et les systèmes de représentation. On baigne là-dedans avec la confusion des genres enseignée à l'école, qui va fabriquer des handicapés par millions si on laisse faire. À l'opposé, un lien social équilibré suppose que le code culturel du groupe ait évolué « naturellement » dans le temps, selon son propre rythme interne, et n'ait pas été l'objet d'une ingénierie, c'est-à-dire d'un façonnage artificiel et conscient, généralement destructeur.

Par ailleurs, certaines choses n'évoluent pas, ne changent pas, ne peuvent ni ne doivent changer, car elles fondent le socle de toute société humaine possible : ce sont les lois universelles de toute civilisation, c'est-à-dire les constantes anthropologiques qui nous définissent en tant qu'espèce humaine. Ces invariants anthropologiques, ce sont les lois du complexe d'Œdipe : distinction identitaire homme/femme, et parent/enfant, ce qui permet d'accéder au mécanisme de gratification différée, nécessaire pour la socialisation adulte, c'est-à-dire le renoncement au « tout, tout de suite » des enfants. La société traditionnelle, c'est simplement une société où ces fondamentaux œdipiens de la condition humaine sont respectés.

Q. : J'ai le sentiment que lorsque l'on parle de la langue universelle de Babel et donc du nouvel ordre qui vient, nous parlons en réalité des mathématiques. Parce qu'il me semble que seules les mathématiques transcendent la subjectivité de chacun. Est-ce juste selon vous ?

LC : Votre question m'évoque l'univers de la pensée kabbalistique. Les kabbalistes prétendent que les mathématiques sont le langage de Dieu, ce qui correspondrait effectivement à la transcendance ultime de la subjectivité. Je crois que c'est surtout pour légitimer une approche pseudo-spirituelle du monde en termes de grands nombres et qui soit compatible avec le capitalisme. Ceci permet de donner un supplément d'âme à ce qui resterait, sinon, de la gestion technocratique ennuyeuse de flux numériques. On pense au Centre de la Kabbale, fondé par le rabbin Shraga Feivel Gruberger, alias Philip Berg, ancien assureur reconverti dans le judaïsme *people* et que des célébrités milliardaires comme la chanteuse Madonna fréquentent assidûment et financent généreusement à New York ou en Californie. C'est le règne de la quantité, dénoncé par René Guénon ou par la phénoménologie (Husserl, Heidegger), univers cybernétique et capitalistique fondamentalement incompatible avec toute spiritualité.

Sur le dépassement de la subjectivité : il faut distinguer les lois physiques en elles-mêmes, c'est-à-dire toutes les contraintes et limitations du monde matériel, qui sont parfaitement objectives, donc qui transcendant effectivement la subjectivité, et les mathématiques, qui sont une discipline des sciences exactes. Comment les distinguer ? Sur la base d'un argument de John Searle où il distingue ce qui est observateur-dépendant et ce qui est observateur-indépendant. Les lois physiques, en tant que faits bruts, sont observateur-indépendantes, et donc elles transcendent la subjectivité. Mais les mathématiques, en tant que discipline culturelle, sont observateur-dépendantes, et donc ne transcendent pas la subjectivité. De fait, si l'on supprime l'espèce humaine, on supprime toute culture, donc on supprime les mathématiques, mais on ne supprime pas les lois physiques, qui continuent à s'appliquer pour les animaux et les objets inanimés. En outre, les individus sont plus ou moins doués pour les mathématiques en fonction de leur psychologie, alors que les lois physiques s'imposent à chacun, quelle que soit sa psychologie. Même si les mathématiques ont une universalité, ainsi que la logique formelle ou la technique pour apprendre à jouer au tennis, elles restent une « expression » et n'appartiennent pas au champ du « fait brut », le Réel contre lequel on se cogne. Prétendre que les mathématiques transcendent la subjectivité est trop simple. Pour être précis, les mathématiques appartiennent à ce domaine que la philosophie appelle « transcendantal », et pas transcendant. Le transcendantal transcende l'individu, mais pas le groupe, auquel il reste immanent. Par exemple : la grammaire de la langue française me transcende en tant qu'individu, mais reste immanente à la communauté des francophones, et donc ne transcende pas le « sujet collectif » qui parle français. Si l'on me supprime, on ne supprime pas la grammaire française, car elle existe au-delà de moi en tant qu'individu. Mais si l'on supprime tous les francophones, on supprime en même temps la grammaire française, car elle n'existe pas au-delà des francophones, elle reste immanente à ce groupe. De la même façon, les mathématiques transcendent les individus, mais restent immanentes à l'espèce humaine, au groupe qui les a inventées.

CHAPITRE VIII

SOCIÉTÉ DE CONCENTRATION, *IMPLANT PARTIES* ET TRANSHUMANISME[*]

Les *implant parties* débarquent en France ! De quoi s'agit-il ? De soirées mondaines – cocktails festifs ou conférences intellos – à l'occasion desquelles les convives se font implanter des puces électroniques dans le corps. Comme souvent, la Suède est à l'avant-garde de cette fabrique du consentement au transhumanisme, véritable programme de génocide de l'espèce humaine paré des atours souriants d'une mode inoffensive et *fun* pour bobos tertiarisés : « Ils portent des chemises et des tailleurs mais sont en route vers le futur. Ces ingénieurs ou commerciaux sont réunis dans une grande salle chic du centre-ville de Stockholm. Ce soir-là, ils sont des dizaines à attendre leur tour devant le fameux stand. Celui où ils recevront leur puce électronique[64]. »

---

64. « Les *implant parties* : vivre avec une puce électronique sous la peau », France Info, 15/05/2015.
http://www.franceinfo.fr/actu/monde/article/les-implant-party-vivre-avec-une-puce-electronique-sous-la-peau-679991

[*]Scriptoblog, 06/06/2015.

L'agenda étant mondial, le territoire français est envahi à son tour. Une soirée *hype* de puçage du bétail se tiendra bientôt à Paris dans le cadre du festival « Futur en Seine ». Le ministre de l'Intérieur et sa loi sur le renseignement se frottent les mains : « La tendance croissante et internationale des implants NFC arrive en France. À l'occasion de Futur en Seine, le collectif de *biohackers* suédois BioNyfiken organise une *implant party* samedi 13 juin à 19 heures sur le plateau média de la Gaité lyrique. L'heure des cyborgs est-elle venue ? Si l'expérimentation vous intrigue plus qu'elle ne vous effraie, cette soirée-débat sera l'occasion de sauter le pas puisque se déroulera en simultané une séance de pose d'implants NFC avec un praticien certifié. Êtes-vous prêts à vous faire poser un implant NFC et à partager votre expérience[65] ? » NFC est l'acronyme de *Near Field Communication* et désigne un type d'implant à transmission de courte portée, sorte de badge magnétique mais glissé sous la peau. Le 13 juin 2015 est donc à marquer d'une croix dans le calendrier. Le puçage électronique de la population française commencera officiellement ce jour-là ; couplé à la suppression de l'argent liquide, il nous fera entrer dans le Quatrième Reich cybernétique, la « société de concentration » qui reléguera les camps du même nom au stade du brouillon amateur[66]. Pour approfondir ces questions, le Cercle Curiosa, coordinateur du collectif *Entretien avec des hommes remarquables* publié aux Éditions Alexipharmaque en 2012, propose aux lecteurs de Scriptoblog un entretien avec Lucien Cerise sur le transhumanisme, thème plus que jamais d'actualité.

CERCLE CURIOSA : On peut dater les prémices du transhumanisme dès l'Antiquité, mais on observera un coup

---

65. « *Implant Party* – Futur en Seine 2015. »
http://www.futur-en-seine.paris/projet/implant-party/
66. « *Big Brother* : vers une interdiction de l'argent liquide ? », Novopress, 17/02/2012.
http://fr.novopress.info/108281/big-brother-vers-une-interdiction-de-largent-liquide-termine/

d'accélérateur particulièrement brutal après 1945, soit après la découverte et l'utilisation de la fission nucléaire, et les camps de concentration nazis. Peut-on voir une corrélation entre cette accélération et ces deux événements ?

Lucien Cerise : Effectivement, on trouve l'exposé d'un programme eugéniste d'amélioration de l'humain dans *La République* de Platon, dont la première édition connue date de 315 av. J.-C. On sait aussi que la Sparte antique pratiquait une sélection à la naissance des bébés. Le christianisme a placé cette attitude proactive de manipulation du vivant sous un éteignoir car on ne touche pas à l'œuvre de Dieu. Au fil des siècles, les doctrines hermétiques occidentales (kabbale, gématrie, alchimie, sorcellerie, franc-maçonnerie) ont néanmoins entretenu discrètement cette ambition prométhéenne de modifier la nature humaine, voire de la réécrire complètement. En politique, le transhumanisme est revenu sur le devant de la scène par le biais des totalitarismes du xxe siècle. On connaît la filiation du Troisième Reich avec certains courants occultistes et ésotériques. Le Nouvel Homme, le Surhomme, le futurisme, la technophilie doivent beaucoup au mythe du Golem et à la vision kabbalistique et numérologique du monde, qui a irrigué également la cybernétique.

Avec la fission nucléaire, il y a une corrélation évidente. L'atomisme, le fait de toucher les fondements, est le *Zeitgeist* de l'époque. En effet, dès lors que l'on parvient à déconstruire et analyser (au sens de diviser) le noyau de la matière, il semble que tout devienne possible en termes de reconstruction synthétique et de transformation artefactuelle et artificialisante. Décomposer une chose jusqu'à ses briques élémentaires et composants nucléaires ouvre la possibilité de modifier substantiellement la nature de cette chose en la reconstruisant selon un autre plan, c'est-à-dire en agençant ses composants élémentaires atomiques d'une autre façon. C'est ce qui s'appelle de l'ingénierie, dans le bâtiment, les finances, l'informatique, la génétique ou la société.

Le transhumanisme ayant fort à voir avec la génétique, une accélération décisive du projet fut la découverte complète de l'ADN, culminant dans les travaux de Crick et Watson et leur article fondateur publié dans *Nature* en 1953. En l'occurrence, on remonte aux éléments originels et aux briques primitives de la matière vivante. Un être vivant, l'humain, devient capable de revenir intégralement sur ses propres déterminismes biologiques, donc de les modifier. Ce mouvement très hégélien de la conscience réflexive qui revient sur elle-même et s'auto-traverse intégralement de manière rétrospective jusqu'à son origine, on le trouve également dans la psychanalyse, qui donne accès à nos déterminismes psychosociaux, qui les met en conscience et permet donc de les modifier.

Le siècle passé fut vraiment celui où l'Homme est devenu un objet pour lui-même, d'où sa couleur « concentrationnaire », donnée par le capitalisme triomphant à Auschwitz. Dans *L'Homme remodelé*, Vance Packard passe en revue un certain nombre de scientifiques tels que le comportementaliste Skinner et les appelle des « ingénieurs de l'Homme ». C'est la grande réification, avec toutes ses conséquences humanitaires désastreuses évidentes. Dès lors que l'on peut tout recombiner et manipuler, il n'y a plus grand-chose de sacré ; c'est une grande profanation, le « sacré » étant pour l'essentialisme gréco-monothéiste ce qui ne change pas, et ce qui change étant le « profane ».

CC : Vous avez participé au collectif Les Mutants au début des années 2000. Pouvez-vous nous expliquer quelles étaient les ambitions de cette association transhumaniste ? Dans quel état d'esprit étiez-vous à l'époque ? Pourquoi avoir rompu avec eux ?

LC : Au début des années 2000, on parlait surtout de post-humanisme et de post-humains. Le terme « transhumanisme » s'est imposé plus tard. Deux écrivains français, Michel Houellebecq et Maurice Dantec, et un philosophe allemand, Peter Sloterdijk, ont lancé cette mode à l'époque, relayée notamment par le magazine *Chronic'art*, dont j'étais un fervent lecteur[67]. Auparavant, j'avais lu *Le Meilleur des mondes* (Huxley), qui m'avait laissé une impression mitigée, et divers auteurs classiques de la cyberculture tels que William Gibson ou Timothy Leary qui publiait *Chaos et Cyberculture* en 1996. En 1997, j'ai fait un diplôme au département Hypermédias (sciences info-com) de Paris 8 où j'ai suivi les cours de Pierre Lévy. À partir de 2000, je me suis plongé dans la sociobiologie, l'éthologie, la primatologie (E. O. Wilson, H. Laborit, K. Lorenz, D. Morris, S. Strum, J. Goodall, D. Fossey, etc.), puis j'ai essayé de voir ce que je pouvais faire concrètement. J'ai cherché sur Internet et je suis tombé sur La Spirale.org et Les Mutants. Les seconds étaient à Paris et proposaient des réunions en dehors d'Internet, donc j'y suis allé. Je m'y suis investi pendant deux ans à peu près. Nous avons fait une séance photo de groupe à l'atelier d'Olivier Goulet pour un article dans *Technikart* et j'ai écrit quelques textes pour chanter les louanges du clonage, de la mutation génétique, du post-humain et du « Surhomme ».

Les Mutants avaient pour programme le dépassement de l'espèce humaine par la modification de son matériel génétique. Je les ai quittés quand il a été évident pour moi que le « tout génétique » était erroné. Du moins, cela correspondait à un état du paradigme scientifique, celui du déterminisme génétique linéaire de la biologie moléculaire

67. « La nouvelle conception de l'Homme – La construction de l'être humain », Centre culturel français de Karlsruhe et Zentrum für Kunst und Medientechnologie (ZKM), débat public organisé le 03/05/2000 avec Alain Finkielkraut, Michel Houellebecq, Peter Sloterdijk, Peter Weibel. http://www.cairn.info/revue-le-philosophoire-2004-2-page-32.htm

des années cinquante, mais c'est aujourd'hui dépassé. En effet, le matériel épigénétique, c'est-à-dire l'influence environnementale intériorisée, est reconnu aujourd'hui comme aussi décisif, sinon plus, que l'héritage génétique dans la formation et le devenir des êtres vivants. Le patrimoine génétique inné ne donne qu'une base génétique à la vie, mais la base sémantique, celle qui parle, qui pense, qui agit en société et sans laquelle nous restons autistes, vient du patrimoine épigénétique acquis et appris dans le champ socioculturel. C'est un peu la même différence qu'entre *hardware* et *software*, la machine et le logiciel. Les recherches de Dany-Robert Dufour sont, sur ce sujet, incontournables : en se basant sur la nature néoténique et inachevée à la naissance de l'humain, il montre comment l'épigénétique culturelle influence et conditionne la nature génétique dans une boucle rétroactive.

Ma motivation principale à intégrer Les Mutants était psychologique : j'étais assez déprimé, et considérais que l'Humain était mauvais en soi, qu'il fallait donc le génocider et le remplacer par une autre espèce, plutôt de type androgyne ou asexué, et surtout « égalitaire ». La différence sexuelle me paraissait source de tracas et de souffrances inutiles, donc bonne à supprimer. J'avais déjà pris connaissance de ce que l'on nomme aujourd'hui la théorie du genre, à l'époque les études *queer*, au département d'études féminines (et féministes) de l'université de Paris 8, où je suivais des cours pour prolonger mon statut de précaire et d'étudiant attardé. Cette branche LGBT du transhumanisme, je la connais bien. C'est un véritable élitisme, dévoré par une haine viscérale contre le peuple et les hétérosexuels, une sorte de « fascisme genré » qui veut selon ses termes « déconstruire des stéréotypes » – sans lesquels le cerveau humain ne peut pourtant pas fonctionner – et « inquiéter nos catégories hétéro-normatives » au moyen d'un authentique terrorisme intellectuel hétérophobe. Cette nouvelle dictature *gay* revendique la stérilité biologique et s'impose violemment en France dans le champ juridique depuis les lois du 18 mars 2003 et du 30 décembre 2004 qui inventent le délit d'homophobie, et les divers projets de loi sur la GPA, la PMA, le « mariage homo », l'euthanasie, etc. Il ne faut en aucun se laisser intimider par ce programme génocidaire d'artificialisation et de marchandisation de la vie. Il en va de l'avenir de l'humanité. Les luttes anticapitalistes seront toujours anti-LGBT et anti-transhumanistes.

CC : L'homme connecté, « augmenté », c'est aussi l'homme nomade, c'est-à-dire un retour à un mode de vie depuis longtemps révolu que d'aucuns jugeront comme archaïque. Comment expliquez-vous ce paradoxe ? Ce nomadisme est-il viable ? N'est-ce pas la promotion, sous couvert d'un archéo-futurisme pop, de formes d'organisations qui tendraient à déstructurer le socle des civilisations actuelles ?

LC : En fait, il s'agit d'un pseudo-nomadisme, donc d'un pseudo-retour vers un pseudo-archaïsme. L'archéo-futurisme est un courant esthétique intéressant, mais dans les applications réelles, c'est toujours le côté futuriste qui l'emporte, le côté « archéo » n'étant là que pour servir d'emballage et de paquet cadeau attractif. Le véritable archaïsme consisterait à se passer carrément d'électricité, mais nos pseudo-nomades en sont loin. Ici, tous les mots sont trompeurs et servent de slogans publicitaires pour hameçonner la proie et lui vendre un projet politique situé en réalité aux antipodes. Le nomadisme postmoderne revendiqué d'un oligarque comme Jacques Attali ou des « technos bobos » à *piercings* et tatouages ethniques, est en fait parfaitement enraciné. Dans quoi ? Dans le secteur tertiaire, qui présente l'apparence de la pure information dématérialisée, avec ses flux de signes, d'images, de mots, de chiffres, mais qui dépend en réalité d'une infrastructure matérielle économique, technologique, électronique très lourde et complètement envahissante. Et ce n'est pas parce que cette technologie devient discrète et diffuse qu'elle cesse d'exister. Au contraire même, elle devient englobante et fonctionne comme un écosystème complet. Steve Jobs avait provoqué un petit scandale en avouant au détour d'une phrase qu'il voulait « enfermer » ses clients dans l'environnement global de sa marque Apple. Encore un pas, et l'on arrive aux « objets communicants » qui peuvent carrément se passer d'êtres vivants pour faire fonctionner une ville entière.

Cet enracinement dans la technique du néo-pseudo-nomade connecté et augmenté avec ses puces et ses implants équivaut à un déracinement du réel et à l'installation durable dans le virtuel déréalisant, transfert cognitif d'attention dont l'impact le plus grave est de maintenir chez l'adulte les caractéristiques psychologiques de l'enfant. Le mode de vie néo-nomade n'est pas viable, car il est régressif, infantilisant, déstructurant. Le bébé exige la satisfaction immédiate et complète de ses désirs et la fusion avec le giron maternel bienfaisant. Il veut « tout, tout de suite », de même que les enfants, les adolescents et les adultes sous l'emprise des technologies audiovisuelles, par exemple, qui se mettent à développer des troubles de l'attention et de l'accès au langage (hyperactivité, etc.). En effet, quand on est âgé de six mois, cette exigence de satisfaction fusionnelle est légitime, mais passé un certain âge, cela devient décivilisateur car cela empêche d'intérioriser le mécanisme de gratification différée qui régule les humeurs et les émotions, ce qui permet de rationaliser le comportement et de rendre possible la vie en société.

L'expérience du réel a toujours quelque chose de décevant et d'inachevé, et il faut l'assumer pour parvenir à la maturité.

À l'opposé, la matrice technologique promet le dépassement des limites naturelles et la satisfaction pleine et immédiate des désirs, ce qui induit une intolérance à la frustration ainsi que des effets de dépendance et de régression préœdipienne vers le règne du principe de plaisir (comme les bébés et les toxicomanes). Coupez Internet aux pseudo-nomades et vous verrez les réactions de « manque » et le besoin d'une cure de désintoxication. Cette dépendance toxicomane à la technique ne vaut cependant que pour le prolétariat cybernétique, les *geeks*, bobos, technophiles et autres *fashion victims*. En effet, les informaticiens de haut niveau qui travaillent dans la Silicon Valley sont parfaitement au courant de ces effets de déstructuration intellectuelle de la techno-sphère et savent s'en protéger. Ils ont des écoles privées pour leurs enfants, où les ordinateurs sont interdits comme supports éducatifs et où l'enseignement se fait au tableau noir, à la craie et sur papier quadrillé, et selon des pédagogies hiérarchiques traditionnelles.

CC : Le transhumanisme est issu de la sphère de civilisation occidentale. Pensez-vous que le transhumanisme, en tant que processus, pourrait être adopté par d'autres civilisations ? On pensera évidemment aux BRICS et plus spécifiquement à l'Inde et à la Chine.

LC : L'invasion cybernétique de nos vies et le transhumanisme qui l'accompagne ont-ils une frontière géopolitique ? Pour l'instant, je n'ai pas encore trouvé de projet de puçage électronique de la population ailleurs qu'en Occident et en Arabie saoudite[68]. La folie des grandeurs qui habite le transhumanisme est totalement étrangère à la mentalité asiatique, y compris aux élites asiatiques, du

---

68. « A real-time tracking system using RFID in Mecca : a thesis presented in partial fulfilment of the requirements for the degree of Master of Engineering in Electronics and Computer Systems Engineering », School of Engineering and Advanced Technology, Massey University, Turitea Campus, Palmerston North, October 2011.
http://mro.massey.ac.nz/handle/10179/3227

moins quand elles sont autonomes. (Le Japon et la Corée du Sud sont largement sous influence occidentale.) L'*hybris*, la démesure, la mégalomanie, l'ambition de devenir les maîtres du monde semblent des caractéristiques plus européennes et nord-américaines. Les BRICS seront donc touchés par le transhumanisme mais pour d'autres raisons que culturelles, des raisons purement technologiques. Par exemple, l'Inde a annoncé officiellement vouloir développer sur son territoire des « villes intelligentes », c'est-à-dire des villes dont l'automatisation est poussée au maximum et qui pourront à terme se passer complètement des humains pour fonctionner. Les « objets communicants » communiqueront entre eux sans besoin d'intermédiaires vivants pour le faire, et si ces derniers sont encore tolérés, ils devront de toute façon s'aligner sur les automates, qui eux-mêmes auront été dotés de personnalités juridiques et deviendront des sujets de droit. Cette égalisation du sujet et de l'objet, du vivant et du non-vivant, du biologique et du machinique sera vendue au nom de l'égalité des droits entre l'humain et le robot. On le voit, le slogan droit-de-l'hommiste et mis à toutes les sauces de « l'égalité des droits » sert à tout, y compris à tuer. Il travaille à une sorte de domotique généralisée, cauchemar cybernétique et règne de la quantité où la seule différence entre moi et mon réfrigérateur réside dans notre température[69]. Si l'Inde est active dans ce sens, ce n'est cependant pas elle qui a inventé les concepts, ni qui a lancé le mouvement. L'Occident donne le rythme de la modification de l'espèce humaine au moyen de la techno-science, et le reste du monde est obligé de s'adapter pour rester compétitif et ne pas se laisser dépasser, désarmer puis coloniser. Les programmes militaires sont,

---

69. « ABCD de l'égalité : pourquoi la véritable faute de Vincent Peillon n'est pas celle que l'on croit », Atlantico, 12/02/2014.
http://www.atlantico.fr/decryptage/abcd-egalite-pouquoi-veritable-faute-vincent-peillon-est-pas-celle-que-on-croit-eric-deschavanne-976373.html

comme souvent, des « projets pilotes », qui passeront ensuite dans la vie quotidienne et affecteront le *quidam* moyen. Les recherches sur le « soldat du futur », amélioré génétiquement ou par un exosquelette, la course à l'armement, le « tout technologique » de la DARPA américaine et de sa politique dite *Revolution in Military Affairs* (RMA), contraignent tout le monde à suivre une direction définie par l'acteur le plus agressif du système, de nos jours l'axe Washington/Tel Aviv. Fort heureusement, cette fuite en avant dans la technique et la virtualité correspond aussi à une perte de contact avec le réel qui handicape profondément ceux qui la mettent en œuvre dans leur programme de domination géopolitique. Plus la technologie est complexe, plus elle est fragile et plus elle induit de chocs en retour sur son utilisateur.

CC : Beaucoup de projets mis en avant par le transhumanisme semblent soit délirants (transfert de conscience sur disque dur, immortalité…) soit très potentiellement cancérigènes et inadaptés. Si ces propositions ne sont pas viables, pourrait-on en déduire que le transhumanisme n'est que le faux-nez d'un autre projet ? C'est-à-dire un instrument de transitologie pour mener une réforme anthropologique encore plus profonde ?

LC : C'est très exactement ce que je pense aujourd'hui. Le transhumanisme, c'est-à-dire l'artificialisation de l'espèce humaine, est un échec, on peut déjà le voir aujourd'hui et en tirer un « bilan globalement négatif ». Les résultats scientifiques positifs du transhumanisme sont ultraminoritaires. Par exemple, l'un des membres des Mutants expérimentait sur lui-même des substances de synthèse pour doper son cerveau. Il a eu des problèmes de santé et a dû se calmer. À l'opposé, deux autres membres des Mutants, Peggy Sastre et Charles Muller, ont un peu pris la tangente à une époque et publié en 2006 *Des plantes pour votre cerveau – Comment booster votre humeur, votre mémoire, votre intelligence.* Ici, on ne renonce pas à modifier l'humain, mais on le fait par des voies douces et qui respectent sa nature, avec la phytothérapie, etc. On sort donc du transhumanisme au sens strict pour revenir sur des méthodes naturelles.

Il faut donc distinguer deux méthodes de modification comportementale : l'artificialisation, qui est pathogène, et l'aménagement, qui est constructif car il respecte le cours de la nature. Autre exemple : quand les castors fabriquent des barrages et des huttes sur un cours d'eau, ils n'artificialisent pas leur environnement, ils l'aménagent. Il n'y a aucune pathologie à la solde. Même différence entre la permaculture, qui aménage sans provoquer de pathologies, et l'agriculture chimique, qui artificialise et provoque des cancers. Les partisans du transhumanisme comme Raymond Kurzweil ou Jacques Attali sont suffisamment intelligents pour savoir tout cela. Ils savent aussi que la dématérialisation et la virtualisation des données accroissent les risques de piratage et de fraude. Patrick Lagarde, le PDG de la société de sécurité Brink's France, évoquait ainsi les risques engendrés par la monnaie électronique et le paiement sans contact par puces de type NFC (*Near Field Communication*) : « Les espèces sont aussi bien moins exposées aux risques de fraude que les autres moyens de paiement. En 2014, des chercheurs britanniques ont mis en évidence une faille dans le dispositif NFC, dont le gouvernement fait aujourd'hui la promotion, à grands coups d'annonces dans les médias. Cette faille permet à des pirates de dérober jusqu'à un million d'euros avec un équipement assez simple et bien sûr sans contact avec la carte ! Voilà une technologie pratique ! Dans ces conditions, difficile d'accorder une confiance aveugle au tout-dématérialisé[70]. »

---

70. « Plaidoyer pour l'argent liquide », *Les Échos*, 24/07/2015.
http://www.lesechos.fr/idees-debats/editos-analyses/021119238655-plaidoyer-pour-largent-liquide-1139454.php

Il est donc évident que le transhumanisme est un outil de transitologie, comme vous dites, un hameçon d'ingénierie sociale pour faire passer en contrebande, de manière furtive, quelque chose d'autre que ce qui apparaît. Quel est ce contenu subliminal du transhumanisme ? C'est la discrimination positive des minorités, soit l'établissement d'un régime de privilèges juridiques et légaux pour les minorités, soit la dictature des minorités.

Je m'explique. Le transhumain sert de brise-glace avant-gardiste à un projet non spécifiquement transhumain. Le transhumain sera toujours minoritaire, mais il va falloir lui trouver un statut juridico-légal. La guerre entre mutants et humains de la série *X-Men* va passer dans le monde réel. Or, dès lors que l'humain moyen majoritaire n'est plus l'étalon de mesure du Droit et de la Loi, dès lors que l'étalon de mesure du Droit et de la Loi devient la minorité non humaine et que l'on réécrit un Droit sur mesure pour la minorité non humaine, on sort de la démocratie pour entrer dans l'oligarchie. C'est l'inversion de la règle et de l'exception. Les avocats du barreau de Paris qui travaillent sur le droit des animaux ou sur le droit des robots, pour accorder une personnalité juridique aux animaux et aux robots égale à la personnalité juridique des humains, vont également dans ce sens. Quand les normes juridico-légales standard de la vie humaine ne seront plus calquées sur la légitimité naturelle de l'humain standard majoritaire, mais sur le transhumain, le mutant, l'animal, le robot, etc., l'humain pourra alors être légalement réduit à l'état d'esclave par la dictature des non-humains. La persécution de la majorité sera devenue légale. Une campagne de puçage électronique de la population humaine pour assurer sa traçabilité comme du bétail pourra alors commencer sans provoquer trop de remous car la majorité aura assimilé son statut inférieur. Nous y sommes.

La démocratie, c'est la Loi de la majorité. C'est quand la majorité définit la norme. Cela va de soi, c'est intuitif, c'est du bon sens. Quand une minorité veut asseoir sa domination sur la majorité, elle doit inverser ce sens commun et parvenir à fabriquer le consentement à l'idée que le non-humain a le droit de définir la norme pour l'humain. Cela relève du délire psychotique qui essaye de se faire passer pour la marche à suivre collective normale. Nous baignons là-dedans. Une guerre totale d'extermination nous est donc livrée mais sans avoir été déclarée.

CC : Il est amusant – ou inquiétant – de constater que la mode du transhumanisme éclot au moment où le système économique dévoile ce qu'il est : une chimère. Une économie irréelle peut-elle proposer autre chose que des solutions irréelles ? Le transhumanisme est-il selon vous quelque chose de sérieux ou de complètement chimérique ?

LC : La dictature transhumaniste des « Conchita Wurst » qui essaye de s'installer en Occident est profondément ridicule, parodique et prête à rire. Tout devient chimérique. L'économie est chimérique, essentiellement composée de fausse monnaie virtuelle. On parle aussi de « chimères » pour qualifier le projet de métissage génétique entre humains et animaux sur lequel travaillent sérieusement nombre de laboratoires, notamment au CEA (Commissariat à l'énergie atomique). Il n'y aura pas de résultats positifs, parce que ce n'est pas le but. La structure profonde du postmodernisme est encore plus inquiétante que le simulacre généralisé dont parlait Baudrillard : elle a la forme de l'hameçonnage, « un faux bien pour un vrai mal ». Vous croyez que vous allez faire un bon repas et c'est vous qui terminez dans l'assiette, principe des soirées festives de puçage RFID et autres *implant parties*.

J'approfondis ce que je disais plus haut : le transhumanisme est essentiellement un moyen chimérique de faire passer autre chose, qui est la discrimination positive humanophobe et la dictature des minorités. La propagande homo- et transsexuelle, le *pinkwashing*, l'anti-spécisme, le véganisme, le droit des robots et la lutte morale et juridique contre toutes les différences naturelles participent aussi de ce programme de mise en minorité juridico-morale de l'espèce humaine. Accorder une personnalité juridique aux animaux et aux machines, accorder le droit de faire des enfants aux homosexuels, tout ceci consiste à créer des droits impossibles à exercer. L'impossibilité physique et matérielle de faire des enfants pour les homosexuels ou d'exercer une personnalité juridique pour les animaux et les robots car cela suppose l'accès au langage, est ensuite requalifiée en injustice aux yeux de la Loi, et en inégalité moralement intolérable, ce qui autorise moralement à demander réparation au législateur. Cette ouverture aux homosexuels, aux animaux et aux robots de droits qu'ils seront dans l'impossibilité physique d'exercer crée un appel d'air vers une deuxième réparation de cette « injustice » et induit une fuite en avant dans ce mécanisme apparemment égalitaire mais qui accorde au final toujours plus de droits aux « minorités ». L'égalitarisme est donc en réalité parfaitement inégalitaire.

Une vaste révolution anthropologique est en cours sur ce modèle, une gigantesque inversion des valeurs – nihiliste, ajouterait un nietzschéen – qui consiste à asseoir définitivement dans l'esprit des gens que les minorités ont plus de droits, et auront toujours plus de droits, que la majorité. Je me souviens d'une vidéo de conférence où Daniel Cohn-Bendit éructait : « La démocratie, ce n'est pas la majorité, c'est protéger les minorités contre la majorité ! » Cette conception est une inversion totale des constantes et des priorités anthropologiques de notre espèce, et de toutes les espèces vivantes, où il est naturel que les règles soient définies par et pour la majorité, les minorités n'ayant qu'à s'adapter ou à partir. Or, c'est cette inversion que certaines minorités travaillent à légitimer en utilisant d'autres minorités qu'elles mettent en avant pour abraser et éroder le sens commun. À cause de tout ce *lobbying*, le Droit devient lui aussi complètement déconnecté du réel et de plus en plus fantaisiste. Le seul aspect rationnel de ces nouveaux droits doit être cherché dans le capitalisme car ils seront générateurs de bénéfices commerciaux : la marchandisation du vivant, en particulier l'exploitation du corps féminin réclamée par le *lobby* homosexuel, la fameuse location du ventre des femmes demandée par Pierre Bergé, c'est-à-dire la prostitution utérine des femmes, la GPA, la PMA, l'ectogenèse, toutes ces techniques ne sont pas gratuites et vont rapporter des milliards à certaines personnes.

CC : Sur la cybernétique, Heidegger disait qu'elle était « l'accomplissement du devenir-monde de la métaphysique ». Pourriez-vous expliciter cette assertion ?

LC : Pour Heidegger, la métaphysique occidentale a occulté l'Être au profit de l'étant. C'est-à-dire qu'elle a occulté l'invisible au profit du visible. L'étant, c'est tout ce qui « se tient devant », c'est la *physis*, le monde. Même les idées les plus abstraites et spirituelles, quand elles sont des objets mentaux, sont des étants qui se « tiennent devant » et appartiennent donc au « monde » et au champ du visuel et de la conscience intentionnelle. Le mot allemand utilisé par Heidegger pour désigner cette « objectalité » est *Gestell*. C'est le règne des objets, donc de la technique et de la cybernétique, qui réduit tout à des « choses », à de la *res extensa*, en nivelant la différence entre vivant et mort. À l'opposé, l'Être heideggerien s'éprouve dans le vécu intime temporel. C'est un peu l'équivalent de la « durée » chez Bergson, impossible à visualiser. Sloterdijk a proposé le concept de *Gewächs*, qui évoque la croissance des plantes, invisible à l'œil nu mais bien réelle malgré tout et constatable après coup. Ce sont tous les processus évolutifs discrets, humbles, lents mais assurés, bref tout le contraire du Spectacle, au sens situationniste de Guy Debord. Quand on emprunte cette piste de l'ontologie heideggerienne, qui est celle de la phénoménologie orientée vers le vécu immédiat et intuitif, on sort de la métaphysique occidentale et de ses « objets qui se tiennent devant », pour aller vers les métaphysiques orientales et la notion de processus et de Devenir. Cette tendance est minoritaire en Occident, seulement représentée par Héraclite, Spinoza ou Nietzsche avant le XXᵉ siècle. En revanche, elle définit le fonds culturel commun en Asie depuis des millénaires, dans le taoïsme ou le bouddhisme. On lira avec fruit François Jullien sur tous ces sujets.

CC : Aux États-Unis, on sait qu'il existe des liens très forts entre les milieux libertariens (la droite du Parti républicain) et les initiatives transhumanistes. Certains prétendent que l'Université de la Singularité en Californie serait soutenue par ces milieux. Cela vous semble-t-il crédible ? Auriez-vous des informations qui viendraient étayer ces dires ?

LC : Deux niveaux à examiner : les organisations (groupes de pression, financiers) et les idées, les théories. Sur le plan des logiciels théoriques, il y a compatibilité totale entre libertariens et transhumanistes, qui convergent dans le mythe capitaliste et progressiste du *self made man*, l'individu qui s'est fait tout seul. C'est le libéralisme libertaire intégral, le culte du Moi et de l'égoïsme concurrentiel. Max Stirner et Ayn Rand sont des références. Que dit la page Wikipédia de la seconde ? « Ayn Rand (…) est une philosophe, scénariste et romancière américaine d'origine russe, juive athée, née le 2 février 1905 à Saint-Pétersbourg et morte le 6 mars 1982 à New York. Ayn Rand est connue pour sa philosophie rationaliste, proche de celle du mouvement politique libertarien, à laquelle elle a donné le nom d'*objectivisme*. » Évidemment, l'auto-fondation et l'auto-engendrement relèvent du fantasme car nous ne naissons pas de nous-mêmes et nous sommes toujours héritiers de quelque chose ou de quelqu'un, héritage qui nous conditionne et oriente notre identité dans un sens plutôt que dans un autre. La théorie de la confusion des genres, selon laquelle l'individu est « libre de choisir » d'être un homme ou une femme, appartient aussi à cette nébuleuse idéologique de l'auto-fondation, dont le cri de ralliement est : « Du passé, faisons table rase ! » Si les idées libertariennes et transhumanistes convergent donc effectivement, en va-t-il de même pour les organisations ? La crise migratoire organisée en 2015 par des ONG internationales pour détruire l'Europe est la cause commune qui unifie beaucoup de monde, comme le montre Alexandre Latsa dans un article important : « Fluchthelfer est un site militant appelant les citoyens européens à devenir des « agents d'évasions » en covoiturant des migrants de façon citoyenne et discrète lors de leurs déplacements en Europe ou de leur retour de vacances en zones frontalières, telles l'Italie ou la Grèce. En clair, à devenir des passeurs et des trafiquants d'êtres humains et en violant la loi, comme le démontre leur vidéo de promo dans laquelle on peut voir de bons vieux Allemands transporter un jeune homme visiblement originaire d'Afrique en lui faisant traverser les inexistantes frontières du dispositif Schengen. Au cours du mois d'août 2015, des blogueurs se sont intéressés à Fluchthelfer pour découvrir que le nom de l'association avait été déposé, sur Internet, par une puissante structure américaine : l'institut Ayn-Rand, ultralibertaire sur le plan sociétal et dont le conseil d'administration est composé autant d'anciens membres de Goldman Sachs que de membres du Cato

Institute [institut Caton], ce dernier prônant également « les libertés individuelles, un gouvernement réduit, les libertés économiques et la paix ». (…) Voilà donc un scénario imposé par des réseaux globaux, qu'ils soient libertaires capitalistes, gaucho-libertaires ou islamiques radicaux, et dont l'objectif, de la Californie à Berlin en passant par Paris, Bruxelles, Raqqa ou Doha, reste le même : la destruction des États européens[71]. »

Détruire tout ce qui nous rattache encore à l'espèce humaine et à un passé ou une origine quelconque, tel est le programme commun des transhumanistes et des libertariens, dont l'immigration de remplacement est l'outil de déracinement par excellence. En Europe, les réseaux affinitaires du transhumanisme sont sensiblement les mêmes qu'en Amérique du Nord. La grande banque financière, les médias et diverses minorités agissantes et organisées convergent depuis longtemps dans un front commun de l'ultracapitalisme, parfois sous couvert de la postérité intellectuelle de Deleuze et Guattari. Le parcours de Léo Scheer, qui publiait en 1998 *L'Hypothèse de la singularité*, est intéressant à ce titre. Voyons encore Wikipédia : « Léo Scheer, né le 29 mai 1947 dans le camp de réfugiés de Pöcking au sud de Munich (Allemagne), est éditeur, sociologue, producteur de télévision et écrivain français d'origine juive polonaise. (…) En 2000, il crée les Éditions Léo Scheer, puis la galerie Léo Scheer en 2002. L'année suivante, il reprend les Éditions réticulaires (magazine *Chronic'art* et site internet chronicart. com). En 2004, les Éditions Léo Scheer lancent *La Revue littéraire*. »

Ajoutons qu'il est marié depuis 1989 avec Nathalie Rheims, de la famille Rothschild, et qu'il est l'un des principaux animateurs du milieu mondain branché parisien, tendance

---

71. « Vague de migrants en Europe : vers la piste américaine ? », Sputnik, 24/09/2015. http://fr.sputniknews.com/points_de_vue/20150924/1018382147.html

Canal+, où il travaille à banaliser les thèses transhumanistes au moyen de publications et d'expositions d'art contemporain dans sa galerie de la rue de Verneuil. Léo Scheer soutient particulièrement Alexander Bard, artiste et écrivain suédois issu de la mouvance LGBT, qui s'est fait connaître avec le groupe musical Army of Lovers, dont l'esthétique *queer*, transgenre et travestie est devenue une icône de la « culture *gay* ». Alexander Bard a ensuite coécrit avec Jan Söderqvist une série d'ouvrages technophiles dont le plus connu, paru aux Éditions Léo Scheer en 2008, est intitulé *Les Netocrates – Une nouvelle élite pour l'après-capitalisme*. Je conclurai sur ce morceau d'idéologie tertiarisée que nous propose la quatrième de couverture, dans le sillage de l'idée de la Singularité post-humaine : « Les nouvelles technologies de l'information et de la communication changent notre vie. Une mutation historique est en cours. L'État-nation, la démocratie, l'égalitarisme, l'humanisme et le bien commun, toutes ces belles idées vivent leurs dernières heures. Le pouvoir se déplace des moyens de production, des chaires universitaires ou des cabinets parlementaires vers la capacité de création, de tri et de traitement de l'information. Une nouvelle classe dominante émerge. Ce sont les « netocrates », la nouvelle élite de l'après-capitalisme. Ils mènent déjà le monde, et vous ne le savez pas encore. Par-delà le bien et le mal, dans une complète indifférence aux positions idéologiques périmées et aux clivages intellectuels fossilisés, *Les Netocrates*, best-seller mondial déjà traduit en douze langues, enfin disponible pour le public francophone, nous force à regarder en face l'évolution la plus intense et la plus rapide que l'humanité ait connue depuis ses origines. Vous avez le choix : enfouir la tête dans le sable ou lire Alexander Bard et Jan Söderqvist. »

Ce type d'envolée lyrique a pour but de naturaliser le processus arbitraire en cours et de dissimuler qui en tire les ficelles. En particulier, il faut persuader le lecteur que la question « Qui paye ? » n'a plus d'importance, puisque le pouvoir s'est déplacé des moyens de production vers le traitement de l'information. Nous sommes « après » le capitalisme, donc il n'y a plus besoin de poser la question de l'infrastructure économique du processus, qui est aussi la question de qui finance et qui oriente la marche des choses. « Dormez bien, braves gens ! » Ce type de discours ne poursuit toujours qu'une seule finalité : vous réduire au stade de bétail en fabriquant votre consentement à vous laisser implanter une puce électronique dans le corps. Tout le reste, c'est du bla-bla pour vous « hameçonner », gagner votre confiance, voire votre enthousiasme, ou, au minimum, susciter l'indifférence et endormir votre vigilance. C'est d'ailleurs ce que je pense de l'ensemble du propos transhumaniste aujourd'hui : une vaste escroquerie dont les gourous et promoteurs eux-mêmes ne croient pas un mot et qui ne trompe que les militants de base. En un mot : une secte.

TROISIÈME PARTIE

GÉOPOLITIQUE

.

CHAPITRE PREMIER

GOUVERNER L'EUROPE PAR LE CHAOS[*]

Comme toute narration historique, la version officielle de la Deuxième Guerre mondiale présente un caractère partiellement fictif. Le travail de l'historien, qui consiste à réviser perpétuellement l'Histoire, est venu nuancer et complexifier cette version officielle écrite par les vainqueurs. L'intellect humain étant sélectif et imparfait, les versions révisées de l'Histoire officielle sont, elles aussi, partiellement fictives et peuvent être également nuancées et complexifiées à leur tour. Un travail de recherche historique scientifique consiste donc aussi à réviser la révision, puis la révision de la révision, et ainsi de suite à l'infini…

La version communément admise de la Deuxième Guerre mondiale propose un antagonisme essentialisé entre deux blocs géopolitiques aux raisons parfaitement indépendantes : d'un côté, les bons, qui défendent la démocratie, et de l'autre, les méchants, partisans de la dictature. Le rôle de

[*]Égalité & Réconciliation, 17/05/2012.

l'URSS, impossible à ranger dans l'une ou l'autre case, est généralement minoré, car il vient complexifier cette vision manichéenne. La narration historique officielle de la Deuxième Guerre mondiale présente donc deux camps ennemis irréconciliables et n'ayant jamais communiqué autrement que dans le conflit. Or, aussi surprenant que cela paraisse, une étude plus attentive des faits révèle des preuves de connivences multiples entre les ennemis déclarés. Cette interdépendance des belligérants est décelable au niveau des acteurs privés, mais aussi publics.

Dans le champ des acteurs privés, les liens entre le nazisme et le capitalisme industriel américain sont largement documentés, de General Motors à ITT (*International Telephone and Telegraph*) jusqu'à l'opération Paperclip. On connaît moins bien les liens entre le nazisme et le capitalisme financier, les fameux « banquiers cosmopolites » contre lesquels les nazis eux-mêmes criaient pourtant si fort. Le nom des Warburg apparaît parfois et fournit une entrée dans diverses sources passées sous silence par l'historiographie universitaire, attestant des rapports particulièrement intimes et intriqués entre le Troisième Reich et Wall Street ou la City londonienne. De fait, même au plus fort de la guerre, l'Allemagne nazie n'a jamais été exclue du système de communication financier international de l'époque, ancêtre du réseau SWIFT (*Society for Worldwide Interbank Financial Telecommunication*), ce qui aurait pourtant suffi à la tuer économiquement. En revanche, l'Union européenne déconnectait partiellement l'Iran de SWIFT le 15 mars 2012 et envisageait la déconnexion totale de la Russie le 18 septembre 2014, dans les deux cas à titre de sanctions contre les intentions de guerre supposées des deux pays. Pierre Jovanovic expliquait en 2012 : « Si vous êtes interdit de chéquier, vous n'êtes pas pour autant exclu du circuit financier puisque vous pouvez recevoir et émettre des virements et par conséquent retirer l'argent de votre compte. En revanche, si votre banque par exemple est exclue de SWIFT, eh bien vous ne pouvez même plus recevoir un virement. Pour l'Iran, c'est la mort par exclusion des circuits informatiques financiers. Et c'est une vraie première. En effet, même pendant les deux guerres mondiales, la Suisse avait servi de point central aux banques… et aucun des pays en guerre n'a été exclu du circuit financier, pas même l'Allemagne[72]. » La grande banque internationale n'a donc jamais affronté Hitler, ou seulement à la marge, et elle a même plutôt contribué discrètement à son avènement[73]. En effet, à partir de la création en 1930 de la Banque des règlements internationaux à Bâle, les caisses du parti NSDAP, puis du régime nazi, furent alimentées par Wall Street et la City *via* la Suisse sous la supervision de Montagu Norman, le gouverneur de la Banque d'Angleterre, et de son proche ami, Hjalmar Schacht, le directeur de la Reichsbank[74].

Or, au-delà même de cette connivence émanant d'acteurs privés ou semi-privés, il apparaît qu'il y a eu complicité au plus haut niveau entre des États officiellement en guerre, à savoir entre le gouvernement allemand, d'une part, et les gouvernements alliés anglais et américains de l'autre. À l'appui de cette thèse, nous proposons au lecteur des documents qui pourraient contribuer à remettre en cause l'histoire de la Deuxième Guerre mondiale et, partant, l'histoire du monde. La Bibliothèque nationale de France offre en ligne sur Internet des versions numérisées de certaines de ses archives, notamment la presse clandestine de la Résistance

---

72. « L'information majeure de la semaine : SWIFT devient une arme de guerre! », Pierre Jovanovic, 20-24/02/2012.
http://www.jovanovic.com/blog042.htm
73. « Comment Londres et Wall Street ont mis Hitler au pouvoir », *Solidarité et progrès*, 19/09/2006.
http://www.solidariteetprogres.org/documents-de-fond-7/histoire/article/comment-londres-et-wall-street-ont-mis-hitler-au.html
74. « La Banque d'Angleterre reconnaît avoir donné l'or des Tchèques aux Nazis », Ria Novosti, 31/07/2013.
http://fr.ria.ru/world/20130731/198901261.html

qui circulait sous le manteau en France pendant l'occupation allemande. Ci-dessous quelques extraits troublants du journal communiste *La Vérité – Organe du Parti Ouvrier Internationaliste (IVe Internationale)*, que l'on trouvera dans le catalogue de la BnF à la cote : RES-G-1470 (402) ; ou pour la version numérisée : NUMP-9361.

La Vérité, n° 55, 10 décembre 1943.

« *Pourquoi le Front ne bouge pas en Méditerranée.* Le New-Leader, organe du Parti Travailliste Indépendant anglais, dénonce les affaires d'or du capitalisme anglais à la faveur de la guerre. « Plus ça dure, mieux ça vaut », tel est l'esprit de la Bourse. Les banques établissent des succursales derrière les pas des soldats. (…) Les dividendes vont jusqu'à 88 % ! Après cela on comprend pourquoi, quand Churchill parle d'une « terrible année 1944 », les actions montent, tandis que le commentateur militaire Liddell Hart s'étonne que l'armée anglaise ne puisse avancer en Italie du Sud « devant 5 divisions allemandes ». Les Allemands claironnent les hauts faits de leur armée quand il s'agit surtout de la passivité organisée des gouvernements alliés. » (…) « *Ceux qui ont rasé Nantes ravitaillent l'Allemagne en essence!* Des lecteurs nous font parvenir une récente « Note adressée par les organes dirigeants de l'Armée secrète au Commandement interallié ». (…) « À AUCUN MOMENT L'AVIATION ALLIÉE N'A BOMBARDÉ LE BASSIN DE BRIEY, NI LES MINES DE BAUXITE DU SUD-EST, la grosse industrie d'où l'ennemi tire l'essentiel de ses ressources. » La note continue ainsi : « DES INFORMATIONS ABSOLUMENT SÛRES NOUS SIGNALENT L'ARRIVÉE ININTERROMPUE PAR L'ESPAGNE DE TRAINS CITERNES COMPLETS D'ESSENCE[75]. » (…) »

---

75. http://gallica.bnf.fr/ark:/12148/bpt6k879086t.image

« *Une guerre de forbans capitalistes… Roosevelt ravitaille Hitler…* Dans son dernier numéro, La Vérité a dévoilé le trafic de l'essence et des avions entre les « Alliés » et l'Allemagne. (…) Partout, c'est la conspiration du silence. (…) Les travailleurs doivent ignorer que les tractations financières se foutent des « frontières nationales » et des prétendues « frontières idéologiques ». (…) La Vérité entend briser le silence public de la presse bourgeoise, tant hitlérienne que pro-alliée. Il faut que chaque ouvrier reconnaisse, le masque arraché, le vrai visage des belligérants impérialistes : nulle part, les croisés de la civilisation et de la Paix. Mais des forbans capitalistes qui font s'entre-tuer les peuples pour le partage des marchés et qui, au cours même de la guerre, continuent entre eux leurs fructueuses affaires[76]. »

La Vérité, nº 58, 10 février 1944.

« *Le trafic de l'essence. L'Internationale capitaliste n'est pas dissoute.* 1939. La guerre est venue… et le trafic a continué. Dans tous les pays, les journaux menteurs parlaient du blocus, mais les navires alliés transportaient du minerai et du matériel d'Amérique en Allemagne *via* la Belgique. (…) Aujourd'hui, les aviations alliées détruisent certaines industries de l'Allemagne afin de supprimer un concurrent dans l'avenir. Mais pour que, dans l'immédiat, le Reich puisse tenir le temps qu'il faut devant l'URSS, les alliés expédient chaque jour deux trains d'essence à Hitler ; une centaine de wagons qui passent chaque jour à Portbou[77]. »

---

76. http://gallica.bnf.fr/ark:/12148/bpt6k8790876.image
77. http://gallica.bnf.fr/ark:/12148/bpt6k879088k.image

La Vérité, n° 59, 17 février 1944.

« *Après le pétrole, les minerais!* Des camarades qui reviennent d'Allemagne nous demandaient : « Pourquoi les grandes usines allemandes de produits chimiques ne sont-elles pas bombardées ? Alors que 150 000 travailleurs, femmes et enfants de Hambourg ont été carbonisés, pourquoi les usines de LA LEUNA, par exemple, restent-elles toujours debout ? » Nous sommes à présent en mesure de donner la réponse. C'est que les PRODUITS CHIMIQUES ALLEMANDS SONT ÉCHANGÉS CONTRE DES MINERAIS SPÉCIAUX AMÉRICAINS dont le Reich a besoin pour son industrie de guerre[78]. »

Ces témoignages d'époque, pris sur le vif, sur le terrain et dans le feu de l'action, sont recoupés par des recherches plus académiques, telles que celles de Valentin Katasonov, professeur à Moscou au Département de l'Institut d'État de finance internationale : « La guerre n'a pas été déclenchée par un Führer enragé qui se trouvait à diriger l'Allemagne à cette époque. La Seconde Guerre mondiale est l'œuvre d'une oligarchie mondiale, ou plus précisément des ploutocrates anglo-américains. Utilisant des instruments tels que la Réserve fédérale US et la Banque d'Angleterre, ils ont commencé à se préparer pour le prochain conflit d'ampleur mondiale immédiatement après la Première Guerre mondiale. Leur cible était l'URSS[79]. » Outre son poste d'enseignant à Moscou, Valentin Katasonov est docteur en sciences économiques, membre correspondant de l'Académie des sciences économiques et commerciales, fut consultant des Nations unies (1991-93), membre du Conseil consultatif

---

78. http://gallica.bnf.fr/ark:/12148/bpt6k879089z.image
79. « La Seconde Guerre mondiale organisée par les ploutocrates anglo-américains », Le Saker francophone, 04/05/2015.
http://lesakerfrancophone.net/la-seconde-guerre-mondiale-organisee-par-les-ploutocrates-anglo-americains-i/

auprès du président de la Banque européenne pour la reconstruction et le développement (BERD) (1993-1996) et chef du Département des relations monétaires internationales du ministère des Affaires étrangères de Russie (2001-2011). Son point de vue converge dans les grandes lignes avec ceux de Benjamin Freedman, Douglas Reed, Antony Sutton, Eustace Mullins, Lyndon LaRouche, Pierre de Villemarest et Song Hongbing. Le schéma général que l'on retire de cette masse documentaire est un gigantesque conflit mondial triangulé par des acteurs financiers soutenant les deux camps opposés pour faire progresser leur programme d'hégémonie mondiale au prix du chaos en Europe. L'attaque de l'URSS, véritable finalité de la Deuxième Guerre mondiale, était un passage obligé, non pas en raison de la nature du régime communiste mais parce que le territoire immense à conquérir offrait la domination du continent eurasiatique, puis du monde entier, programme soutenu encore aujourd'hui par un Zbigniew Brzezinski. Dans cette perspective, la Deuxième Guerre mondiale fut une « guerre par procuration » (*proxy war*) menée par le complexe militaro-industriel de la haute banque occidentale au moyen du nazisme pour tenter de prendre le contrôle géopolitique complet du continent eurasiatique, de Brest à Vladivostok.

Le jugement porté sur le nazisme peut donc s'échelonner en trois moments : 1) le nazisme fut la barbarie ultime ; 2) le nazisme fut un contre-pouvoir à la barbarie ultime ; 3) le nazisme fut l'instrument de la barbarie ultime. Dans ce nouveau paradigme historique, trois têtes ont émergé de la matrice impériale anglo-saxonne : le nazisme, l'entité sioniste et l'Union européenne, toutes tendues vers un but unique, envahir l'Eurasie, par l'ouest ou par le sud, d'où la permanence des attaques contre Moscou sur le long terme, avec ou sans le communisme, et indépendamment des périodes où la Russie semblait muselée – pacte germano-soviétique en 1939-1941 ou présidence de Boris Eltsine. À cette fin, la Deuxième Guerre mondiale aura permis de faire passer plus facilement plusieurs objectifs : le renforcement de l'influence des États-Unis en Europe au prétexte de la « menace communiste » ; la création de l'Union européenne, technocratie totalitaire administrée par une *troïka* de banques et de *lobbies* sous prétexte de pacifier l'Europe, mais dont la vraie finalité atlantiste transparaît dans la soumission croissante du « vieux continent » aux États-Unis (plan Marshall, OTAN, TAFTA, etc.) ; enfin, la matérialisation géopolitique en Palestine de l'entité sioniste, jusque-là limitée à la finance et aux médias, et la constitution de sa diaspora internationale comme armée du Capital, suivant la théorie des élites de Vilfredo Pareto selon laquelle les 20 % d'un groupe sociologique qui détiennent le capital suffisent à l'animer – le reste pouvant dès lors être éliminé physiquement.

Les « chemises brunes » ont donc fait progresser les causes atlantiste, européiste, sioniste et mondialiste plus que personne au monde. Sans eux, les principaux outils géopolitiques de la globalisation sous pilotage de l'axe Washington/Bruxelles/Tel Aviv n'auraient jamais vu le jour après-guerre. Il fallait en effet un prétexte suffisamment massif, en l'occurrence une vague d'antisémitisme sans précédent, pour justifier moralement aux yeux du monde la promulgation officielle d'un pays spécialement conçu pour les Juifs. Idem pour le projet utopique d'abolir les frontières entre les pays d'Europe, qui engendra l'Union européenne et les accords de Schengen au nom d'une lutte contre le « nationalisme fauteur de guerres » – alors que c'est précisément l'absence de frontières et leur transgression qui provoquent les guerres. Dès lors, la « séquence nazie » du *storytelling* globaliste peut se comprendre comme l'une de ces nombreuses applications d'ingénierie sociale de masse, gigantesque opération psychologique de « sidération mondiale » procédant au moyen de la terreur et du meurtre de masse par acteur interposé et mise en scène médiatique.

CHAPITRE II

GOUVERNER LE MOYEN-ORIENT PAR LE CHAOS[*]

LA DOCTRINE DU REMODELAGE DU GRAND MOYEN-ORIENT

À toutes les époques, des crises de toutes sortes ont eu lieu. L'état de crise n'était cependant pas la norme. Les crises du passé relevaient du courant faible qui vient se superposer à un état normal de stabilité en tant que courant fort. Des discontinuités venaient interférer avec une ligne de basse continue mais sans remettre en question la dominance de cette dernière. Or, il semble que notre époque nous donne à voir une inversion des courants faible et fort. La crise deviendrait la règle et la stabilité serait l'exception. D'où vient cette inversion ? A-t-elle une cause naturelle ou procède-t-elle d'une intentionnalité, d'un dessein, d'un programme ?

Emmanuel Kant écrivait en 1795 son projet de « paix perpétuelle ». L'étude attentive de l'histoire des idées montre qu'il existe également un « Projet de guerre perpétuelle », ou

*Rébellion, n° 57, janvier/février 2013 ; Égalité et Réconciliation, 06/06/2013.

de « crise perpétuelle ». En effet, l'observation des crises du passé a permis à quelques fins esprits de noter que les états de crise introduisaient toujours à un changement. À partir de la deuxième moitié du xviiiᵉ siècle et de la montée en puissance du capitalisme, les mêmes fins esprits se sont alors demandé s'ils ne pouvaient pas s'emparer à leur avantage de ce mécanisme de crise productrice de changement. Ils se sont posé la question en ces termes : « Plutôt que d'attendre que les crises arrivent toutes seules, pourquoi ne pas les faire arriver artificiellement, d'une manière aussi contrôlée par nous que possible, de sorte à opérer les changements qui nous arrangent ? » Le principe « révolutionnaire », de 1789 au pseudo « Printemps arabe », était né.

Expression par excellence de ce principe de chamboulement sous contrôle : le remodelage du Grand Moyen-Orient. C'est en 2003 que Georges W. Bush, alors président des États-Unis, expose officiellement cette doctrine dans des allocutions médiatisées. Pendant une quarantaine d'années, la « Guerre froide » avait gelé les positions dans une guerre de tranchées aux limites relativement fixes. Les années quatre-vingt-dix constituèrent un *round* d'observation. Il fallut attendre les attentats du 11 septembre 2001 pour que les vannes d'une nouvelle ère néocoloniale soient franchement ouvertes. On assista alors à un déchaînement de démagogie et de propagande de guerre usant d'éléments de langage stéréotypés, le fameux *storytelling*, atteignant les mêmes niveaux de désinformation, de déréalisation et de réécriture révisionniste instantanée de l'Histoire que pendant les deux guerres mondiales et poursuivant les mêmes objectifs de redéfinition des frontières et de l'ordre géopolitique préexistant. Une nouvelle discipline apparaît dans les *think tanks* de Washington : la transitologie, qui se donne pour mission de réfléchir aux changements de régime (*regime change*) et aux moyens de les provoquer artificiellement. Sous prétexte de la guerre aux dictateurs ou au terrorisme – les deux parfois confondus – et d'attaques préventives pour lutter contre les *rogue states* (États voyous), il s'agira en fait de prendre le contrôle de vastes zones géographiques qui vont du Maroc au Pakistan. Les concepts de *nation building* et de *shaping the world* (façonnage du monde) apparaissent aussi à ce moment. Ce programme impérial procédera par des « révolutions de couleurs » et des « guerres justes », en réalité de simples putschs, coups d'État et guerres d'invasion accomplis avec le soutien d'ONG complices et de plus en plus interventionnistes au nom du « droit d'ingérence », de sorte à placer des hommes liges aux postes de pouvoir et de redessiner les frontières selon les intérêts de l'envahisseur.

Détruire l'ordre des choses existant pour le remplacer par un autre ordre que l'on a défini, voire par l'absence d'ordre tout court – en un mot, la Révolution – telle est donc la méthode de travail du Pouvoir et du Capital. Où l'on voit que le clivage droite/gauche n'a véritablement aucun sens et que l'abandonner est le préalable à toute pensée politique sérieuse. Que le désordre soit un moyen ou carrément une fin en soi, il est troublant d'observer qu'il est ici considéré positivement, à rebours du sens moral commun. Cette capacité à considérer positivement un mal relève d'un profil psychologique qui est celui du sociopathe[80]. La place nous manque ici pour développer cette piste et nous nous en tiendrons à l'aspect géopolitique des choses. Sous cet angle, comment identifier plus précisément l'auteur du chaos provoqué, c'est-à-dire l'acteur révolutionnaire par excellence ? À la suite de plusieurs penseurs, Antonio Negri et Michael Hardt dans *Empire* (2000), Emmanuel Todd dans *Après l'Empire* (2002) ou Alain Soral dans *Comprendre l'Empire* (2011), nous l'appellerons l'Empire.

---

80. Andrew M. Lobaczewski et Arkadiusz Jadczyk, *La Ponérologie politique – Étude de la genèse du mal, appliqué à des fins politiques*, Éditions Pilule Rouge, 2006.

En 1997, Zbigniew Brzezinski publiait son *Grand Échiquier*, sous-titré en version originale *American Primacy and Its Geostrategic Imperatives* (*La primauté américaine et ses impératifs géostratégiques*) pour y exposer sans fard un programme néocolonial dirigé contre la zone eurasiatique. On y lit entre autres ce genre de déclaration : « Il est impératif qu'aucune puissance eurasienne concurrente capable de dominer l'Eurasie ne puisse émerger et ainsi contester l'Amérique. La mise au point d'un plan géostratégique relatif à l'Eurasie est donc le sujet de ce livre. » Mais Brzezinski était loin d'être isolé et son livre n'est que la partie visible de l'iceberg. En 1998, une publication française commentait sur une centaine de pages les tenants et les aboutissants de cette politique étrangère des États-Unis en montrant qu'elle obéissait à un dispositif infiniment plus large que le seul individu Brzezinski. Au travers d'une dizaine d'articles, un collectif de chercheurs en géopolitique coordonné par Alain Joxe et Maurice Ronai exposait les tendances les plus agressives et impérialistes de l'Oncle Sam – les tendances isolationnistes étant bien réelles dans le peuple américain, mais malheureusement minoritaires dans les élites. Le Groupe de sociologie de la Défense de l'École des hautes études en sciences sociales (EHESS) titrait ainsi son *Cahier d'études stratégiques* n° 21 : « Le débat stratégique américain, 1997. Contrôler l'Eurasie. » Les pays de la zone eurasiatique étaient donc prévenus. Au cas où une ambiguïté aurait subsisté, la quatrième de couverture du document récapitulait les impératifs de cette stratégie militaire états-unienne en ces termes : « La recherche de la supériorité opérationnelle absolue, dans le présent et dans l'avenir, demeure le mot d'ordre. » Les choses étaient ainsi clairement posées : moins de dix ans après la chute de leur rival communiste, les États-Unis s'inscrivaient dans une logique d'expansion globale visant à prendre le contrôle de l'Eurasie.

De son côté, le *lobby* israélien aux États-Unis avait déjà produit le manifeste intitulé *A Clean Break : A New Strategy for Securing the Realm* en 1996. Quelques années plus tard, les néoconservateurs sionistes enfonceraient le clou avec un autre texte du même acabit, *Program for a New American Century*, le célèbre PNAC et ses espoirs catastrophistes de nouveau Pearl Harbour visant à détourner définitivement les États-Unis de toute tendance isolationniste et à les transformer en une sorte de Golem au service exclusif des intérêts israéliens. Point d'orgue de ce coup d'État élaboré sur des années, les attentats du 11 septembre 2001, dont le véritable cerveau semble plutôt être Benyamin Netanyahou que « Photoshop » Ben Laden, et qui devaient permettre à Tel Aviv de prendre le contrôle de la politique étrangère de Washington, D.C., par la désignation schmittienne d'un ennemi commun : le « terrorisme islamiste ».

Enfin, à la faveur de la crise syrienne et de la transformation de la France en zone d'influence et parc d'attractions, on vit nettement l'émergence d'un nouvel acteur hyperactif : les pétromonarchies du Golfe persique, Arabie saoudite et Qatar en tête, nourrissant des projets d'expansion et fourbissant leurs armes depuis longtemps en attendant d'avoir atteint la taille suffisante pour se lancer dans la bataille contre le monde chiite et ses alliés.

De cette accumulation de couches et de strates d'intérêts convergents allaient sortir en 2007 les révélations fracassantes du général Wesley Clark, de l'US Army, lequel rapportait à l'occasion d'un *talk-show* télévisé la feuille de route impériale dont on lui avait fait part au Pentagone à la fin 2001 : envahir sept pays, nommément l'Afghanistan, l'Irak, la Libye, la Syrie, l'Iran, la Somalie et le Soudan. Si l'on récapitule les acteurs du programme impérial actuel, on en découvre donc trois : 1) l'empire anglo-saxon, déjà existant, élaboré entre Londres et Washington, D.C. ; 2) l'empire juif, en gestation depuis la composition de la Torah et l'invention de l'idée d'une race supérieure « élue » pour dominer le monde ; 3) l'empire pétromonarchique sunnite, qui ne rêve que d'en finir avec ses rivaux chiites et nationalistes laïcs arabes (baasistes).

LE SÉPARATISME COMME MÉTHODE DE L'EMPIRE

Chacun de ces trois acteurs, anglo-saxon, sioniste, wahhabite, travaille à son destin impérial. S'il faut les distinguer par souci de vérité et de précision, il faut aussi reconnaître qu'ils convergent, voire fusionnent sur certains points. Ils sont, par exemple, totalement entrelacés et interdépendants sur le plan logistique, notamment en raison d'agréments et de contrats énergétiques, financiers ou d'armements, comme le pacte du Quincy conclu entre les États-Unis et l'Arabie saoudite en 1945 et renouvelé en 2005. Cette interdépendance se fait à la manière des nœuds borroméens : la disparition de l'un entraînerait dans sa chute la disparition des deux autres, ou du moins compliquerait singulièrement leur existence et hypothéquerait gravement leurs chances de survie à long terme. L'État islamique (Daesh, ISIS, etc.), ce groupe de mercenaires créé par les services secrets israéliens et anglo-saxons pour attaquer sous couverture divers pays – sauf Israël évidemment – est particulièrement représentatif de l'imbrication des trois empires. À l'origine une coproduction clandestine israélo-américaine, cette organisation terroriste djihadiste a rapidement intéressé les pétromonarchies sunnites mais aussi la Turquie, qui sont entrées dans la danse et se sont mises à la soutenir à leur tour.

Même s'ils sont liés « à la vie, à la mort », chacun des trois empires possède néanmoins ses propres raisons et dynamiques internes, indépendantes de celles des autres. Leur attelage est donc fragile et parcouru de fractures actuelles et potentielles. On peut les deviner par l'expérience de pensée consistant à envisager la disparition de leur ennemi commun, au principe du ciment qui les soude : l'État-nation. La liquidation totale et sans retour de l'État-nation, ainsi que de toute forme de souveraineté populaire, de service public et de protectionnisme aux frontières, est le rêve de l'Empire – dont Negri et Hardt, très influents à l'extrême gauche, se rendent complices, prouvant par là que la critique simplement altermondialiste de l'Empire se laisse facilement récupérer par lui. Mais si la multitude des nations souveraines venait à disparaître réellement, les trois impérialismes se retrouveraient alors sans objet, et se retourneraient les uns contre les autres pour la dernière étape de la compétition dans une phase d'entre-dévoration et de destruction mutuelle. Emblématiques des trois polarités impériales, les dynasties Rockefeller, Rothschild et Saoud commenceraient alors à s'attaquer et à s'exterminer. Les alliés stratégiques, alliés objectifs d'hier deviendraient ennemis mortels d'aujourd'hui pour la domination exclusive du monde selon l'adage : « Il ne peut en rester qu'un. » Ne résultant pas d'affinités profondes, leur alliance est donc conjoncturelle, circonstancielle et disparaîtrait jusqu'au dernier atome en cas de réussite de la première étape de leur plan mondialiste : l'abolition des principes westphaliens.

Sur le plan doctrinal, leur unité et point de convergence réside effectivement dans leur ennemi commun, l'État-nation, dont les fondements ont été définis par les traités de Westphalie de 1648. Par définition, l'Empire prétend à la totalité et à l'englobement. Sa caractéristique est l'absence de bords et de limites. Il récuse donc le principe même de frontières fixes, qui rétablissent un extérieur, donc une altérité, donc un contre-pouvoir, et il soutient toujours le sans-frontiérisme, ainsi que toutes les structures multinationales, transnationales et supranationales (les structures du Capital). Le problème majeur de l'Empire réside dans le concert des nations multiples et aux frontières intègres réintroduisant de l'extériorité et empêchant une tutelle unifiée. L'obstacle à surmonter pour l'Empire loge donc dans le nationalisme et la multipolarité, comme le soulignent Alain Soral ou Alexandre Douguine. Outre l'aspect logistique, le facteur de solidarité des trois branches de l'Empire peut donc être également trouvé dans la méthodologie qu'ils emploient pour parvenir à leurs fins, détruire la souveraineté nationale « une et indivisible », ce qui en géopolitique porte un nom : le séparatisme.

DU CÔTÉ ANGLO-SAXON

La question qui se pose à l'Empire est en fait toujours la même : comment faire monter les séparatismes ? Comment diviser les peuples et les nations pour régner dessus ? L'éclatement des unités nationales permet effectivement d'abolir les seules organisations humaines suffisamment puissantes pour être actrices de l'Histoire et former un contre-pouvoir sérieux et crédible à l'Empire. La démarche anglo-saxonne de production de séparatisme ne date pas d'hier, mais plutôt d'avant-hier, comme en témoignent les écrits du général britannique maintes fois décoré, Frank Kitson, ou les résultats de la Commission Campbell-Bannerman, au début du XXe siècle. Pour réfléchir aux moyens d'empêcher le monde arabe de s'unifier et perpétuer ainsi la domination européenne au Proche et Moyen-Orient, Sir Henry

Campbell-Bannerman, le Premier ministre britannique de l'époque, réunit en 1907 un groupe d'experts dans le cadre de ce que l'on appelait alors *The Imperial Conference* (ou *Colonial Conference* jusqu'en 1907). Le compte rendu des *speeches* de Campbell-Bannerman au Parlement britannique est accessible sur Internet : on y voit les questions posées par les parlementaires pour obtenir des éclaircissements auxquels le Premier ministre se dérobe, arguant qu'il ne lui appartient pas de publier les résultats des discussions mais que c'est à la Commission d'en décider de manière indépendante[81]. La substance des débats a néanmoins fuité et nous est résumée en anglais sur le site de Sybel Edmonds[82], et en français par l'essayiste Pierre Démeron dans un texte de 1968 : « L'impérialisme anglais très vite voit le bon usage du sionisme. En 1907 déjà, le Premier ministre britannique, Campbell-Bannerman, inquiet de l'éveil des nationalismes chez les peuples colonisés, réunit une commission d'historiens et de sociologues pour étudier les moyens susceptibles de perpétuer la domination européenne : « Les empires se forment, s'agrandissent et se stabilisent un tant soit peu avant de se désagréger et de disparaître... Avons-nous un moyen d'empêcher cette chute, cet effondrement, nous est-il possible de freiner le destin du colonialisme européen actuellement à son point critique ? » (...) À ces questions angoissées la commission répond en montrant la nécessité de lutter « contre l'union des masses populaires dans la région arabe ou l'établissement de tout lien intellectuel, spirituel ou historique entre elles » et recommande de chercher « tous les moyens pratiques pour les diviser autant que possible » et

81. Hansard 1803-2005 : *digitised editions of Commons and Lords. Hansard, the Official Report of debates in Parliament.*
http://hansard.millbanksystems.com/people/sir-henry-campbell-bannerman/1907
82. « The Origins of Imperial Israel- Part I. Israel : A Buffer against Arab Nationalism », Boiling Frogs Post, 30/12/2011.
http://www.boilingfrogspost.com/2011/12/30/the-origins-of-imperial-israel-part-i/

notamment, comme moyen d'y parvenir, l'édification d'une « barrière humaine puissante et étrangère à la région – pont reliant l'Asie à l'Afrique – de façon à créer dans cette partie du monde, à proximité du canal de Suez, une force amie de l'impérialisme et hostile aux habitants de la région[83]. »

DU CÔTÉ ISRAÉLIEN

La fameuse « barrière humaine étrangère à la région » et hostile à ses habitants voyait donc le jour en 1948. Rappelons les paroles mémorables de Yehudi Menuhin au moment de la création de l'entité sioniste : « Le monde ne connaîtra plus jamais la paix. » Par définition, un pays entièrement conçu juste pour entretenir une « stratégie de la tension » géopolitique ne peut exister que sur un mode problématique. Comment se configure ce mode d'être israélien nécessairement problématique dont l'Empire a tant besoin ? Par la mise au point d'un mythe fondateur national possédant une contradiction interne insoluble, un *double bind* schismogénétique formulé ainsi : « Je n'ai le droit d'exister que parce qu'on me déteste. » Comme chacun le sait, le mythe fondateur d'Israël repose entièrement sur l'antisémitisme, réel ou imaginaire. Le sionisme et la cohésion du monde juif reposent entièrement sur le complexe de Massada, la représentation paranoïaque de « la citadelle assiégée ». Première dans l'Histoire : voilà un pays qui ne peut survivre que par la haine, réelle ou fictive, qui lui est portée. Cadeau empoisonné fait aux juifs du monde entier par un capitalisme financier en état de putréfaction, dont il est une métastase et dont il porte tous les stigmates de non-viabilité à long terme.

Israël, fille aînée de la Banque. De fait, au vu de ses conditions de naissance, Israël n'est pas un pays mais un

---

83. Pierre Démeron, *Contre Israël*, J.-J Pauvert Éditions, 1968, p. 44-45.

produit financier aux dimensions d'un pays. Sa création *ex nihilo* par la Banque Rothschild, moyennant la Déclaration Balfour de 1917 – du nom d'un Premier ministre britannique – par laquelle des Européens s'engageaient à donner un territoire qui ne leur appartenait pas à d'autres Européens qui n'y avaient aucun droit, révèle son caractère bancal, perceptible dès l'origine. Le 8 février 1920, Winston Churchill publiait dans *The Illustrated Sunday Herald* un célèbre article intitulé « Zionism versus Bolshevism. A Struggle for the Soul of the Jewish People », dans lequel il déclarait : « Bien sûr, la Palestine est beaucoup trop petite pour s'accommoder de plus d'une fraction de la race juive, ou faire que la majorité des juifs nationaux souhaitent y aller. Mais si, comme cela pourrait bien arriver, il devait être créé au cours de notre vie sur les rives du Jourdain un État juif sous la protection de la Couronne britannique, lequel pourrait comprendre trois ou quatre millions de juifs, un événement serait advenu dans l'histoire du monde qui, à tous points de vue, serait bénéfique et particulièrement en harmonie avec les intérêts les mieux compris de l'Empire britannique. » Un membre du Foreign Office britannique, Edward Ledwich Mitford, publiait dès 1845 « An Appeal in Behalf of the Israel Nation in Connection with the British Policy in the Levant », et le *leader* sioniste Herbert Samuel écrivit dans ses *Mémoires* (1945) : « C'est ainsi que nous édifierons à proximité de l'Égypte et du canal de Suez un État juif d'obédience britannique. » Le code génétique d'Israël est donc anglo-saxon et procède d'un calcul géopolitique intéressé : affaiblir le monde arabo-musulman en y introduisant un facteur de crise permanente.

Ce pays qui disparaîtrait s'il n'avait plus d'ennemis doit donc absolument les faire émerger réellement (Hamas) ou les inventer de toute pièce à la télévision (divers attentats terroristes sous faux drapeau). Bizarrement – monstrueusement doit-on dire – aimer l'entité sioniste revient à la mettre en danger : l'absence d'ennemi extérieur relâcherait les liens internes au groupe et permettrait aux tensions latentes de s'exprimer jusqu'à son éclatement. Dans ces conditions, la création d'un groupe organisé, rapidement et à partir de rien, repose entièrement sur la mise en scène d'un ennemi implacable et d'un mythe fondateur au *pathos* tragique et désespéré. Les concepteurs d'Israël connaissaient ce mécanisme psychosocial ami/ennemi, intérieur/extérieur et l'ont tout bonnement appliqué. Ce fut l'Histoire de la première moitié du xxᵉ siècle. Aujourd'hui encore, les « menaces de paix » sont infiniment plus dangereuses pour Israël que les « menaces de guerre » (fictives ou réelles). Yitzhak Rabin, assassiné par ses coreligionnaires, en paya le prix fort.

La meilleure expression de cette finalité exclusivement guerrière et séparatiste de l'entité sioniste est contenue dans le plan Yinon. De quoi s'agit-il ? La page Wikipédia nous résume : « Le « plan Yinon » datant de 1982, a pour objectif de créer de mini-États antagonistes au sein du monde arabe. Il est issu d'un article d'Oded Yinon, fonctionnaire du ministère israélien des Affaires étrangères, qui, à l'automne 1982, soit quelques mois après la première guerre israélo-libanaise, écrit un article intitulé : « Stratégie pour Israël dans les années quatre-vingt » publié dans la *Revue d'études palestiniennes* par Israël Shahak et paru dans *Kivounim* (*Orientations*), nᵒ 14, février 1982 (revue publiée par le Département de l'Organisation sioniste mondiale, Jérusalem). Ce plan sera également mis en lumière dans le rapport « A Clean Break ». Cette stratégie géopolitique israélienne est similaire à la théorie de l'arc de crise de la politique américaine. »

Dans une introduction à l'article de Yinon publiée quelques mois plus tard, le militant antisioniste Israël Shahak commentait ainsi les vues coloniales israéliennes sur son « étranger proche », programme mis en œuvre depuis 2003 et l'invasion de l'Irak, et relancé en 2011 avec le déclenchement du « Printemps arabe » : « L'article qui suit, d'Oded Yinon présente, me semble-t-il, de façon exacte et détaillée, le projet qui est celui du régime sioniste actuel – le régime de Sharon et Eitan – concernant le Moyen-Orient, à savoir la division de la région en petits États, et le démantèlement de tous les États arabes. Je voudrais, en guise de préambule, attirer l'attention du lecteur sur quelques points : 1 – L'idée que tous les États arabes doivent être fragmentés en petites unités, par l'œuvre d'Israël, est une idée récurrente dans la pensée stratégique israélienne. 2 – On perçoit très clairement le lien étroit qui existe entre ce projet et la pensée néoconservatrice américaine, particulièrement dans les notes de l'auteur pour son propre article. Mais, en dépit d'une référence de pure forme « à la défense de l'Occident » face au pouvoir soviétique, l'objectif réel de l'auteur, et du régime israélien actuel est bien clair : faire d'un Israël impérialiste une puissance mondiale. En d'autres termes, Sharon se propose de tromper les Américains après avoir joué le monde entier. 3 – Très évidemment, bien des faits, dans les notes comme dans le texte même sont falsifiés ou omis, comme par exemple l'aide financière des États-Unis à Israël. D'autres prétendus faits sont de pures inventions. Mais il ne faudrait pas pour autant regarder ce projet comme dénué de toute portée pratique, ou irréalisable, au moins à court terme. Le projet reproduit fidèlement les théories « géopolitiques » qui avaient cours en Allemagne dans les années 1890-1933, qui furent adoptées telles quelles par Hitler et le nazisme, et qui guidèrent leur politique en Europe de l'Est. Les objectifs fixés par ces théories, en particulier le démantèlement des États existants, reçurent un début de réalisation de 1939 à

1941, et seule une coalition à l'échelle mondiale en empêcha l'application à long terme[84.] »

Comme Shahak le souligne, le programme de déconstruction des États existants n'appartient pas en propre aux sionistes mais était également l'apanage des vues nazies pour l'Europe. La convergence et la fusion du nazisme et du sionisme produit l'européisme, soit l'Union européenne comme la rêvait le franc-maçon « père de l'UE », Richard de Coudenhove-Kalergi. On le voit, plusieurs doctrines apparemment sans lien, voire contradictoires, peuvent être liées par des racines communes, effacées par le temps ou par une intention dissimulatrice active. Aujourd'hui, un certain nombre de visions politiques impériales qui semblaient naguère antagonistes se révèlent sorties fondamentalement de la même inspiration et du même moule. Le fil conducteur de ces doctrines issues de l'ésotérisme et l'occultisme réside dans leur fascination commune pour le phénomène de la « destruction », que l'on retrouve à l'identique dans la Kabbale, la Torah (*Deutéronome*, *Lévitique*), le Talmud, mais aussi dans le svastika lévogyre – la « croix gammée » orientée à gauche – ou encore dans l'*Ordo ab chao* illuministe à l'origine du programme capitaliste de la destruction créatrice chez Schumpeter et de la stratégie du choc chez Friedman, comme du projet révolutionnaire et progressiste de faire « table rase du passé ».

DU CÔTÉ WAHHABITE

La dissension entre sunnisme et chiisme est pratiquement native de l'islam. Aujourd'hui, le pôle sunnite wahhabite, piloté par l'Arabe saoudite et le Qatar, est clairement engagé dans une

---

84. Oded Yinon, « Une stratégie persévérante de dislocation du monde arabe », *Confluences Méditerranée*, février 2007 (n° 61), p. 149-164.
www.cairn.info/revue-confluences-mediterranee-2007-2-page-149.htm

guerre avec l'Iran chiite et ses alliés baasistes. On en voit les résultats en Syrie, en Irak et au Yémen dans le cadre d'un *hard power* ultraviolent, mais aussi en France, dans le cadre d'un *soft power* d'influence dont la finalité coloniale est la même. De nombreux chercheurs s'accordent à penser que la France sera musulmane à 50 % sur le plan démographique à la fin du XXIe siècle. La question est : sunnite ou chiite ? L'impérialisme wahhabite étant l'ami de circonstance des impérialismes anglo-saxon et sioniste, on devine pour quelle version de l'islam balance le cœur de Washington et de Tel Aviv. Le plan de partage de la France entre les trois impérialismes apparaît clairement dans le « Projet Rivkin » révélé par WikiLeaks, ainsi que chez divers cadres du sionisme impérial s'exprimant tous en faveur de l'islamisation de la France. On le voit, se prêtant main-forte, de gros efforts sont déployés par les trois impérialismes pour faire monter les séparatismes ethniques et religieux, au Proche-Orient comme en Europe, et en définitive partout où c'est possible, que ce soit par le financement du terrorisme ou par le soutien aux communautarismes identitaires. En outre, il semble que cette compétition sunnite/chiite pour le *leadership* au sein du monde islamique cache un projet d'encore plus grande ampleur, et qui serait une sorte de Vatican II de l'islam sous pilotage mondialiste. En 2003, un rapport de la RAND Corporation, le principal *think tank* du complexe militaro-industriel américain, détaillait un vaste programme d'ingénierie sociale et de conduite du changement visant à tutorer le développement de l'islam dans un sens compatible avec le mondialisme occidental et anglo-saxon en particulier. Extraits : « Il est clair que les États-Unis, le monde industrialisé moderne et la communauté internationale préféreraient dans l'ensemble un monde islamique compatible avec le reste du système : démocratique, économiquement viable, politiquement stable, socialement progressiste et qui suit les règles et les normes de conduite internationale. (...) Il semble donc judicieux d'encourager au sein du mélange islamique les éléments qui sont les plus compatibles avec la paix mondiale et la communauté internationale et qui soient amicaux envers la démocratie et la modernité. Cependant, l'identification correcte de ces éléments et la définition de la manière la plus appropriée de coopérer avec eux ne sont pas toujours faciles. (...) Pour encourager le changement positif du monde islamique vers une plus grande démocratie, modernité et compatibilité avec l'ordre mondial international contemporain, les États-Unis et l'Occident ont besoin de considérer très soigneusement quels sont les éléments, tendances et forces au sein de l'Islam qu'ils ont l'intention de renforcer ; quels sont les buts et les valeurs réelles de leurs divers alliés potentiels et protégés ; et quelles seront les conséquences probables de la promotion de leurs agendas respectifs sur une échelle plus large. Une approche mixte composée des éléments suivants semble être la plus efficace : – Soutenir en premier les modernistes (…) – Soutenir les traditionnalistes contre les fondamentalistes (…) – Confronter et opposer les fondamentalistes (…) – Soutenir de manière sélective les laïcs[85] (…) »

---

85. « Civil Democratic Islam : Partners, Resources and Strategies », Cheryl Benard, RAND Corporation, National Security Research Division, 2003, pp. IX-XII : « Clearly, the United States, the modern industrialized world, and indeed the international community as a whole would prefer an Islamic world that is compatible with the rest of the system : democratic, economically viable, politically stable, socially progressive, and follows the rules and norms of international conduct. (...) It therefore seems judicious to encourage the elements within the Islamic mix that are most compatible with global peace and the international community and that are friendly to democracy and modernity. However, correctly identifying these elements and finding the most suitable way to cooperate with them is not always easy. (...) To encourage positive change in the Islamic world toward greater democracy, modernity, and compatibility with the contemporary international world order, the United States and the West need to consider very carefully which elements, trends, and forces within Islam they intend to strengthen ; what the goals and values of their various potential allies and protégés really are ; and what the broader consequences of advancing their respective agendas are likely to be. A mixed approach composed of the following elements is likely to be the most effective : • Support the modernists first : (...) • Support the traditionalists against the fundamentalists : (...) • Confront and oppose the fundamentalists : (...) • Selectively support secularists : (…) »
http://www.rand.org/content/dam/rand/pubs/monograph_reports/2005/MR1716.pdf

L'Islam de marché (Éditions du Seuil, 2005) de Patrick Haenni rapportait déjà ces tendances modernisatrices et réformatrices qui travaillent l'islam contemporain et qui sont impulsées par divers courants officiellement musulmans, sans que l'on sache très bien s'ils sont vraiment autonomes et émanent authentiquement de l'intérieur de l'islam ou sont en réalité impulsés et sponsorisés depuis son extérieur et, *in fine*, contre son intérêt. L'application du programme de la RAND Corporation transparaît dans une vidéo réalisée en 2007 par As-Sahab, la maison de production d'Al-Qaïda. On y apprend que les manuels scolaires en Arabie saoudite sont révisés et modifiés à la demande des États-Unis et que le roi Abdallah s'oriente vers un dialogue interreligieux d'inspiration syncrétique et labélisé par l'ONU, trahissant de ce fait le devoir de *da'wa*, c'est-à-dire l'affirmation de la primauté absolue de l'islam sur les autres religions ou institutions, dont découle l'obligation au prosélytisme et au travail de conversion du monde entier. Le catholicisme est passé également par cette phase édulcorante, consistant à vider la religion de son principe actif, l'absolutisme, sous prétexte d'adaptation au monde et aux autres cultures. La vidéo commence par une véritable déclaration de « colonialisme culturel » prononcée par Gonzo Gallegos, porte-parole du Département d'État américain : « Depuis plusieurs années nous travaillons avec l'Arabie saoudite sur la nécessité d'éradiquer tout ce qui pourrait faire allusion au fanatisme envers les autres religions dans les enseignements scolaires en Arabie saoudite et ailleurs. Ainsi, au mois de juillet 2006, le gouvernement saoudien a reconnu la nécessité de réviser et mettre à jour les manuels scolaires et d'effacer tous les passages qui incitent à la haine contre les autres groupes et religions, et il nous a confirmé qu'au début de l'année 2008, ce serait chose faite. » Puis une voix *off* commente : « L'étape la plus dangereuse est celle qu'a entamée le roi Abdallah en préconisant le rapprochement des religions et l'accord autour d'une religion qu'agréent les Nations unies et dont s'acquitteraient tous les peuples. » Puis le roi Abdallah lui-même : « (…) Et si Dieu veut, le plus tôt possible, lorsque nous, toutes les religions, nous serons mis d'accord sur toute bonne chose, je me rendrai aux Nations unies. Je pense que même ceux qui croient à Ibrahim, nous verrons avec eux, mais pour le moment nous nous préoccuperons de ces trois : Torah, Évangile, Coran. Quant au reste, si Dieu veut, il y a du bien en eux, pour leur humanisme, pour leur moralité, pour leurs pays et pour l'unité des familles. » Le commentateur conclut : « Le gouvernement de la famille Saoud s'est engagé – dans une apostasie claire – dans la confection d'une nouvelle religion en mettant en œuvre différentes étapes dont la première était la récente conférence de La Mecque dans laquelle il a réuni les parties égarées et déviantes de la loi d'Allah afin de s'accorder sur la nouvelle religion. La seconde étape consistait à présenter son projet aux chrétiens, aux juifs et aux bouddhistes lors de la conférence de Madrid afin d'élaborer une religion qui satisfasse les Nations unies et le monde entier – mais Allah nous suffit comme garant, et quel bon garant[86] ! »

En apparence pacifique, cette démarche de dialogue et d'ouverture relativiste représente en fait la violence ultime pour la religion à laquelle elle s'applique, l'obligeant à renoncer à son absolutisme, à sa dogmatique, à son prosélytisme, donc à son identité, donc à elle-même. Pour détruire, il suffit parfois d'ouvrir. L'adaptation de l'islam à la modernité signifie également adaptation aux techniques de surveillance cybernétique et à l'entrée dans l'ère transhumaniste qui s'ensuivra nécessairement. Au prétexte

---

86. « Vers une nouvelle religion mondiale ? Méfiance », 19/06/2009.
http://www.dailymotion.com/video/x9miof_vers-une-nouvelle-religion-mondiale_news

d'une meilleure gestion des foules qui font le pèlerinage à La Mecque, les autorités wahhabites ont décidé d'équiper les pèlerins de bracelets électroniques obligatoires pour assurer leur traçabilité, comme les prisonniers en semi-liberté : « Il sera bientôt obligatoire de porter un bracelet électronique à La Mecque. Selon les autorités, cet outil offrira des services aux pèlerins et facilitera la gestion des flux. Mais il permettra aussi de mieux surveiller le public. « Le ministère du Pèlerinage [*hadj*, en arabe] saoudien demandera à tous les pèlerins de porter un bracelet électronique », rapporte le site de la télévision saoudienne Al-Arabiya. « En scannant le code-barres de ce bracelet, le ministère aura accès à toutes les informations dont il aura besoin », ajoute le site, y compris les informations médicales. Cet outil permettra également d'établir rapidement des statistiques. Selon les autorités, il s'agit de « servir au maximum les pèlerins » : « Le bracelet offrira, dans plusieurs langues, des services tels qu'un GPS, des alertes pour les horaires de prière, une boussole pour indiquer la direction dans laquelle il faut prier, des instructions sur le rite à suivre et les préceptes à prononcer. » Dans le quotidien saoudien arabophone *Al Watan*, on apprend que ce dispositif a également « pour but de mettre les pèlerins sur la bonne voie ». Il faut savoir que les autorités saoudiennes distribuaient déjà des fascicules pour indiquer aux pèlerins la « bonne façon » d'accomplir le rite, à savoir la façon wahhabite (en vigueur en Arabie saoudite), au détriment de variantes apportées par des pèlerins en provenance par exemple du Maghreb ou d'Afrique. Désormais, tout pèlerin aura donc, en quelque sorte, le wahhabisme chevillé au corps[87]. »

---

87. « Arabie saoudite – Un bracelet électronique pour les pèlerins de La Mecque », *Courrier international*, 27/05/2015.
http://www.courrierinternational.com/article/arabie-saoudite-un-bracelet-electronique-pour-les-pelerins-de-la-mecque

LA MÉTHODOLOGIE IMPÉRIALE :
L'INGÉNIERIE SOCIALE NÉGATIVE

Le remodelage du Moyen-Orient s'appuie donc essentiellement sur des conflits de « basse intensité » et sur la transformation culturelle à marche forcée. Les impérialistes, anglo-saxons, sionistes ou pétro-monarques, cherchent tous à provoquer un pourrissement interne des sociétés car c'est le seul moyen à leur disposition pour étendre leur domination sur de larges zones. Leur méthodologie commune se résume en quelques mots : diviser le bas pour unifier le haut. D'autres noms : destruction créatrice, démolition contrôlée, *Ordo ab chao*, dissoudre et coaguler, stratégie du choc, stratégie de la tension, problème-réaction-solution, schismogénétique (Gregory Bateson) ou polémogénétique (Gaston Bouthoul). Divers compendiums sur ce thème de la production scientifique et rationnelle de conflit à des fins de contrôle social ont été écrits, dont *Gouverner par le chaos*, rédigé comme un manuel d'introduction aux techniques d'entropie sociale provoquée et qui récapitule les fondements théoriques et les grandes orientations de l'ingénierie sociale, laquelle s'est beaucoup appuyée au XXᵉ siècle sur la cybernétique, les sciences de la gestion et les découvertes de la psychanalyse et de la psychologie comportementale. La méthode de management volontairement destructeur des groupes humains pourrait être qualifiée d'ingénierie sociale négative. Cette démarche « diabolique » au sens étymologique de « celui qui divise », consiste à faire entrer l'humanité dans un état de crise permanente et perpétuelle, mais toujours sous contrôle, démarche paradoxale et aboutissant à un effet double et apparemment contradictoire : diviser, décentraliser et désorganiser toujours plus le bas de la pyramide sociale, ce qui permet, par effet de vases communicants, d'unifier, de centraliser et d'organiser toujours mieux le haut de cette même pyramide sociale. Accélérer artificiellement l'entropie des groupes humains en amplifiant les tendances centrifuges qui les parcourent, pour produire par contraste de la néguentropie centripète au niveau du contrôle. En un mot : « vampirisation. » Tel est le nom littéraire de ce transfert d'énergie et d'information.

EXACERBER LES RIVALITÉS MIMÉTIQUES IDENTITAIRES

Cette « division du bas » s'appuie notamment sur ce que René Girard a repéré sous le terme de « rivalité mimétique », ou « capture imaginaire » dans le vocabulaire de Jacques Lacan. Il s'agit du processus de montée aux extrêmes et de *crescendo* de violence qui saisit deux acteurs engagés dans un rapport de forces, mécanisme de vengeance et de vendetta parfaitement résumé dans la loi du Talion : « Œil pour œil, dent pour dent » ; complété, dit-on, par Gandhi : « ... et le monde finira aveugle. » D'après René Girard, ce n'est cependant pas l'hindouisme mais le christianisme qui doit permettre de sortir honorablement de ce phénomène comportemental schismogénétique et producteur d'une spirale de violence infinie. Comment ? Par l'imitation du Christ, qui refuse la vengeance et se donne en bouc émissaire à ses bourreaux, et va même jusqu'à les absoudre dans cette phrase sublime : « Mon Père, pardonnez-leur, car ils ne savent pas ce qu'ils font[88]. » Ne pas répondre à la violence par une autre violence en miroir semble bien être le seul moyen d'en finir avec la violence, même si, à force de s'effacer devant autrui et d'offrir la joue droite après avoir reçu une gifle sur la gauche, on risque tout simplement de disparaître. (Une stratégie moins masochiste consisterait à tendre effectivement la deuxième

---

88. Le Nouveau Testament, *Luc*, XXIII, 34 (traduction de l'abbé Augustin Crampon, Kontre Kulture, 2014).

joue mais à la retirer au dernier moment en éclatant de rire.)

À l'opposé, l'ingénierie sociale négative consiste à produire de la violence, ou du moins du séparatisme, de l'envie de se séparer. Comment ? Dans un premier temps, en s'appuyant sur ce que Freud a appelé les « petites différences narcissiques » pour les exacerber au maximum et les rendre insupportables. Aucune société n'étant parfaitement homogène, il suffira de repérer les éléments hétérogènes pour les stimuler, les cultiver, les amplifier, les grossir. Rompre la coexistence pacifique de gens qui se ressemblent, mais pas totalement, en soulignant leurs petites différences afin d'aboutir à la constitution de camps tranchés, opposés et irréconciliables. Les séparatismes peuvent donc être régionalistes, ethnicistes, culturalistes, mais aussi sexuels (entre hommes et femmes) et familiaux en dressant les enfants contre leurs parents, ce qui est le travail en cours mené depuis l'émergence de la contre-culture « jeuniste » dans les années soixante. Dans tous les cas, ces séparatismes ont une dimension profondément « identitaire », qu'elle soit de droite (ethnico-culturelle) ou de gauche (théorie du genre, homophilie *versus* hétérophobie).

La dislocation des États-nations (et de tout groupe humain) s'appuie sur la « fabrication des camps » : faire monter les rivalités mimétiques en germes dans chaque groupe pour aboutir à une situation de « tiers exclu », que l'on se regarde en chiens de faïence sans communiquer, sans médiation, sans relation. Il faut arriver à une situation de face-à-face sans dialogue, ni compromis. Si les différences identitaires parviennent malgré tout à cohabiter pacifiquement, il reste possible d'aggraver la situation au moyen de l'extrémisme religieux et d'une immigration massive. Un cas d'école nous est fourni par la guerre amorcée par Israël contre la Syrie en 2011 avec le soutien de ses alliés islamistes et occidentaux. Trois temps : 1) lancement d'une vague de coups d'État dans plusieurs pays arabo-musulmans, dits « printemps arabes » ; 2) création par Israël, les Anglo-Saxons, la France, la Turquie et les monarchies wahhabites de groupes djihadistes (salafistes, takfiri) pour constituer des troupes paramilitaires destinées à faire tomber les gouvernements légaux ; 3) vagues migratoires de clandestins nommés « réfugiés de guerre », supervisées par des réseaux douteux du type de ceux de George Soros (ONG, mafias financières, etc.). L'implication militaire lourde de la Russie dans le conflit à partir de septembre 2015, qui vient s'additionner aux forces iraniennes et chiites du Hezbollah déjà engagées, devrait sauver non seulement la Syrie du djihadisme israélien, mais sauvera également l'Europe en tarissant l'afflux d'immigrés clandestins en provenance du Proche et du Moyen-Orient. Les rêves sionistes de « Grand Israël » et de destruction de l'Europe par l'immigration tombent à l'eau. La visite en urgence qu'un Netanyahou complètement paniqué fit à Poutine le 21 septembre 2015 pour tenter d'infléchir la position de Moscou sur le dossier syrien ne servit à rien[89]. La feuille de route de la coalition impériale Washington/Tel Aviv est parfaitement claire pour tout le monde : faire tomber la Syrie, prendre l'Ukraine, neutraliser l'Iran, puis attaquer la Russie et la Chine.

CONCLUSION

Pour l'Empire anglo-saxon, le « gros morceau » reste la conquête de la Russie, qui donne les clefs de la conquête de l'espace eurasiatique, avec la Chine en bouquet final. Dans cette perspective, les États-Unis sont prêts à tout, y compris à laisser tomber leur allié israélien pour se rapprocher de l'Iran, d'où le

89. « Netanyahu and Putin Spar Over Syrian Threat to Israel », *The New York Times*, 21/09/2015 (*To spar over* signifie « se disputer au sujet de »).
http://www.nytimes.com/2015/09/22/world/middleeast/netanyahu-and-putin-spar-over-syrian-threat-to-israel.html?_r=0

soutien total apporté par la Maison-Blanche pendant des années à la signature des accords sur le nucléaire iranien. Ce mouvement tactique n'a qu'une fonction : plaire à Téhéran pour détacher l'Iran de Moscou et attaquer la Russie en position plus favorable. Ceci n'est pas sans provoquer un certain désappointement de la part des partisans jusqu'au-boutistes du sionisme impérial, représentés essentiellement par le Likoud et Benyamin Netanyahou, dont le programme consiste effectivement à attaquer un jour l'Iran à coups d'ogives nucléaires. « Vitrifier l'Iran », comme l'écrivait sans complexe Jacques Kupfer sur le site francophone du Likoud[90]. Le *lobby* israélien étant relativement puissant à Washington, D.C., Barack Obama exprimait officiellement en 2012 ses craintes d'une tentative de coup d'État contre sa personne. Un mémorandum du 21 novembre 2012 publié par la Maison-Blanche et signé du président des États-Unis mentionnait explicitement l'existence de menaces pour le pays émanant de l'intérieur même du gouvernement[91]. On en trouvera un commentaire assez exhaustif sur Dedefensa. org, sous le titre « L'extraordinaire mémo d'Obama », confirmant les conclusions de Laurent Guyénot, notamment dans son article « Le triple jeu des néoconservateurs », ou celles de Thierry Meyssan dans un entretien avec le magazine *Geopolitika* à propos du 11 Septembre : « Ces attentats, ce coup d'État, et les crimes qui ont suivi ont été organisés par ce qu'il convient d'appeler l'État profond (au sens où l'on emploie cette expression pour décrire le pouvoir militaire secret en Turquie ou en Algérie). Ces événements ont été conçus par un groupe très fermé : les straussiens, c'est-à-dire les disciples du philosophe Leo Strauss[92]. »

---

90. « Vitrifier l'Iran… », Likoud.
http://www.likoud.fr/index.php?option=com_content&task=view&id=81
91. « Presidential Memorandum – National Insider Threat Policy and Minimum Standards for Executive Branch Insider Threat Programs », White House – The Press Office, 21/11/2012.
http://www.whitehouse.gov/the-press-office/2012/11/21/presidential-memorandum-national-insider-threat-policy-and-minimum-stand
92. « Des terroristes syriens ont été formés par l'UCK au Kosovo », Réseau Voltaire, 02/12/2012.
http://www.voltairenet.org/article176815.html

Une large partie de l'État profond états-unien sous contrôle sioniste veut à tout prix attaquer l'Iran. Or, il semblerait que l'Iran possède déjà des armes nucléaires depuis au moins 2005 (cette technologie étant toujours appliquée dans le militaire avant le civil), comme l'affirment quelques sources en ligne, consultables en tapant « Opération Merlin » sur un moteur de recherches, ainsi que les révélations d'un agent double dans *The Washington Times*[93]. Le territoire iranien est donc vraisemblablement sanctuarisé. Les Renseignements israéliens le savent, et savent aussi qu'une guerre déclarée contre l'Iran aboutirait à rayer Israël de la carte, mais les espoirs messianiques sionistes d'en sortir vivant malgré tout animent apparemment le cabinet du Premier ministre Netanyahou, qui compte s'appuyer comme d'habitude sur l'armée américaine pour mener cette guerre apocalyptique. Que les États-Unis d'Amérique soient sous contrôle israélien ou possèdent encore leur souveraineté politique et géopolitique est difficile à discerner et finalement de peu d'importance. Dans tous les cas, l'affaiblissement de l'Empire anglo-saxon affaiblira mécaniquement l'impérialisme sioniste (ainsi que le wahhabite). De sorte à hâter les événements au moyen d'énoncés performatifs à fonction de prophéties auto-réalisatrices, il nous revient donc de « communiquer » sur l'après-Empire pour le faire tomber plus vite. Accélérer la chute de quelque chose qui n'est pas viable et dont la fin est de toute façon inévitable. Des tendances centrifuges profondes, sécessionnistes et séparatistes, traversent déjà les États-Unis et Israël, tendances entropiques qu'il nous revient de souligner, de stimuler, d'amplifier, et qui nous autorisent à parler dès à présent de l'après-États-Unis, de l'après-Israël, et de l'après-wahhabisme. Ces trois entités fauteuses de guerres,

93. « KAHLILI : Iran already has nuclear weapons – Western intelligence has known it for years », *The Washington Times*, 27/10/2011.
http://www.washingtontimes.com/news/2011/oct/27/iran-already-has-nuclear-weapons/?page=all#!

semeuses de troubles et de chaos, soutiennent en définitive le même projet morbide, mélange de capitalisme déchaîné et de religiosité simulée et hypocrite. L'échec de leur vision mondialiste signifiera la survie de l'humanité. Travailler activement à leur disparition définitive et sans retour ne relève donc que de la légitime défense.

CHAPITRE III

LES TRANSFORMATIONS SILENCIEUSES CONTRE LA GOUVERNANCE PAR LE CHAOS[*]

EURASISME *VERSUS* ATLANTISME

Dans son ouvrage *La Quatrième Théorie politique* (Ars magna Éditions, 2012), Alexandre Douguine définit les bases de ce que l'on pourrait appeler une « géopolitique archétypale ». Cette géopolitique décrit un antagonisme entre deux grands modes d'organisation politique. D'une part, l'eurasisme, fondé sur un enracinement tellurique dans la terre continentale eurasiatique, du Finistère au Kamtchatka ; d'autre part, l'empire atlantiste et maritime, d'origine anglo-saxonne mais partagé par tout groupe sociologique ayant à voir avec le déracinement, le nomadisme, le « bougisme », la transgression des frontières et des limites, en un mot l'*hybris* caractéristique du postmodernisme libéral et occidental.

D'un point de vue archétypal, Douguine dépeint donc une tendance eurasiste à la stabilité minérale, au conservatisme,

[*]Égalité & Réconciliation, 16/10/2012.

au sens de la mesure et de la Tradition, entendue comme principe de « hiérarchie hétérophile », alliance de la Loi et de l'Amour, définissant un ordre par l'ordre, qui s'oppose à un atlantisme progressiste de la démesure, une anti-Tradition aux valeurs inversées, comme on parle de l'anti-Christ, adepte d'une « anarchie homophile », combinaison d'anomie et de narcissisme, définissant son ordre dans le chaos. Dans les termes d'un Zygmunt Bauman, l'eurasisme représente un modèle de « société solide » et s'oppose à l'atlantisme comme modèle de « société liquide ».

Cet anti-modèle de société liquide identifié à l'Occident postmoderne est profondément contre-nature et toxique pour la majorité. Il ne bénéficie qu'à une oligarchie morbide qui essaye d'entraîner le monde entier dans son suicide au moyen d'une ingénierie sociale négative, un *reality building* visant à déconstruire toute forme de civilisation traditionnelle solide pour lui substituer une nouvelle réalité plastique et mondialisée, un Nouvel Ordre mondial, dont elle contrôlera tous les paramètres après les avoir elle-même définis et qu'elle pourra dès lors façonner à sa guise. En raison de son caractère pathologique et dysfonctionnel, cette société liquide qui tente de se globaliser doit être combattue et annihilée totalement. Rien ne doit en rester, et rien n'en restera.

Il est désormais acquis que l'Empire atlantiste cherche à gouverner par le chaos. Son élément naturel est l'hystérie, la crise, la destruction, la guerre, en un mot l'entropie, comme le souligne aussi la revue *De Defensa*, mettant l'accent sur le fait qu'un nombre croissant d'observateurs et d'acteurs géopolitiques importants, à commencer par Vladimir Poutine lui-même, accusent désormais les gouvernements occidentaux de propager intentionnellement le désordre et le chaos, notamment en Syrie. À ce stade, la question qui s'impose est : comment agir contre l'Empire sans obéir aux règles définies par l'Empire lui-même? Donc comment agir de manière proprement eurasiste, c'est-à-dire de manière réellement constructive et néguentropique?

POUR UNE PENSÉE STRATÉGIQUE EURASISTE

Il nous faut définir ici une « méthodologie eurasiste », qui aurait le visage d'une ingénierie sociale positive, en tant que fabrique de pérennité, de paix et de vie, fabrique de Tradition, donc de hiérarchie hétérophile, s'opposant à l'ingénierie négative de l'Empire, en tant que fabrique de précarité, de guerre et de mort, fabrique d'inversion de la Tradition, donc d'anarchie homophile. Le concept de Base Autonome Durable pose le cadre général de notre action. Mais afin de ne pas se pétrifier dans une rigidité trop dogmatique et de reconnaître leurs droits relatifs au changement et à l'évolution, il faut lui adjoindre le concept de « transformation silencieuse », notion issue du taoïsme et de ses applications dans le domaine de la stratégie et des divers arts de la guerre. François Jullien, éminent sinologue, travaille depuis de longues années à faire passer cette pensée chinoise en Occident, en montrant comment elle correspond aussi à une certaine tradition occidentale, mais minoritaire, qui va de Héraclite à Bergson en passant par Nietzsche et les courants mystiques des monothéismes.

Cette tradition majoritaire en Chine mais minoritaire en Occident est une pensée du Devenir, où les choses et les identités ne sont pas fixes mais correspondent à des processus, des transformations graduelles et imperceptibles, comme la croissance des plantes ou l'érosion naturelle des pierres, et sont donc difficilement objectivables ou discrétisables en unités de représentations. En termes de stratégie, cette tradition « processualiste » dit qu'une chose ou qu'un comportement

329

n'ont pas besoin d'être « distincts », c'est-à-dire perceptibles ou concevables immédiatement, pour être efficaces. L'action n'a pas besoin de se voir pour être prise au sérieux. L'essentiel est invisible, ou silencieux, et ne s'impose pas à l'esprit. La « petitesse » est la constante de cette méthode, comme l'expriment certains proverbes, « Les petits ruisseaux font les grandes rivières », « Petit à petit, l'oiseau fait son nid », ou encore la fable du colibri qui a inspiré le mouvement de Pierre Rabhi.

À l'opposé, la culture occidentale majoritaire est imprégnée d'ontologie grecque et monothéiste. Il s'agit d'une pensée de l'Être, opposé au non-Être et sans rien entre les deux, pensée du « tiers exclu » et des substances pures et sans mélange, 0 ou 1, « vrai » ou « faux », « oui » ou « non », « bien » ou « mal », « noir » ou « blanc », où les choses et les identités sont fixes, et correspondent à des essences. Cette pensée « essentialiste » commence avec Parménide et s'étend jusqu'à aujourd'hui, en passant par Platon, Aristote, Descartes et l'interprétation courante des textes monothéistes. La conséquence ultime en est le Spectacle au sens situationniste, c'est-à-dire l'exigence de visibilité ontique décriée par Heidegger, le « se tenant devant », ou « au-dessus », par lequel on résume la substance des choses dans nos sphères culturelles conventionnelles occidentales et islamiques. En termes de stratégie, cette tradition gréco-monothéiste majoritaire dit qu'une chose ou qu'un comportement doivent être « distincts », donc perceptibles ou concevables immédiatement, pour être efficaces. L'action doit se voir pour être prise au sérieux. L'essentiel est visible, ou en tout cas bruyant, et doit s'imposer à l'esprit. La « grandeur », dans tous les sens du terme, est la constante de cette méthode.

Dans le champ de la stratégie, ces deux traditions, essentialiste ou processualiste, induisent deux modes d'action bien distincts. L'essentialisme se dramatise dans un espace spectaculaire : c'est la tendance Clausewitz. Le processualisme, quant à lui, préfère agir dans l'invisible et viser le trivial : c'est la tendance Sun Tzu. Loin de se résumer à des considérations théoriques ou historiques abstraites, il se trouve que ce double cadre méthodologique possède une actualité brûlante. Dans les milieux politiques dissidents, la question de la méthodologie du renversement du pouvoir oligarchique est souvent évoquée selon cette même alternative duelle : d'une part, la manière typiquement gréco-monothéiste, c'est-à-dire l'action d'éclat de type révolutionnaire, la guerre civile, le coup d'État, le putsch, avec ou sans le soutien d'un réseau paramilitaire déjà constitué ; d'autre part, la manière asiatique, ou l'action discrète de type psychologique, la guerre culturelle et l'influence indirecte.

L'ACTION DIRECTE :
UNE VOIE DE GARAGE BALISÉE PAR L'ENNEMI

En France en 2015, quelle est la faisabilité pratique de l'option dite « révolutionnaire » ? Quel est le potentiel de réussite d'une action consistant à prendre les armes pour déclencher une insurrection populaire débouchant sur un renversement du régime en place ? Sachant que les insurgés se retrouveront rapidement opposés à des professionnels de la violence physique, les fameuses « forces de l'ordre » (bien souvent « forces du désordre » en réalité) de la police et de l'armée, cette option requiert au minimum un entraînement spécifique aux techniques de combat, ainsi qu'une condition physique aguerrie capable de tenir tête à l'adversaire. L'auteur de ces lignes, s'appliquant à lui-même la méthode scientifique expérimentale dans le cadre d'un test de faisabilité dont il a été son propre cobaye, a pris le temps, pendant plusieurs années, de se former physiquement et mentalement aux méthodes paramilitaires en pratiquant les armes à feu et en s'initiant au combat rapproché (*close combat*), en allant « sur le terrain » des manifestations et mouvements sociaux qui dégénèrent en vitrines cassées, voitures incendiées et sabotages divers, enfin, en mettant ses pieds dans certains milieux sociologiques dits « marginaux » ou « extrémistes » eux-mêmes placés sous surveillance, le tout complété par une approche historique et conceptuelle (lectures et conférences) des questions de renseignement et de stratégie militaire.

De cette étude menée sur la durée, plusieurs conclusions s'imposent : sans une condition physique *optimum* et une expérience vécue et pratique des situations de stress, donc sans un conditionnement spécifique de l'esprit et du corps dont l'approche ne peut être fournie que par un entraînement quotidien sur le long terme avec un encadrement de niveau professionnel du type « forces spéciales », on ne tient guère que dix minutes face à l'ennemi. Un véritable fossé sépare l'amateur du professionnel, que l'on ne soupçonne même pas avant de s'y être frotté réellement, et qui rend modeste quand on en a eu ne serait-ce qu'un avant-goût.

Par ailleurs, afin de finir de décourager nos lecteurs d'emprunter la voie de l'action directe et violente, notons que toutes les révolutions apparemment populaires et venant de la base, de 1789 au pseudo Printemps arabe, en passant par 1917 et Mai 68, sont toujours en fait pilotées au sommet par des « minorités actives », services de renseignement, « sociétés de pensée » plus ou moins discrètes ou secrètes, mafias et *lobbies* divers. La nature du peuple étant conservatrice et pacifique, jusqu'à la résignation, elle ne se lance jamais spontanément dans des entreprises de déstabilisation de l'ordre commun établi. En outre, les putschs, coups d'État et révolutions diverses sont des opérations qui supposent un haut degré d'organisation centralisée, donc un petit nombre d'acteurs fortement coordonnés, et s'avèrent donc techniquement irréalisables par les masses.

Aucun régime politique n'ayant jamais réuni 100 % de satisfaits, il existe toujours une raison, bonne ou mauvaise, de ne pas être content, aliment d'un substrat d'opposition à tout système, quel qu'il soit. (Chercher le *consensus* total est, du reste, un fantasme utopique et politiquement immature, nostalgie de l'univers homogène et homéostatique de l'utérus maternel.) Mais dès lors qu'un mouvement de contestation authentiquement populaire se dessine et risque de représenter une menace réelle pour le régime en place, il est récupéré et désamorcé ou instrumentalisé par des minorités actives locales et/ou étrangères dans une perspective d'ingérence et de renversement du régime en place. « Agiter le peuple avant de s'en servir », résumait Talleyrand.

Le Pouvoir, quel qu'il soit, se pose toujours la même question : comment va-t-il réussir à gérer sa propre extériorité, sa propre contradiction ou opposition ? Plutôt que d'attendre qu'elle apparaisse pour tenter de l'infiltrer et de la retourner, le meilleur moyen consiste encore à la créer entièrement de toute pièce en amont. À cette fin, un énorme travail de scrutation et d'anticipation des pensées et des comportements est appliqué aux populations chaque jour. Pour ne parler que de la France, tout notre beau pays a été placé depuis longtemps sous surveillance totale, vidéo, téléphonique, électronique (Echelon), et sous influence idéologique notamment par le « *trolling* rémunéré » sur les forums internet afin d'enregistrer les tendances émergentes (veille des signaux mémétiques faibles, décèlement des signes précoces[94]), mais surtout pour y pratiquer de la désinformation, par exemple au moyen de

---

94. « Face au chaos. Le décèlement précoce », conférence à l'université Paris II Panthéon-Assas, 22/03/2007.
www.drmcc.org/IMG/pdf/467d5edcd2775.pdf

faux profils Facebook chargés de donner l'illusion du nombre en faveur de telle idée ou de telle figure médiatique. On lira à ce propos deux textes accessibles sur Internet : « Les techniques secrètes pour contrôler les forums et l'opinion publique[95] » et « Confessions d'un troll rémunéré[96] ».

Ce travail de surveillance et d'influence de la population serait bien sûr insuffisant sans le renseignement humain (Humint), c'est-à-dire l'infiltration et le noyautage des groupes politiques ou associatifs, sans oublier la diffusion par les *think tanks* du Pouvoir d'éléments de langage à fonction incapacitante tels que l'antiracisme, l'antifascisme, l'anti-conspirationnisme, l'anti-homophobie, le sans-frontiérisme, etc. Cette guerre culturelle pour la conquête des discours et des cerveaux s'appuie également sur un « renseignement d'ambiance » au moyen d'agents chargés de prendre la température en passant des soirées entières à écouter et discuter dans les bistrots des quartiers névralgiques. Parfois, le patron de bar lui-même[97]…

« La détection précoce des signes de radicalisation doit être la priorité », comme disait Manuel Valls dans *Libération* le 30 mai 2013. Le travail de repérage des individus « *borderline* » susceptibles d'un passage à l'acte physique, à commencer par le simple agitateur de manif' – éventuellement casseur et brûleur de voitures – jusqu'au criminel toxicomane, permet de les neutraliser mais aussi de les récupérer pour s'en servir. Les méthodologies de profilage psychologique ainsi que d'« anticipation pré-cognitive » et d'induction comportementale, sont arrivées aujourd'hui à un haut degré

---

95. « Les techniques secrètes pour contrôler les forums et l'opinion publique », *Korben*, 02/08/2012.
http://korben.info/techniques-secretes-controler-forums-opinion-publique.html
96. « Confessions d'un troll rémunéré », *La fille du capitaine*, 06/09/2012.
http://lafilleducapitaine.revolublog.com/confession-d-un-troll-remunere-a49933194
97. « Menaces criminelles. L'ère du prédictif », Université Paris 2 Panthéon-Assas, diplôme d'analyse des menaces criminelles contemporaines, année 2014-2015.
http://www.drmcc.org/IMG/pdf/MCC-14-15.pdf

de perfectionnement. En termes de cybernétique, quand une turbulence locale apparaît spontanément et menace de déstabiliser tout le système, il peut être indiqué de provoquer artificiellement une autre turbulence locale plus forte juste à côté pour y absorber et y résorber la première. Ce qui s'appelle aussi un « contre-feu ». Le grand art de cette sorte d'ingénierie du chaos consistant à provoquer en amont TOUTES les turbulences locales, de sorte à ne même plus laisser la place suffisante pour que se forment des turbulences spontanées et non maîtrisées, et se rendre ainsi propriétaire de toutes les zones de turbulence. En termes de cyndinique (sciences du danger et gestion de risque), afin de réduire sa propre zone d'incertitude, on provoque des zones d'incertitude pour autrui, zones d'instabilité apparente mais dont on tirera les ficelles car on en aura conçu soi-même les paramètres.

LA FABRIQUE PROACTIVE DE L'ENNEMI

Ces méthodologies et « manières de faire » s'inscrivent dans une logique proactive de construction *a priori* de l'ennemi afin de mieux le contrôler, logique aboutissant au façonnage (*shaping*) de pseudo groupes révolutionnaires – d'ultragauche « antifa », d'ultradroite « néo-nazie » et « terroristes djihadistes » – quand ce n'est pas leur création complète *ex nihilo* par les services secrets occidentaux : *counter-gangs, pseudo-gangs* et *proxy armies* d'origines et d'obédiences diverses, d'Al-Qaïda à l'État islamique en passant par les bandéristes ukrainiens, sans oublier tout le fatras de racailles sous contrôle que le Qatar, l'entité sioniste et les Anglo-Saxons travaillent à mettre sur pied dans nos banlieues, avec la complicité active (et déplorable) d'une partie de nos renseignements hexagonaux.

Pour résumer : le moindre petit revendeur sous le manteau de 9 mm est connu et fiché, de la plus petite mosquée aux plus grandes centrales syndicales en passant par la moindre cité HLM. Tout est noyauté, infiltré, sous contrôle. Le quadrillage du territoire national par les loges maçonniques qui, en France, détiennent tout l'État profond, la haute fonction publique, les préfectures, les sous-préfectures et les organes du Renseignement, est assez exhaustif. Il faut l'admettre : s'il subsiste encore de l'insécurité dans notre pays en 2015, c'est bien parce que la police en a besoin et la cultive pour divers usages, de la mise en scène politico-médiatique d'une « menace terroriste » fictive jusqu'au maintien d'un niveau constant d'anxiété dans la population par le laisser-faire intentionnel des incivilités et l'entretien d'un taux minimum de délinquance et de criminalité. Nul besoin de flics ripoux pour normaliser ces pratiques de contrôle social par la peur et le stress, la criminologie scientifique officielle s'en est chargée en appliquant certains résultats de psychologie sociale (*terror management theory*) ou de sociobiologie (Henri Laborit) sur le rôle joué par l'anxiété dans l'inhibition de l'action, l'inculcation de la résignation (impuissance acquise, *learned helplessness*) et la production de soumission dans les comportements. Aussi longtemps que nous vivons comme des souris effrayées, au moins nous ne dérangeons pas Goldman Sachs…

Aujourd'hui, tout individu qui se lancerait dans un passage à l'acte violent finirait donc comme Jean-Marc Rouillan ou Anders Breivik, c'est-à-dire chez les sous-prolétaires du Système, intégralement manipulé mais convaincu d'être un rebelle, et qui donne des prétextes au Système pour sévir encore plus fort. Toute initiative spectaculaire est destinée à finir en prison, à l'asile, ou au cimetière. C'est très exactement à cause de cette stérilité de l'action d'éclat que le Pouvoir cherche à y orienter toute initiative critique à son égard… pour la neutraliser. En effet, le Pouvoir n'aime ni l'invisibilité, ni la discrétion, ni le long terme, car il n'a aucune prise sur des processus dissidents qui cultivent ces qualités. En revanche, le Pouvoir maîtrise tout le champ de l'action visible et violente de court terme, raison pour laquelle il veut nous y pousser et nous y retenir. Il veut nous obliger à « sortir du bois » et à nous découvrir pour nous attirer sur son territoire. En un mot : il veut nous pousser à la faute. Dans ces conditions, le premier principe de l'action révolutionnaire pertinente doit être de ne pas se laisser entraîner sur le terrain de l'ennemi. Il a besoin que nous devenions visibles et violents. Soit, restons invisibles et non-violents. Il veut imposer son ordre par le chaos. Soit, infusons de l'ordre par l'ordre dans nos vies et dans celles des autres. Appliquons pour nous-mêmes la double éthique de ce que certains appellent l'Art royal, l'art de se faire oublier et de devenir invisibles, tout en poussant autrui à se montrer dans l'éclat du jour. L'option révolutionnaire « classique » est donc non seulement impraticable pour les raisons d'impréparation et d'amateurisme évoquées plus haut, mais elle doit en plus être prise exactement à contre-pied dans la mesure où elle nous est suggérée par l'ennemi. Dans *Choc et Simulacre*, Michel Drac évoque également cette création préemptive (proactive) par des services secrets ou des officines diverses de la figure de leur propre ennemi pour mieux le neutraliser, dans le sillage des programmes états-uniens apparus pendant le maccarthysme et la chasse aux sorcières anti-communiste qui aboutirent à la Nouvelle Gauche inoffensive des années soixante/soixante-dix, ou de la « méthode Kitson » britannique, fondée sur l'usurpation d'identité et l'opération sous faux drapeau.

LA « RÉVOLUTION LENTE »

Si l'attaque frontale du Système est évidemment vouée à l'échec, que nous reste-t-il comme mode d'action ? Ce qui reste, c'est la guerre culturelle, c'est-à-dire l'influence sociologique diffuse, virale ou capillaire, la guerre psychologique de longue haleine par la réinformation de nos concitoyens, ainsi que la reconquête des réseaux et des structures institutionnelles déjà existantes, avec pour ligne directrice le concept de Base Autonome Durable (de l'échelle individuelle à celle du pays), de sorte à reconstituer de la souveraineté alimentaire, énergétique, économique et... cognitive, tous ces efforts combinés permettant d'aboutir à des « révolutions lentes », apparemment invisibles mais pourtant bien réelles. Ajoutons à cela l'éducation populaire, le travail social, la démocratie locale dans les conseils de quartier, le jardinage collectif, bref tout ce qui permet de rayonner et de reconstituer le lien social pacificateur que le Pouvoir passe son temps à détricoter pour nous dresser les uns contre les autres. Redevenir des sujets parlants, des sujets structurés, c'est-à-dire de la logique indexée sur des faits, autrement dit du langage (du *logos*) indexé sur du réel, de sorte à court-circuiter les « captures imaginaires » en termes lacaniens, c'est-à-dire les rivalités identitaires, narcissiques et émotionnelles, et les séparatismes qui en découlent. Contre le chaos, rétablir l'ordre ; autrement dit, ne pas rajouter du désordre au désordre.

PSY-ARMES ET GUÉRILLA CULTURELLE

Sur le plan intellectuel, il nous incombe, en tant qu'avant-garde du prolétariat, de mettre en méthode de manière scientifique ces techniques de renversements graduels et insensibles dans les rapports de force. En particulier, il nous reste à fournir une conceptualisation avancée des « transformations silencieuses », en nous appuyant sur la notion d'arme silencieuse, ou « arme psychologique » (psy-arme), inspirée du célèbre texte intitulé *Armes silencieuses pour guerres tranquilles* (*Silent weapons for quiet wars*). Nous sommes en guerre et les armes utilisées ne sont pas exclusivement matérielles. Le concept de ce qu'est une arme offensive, physique ou psychologique, pourrait être défini ainsi : « Tout ce qui accélère artificiellement l'entropie d'une cible », ou encore : « Tout ce qui permet de déstructurer intentionnellement quelque chose d'autre que soi-même. » En inversant les places et les signes, on trouve le concept général d'une arme défensive : « Tout ce qui neutralise l'entropie qu'un ennemi nous applique », donc : « Tout ce qui entretient notre capacité de conservation et de résilience. » Les pays non alignés, que l'Iran a eu l'intelligence de remettre au goût du jour, attaquent l'oligarchie atlantiste et sioniste par le haut. Afin de la prendre en tenaille, notre rôle sera de la miner par le bas, en mettant sur pied une sorte de Hezbollah à la française, capable de mener une véritable guérilla dans les champs informationnels, psychologiques, cognitifs et culturels, dont l'inspiration pourrait être trouvée dans la philosophie « par-delà droite et gauche » ou « Gauche du travail, droite des valeurs » qui anime tous les mouvements de résistance authentique, du CNR à Égalité & Réconciliation.

CHAPITRE IV

POUR UN DISCOURS DE LA MÉTHODE SOUVERAINISTE[*]

« CE QUI ÉTAIT CACHÉ SERA DÉVOILÉ »

Nous sommes à une époque charnière, personne n'en doute. « Quelque chose est en train d'être dévoilé », tel est le sentiment de la plupart de nos contemporains à peu près lucides. En outre, ce « quelque chose en train d'être dévoilé » pourrait bien être le « quelque chose le plus important ». Notre hypothèse de travail sera que ce « quelque chose le plus important qui est en train d'être dévoilé » concerne la manière dont le pouvoir s'exerce réellement dans les sociétés occidentales postmodernes. Le propos de cet article est donc plutôt méthodologique et concerne avant tout la question : « Comment ? », « comment fait-on quelque chose ? », soit « comment exerce-t-on le pouvoir aujourd'hui ? » Les questions « qui ? » et « pourquoi ? » sont secondaires. Les motivations des acteurs du pouvoir et leur habillage

*Égalité & Réconciliation 10/04/2012

identitaire ne sont pas sans intérêt, mais sont permutables, la même méthode pouvant être appliquée par des acteurs différents. Ces motivations et cet habillage identitaire ne constituent donc pas des constantes mais des variables de la situation. Or, ce sont les constantes qui nous intéressent au premier chef, sachant que ce sont elles qui définissent le socle fondamental de la situation et qu'elles constituent de ce fait la partie la plus précieuse du dévoilement actuel.

Évidemment, il faut éviter de tomber dans le « politiquement correct », qui interdit d'appeler un chat « un chat » et qui oblige à tourner autour du pot sans jamais désigner clairement « qui » sont les acteurs de la situation. Mais rappelons-nous simplement que cette désignation nominative claire et distincte des « minorités actives » qui exercent le pouvoir ne suffira jamais à accomplir la totalité du travail de décryptage de la situation. L'analyse de la méthodologie pure du pouvoir, donc indépendamment de l'identité de ses acteurs, non seulement est incontournable, mais suffit parfois largement pour en neutraliser les effets nuisibles. En clair : la surreprésentation statistique effective et indéniable des pro-israéliens et des pro-américains dans les sphères de ce pouvoir oligarchique occidental ne suffit pas à expliquer toute l'étendue du désastre, il faut chercher encore au-delà, dans le « comment travaillent-ils ? », ce qui suppose de mettre entre parenthèses, pour un moment du moins, le « qui sont-ils ? », quitte à y revenir par la suite. En outre, l'avantage de se concentrer sur l'analyse des méthodes est d'éviter de trop spéculer sur les identités et les intentions, spéculation qui comporte toujours un risque de dérive interprétative et de divagation psychologique. Au lieu de cela, il semble judicieux de s'appuyer dans un premier temps sur un matériau expérimental, factuel et objectif incontestable, constitué par les textes de référence des méthodologies appliquées par le Pouvoir, textes qui existent, qui sont publiés et dont les pratiques sont enseignées. À ce stade, le travail en « source ouverte » est suffisant.

VERS UNE MÉTHODOLOGIE SOUVERAINISTE

En résumé, la méthodologie du Pouvoir consiste à défaire la souveraineté populaire, *dans tous les sens du terme*, politique, économique, énergétique, alimentaire, cognitif… Il nous faut donc élaborer un nouveau « discours de la méthode », qui répondrait à la question « comment refaire de la souveraineté ? », dans tous les sens du terme également. Ce discours de la méthode souverainiste sera fondé comme le prônait Descartes sur des « idées claires et distinctes », et s'opposera ainsi à la confusion des émotions, des sentiments et des affects, typique de l'hystérie collective dans laquelle le pouvoir oligarchique veut nous plonger pour nous aliéner. À travers la construction de ce discours, il s'agira d'annuler la façon dont l'oligarchie règne sur nous, en nous formant à ses propres méthodes de gouvernance. En effet, pour s'exercer efficacement, le Pouvoir s'appuie sur une sorte de « technologie organisationnelle », une doctrine managériale étendue aux sociétés entières, qui fournit les clés, quand on la maîtrise, de son côté obscur, à savoir une « technologie désorganisationnelle », ou encore « management négatif ».

Nous devons arriver collectivement à la conscience lucide que des techniques de désorganisation nous sont appliquées. Comment nous sont-elles appliquées ? Essentiellement au travers de deux stratégies combinées : une « stratégie du choc » libérale, consistant à créer de manière complètement artificielle des crises économiques, associée à une « stratégie de la tension » identitaire, consistant à créer de manière complètement artificielle des tensions identitaires (ethnico-culturelles et de genre). Gouverner par le chaos, comme nous l'avons écrit ailleurs. La conscience collective de ce management négatif qui nous est appliqué permet de ne plus en être la victime aveugle et le simple jouet, puis de commencer à reconstruire et « re-tricoter » ensemble le tissu psycho-socio-économique populaire et national que le Pouvoir passe son temps à détruire et à détricoter. Il est compréhensible que cette phraséologie un peu technicienne en rebute plus d'un, mais une mise à niveau est urgente et nécessaire pour rattraper notre retard. Le Pouvoir a quelques décennies d'avance sur le peuple pour ce qui concerne le niveau de conscience et de précision de son mode opératoire. Or, la force, c'est la précision. Si nous voulons être forts, nous devons être précis. Le Pouvoir le sait, raison pour laquelle il essaye par tous les moyens de nous rendre imprécis.

POSTURES ET IMPOSTURES

Globalement, le dévoilement en cours concerne donc la vraie nature du pouvoir en Occident : quelles sont ses méthodes ? comment procède-t-il ? Le terme générique pour qualifier le travail de désorganisation du peuple par le Pouvoir est « ingénierie sociale ». Certes, il existe une ingénierie sociale positive et constructive, mais la négative est tellement majoritaire et écrasante que le rappel systématique du *distinguo* nous paraît superflu dans l'usage. Ce dévoilement des méthodes du Pouvoir représente le danger maximum pour le Pouvoir, lequel tire sa substance du fait qu'il est caché, inconnu.

La spécificité du pouvoir actuel, sa constante, aux antipodes de l'ostentation du pouvoir traditionaliste, est d'avancer masqué, donc de truquer la réalité, de « faire croire » qu'il n'existe pas ou qu'il n'est pour rien dans la situation actuelle. C'est le processus de « naturalisation », élément clé du management des perceptions : faire passer pour naturel ou involontaire ce qui a été en fait conçu et installé de manière parfaitement intentionnelle et réfléchie. On se souvient de la sentence assénée pendant des années par Margaret Thatcher : « There is no alternative » (également connue sous l'acronyme TINA), et dont l'esprit se traduit aussi par : « Il n'y a aucun plan B. » L'un des objectifs de cette propagande est de parvenir à ancrer dans les esprits que si le peuple s'abêtit et dégénère, ou pire, s'il entre en guerre civile, c'est que c'est dans sa nature, « l'humain est mauvais de toute façon », et cela n'a rien à voir avec les conditions socioéconomiques que le Pouvoir configure intentionnellement, et qui pourraient être autres.

Autre technique de dissimulation du Pouvoir, rappelée par Alain Soral dans *Comprendre l'Empire* : le fort, qui exerce le pouvoir, se fait passer pour le faible, qui le subit. Dans les systèmes de type capitaliste, le fort étant le riche, comment va-t-il réussir la performance de se faire passer pour le faible, c'est-à-dire le pauvre ? Par l'usurpation d'identité, en déplaçant le débat du champ socioéconomique vers celui de l'identitaire. Afin de se faire passer pour le plus faible des faibles, bouc émissaire universel, victime absolue – et inhiber tout esprit critique contre lui – le riche-fort ira même jusqu'à organiser en sous-main, au moyen d'un « idiot utile » sous contrôle (parfois moustachu ou barbu), des persécutions contre des gens possédant un trait identitaire commun avec lui mais d'un niveau socioéconomique inférieur, donc aisément sacrifiables. Les images de souffrance produites dans l'opinion publique seront ensuite récupérées, exhibées et exploitées dans un discours victimaire étendu à l'ensemble du groupe possédant ce trait identitaire commun, de sorte à recouvrir et dissimuler la perception des antagonismes de classes socioéconomiques internes à ce groupe en soulignant uniquement et de manière répétée la perception du trait identitaire. Notons que ce stratagème trouve à s'appliquer à tout ce que l'on appelle les « minorités » et produit ce que l'on nomme du communautarisme.

Le cadre théorique de René Girard est ici adéquat pour comprendre les dynamiques en jeu. Le « bouc émissaire » est une place archétypale à occuper dans le jugement. Dans un premier temps, on pense que le bouc émissaire est coupable. Ensuite, il apparaît que le bouc émissaire est en fait victime. Au mot-clé de « victime » est toujours associé implicitement le mot-clé « innocente ». Cette apparition de l'innocence du bouc émissaire que l'on croyait coupable possède un impact émotionnel qui écrase toute pensée critique. Le sentiment d'injustice à réparer déferle comme un tsunami qui noie tout jugement lucide dans un *pathos* absolutiste. Car il se pourrait bien que le bouc émissaire soit effectivement un peu coupable quand même ! On a donc corrigé la première erreur – « le bouc émissaire est coupable » – mais pas la seconde – « le bouc émissaire est innocent ». La fabrication de victimes, essentiellement par des meurtres de masse, vise à éliminer toute forme de pensée rationnelle, c'est-à-dire nuancée, relativiste, en l'occurrence que le bouc émissaire est parfois effectivement « victime innocente », mais aussi parfois « coupable », quand même…

LA GUERRE CIVILE : FINALITÉ DE L'INGÉNIERIE SOCIALE

Cette mise en scène de l'innocence totale, cette revendication à cors et à cris du statut de victime absolue, donc de « vache sacrée », intouchable et incritiquable, cherche à imprimer dans les esprits un : « Ils ont assez souffert comme ça, laissons-les tranquilles ». Mais loin d'apaiser les tensions, cette manipulation participe en réalité d'un processus visant à les exacerber. Dans le cadre d'une ingénierie sociale visant à créer des conflits (schismogénétique, polémogénétique), la pensée rationnelle et nuancée doit être affaiblie par la production de jugements purement émotionnels, globalisants, essentialistes, absolutistes, « tout noir ou tout blanc ». Cette pensée compassionnelle procédant par blocs homogènes et totalisations manichéennes est une tendance pernicieuse de l'esprit humain. Elle peut être disciplinée et amoindrie, pour un effet de socialisation pacificatrice et rationnelle, ou encore renforcée, pour un effet de désocialisation belliqueuse irrationnelle. Les jugements essentialistes, incapables d'assumer des compromis diplomatiques et dialectiques, obéissent au mécanisme émotionnel de « montée aux extrêmes » décrit par Girard en termes de rivalité mimétique, ou de schismogenèse (création de division) par Gregory Bateson. Toutes les formes de compétition victimaire sur critères identitaires s'inscrivent dans ce dispositif. On peut donc les appeler des « rivalités identitaires » et observer qu'elles fournissent un bon outil de désagrégation sociale dans la mesure où elles fabriquent des tensions artificielles, sans raison objective, mais entièrement fondées sur des questions d'image de soi ou d'autrui, raisons purement subjectives, donc. Pour couper court à ces bêtises, qui peuvent malheureusement se révéler lourdes de conséquences, il faut toujours se demander : « Qui a intérêt à ces tensions ? », « À qui profite le crime ? » En général, à celui qui vous intime de répéter après lui, tel un hypnotiseur, qu'il est incapable de faire du mal…

La violence dans les sociétés humaines n'est pas naturelle. En effet, laissé à lui-même, spontanément, le peuple est conservateur et pacifique. Dans les sociétés traditionnelles, quand des tensions apparaissent, on se réunit et on se concerte, on essaie de régler le problème par le langage, donc par la raison, principe de la palabre africaine ou de la *choura* en Islam. Cette nature populaire conservatrice et pacifique forme un obstacle à la « conduite du changement » que les ingénieurs sociaux tentent toujours d'impulser, au prix de la violence. La question qui se pose alors aux ingénieurs sociaux est : « Comment rendre le peuple révolutionnaire et violent ? », afin de provoquer une rupture dans les *habitus* et les structures, et de profiter du moment de flou de la transition ainsi que de l'énergie dégagée pour réécrire et recomposer la structure psychosociale dans le sens qui les intéresse. Fluidifier, donc détruire, avant de rigidifier mais sur d'autres bases. Principe des « révolutions de couleur » théorisées par Gene Sharp. Évidemment, il arrive que des troubles sociaux adviennent spontanément. Mais au-delà d'un certain seuil, on remarque que la violence est toujours provoquée par des gangs occidentaux, renommés Al-Qaïda, Boko Haram, Daesh, Pravy Sektor, Régiment Azov, contrôlés et rémunérés par le Pouvoir qui prétend les combattre, qu'il s'agisse de la CIA, du Mossad ou de l'OTAN (pratiques qui s'étalent en direct et presque sous nos yeux en Syrie, en Libye, en Ukraine).

La révolution, la violence et le changement n'étant pas dans la « nature » du peuple, y parvenir suppose donc de le « dénaturer ». Autrement dit, de le rendre malade. Pour le rendre malade, il faut le faire souffrir. Comment ? D'abord, en lui inculquant une représentation du monde paranoïaque et anxiogène (schismogénétique), fondée sur des axiomes invérifiables : « L'homme est un loup pour l'homme », ou encore « les identités différentes ne peuvent pas cohabiter », ou encore « les hommes adultes oppriment les femmes et les enfants ». À chacune de ces trois propositions, on peut répondre que si tel était vraiment le cas, l'espèce aurait disparu depuis longtemps. Cette suggestion au peuple d'une conception de l'humain libérale et individualiste, pathologique et pathogène, ne vient pas de nulle part. Conformément aux principes du *shock testing* – le « un poids et deux mesures » érigé en méthode – l'oligarchie essaie de programmer deux types de comportements : pour elle, des comportements de solidarité en réseau favorisant sa propre organisation et cohésion ; et pour le peuple, des comportements libéraux, fondés sur l'égoïsme concurrentiel, « chacun pour sa gueule », favorisant la désorganisation et la décohésion, et qui aboutissent toujours à un affaiblissement de toutes les parties en présence selon un processus « perdant-perdant » mis en évidence par la théorie des jeux. Une illustration littéraire en est donnée dans *1984*, quand Winston Smith croit sauver sa vie en trahissant la femme qu'il aime, épreuve dont il ressortira de toute façon brisé psychologiquement et qui ne l'empêchera même pas d'être supprimé physiquement à la fin par ses bourreaux.

LA CONSCIENCE DE CLASSE AUJOURD'HUI

Dans la terminologie managériale du gagnant perdant, l'oligarchie essaie donc de programmer une stratégie globale *win-lose* dissociée, c'est-à-dire uniquement *win-win* pour elle (gagnant-gagnant) et uniquement *lose-lose* pour le peuple (perdant-perdant). Pour ce faire, le Pouvoir adopte une stratégie qui est en réalité tout sauf libérale, notamment dans le *business*, industriel comme financier, où foisonnent les concentrations verticales, les ententes au sommet, les pactes de non-agression pour se répartir les marchés en amont et fausser la concurrence, les délits d'initiés, les pistons communautaires et promotions sur canapé, les accords et contrats privé/public entre Frères de loge et les mariages entre dynasties pour renforcer le patrimoine. Des lois anti-trust ou anti-monopole existent ici ou là, mais l'essentiel de l'économie repose sur le *lobbying* et l'espionnage industriel, secteurs qui échappent totalement à toute régulation. De temps en temps, l'information sur cette vérité sort, mais en général le grand public n'en sait rien car il doit impérativement continuer d'être éduqué dans le mensonge et la naïveté d'un libéralisme « naturel », où l'individu pourrait se passer du soutien d'un réseau pour réussir, pour peu qu'il entre dans une compétition acharnée avec autrui. C'est la fiction totale du *self made man*, mythe fondateur bien connu du monde anglo-saxon.

En réalité, l'oligarchie possède une conscience de classe très affirmée, bien plus forte aujourd'hui que dans le peuple, ce qui ne doit rien au hasard. La disparition presque totale d'une conscience de classe populaire a été voulue et programmée par l'oligarchie pour affaiblir le peuple, comme le montrent Serge Halimi (*Le Grand Bond en arrière*) ou Monique Pinçon-Charlot et Michel Pinçon (*Le Président des riches – Enquête sur l'oligarchie dans la France de Nicolas Sarkozy*). La promotion de l'idéologie de la libre concurrence ne poursuit en fait qu'un but : affaiblir ceux qui y croient et qui passeront ainsi leur temps à échouer sans comprendre et à s'entre-déchirer. La survie dans le monde, *a fortiori* en territoire hostile, suppose nécessairement l'altruisme, l'entraide et la cohésion d'un réseau supra-individuel. Dans la perspective des Bases Autonomes Durables, l'unité de départ choisie devrait donc être d'emblée celle des « villes en transition », qui est aussi celle de l'humanité depuis des milliers d'années, c'est-à-dire le village, ou la collectivité urbaine de taille modérée, plutôt que celle de l'individu ou des petits groupes qui n'ont aucune chance de s'en sortir à moyen terme dans le monde réel. « Il n'y a pas de société, seulement des individus et des familles », dixit Thatcher, déjà responsable du TINA, et qui résume ainsi en deux formules toute l'anthropologie libérale *lose-lose* que l'oligarchie cherche à enfoncer dans le crâne du peuple pour le désorganiser. En effet, le morcellement, la sédition, les dissensions internes, la fragmentation des groupes viables en sous-groupes de plus en plus précaires, bref la « guerre civile » (la *fitna* en Islam), toutes ces calamités n'arrivent jamais d'elles-mêmes dans les milieux populaires et traditionnels, dont le mode de vie orienté sur la survie du groupe génère une sagesse interne structurée par les exigences du travail collectif et son impact socialisant, régulateur et pacificateur. Pour que ces calamités adviennent dans le peuple, il faut donc les y injecter, tels des virus. Relire l'album d'Astérix et Obélix, *La Zizanie…*

Les *clashs* internes sont en revanche monnaie courante dans les milieux du Pouvoir, qui est toujours au bord de l'éclatement, et ce pour des raisons structurelles, contrairement au peuple. En effet, pour nuancer ce que nous disions plus haut sur la cohérence des membres de la « classe transnationale de privilégiés », il faut admettre que seul l'argent – et le pouvoir qu'il confère – les rassemble et construit leur lien social, car ils ne poursuivent aucun idéal en dehors du pouvoir pour le pouvoir. Il ne faut pas accorder trop de crédit à leurs déclarations d'allégeance à telle entité ou leurs professions de foi en telles valeurs, quelles qu'elles soient. Ce caractère de mercenaires (ou de putains) est aussi la limite de leur solidarité. Les fissures, les trahisons, les lâchages qui deviennent lynchages, apparaissent dès que l'argent vient à manquer, et le seul maître reconnu est celui qui paye le mieux (voir les affaires Madoff ou DSK, et une foule d'exemples moins connus).

LE POUVOIR A PEUR

En résumé : l'ingénierie des perceptions appliquée par le Pouvoir lui permet de devenir invisible en se dissimulant derrière 1) l'affirmation de lois et de règles dites « naturelles », auxquelles lui-même prétend obéir, alors que c'est lui qui les a définies; 2) une apparence de faiblesse et de victime inoffensive, donc d'innocuité totale, obéissant à une stratégie schismogénétique de « division pour régner ». Face à ce dévoilement en cours de la vérité du pouvoir oligarchique, à savoir qu'il existe et qu'il est entièrement responsable de la situation, y compris et surtout quand elle dégénère en violence, le Pouvoir prend peur. Comme tout animal traqué, il va se défendre de plus en plus violemment. Plus le Pouvoir est violent, plus il est proche de la fin. Sa violence est la preuve de sa peur. Pour ainsi dire, la peur a déjà changé de camp : elle est dans le sien. Il va donc essayer de la remettre dans le nôtre en nous terrorisant toujours plus, au moyen d'attentats terroristes ou en essayant de précipiter le monde entier dans un conflit nucléaire sous prétexte que tel pays serait dangereux. Tout ce travail à caractère schismogénétique serait impossible sans les outils de la désinformation et de la propagande, piliers de la guerre psychologique globale menée contre le peuple et qui s'appuie presque exclusivement sur des « représentations », c'est-à-dire des images et des mots. Le Pouvoir agit notamment en diffusant des « éléments de langage », qui agissent comme des virus mentaux et dont le but est d'imposer les termes du débat public, et de prendre ainsi le contrôle de nos cerveaux et de nos esprits. Tout individu ou groupe qui commence à dévoiler le Pouvoir et sa gouvernance par le chaos sera alors taxé de « conspirationnisme » et accusé de diffuser des « théories du complot ». Telle est la stratégie rhétorique unique et répétitive issue des *think tanks* occidentaux, de Washington à Tel Aviv, en passant par l'État islamique : « En fouillant un peu, on trouve en ligne la version anglaise du magazine *Dabiq* de l'État islamique. Et à sa lecture, on conçoit mieux que Daesh soit furieux contre les conspirationnistes. « Les théories du complot sont devenues une excuse pour abandonner le Djihad », nous apprend un article. Pour les fous d'Allah, les complotistes sont donc des « abrutis » qui donnent tous les pouvoirs aux « infidèles », en refusant de reconnaître que les islamistes ont perpétré les attentats du 11 Septembre et que l'État islamique est une création émanant de la volonté d'Allah lui-même. En effet, poussés par « leur désir et leur débilité », les conspirationnistes font de l'État islamique une création de la CIA et sapent donc son autorité[98]. »

Pourquoi le Pouvoir actuel a-t-il absolument besoin de se cacher ? Parce qu'il est totalement illégitime et qu'il le sait. Quand le pouvoir est appuyé sur du réel, que ce soit la force de travail, l'aptitude au combat, la production de biens de subsistance, ou des compétences techniques et intellectuelles facilitant l'organisation constructive du groupe, on peut dire que ce pouvoir est légitime. Il règne facilement, car il est facilement reconnu comme tel par un *consensus* majoritaire dans le groupe. C'est la méritocratie. Or, le dévoilement en cours est en train de montrer que le pouvoir en Occident et dans l'espace wahhabite ne s'appuie sur rien de réel ni de constructif, seulement sur la capacité à manipuler des représentations dans une perspective de désorganisation du peuple, et qu'il est donc purement parasitaire. Quand la finance et les médias contrôlent le reste de la société pour la désorganiser, on se trouve bel et bien dans une situation de Pouvoir-parasite. La nature totalement parasitaire et illégitime du pouvoir en zone atlantiste est connue du Pouvoir lui-même, ce qui le mine psychologiquement et moralement, l'obligeant à une fuite en avant autodestructrice dans laquelle il faut l'accompagner jusqu'à son terme mais en se protégeant. Le pouvoir atlantiste est aux mains d'une

98. « Daech contre la théorie du complot », *Causeur*, 29/07/2015.
· http://www.causeur.fr/daech-theorie-du-complot-33972.html#

oligarchie morbide et malheureuse, qui est en train de se suicider et qui voudrait entraîner le monde avec elle dans son échec à vivre décemment. Pour tout dire, cette oligarchie a déjà perdu, elle en est au stade du « mort qui marche ». Il faut maintenant la pousser jusque dans sa tombe, ce que nous allons faire en ne relâchant pas la pression que nous exerçons déjà sur elle.

Les opérations de terrorisme d'État que nous subissons depuis quelque temps en France sentent le chant du cygne. Quand un réseau mafieux en arrive là pour essayer de se faire réélire, c'est qu'il est effectivement cuit sur toute la ligne, carbonisé, déjà enterré. La trame narrative des opérations est tellement cousue de fil blanc que la plupart des gens les anticipent. Le film de Cédric Jimenez, *Aux yeux de tous*, sorti le 4 avril 2012, mettait en scène un attentat terroriste sous faux drapeau déclenché un mois avant les élections présidentielles pour faire réélire le candidat sortant. De même que Mitterrand est passé à la postérité en tant que « l'assassin de Bérégovoy » (*cf.* Francis Gillery et Hubert Marty-Vrayance), Sarkozy, Hollande et Valls resteront dans les mémoires pour leurs trucages, attentats prétextes à faire passer des lois de surveillance de la population ou ordinateurs de vote américains de 2007[99].

L'AVENIR NOUS APPARTIENT

Le monde est en train d'échapper définitivement, de manière irrémédiable et sans retour possible, à l'oligarchie occidentale. Les pays que l'on appelle les BRICS sont en train

99. « 2007 : Les résultats électoraux français produits par une société américaine ? », Le Grand Soir, 02/04/2012.
http://www.legrandsoir.info/2007-les-resultats-electoraux-francais-produits-par-une-societe-americaine.html
« Trahis par la technique... », Rouge et Noir – CNT-AIT, 11/03/2008.
http://cnt.ait.caen.free.fr/forum/viewtopic.php?f=23&t=3803#p29631

de conquérir la place qui leur revient sur l'échiquier mondial et d'y réintroduire de la multipolarité, ce qui est un facteur mécanique d'équilibre, de stabilité et de paix. Sur cette base, une analyse tactique précise montre que nous sommes en situation de prendre les puissances atlantiste et sioniste en tenaille : par le haut, en soutenant les gouvernements du groupe BRICS et leurs alliés (Syrie, Iran, Venezuela...) ; par le bas, en déployant des initiatives personnelles de relocalisation et de reconquête des diverses formes de souveraineté existantes, alimentaire, énergétique, économique, en attendant la « politique » *stricto sensu*. Continuons dans ce sens : 1) à étendre l'influence du groupe BRICS et de ses alliés en Occident par la ré-information de nos concitoyens pour continuer d'affaiblir notre oligarchie parasite ; 2) à élaborer « concrètement » un système socioéconomique parallèle, autonome à l'égard du capitalisme, industriel comme financier (les deux travaillant depuis toujours main dans la main contre toute forme de commerce régulé par des valeurs non commerciales).

Tout cela ne s'accomplira pas d'un coup de baguette magique. Afin de mieux résister dans l'épreuve et d'améliorer notre résilience, c'est-à-dire notre capacité de récupération à l'usure et aux chocs, inspirons-nous de l'exemple des tontines, africaines et antillaises, tant sur le plan de l'organisation pratique que de l'esprit d'entraide et de solidarité qui les anime, ainsi que du peuple palestinien, toujours debout plus de soixante ans après la Nakba. Diverses initiatives peuvent nous inspirer : monnaies locales et alternatives, SEL, AMAP, coopératives alimentaires, jardins partagés, potagers collectifs et permaculturels, aquaponie, « consommer militant » à l'épicerie *Au bon sens*, etc. Toutes les initiatives de réenracinement local des moyens de subsistance doivent être soutenues. Une écologie non idéologique est forcément souverainiste. L'alimentation de qualité et les préoccupations écologiques sérieuses, c'est-à-dire de proximité, sont des thèmes porteurs aujourd'hui en Occident. Pour le comprendre, le voir et le savoir, il faut évidemment se couper définitivement des médias dominants, télé, radio, presse écrite, qui, sauf exception, construisent notre perception d'une manière intentionnellement déprimante et anxiogène, puis se ré-informer à l'étranger, hors de la zone OTAN, ou dans les réseaux de résistance, ou mieux encore, directement dans l'expérience.

MAÎTRISER LA VIOLENCE

Si l'on fait la liste de toutes les opérations de guerre psychologique réalisées en France et dans le monde ces dernières années, on en tire le constat suivant : le Pouvoir a essayé de nous plonger dans une fiction globale multidimensionnelle, une réalité virtuelle complète où il y aurait une dette publique à rembourser, un « choc des civilisations » – mais pas de « lutte des classes » – des avions en aluminium qui font tomber des tours en acier, des épiciers intellos qui montent aux caténaires sans se faire électrocuter, des épidémies de grippe en plein été et des millions de femmes qui « meurent tous les jours sous les coups de leurs maris ». Ce monde entièrement imaginaire où les lois de la physique et du bon sens n'ont plus cours, c'est celui que l'on essaye de nous inculquer pour nous intoxiquer, nous empoisonner, nous rendre malades et faire monter en nous des envies de violence. Ces pulsions d'insurrection sont provoquées par le Pouvoir lui-même, qui va ensuite chercher à les réorienter contre nous-mêmes, à retourner la violence du peuple contre le peuple, afin de nous plonger dans un chaos automatisé dont nous serons nous-mêmes les artisans, soumis au mécanisme comportemental de la vengeance surenchérie, le cercle vicieux de la *vendetta*, exacerbation de la fameuse loi du Talion. D'où la nécessité absolue de maîtriser ces bouffées de violence, de sorte à ne pas devenir les marionnettes du Pouvoir, les nouveaux Lumpen-prolétaires, comme un certain Anders Breivik l'est devenu, ou comme certains sociopathes de cité en phase de recrutement pour le djihad au service du Mossad. Les bouffées de violence provoquées par le Pouvoir doivent être retournées à l'envoyeur, contre l'oligarchie elle-même, mais de manière canalisée et rationnelle, afin de ne pas s'éparpiller et de ne jamais « péter les plombs ». Dans cette perspective, la première chose à faire semble donc être d'apprendre à distinguer le normal du pathologique, en nous-mêmes comme en autrui. En d'autres termes, distinguer le rationnel de l'irrationnel, le cohérent du délirant, le réel de l'imaginaire. À cette fin, un discours de la méthode souverainiste, aux « idées claires et distinctes », est donc à construire, ce à quoi cet article se voudrait une modeste contribution.

CHAPITRE V

POUR UN NATIONALISME PERMACULTUREL[*]

VIVRE, C'EST SE PROTÉGER

Un long travail de guerre culturelle a été accompli par l'idéologie dominante en Occident pour culpabiliser dans les populations l'idée de « fermeture », et ses corollaires dans les notions de frontière, de limite et de protectionnisme. Depuis les années soixante-dix, pour être quelqu'un de bien, il faut rester « ouvert », et en particulier souscrire sans condition au sans-frontiérisme. On pense notamment à l'officine d'influence *Open Society Institute* de George Soros ainsi qu'au champ lexical du *marketing* et aux éléments de langage en vigueur dans les médias. Or, aucune espèce vivante ne peut survivre physiquement sans un territoire doté de frontières, de limites, de contours. Le premier territoire est le corps, dont l'intégrité est assurée par la peau, ou du moins une membrane protectrice. La vie n'existe pas sans un épiderme

Perestroïka France, 10/10/2013.

qui distingue l'intérieur de l'extérieur, ce qui suppose nécessairement un certain degré de fermeture. L'idéologie dominante de l'ouverture inconditionnelle des frontières et de la levée de toutes les limites est donc une idéologie de mort, l'équivalent de l'ouverture de la peau.

La notion de « fermeture » mérite ainsi une réhabilitation pleine et entière dans le champ de la *praxis* politique. Fermer est synonyme de « protéger l'intégrité », « assurer la sécurité et la pérennité ». Pendant des millénaires, pour se protéger des agressions, toutes les places fortes et les cités d'importance étaient fermées par des remparts, des murailles, des reliefs et des plans d'eau naturels ou artificiels, ce qui leur a permis de se perpétuer jusqu'à notre époque. Dans cette perspective de « fermeture positive », l'échelle locale à privilégier de nos jours est celle de l'État-nation, doté de frontières et de limites fixes. Les raisons en sont simples : face au mondialisme, dont la logique est structurellement aliénante, les échelles régionales ou de tailles encore inférieures sont impuissantes à assurer la protection de leurs résidants et seule l'échelle nationale en est capable. Quant à l'échelle continentale, c'est celle du mondialisme, dont les partisans de l'euro-régionalisme sont en fait les pions.

LES PATHOLOGIES DE L'OUVERTURE

Julia Kristeva, psychanalyste et théoricienne du féminisme, publiait en 1998 un livre d'entretiens intitulé *Contre la dépression nationale*. La quatrième de couverture résumait ainsi le contenu : « Peut-on restaurer la confiance nationale comme on restaure le narcissisme d'un patient déprimé ? Julia Kristeva en prend le parti, forte de son expérience de praticienne et de sa réflexion sur la culture et la révolte. Elle propose un discours contre la « dépression nationale » et le masochisme ambiant. Mai 68 a bouleversé le rapport social au plaisir, à la famille et à la nation, sans pour autant produire la liberté escomptée. Témoin actif et lucide de ces changements, Julia Kristeva montre l'urgence d'une révolte adaptée à notre temps, pour une liberté toujours à conquérir. »

En une centaine de pages, ce petit ouvrage éclaire la question de l'identité nationale et de ses pathologies par la discipline peut-être la mieux placée pour le faire, puisque la psychanalyse est entièrement construite autour de la question de l'identité et des limites qui la définissent. L'identité suppose nécessairement des limites, des contours. Je ne suis pas « tout », je suis « ceci » à l'exclusion de « cela », et je dois l'apprendre dans mes premières années. Le complexe d'Œdipe, avec son tabou de l'inceste, est le moment où l'enfant comprend qu'il existe des limites – des limites à son désir et des limites identitaires – et qu'il doit donc abandonner ses revendications narcissiques de toute-puissance. Ce complexe fondateur est le point de basculement qui permet d'accéder à une socialisation normale, fondée sur le sens des formes fixes limitées et des contours durables et stables. L'instabilité et la transformation identitaires perpétuelles sont des symptômes de psychose schizophrénique. La figure mythologique de Protée est le dieu de notre époque, le dieu protéiforme du changement et du transformisme, mais le dieu malade. La théorie du genre, qu'il faudrait renommer théorie de la confusion des genres, et le « mariage homo » en sont les expressions morbides.

La vie est toujours localisée, enracinée dans un territoire, une portion d'espace particulier. La géométrie pose que l'espace est *partes extra partes* : ses parties sont les unes à l'extérieur des autres. L'espace inclut et exclut en même temps. Il n'existe pas d'espace seulement inclusif. La notion de « démocratie inclusive » du politologue Takis Fotopoulos (né en Grèce en 1940) est plus que problématique. Un concept excluant l'exclusion est mortifère. De fait, on ne vit pas « partout » mais bien « quelque part » et à l'exclusion d'« ailleurs ». On ne connaît que des « situations », toute vie est « située ». Qui dit « situation », dit inclusion mais aussi exclusion, donc délimitation d'une permanence, car une limite qui bouge sans arrêt n'en est plus une. Les anciens Grecs distinguaient le principe ontologique du *peras*, littéralement le « chemin tracé », avec ses connotations de fixité terrienne, de régularité, de délimitation et de point de repère pour s'orienter, de l'*apeiron*, signifiant l'illimité, l'indéfini, l'indéterminé, comme les flots de la mer en changement perpétuel. Cette dualité se reproduit dans le champ éthique et moral par l'opposition entre le *metron*, la mesure et la modération, et l'*hybris*, la démesure et l'excès.

La dépression nationale diagnostiquée par Kristeva, mais aussi par des sociologues comme Dany-Robert Dufour et divers cliniciens, vient justement de ce que les frontières nationales passent leur temps à être transgressées, sous prétexte d'ouverture au marché ou aux autres cultures, ouverture indifférenciée imposant un modèle identitaire flou, protéiforme, incluant tout, acceptant tout, donc excluant tout également, donc pathologique. Les nouvelles maladies de l'âme, comme le dit Kristeva, toutes ces nouvelles pathologies mentales apparues dès les années soixante-dix, sont des pathologies de l'ouverture totale et de la levée de toutes les limites, et tournent autour du concept de *borderline* ou d'état limite. En finir avec l'épidémie contemporaine de pervers narcissiques, de syndromes psychotiques dérivant dans la criminalité, les toxicomanies et les addictions diverses, suppose de rétablir des limites, des frontières, des contours identitaires, suppose donc de ré-œdipianiser la vie.

En d'autres termes : relocaliser, réenraciner et renationaliser la vie.

NATIONALISME, PERMACULTURE ET FÉMINISME

Pour ce faire, l'idée nationaliste a peut-être besoin d'être rénovée ou enrichie. Le mème d'alter-nationalisme circulait à une époque. Pour aller plus loin, proposons aujourd'hui le « nationalisme permaculturel ». Le concept de permaculture, inventé en 1978 par Mollison et Holmgren, est un mot-valise qui condense « permanence » et « culture », dans la perspective de mettre en avant la notion de culture durable, planifiée sur le long terme. Dans un cadre de production agricole ou potagère, la permaculture est une méthode écologique qui consiste à faire « avec » la nature et pas « contre » elle. Il s'agit d'aménager l'environnement au lieu de l'artificialiser. La pratique du « *design* permaculturel » qualifie le travail de conception d'un espace de vie attentif aux relations de proximité entre des éléments divers. Les bordures, les frontières et les limites sont donc objets d'une attention particulière. Par exemple, le plan de culture d'un jardin en permaculture est structuré en zones circulaires concentriques, à commencer par l'habitation placée au centre ; cette configuration du territoire calquée sur les modèles naturels respecte aussi la hiérarchie des priorités concrètes définie par la théorie du « prendre soin ».

La notion de « prendre soin » en politique a été mise à l'honneur par la théorie féministe du *Care* (ou *take care* ; Gilligan, 1982). L'éthique du *Care*, qui mobilise essentiellement les notions de proximité, de vulnérabilité à protéger et d'attention maternelle portée aux phénomènes de gestation lente, représente la forme mature du féminisme. L'axiologie du *Care* et du « prendre soin » recoupe ainsi point par point l'axiologie du nationalisme permaculturel. Les valeurs, les mots clés, les idées directrices du féminisme et du nationalisme sont en fait les mêmes : le soin, le long terme, l'amour du prochain et de la biodiversité. Notre nouveau nationalisme, permaculturel et féministe, est ainsi appuyé sur une éthique de vie non partisane : prendre soin du lieu où l'on vit, où que ce soit et avec qui que ce soit, non pas pour des raisons idéologiques ou émotionnelles, mais parce que c'est dans mon intérêt, donc dans notre intérêt, car l'individu n'existe que dans des relations. Mon intérêt consiste à m'aimer, à aimer mes proches, et à prendre soin de moi et de mes proches ainsi que de mon environnement, donc de mon pays. Ce féminisme nationaliste n'est dans son essence ni affectif, ni identitaire au sens lyrique du terme, mais rationnel et pragmatique. Il s'agit de « cultiver son pays », comme on « cultive son jardin ».

Dans son édition du 12 septembre 2013, la revue *Lys noir* rapportait les propos récents de Bernard Stiegler, philosophe de la technique, affirmant qu'il fallait « prendre soin » des électeurs du Front national : « Il faut prendre soin de ces électeurs comme de tous les Français qui sont aujourd'hui abandonnés face à une puissance du marché qui détruit jusqu'à la possibilité même d'éduquer leurs enfants. Le soin consiste ici à rompre avec le consumérisme, qui a produit une insolvabilité généralisée et dégradé les consommateurs sur les plans physique et psychique. » On le voit, nul besoin de faire appel au patriotisme pour être nationaliste ; il n'est même pas besoin d'être nationaliste pour être nationaliste : il suffit de « prendre soin » du lieu où l'on vit et des personnes qui y vivent. En d'autres termes, pour être nationaliste, il suffit d'agir selon son intérêt. Mon intérêt est que ça se passe bien là où je vis. Mon intérêt est que le lieu où je vis soit bien tenu. Mon intérêt est donc de m'occuper concrètement du pays où je vis pour le faire fructifier. Faire fructifier le pays où je vis, c'est-à-dire lutter contre l'entropie, le désordre et les déséquilibres qui peuvent y advenir, et impulser une dynamique néguentropique, donc structurante et ordonnatrice (fonction du *design* en permaculture).

LE SÉPARATISME : MÉTHODE MONDIALISTE

Quand des tensions intercommunautaires apparaissent, en France, au Liban ou ailleurs, un examen attentif montre qu'elles sont généralement provoquées par des puissances étrangères travaillant à produire du séparatisme et de l'entropie sociale dans une perspective de conquête coloniale obéissant au principe du « diviser pour régner ». En effet, le développement des populations et de leurs cultures n'est pas toujours autonome, « naturel », mais est parfois placé « sous influence », pris en charge et tutoré, façonné par des méthodes d'ingénierie dérivées de la cybernétique sociale et de la psychanalyse, et que le *management* range sous le terme de « conduite du changement ». Dans *Gouverner par le chaos – Ingénierie sociale et mondialisation*, l'auteur de ces lignes expose une synthèse de ces techniques de pression psychologique et d'induction comportementale qui nous sont appliquées pour nous faire perdre le sens de ce qui est bon pour nous et programmer en nous des comportements qui vont contre notre intérêt, des comportements séparatistes, communautaristes, sans-frontiéristes, libéraux-libertaires, et au final, antinationaux. Cette ingénierie sociale négative cherche à conditionner des prises de décision irrationnelles et autodestructrices. Par exemple, les Français subissent depuis une quarantaine d'années un gros effort de culpabilisation de tous les sentiments protectionnistes et nationalistes ainsi que de la fermeture politique et géopolitique nécessaire que cela suppose. Le caractère artificiel et aberrant de cette haine de soi agissant comme une pulsion de dénationalisation, entropique et séparatiste, modelée sur la pulsion de mort – la mort étant le « séparatisme » des régions ou des organes – apparaît quand on voyage à l'étranger, où les sentiments patriotiques, nationaux et anti-séparatistes sont généralement très vivants et peuvent s'exprimer sans inhibition, ni censure médiatique.

Des chercheurs en sciences sociales tels que Kurt Lewin (1890-1947) ont posé les fondements du « *management* négatif », à savoir un encadrement comportemental visant à conduire de manière indirecte vers le suicide, l'entropie, le morcellement, la déstructuration. Cette démarche de dislocation intentionnelle des formes vives cherche à nous pousser à ne plus prendre soin de nous-mêmes, ni du lieu où l'on vit. Comment ? En culpabilisant le sens des proximités. Culpabiliser la priorité donnée à la proximité, culpabiliser la priorité nationale, c'est culpabiliser la priorité donnée à soi-même. Cela revient à culpabiliser le fait de s'occuper de soi et de prendre soin de sa propre vie. Le mondialisme veut culpabiliser le peuple de tenir à son pays, à sa vie, à soi-même, et plus largement veut culpabiliser le peuple de tenir à quoi que ce soit. L'idéologie dominante consiste à tout lâcher, y compris notre vie. L'ingénierie sociale négative est une fabrique du consentement à tout lâcher, une fabrique du consentement à la mort, comme en témoigne la désapprobation médiatique de tout ce qui ressemble de près ou de loin à de la légitime défense, que ce soit contre la vague de clandestins de l'été 2015 ou contre toute forme d'agression. Les commerçants qui abattent des délinquants entrés chez eux par effraction sont voués aux gémonies par les médias bien-pensants mais jouissent en revanche d'un profond soutien moral de l'opinion publique, signe salutaire d'un réarmement au moins psychologique d'une population qui refuse de se laisser faire les poches, puis exterminer.

Un ami d'origine marocaine nous rapportait un jour une discussion avec un oncle vivant au bled. L'oncle ne cessait de s'étonner de la diabolisation dont le Front national faisait l'objet en France : « Ils sont nationalistes ? Et alors ? C'est quoi le problème ? Ils défendent leur pays ! C'est normal, non ? » Pour l'immense majorité des peuples et des habitants de ce monde, le nationalisme est évident et consiste simplement à « prendre soin » du pays où l'on vit. Pas de *pathos* excessif. Ce n'est rien d'autre qu'un anti-masochisme naturel et de bon sens. Je m'occupe de moi, je me soigne, je fais en sorte de vivre décemment, donc je prends soin de mon environnement, donc je prends soin du pays où je vis. À notre époque postmoderne où il faut tout réapprendre, y compris les réflexes élémentaires de survie, un combat culturel et politique est donc à mener. Un combat pour – étrangement – re-banaliser le nationalisme. Puisque le nationalisme, en tant qu'expression évidente de la vie des peuples, est au fond banal et élémentaire.

QUATRIÈME PARTIE

DIVERS

CHAPITRE PREMIER

LE *PINKWASHING*, OU LE SIONISME ROSE[*]

Dans le panel des méthodes d'influence et de guerre culturelle, la récupération de causes morales joue un grand rôle. Dans le vocabulaire de l'Intelligence économique et stratégique, on parle de « gestion offensive de l'image » ou de « *management* de la réputation ». En général, cela consiste à récupérer une cause – l'écologie, l'homosexualité, les femmes battues – parce que son image est jugée bonne, soit qu'elle jouisse d'un potentiel de sympathie dans l'opinion publique, soit qu'elle permette d'endosser le rôle de la victime, minoritaire et/ou persécutée, donc faible et incapable de nuire, de sorte à inhiber le jugement critique à son encontre, stratagème essentiel dans tout rapport de forces.

La sociologie anglo-saxonne a inventé un terme pour désigner les effets sociétaux de cette tendance : la culture des

*Égalité & Réconciliation, 26/02/2013.

cry babies, traductible par « culture des pleurnichards[100] ». Ce principe d'ingénierie des perceptions est fondé sur l'imitation du statut de victime ; son but est de faire changer la perception d'un acteur économique ou politique dominant par le façonnage d'une image de faiblesse simulée de cet acteur. Principe d'hameçonnage et d'usurpation d'identité, quand le fort se fait passer pour le faible et que le vrai faible est accusé d'être fort. Cette inversion du réel se performe notamment par l'affichage ostensible de tous les signes extérieurs de l'adhésion à une cause morale « politiquement correcte », toujours la cause des minorités ou des opprimés, mais en continuant d'agir fondamentalement contre elle. On soutient d'une main ce que l'on détruit de l'autre. « Faites ce que je dis, mais pas ce que je fais. »

Les mouvements de gauche et d'extrême gauche, politiques, associatifs, syndicaux, sont passés maîtres dans l'imitation faussaire de la lutte contre une domination au service de laquelle ils se placent dans les faits. On a vu, par exemple, le NPA et divers syndicats soutenir les guerres néocoloniales menées par l'OTAN, Israël et les dictatures wahhabites contre la Libye et la Syrie. Pour paraphraser Lénine, on peut dire que la Gauche est aujourd'hui le stade suprême du capitalisme. Dans cette perspective, le *greenwashing*, ou écoblanchiment, ou « capitalisme vert », est également bien connu : « L'écoblanchiment, ou verdissage, est un procédé de *marketing* ou de relations publiques utilisé par une organisation (entreprise, administration publique, etc.) dans le but de se donner une image écologique responsable. La plupart du temps, l'argent est davantage investi en publicité que pour de réelles actions en faveur de l'environnement. » (Définition Wikipédia). Par exemple, une entreprise polluante disposera dans ses distributeurs de

---

100. Matthew Hardy, *A Culture of Crybabies : The 21st Century World of Wimps, Whiners, and Victims*, Aquaterra Farms, 2008.

boissons et de friandises des produits labélisés « commerce équitable » de sorte à s'attribuer une image respectueuse de l'environnement, estampillée « développement durable ». Dans le cas de l'écoblanchiment, l'objectif est purement économique. Dans d'autres cas, il possède aussi une implication sociétale : il suffit d'ouvrir au hasard un magazine féminin clamant haut et fort son féminisme pour comprendre que ce type de presse est en fait l'ennemi n° 1 des femmes.

Dans le cas du *pinkwashing*, traductible par « homo-blanchiment », il existe aussi un motif géostratégique de propagande de guerre. Un pays est à l'avant-garde du *pinkwashing* : Israël. Des militants LGBT de Palestine, Haneen Maikey et Ramzy Qumsieh, étaient invités à Paris en 2012 pour une conférence sur ce thème. À cette occasion, ils ont décrit comment l'entité sioniste instrumentalise le mouvement LGBT pour tenter de se donner une bonne image, progressiste et tolérante car féministe et *gay friendly*, au contraire des pays arabes et musulmans qui seraient d'horribles dictatures où les femmes et les homosexuels seraient maltraités : « Selon *The New York Times*, dès 2005, et ce avec l'aide de directeurs *marketing* américains, le gouvernement israélien a déployé une vaste campagne, « Brand Israel », en direction principalement des hommes entre 18 et 34 ans : cette campagne a été mise en œuvre en vue d'offrir à cet État colonial un visage attractif et moderne. En 2009, *The Israel Project* a publié un dictionnaire des « mots qui marchent » pour défendre la politique d'Israël en mettant l'accent sur le fait que la « démocratie » israélienne respecte « les droits des femmes ». Ce plan *marketing* s'est progressivement dirigé à l'attention de la « communauté LGBT ». Dès lors, en 2010, ce sont 90 millions de dollars qui ont été investis par l'office de tourisme de Tel Aviv pour se donner des allures de destination de vacances sur mesure pour les *gays* du monde entier. Ce type de financement fleurit, souvent à la faveur d'un arsenal culturel, pour donner un visage *gay friendly* à Israël. Les ambassades israéliennes financent des festivals de films *gays* et lesbiens, aux États-Unis comme en Europe. En France, la venue d'une cinéaste israélienne au festival de films féministes et lesbiens Cineffable avait donné lieu à un partenariat entre les organisateurs et organisatrices du festival et l'ambassade d'Israël – l'ambassade finançait en effet la venue de la cinéaste. La campagne pour le Boycott culturel de l'État d'Israël (PACBI) a révélé en 2008 que les contrats qui relient les artistes israéliens à leur gouvernement, lorsque celui-ci finance leur déplacement, contiennent une clause qui définit le but de la collaboration : « promouvoir les intérêts politiques de l'État d'Israël [...] et créer une image positive d'Israël. » Un mouvement grandissant à l'échelle internationale dénonce cette tactique de *pinkwashing* : une stratégie délibérée pour occulter la violation systématique des droits des Palestiniens derrière un visage moderne, symbolisé par la vitalité des espaces *gay* en Israël[101]. »

Ce que l'on pourrait appeler le « sionisme rose », le *pink zionism* après le *pinkwashing*, semble avoir de beaux jours devant lui. La construction de camps géopolitiques antagonistes sur la base d'un clivage *gay friendly or not* nous est détaillée par Jean Birnbaum dans *Le Monde* : « Le soupçon a surgi de l'intérieur et c'est de l'intérieur qu'il prolifère maintenant. Un soupçon d'autant plus douloureux qu'il a été formulé de façon spectaculaire par Judith Butler, icône mondiale du mouvement LGBT (lesbien, *gay*, bi et trans). Le 19 juin 2010, lors de la Gay Pride de Berlin, la

---

101. « Rencontre-débat au Vieux-Saumur le mardi 20 mars 2012 à 19 heures – Combattre le *pinkwashing* – Au cœur du mouvement *queer* arabe », *Contretemps*, 14/03/2012.
http://www.contretemps.eu/interventions/rencontre-d%C3 %A9bat-vieux-saumur-mardi-20-mars-2012-19h-%E2 %80 %93-combattre-pinkwashing-%E2 %80 %93-c%C5 %93ur-mou

philosophe américaine a semé le trouble en refusant tout net le Prix du courage civique que les organisateurs s'apprêtaient à lui remettre. Elle, l'égérie de la théorie *queer*, a alors proclamé que la lutte contre l'homophobie avait dégénéré en action xénophobe et même raciste. « Nous sommes enrégimentés dans un combat nationaliste et militariste », a-t-elle lancé devant une foule médusée. Depuis lors, parmi les militants et les chercheurs, les questions se bousculent : le mouvement LGBT est-il rongé par l'« homonationalisme » ? Est-il devenu la lessiveuse d'un nouveau nationalisme qu'il viendrait « blanchir », à tous les sens du terme ? Autrement dit, ses revendications sont-elles instrumentalisées par les hérauts d'un Occident qui mène ses opérations militaires (en Orient) et ses descentes policières (en banlieue) au nom de la démocratie sexuelle ? (…) Dans cette hypothèse, la France deviendrait à son tour l'un des champs de bataille du front « homonationaliste ». Chacune et chacun serait alors sommé de choisir entre deux camps : celui des homophobes et celui des xénophobes. Car telle est bien l'alternative infernale où nous enfermerait ce que certains nomment déjà le *clash* sexuel des civilisations[102]. »

Comme le remarque Jean Birnbaum, la question LGBT risque de devenir politiquement structurante dans l'avenir, exigeant de chacun qu'il prenne position, qu'il choisisse un parti, qu'il se prononce pour ou contre, alors que cette question n'a aucune raison d'être posée publiquement. Un phénomène de société n'exige un débat public et des mesures politiques que lorsqu'il devient massif et sort de la marginalité statistique. De ce point de vue, l'homophobie n'existe pas – pas plus que l'antisémitisme ou les femmes battues – en tant qu'il s'agirait d'un phénomène de société suffisamment

---

102. Jean Birnbaum, « Le nouveau nationalisme est-il *gay* ? », *Le Monde*, 28/06/2012.
http://www.lemonde.fr/culture/article/2012/06/28/le-nouveau-nationalisme-est-il-gay_1726290_3246.html

répandu et grave pour exiger un battage médiatique et de nouvelles lois. En revanche, la critique du *pinkwashing* et de l'homo-nationalisme, c'est-à-dire de l'instrumentalisation du LGBT à des fins politiques, doit être faite et l'on peut saluer au passage l'intervention dont Houria Bouteldja, porte-parole du Parti des Indigènes de la République, s'est fendue sur le sujet[103]. On peut également soutenir des initiatives telles que le colloque universitaire organisé en 2011 par le *lobby* LGBT de New York, en présence de Judith Butler, et intitulé *Homonationalism and Pinkwashing Conference*[104].

Le déballage médiatique LGBT du *pinkwashing* présente la même structure que toutes les propagandes de guerre et révèle ainsi sa fonction réelle : stratégie de tension qui fait exister un clivage dans la population de manière totalement artificielle, mais en le « naturalisant » pour donner l'illusion qu'il s'impose de lui-même, en vertu de son importance intrinsèque. Pendant les guerres mondiales du XXe siècle, les banquiers cosmopolites qui finançaient tous les belligérants utilisaient les médias pour construire les ennemis en produisant de l'homogénéité cognitive dans chaque camp, de sorte à fabriquer le consentement de chacun à l'agression de l'autre. Aujourd'hui, dans cette perspective de construction de deux camps antagonistes, le sionisme rose cherche à faire croire qu'Israël est forcément dans le camp du Bien puisqu'on y prend le parti des minorités et de la liberté individuelle. Et le camp du Mal, à attaquer militairement ou par des révolutions colorées, serait celui où les LGBT sont persécutés. Dans un entretien radiophonique, Alain Soral résumait cette propagande de guerre ainsi : « Nous allons attaquer l'Iran

---

103. « Universalisme *gay*, homo-racialisme et « mariage pour tous » », Parti des Indigènes de la République, 12/02/2013.
http://www.indigenes-republique.fr/article.php3?id_article=1794
104. « Homonationalism and Pinkwashing Conference », colloque organisé par la City University of New York (CUNY), 10-11/04/2011.
http://homonationalismconference.eventsbot.com/

pour préserver le mode de vie des homosexuels. » Ajoutons :
« Nous allons attaquer la Russie pour la libérer de Poutine,
cet homophobe sexiste[105]. »

Le but de ce management des perceptions consiste à
fabriquer la perception d'une menace à partir de rien. De
fait, ni l'Iran ni Poutine ne représentent aucun problème
rationnel à aucun niveau objectif. Il faut alors inventer de
toute pièce le *casus belli* en communiquant sur des points
de détail apolitiques tels que la liberté sexuelle individuelle.
Ce faisant, on participe à la montée de l'insignifiance et du
hors sujet en politique, comme dirait Castoriadis, puisque,
faut-il le rappeler, le fondement du geste politique consiste
toujours à soumettre la liberté individuelle à l'intérêt collectif
et à son ordre, à rebours complet du mouvement dépolitisant
de l'individualisme libéral-libertaire. Le sionisme rose devra
en outre passer sous silence le programme raciste et machiste
de stérilisation des femmes juives d'origine éthiopienne
mené en Israël en toute impunité, de même que ses alliances
géopolitiques avec d'authentiques dictatures islamiques
répressives des femmes et des *gays* telles que l'Arabie saoudite
ou le Qatar.

Pour conclure par la France : quelle que soit sa finalité
ultime, la récupération d'un combat moral en faveur de
certaines minorités alors qu'on en assassine d'autres – voire
qu'on assassine la majorité – est à l'ordre du jour dans notre
pays depuis Mai 68, et surtout depuis les années quatre-
vingt. Les persécutions hétérophobes et christianophobes
vont redoubler en France dès que la loi sur le « mariage pour
tous » sera votée. Il faut donc s'organiser mais sans perdre
de vue que ce n'est qu'un élément d'un arsenal dirigé contre

---

105. « Plus forts que Frigide Barjot, les Indigènes de la République dénoncent l'impérialisme
gay », Street Press, 06/02/2013.
http://www.streetpress.com/sujet/74580-plus-forts-que-frigide-barjot-les-indigenes-de-la-
republique-denoncent-l-imperialisme-gayHomonationalisme

l'espèce humaine dans sa globalité. Après les hétérosexuels et les chrétiens, le transhumanisme visera aussi les LGBT et les autres religions. Aujourd'hui, ils peuvent être les alliés du Pouvoir, mais demain ils seront ses nouvelles cibles. Gardons la main tendue et travaillons sans relâche à leur faire comprendre qu'ils ne seront pas épargnés par la véritable stratégie à l'œuvre, celle du mondialisme, du capitalisme tout-puissant et de l'automatisation robotique et cybernétique généralisée.

CHAPITRE II

LE « MARIAGE HOMO » TOUJOURS ILLÉGAL EN FRANCE : LE VOTE TRUQUÉ À L'ASSEMBLÉE*

Les apparences sont parfois trompeuses, et elles trompent parfois tout le monde. Qui sait aujourd'hui que le « mariage homosexuel » est en fait encore illégal en France ? Qui sait aujourd'hui que la loi Taubira n'a pas été votée ? Qui sait aujourd'hui que des fraudes prouvées et reconnues ont eu lieu pendant le processus électoral de la loi Taubira à l'Assemblée nationale, annulant *de facto* la légalité et la légitimité du vote ?

Avec ce genre d'information, il y a de quoi non seulement faire tomber le gouvernement, mais surtout de quoi mettre un coup d'arrêt à la marchandisation de l'humain qui se prépare : PMA, GPA, commerce des enfants et « location du ventre des femmes » (dixit Pierre Bergé). Toute affirmation réclame des preuves. Quelles sont-elles ? On les trouve étalées aux yeux de tous dans les comptes rendus officiels des séances à l'Assemblée nationale des 3 et 5 février 2013. Une vidéo de l'Assemblée et quelques articles de presse les rapportent

Égalité & Réconciliation, 07/10/2013.

également[106]. Qu'y lit-on ? qu'y voit-on ? Les interventions de Christian Jacob, président du groupe UMP à l'Assemblée, et les réponses des présidents de séance, Claude Bartolone et Christophe Sirugue. Dans des « rappels au règlement », Christian Jacob signale avoir vu des parlementaires dans l'hémicycle appuyer sur plusieurs boîtiers de vote, ce qui revient à « bourrer les urnes », et les présidents de séance, loin de nier les faits, les reconnaissent volontiers. Deux articles résument les faits : le premier sur le site d'Europe 1, intitulé « Mariage homosexuel : les députés trichent-ils en votant à plusieurs reprises[107] ? », et le second sur Nouvelles de France, « Dénaturation du mariage : avec 60 députés présents, la gauche arrive à obtenir 148 votes favorables[108] ». Mais avant tout, les extraits des procès-verbaux de séance qui prouvent le trucage et le laisser-faire des présidents de séance.

Assemblée nationale – XIVᵉ législature – Session ordinaire de 2012-2013[109].

– Troisième séance du dimanche 3 février 2013 – Article 1er quater.

« M. le président. La parole est à M. Christian Jacob, pour un rappel au règlement.

M. Christian Jacob. Mon intervention se fonde sur l'article 58 du règlement. Monsieur le président, j'appelle votre attention sur le bon déroulement des votes par scrutin public. Je souhaite que vous puissiez le faire vérifier par le service de la séance, grâce notamment aux enregistrements vidéo. Ce n'est pas la première fois que j'ai compté quelque 60 députés de la majorité présents pour un total de 148

---

106. « Quand les députés socialistes trichent à l'assemblée – Mariage *gay* » (vidéo). http://www.safeshare.tv/w/IpuKXDgSjv
107. http://lelab.europe1.fr/t/mariage-homosexuel-les-deputes-trichent-ils-en-votant-a-plusieurs-reprises-7365
108. http://www.ndf.fr/nos-breves/06-02-2013/denaturation-du-mariage-avec-60-deputes-presents-la-gauche-arrive-a-obtenir-148-votes-favorables
109. http://www.assemblee-nationale.fr/14/cri/2012-2013/20130132.asp#

votes. Je voudrais qu'on reste très attentif au fait que chacun vote uniquement à partir de son propre boîtier et seulement celui-ci. (Exclamations sur les bancs du groupe SRC.)

M. le président. Je demande à chacun des présents de n'appuyer que sur le bouton de son boîtier. (…)

M. Christian Jacob. …et vous l'aurez noté, monsieur le président : depuis que vous avez invité chacun à ne voter que sur son boîtier, les votes de la majorité ont singulièrement baissé. (*Applaudissements sur les bancs du groupe UMP. Exclamations sur les bancs du groupe SRC.*)[110] »

– Deuxième séance du mardi 5 février 2013 – Article 4 (suite)[111].

« M. le président. La parole est à M. Christian Jacob, pour un rappel au règlement.

M. Christian Jacob. Il a trait au bon déroulement de nos travaux, sur la base de l'article 58, alinéa 1. Dimanche, j'ai signalé au président de notre assemblée que certains collègues de la majorité utilisaient plusieurs boîtiers de vote.

M. Pascal Deguilhem. Cela ne se fait pas de votre côté, bien sûr !

M. Christian Jacob. Le président a fait remarquer que chacun devait se concentrer et ne voter que sur un seul boîtier, le sien. Le vote suivant, les résultats ont chuté d'une vingtaine de voix. (*Protestations sur les bancs du groupe SRC.*) Vous vérifierez cela dans le compte rendu. À nouveau, lors du dernier vote, l'un de mes collègues a vu un député de la majorité appuyer sur trois boîtiers. (*Vives protestations sur les bancs du groupe SRC.*)

Mme Marie-Françoise Clergeau, *rapporteur pour avis.* C'est acrobatique !

Mme Audrey Linkenheld. Nous n'avons que deux mains ?

110. http://www.assemblee-nationale.fr/14/cri/2012-2013/20130132.asp#INTER_50
http://www.assemblee-nationale.fr/14/cri/2012-2013/20130132.asp#INTER_56
111. http://www.assemblee-nationale.fr/14/cri/2012-2013/20130136.asp#

M. Christian Jacob. Monsieur le président, je vous demande officiellement de saisir le bureau afin qu'il puisse visionner le dernier vote, pour s'assurer qu'aucun député n'a appuyé sur trois boîtiers. Si les couplages sont bien faits – et je fais confiance au groupe SRC sur ce point –, cela représente un écart de six voix pour un seul député, ce qui peut être très grave pour les résultats. (*Applaudissements sur les bancs du groupe UMP. Protestations sur les bancs du groupe SRC.*)

M. le président. Monsieur le président Jacob, la demande sera transmise au bureau. Je me suis permis de faire la remarque tout à l'heure, pour avoir observé de chacun des côtés ce type de pratique, que je trouve déplorable. J'observe néanmoins qu'un regard rapide sur les députés présents montre que, de toute façon, cela ne serait pas de nature à remettre en cause le sens du vote[112]. »

Comment un tel scandale peut-il passer inaperçu ? La dernière phrase de l'extrait ci-dessus nous met sur la piste : le président de séance y reconnaît ouvertement les fraudes mais les tolère sous prétexte que cela ne remet pas en cause « le sens du vote ». Une décision du Conseil constitutionnel a rendu possible cette anomalie, la décision 86-225 DC publiée dans le *Journal officiel* du 25 janvier 1987, dont voici l'extrait litigieux sur Légifrance : « 4. Considérant que pour l'application de ces dispositions, la circonstance que, dans le cadre d'un scrutin public, le nombre de suffrages favorables à l'adoption d'un texte soit supérieur au nombre de députés effectivement présents au point de donner à penser que les délégations de vote utilisées, tant par leur nombre que par les justifications apportées, excèdent les limites prévues par l'article 27 précité, ne saurait entacher de nullité la procédure d'adoption de ce texte que s'il est établi, d'une part, qu'un ou des députés ont été portés comme ayant émis un vote

---

112. http://www.assemblee-nationale.fr/14/cri/2012-2013/20130136.asp#INTER_17

contraire à leur opinion et, d'autre part, que, sans la prise en compte de ce ou ces votes, la majorité requise n'aurait pu être atteinte[113] ; (…) »

On trouve un commentaire critique de ce tour de passe-passe juridique dans un article titré « Que se passe-t-il en cas de fraude électorale ? » sur un site gouvernemental consacré aux services publics : « Un juge électoral, une fois saisi, peut sanctionner les fraudes, mais ce n'est pas systématique. En effet, la jurisprudence veut qu'une élection ne soit annulée, ou les résultats modifiés, que si les fraudes constatées ont eu pour effet de déplacer un nombre suffisant de voix pour fausser les résultats. Ainsi, des atteintes aux règles définies par le Code électoral peuvent rester impunies si elles n'ont pas eu pour conséquence de modifier les résultats. Certains spécialistes du droit électoral contestent cette ligne jurisprudentielle, qui ne participe pas, selon eux, à la moralisation des comportements à l'occasion des campagnes électorales[114]. »

Il y a donc un scandale dans le scandale : non seulement des fraudes électorales ont lieu en toute impunité à l'Assemblée nationale, mais encore une jurisprudence datant de 1987 rend ces tricheries « légales » sous certaines conditions, notamment « si elles n'ont pas eu pour conséquence de modifier les résultats ». Il faut certainement comprendre : les résultats prévisibles. La question qui se pose tout de suite : si le résultat d'un vote est à ce point prévisible, alors pourquoi tricher ? En outre, le bon sens le plus élémentaire veut que toute tricherie soit sanctionnée, quel que soit

---

113. Conseil constitutionnel, vendredi 23 janvier 1987 - Décision N° 86-225 DC. ECLI:FR:CC:1987:86.225.DC Loi portant diverses mesures d'ordre social. *Journal officiel* du 25 janvier 1987, p. 925.
http://www.legifrance.gouv.fr/affichJuriConst.do?oldAction=rechJuriConst&idTexte=CONSTEXT000017667495&fastReqId=34098450&fastPos=1
114. « Que se passe-t-il en cas de fraude électorale ? », *Direction de l'information légale et administrative – Vie publique*, 09/10/2013.
http://www.vie-publique.fr/decouverte-institutions/citoyen/participation/voter/election/que-passe-t-il-cas-fraude-electorale.html

le résultat. Et un droit qui ne serait pas conforme au bon sens serait simplement illégitime. De plus, le droit et la philosophie du droit sont des disciplines précises du point de vue sémantique. Si, dans certaines circonstances, des fraudes électorales reconnues comme telles par le législateur ne sont pourtant pas dénoncées comme telles, avec pour conséquence l'annulation du scrutin, cela signifie que ces fraudes sont tolérées par le législateur et qu'elles sont donc devenues miraculeusement « légales ». Cette jurisprudence revient donc à introduire discrètement dans le droit français le concept de « fraude légale ». Ce concept de « fraude légale » étant contradictoire dans les termes, donc inconsistant du point de vue strictement logique et linguistique, donc vide de sens (comme le concept de « cercle carré »), il est aussi de valeur nulle en philosophie du droit, et donc irrecevable en pratique du droit. Sauf à frauder à son tour avec le sens des mots et la réalité. Mais ce n'est pas parce que le Conseil constitutionnel dit que 2 + 2 = 5 que cela devient vrai…

Les faits sont là : la loi Taubira n'a pas été votée « légalement », c'est-à-dire sans fraude ; elle n'a donc pas été votée tout court. Au-delà des débats pour ou contre le « mariage homo », pour ou contre l'objection de conscience des maires, pour ou contre l'abrogation de la loi Taubira ou son remplacement par un pacte d'union civile, il faut donc rappeler simplement que la loi Taubira n'a pas été votée, et que le « mariage homosexuel » est en fait encore et toujours hors la loi dans notre pays.

La diffusion de la vérité sur le non-vote de la loi Taubira pourrait bien être l'une des priorités de l'époque. Cette vérité encore confidentielle doit être rendue publique sur la plus large échelle, afin de l'ancrer dans les esprits et qu'elle devienne une vérité commune et sue de tous. Conserver présent à l'esprit qu'il y a eu des fraudes et que la loi autorisant le « mariage homo » n'est donc pas votée en France ne pourra que renforcer la détermination de tous les militants qui luttent contre la dénaturation et l'artificialisation du vivant. La révélation des fraudes à l'Assemblée permettra de déstabiliser profondément le mondialisme et ses représentants en France, le *lobby* LGBT et les idéologues de la confusion des genres et du *pinkwashing* (tactique d'influence israélienne consistant à porter des jugements de valeur politiques sur la base du clivage *gay friendly or not*).

Pour conclure, lançons un avis à tous les maires de France : en 2013, il vous est toujours interdit de « marier des homosexuels » car aucune loi n'a été votée qui l'autorise ; invoquer l'objection de conscience pour refuser de « marier des homosexuels » est donc superflu car les homosexuels n'ont pas le droit de se marier en France. Et un avis à la population française et à tous ceux qui luttent pour l'humain, le mariage, la famille et la protection de l'enfance : la loi Taubira sur le « mariage homo » n'a pas à être abrogée, ni annulée, ni remplacée par un pacte d'union civile car la loi Taubira autorisant le « mariage homo » n'a pas été votée.

ANNEXES

1) Il semble en outre que le « mariage homo » soit doublement caduc, en raison d'un délai dépassé dans la prise d'ordonnances concernant l'adaptation de certaines dispositions, comme le rapporte *Le Figaro* :

« Les ordonnances prévues par le gouvernement pour remplacer les mots « père » et « mère » dans les codes n'ont jamais vu le jour. La Manif pour tous dénonce une manœuvre destinée à éviter toute nouvelle contestation.

Va-t-on devoir à nouveau mobiliser des heures de débat parlementaire pour remplacer les mots « père » et « mère » dans tous les codes concernés par le « mariage pour tous » ? Afin d'adapter toute une série de codes législatifs aux conséquences de la loi Taubira, le gouvernement avait prévu deux ordonnances – la deuxième étant spécifique à l'Outre-mer –, à prendre dans un délai de six mois au plus tard après la promulgation du texte. Or, six mois après le 18 mai, toujours rien au *Journal officiel*... Et un projet d'ordonnance, adressé au Conseil d'État, a mystérieusement disparu, quelques jours seulement avant l'échéance. Résultat : « On est dans une situation d'insécurité juridique inacceptable, s'émeut le député UMP Hervé Mariton, qui s'apprête, au nom de son groupe, à demander un rendez-vous au Premier ministre. Quel gâchis, à la fois pour les partisans et les opposants du texte ! » Quant à la Manif pour tous, qui, on commence à le savoir, « ne lâche rien », elle appelle déjà à de nouveaux rassemblements.

Interrogée, la Chancellerie explique que « le gouvernement s'est aperçu que l'article 6-1 du Code civil, qui prévoit que *le mariage et la filiation adoptive emportent les mêmes effets, droits et obligations reconnus par les lois, (…) que les époux ou les parents soient de sexe différent ou de même sexe*, est suffisant » : « pas la peine, poursuit-on place Vendôme, de s'embarquer dans des ordonnances compliquées, chaque ministère se chargera lui-même de faire le toilettage nécessaire ». Mais « le gouvernement fait fi de la décision du Conseil constitutionnel ! », s'indignent les juristes de la Manif pour tous. « L'un des griefs invoqués par les députés et sénateurs lors de leur saisine du Conseil constitutionnel, rappelle Cédric du Rieu, secrétaire général du collectif, a été rejeté justement au motif que des ordonnances allaient être prises. Si elles n'avaient pas été prévues, la loi aurait pu être censurée par le Conseil constitutionnel et le débat aurait été à nouveau ouvert, renvoyé au Parlement. Avec encore des mois de contestation de notre part... » Et d'ailleurs, « si les ordonnances n'étaient pas nécessaires, interroge Cédric du Rieu, pourquoi avoir déposé au Conseil d'État, à l'automne, un projet d'ordonnance, libellé *Projet d'ordonnance portant diverses adaptations des dispositions législatives rendues nécessaires par la loi n° 2013-404* ? » Un conseiller rapporteur avait même été nommé sur ce projet, confie une source proche du Conseil d'État. Avant d'être dessaisi tout récemment. Mardi, la chancellerie a toutefois assuré qu'il n'y avait « pas eu de saisine du Conseil d'État ».

Pour Ludovine de la Rochère, présidente de la Manif pour tous, « le gouvernement a agi sciemment ». « Il a trompé les Français, la représentation nationale et le Conseil constitutionnel, s'insurge-t-elle. Il agit de manière parfaitement hypocrite, en faisant ses propres règles de son côté. Ce manque de transparence et d'honnêteté est gravissime. » Désormais, indique Anne-Marie Le Pourhiet, professeur de droit public à l'université de Rennes, et auteur d'un ouvrage intitulé *Les Ordonnances — La confusion des pouvoirs en droit public français*, « l'habilitation demandée par le gouvernement pour prendre ses ordonnances est caduque : si jamais il devait les prendre, il lui faudrait redemander une habilitation au législateur... »

Concrètement, tempèrent les juristes, le fait que le code général des impôts ou celui de l'action sociale et des familles ne soient pas encore mis en conformité avec la nouvelle loi n'empêche pas les couples homosexuels de se marier, mais crée pour eux une insécurité juridique. « On a un droit qui n'est plus intelligible, précise Cédric du Rieu. C'est une source de rupture d'égalité du justiciable devant la Loi, puisque cela va laisser aux juges un pouvoir d'appréciation considérable. Regardez dans l'affaire du mariage franco-marocain à Chambéry, le procureur général a tout de même fait un pourvoi en cassation ! » Pour Anne-Marie Le Pourhiet, « tout ceci témoigne de l'improvisation de ce gouvernement ». « On n'a pas mesuré, conclut-elle, l'étendue de cette réforme de civilisation et de ses conséquences sémantiques et terminologiques. »[115]

2) Captures d'écran 1, 2 et 3 des sessions de l'Assemblée nationale des 3 et 5 février 2013. (Ci-après)

115. « Mariage pour tous : pourquoi les textes ne sont pas encore tous adaptés à la loi », *Le Figaro*, 27/11/2013.
http://www.lefigaro.fr/actualite-france/2013/11/27/01016-20131127ARTFIG00213-mariage-pour-tous-pourquoi-les-textes-ne-sont-pas-encore-tous-adaptes-a-la-loi.php

Capture d'écran 1

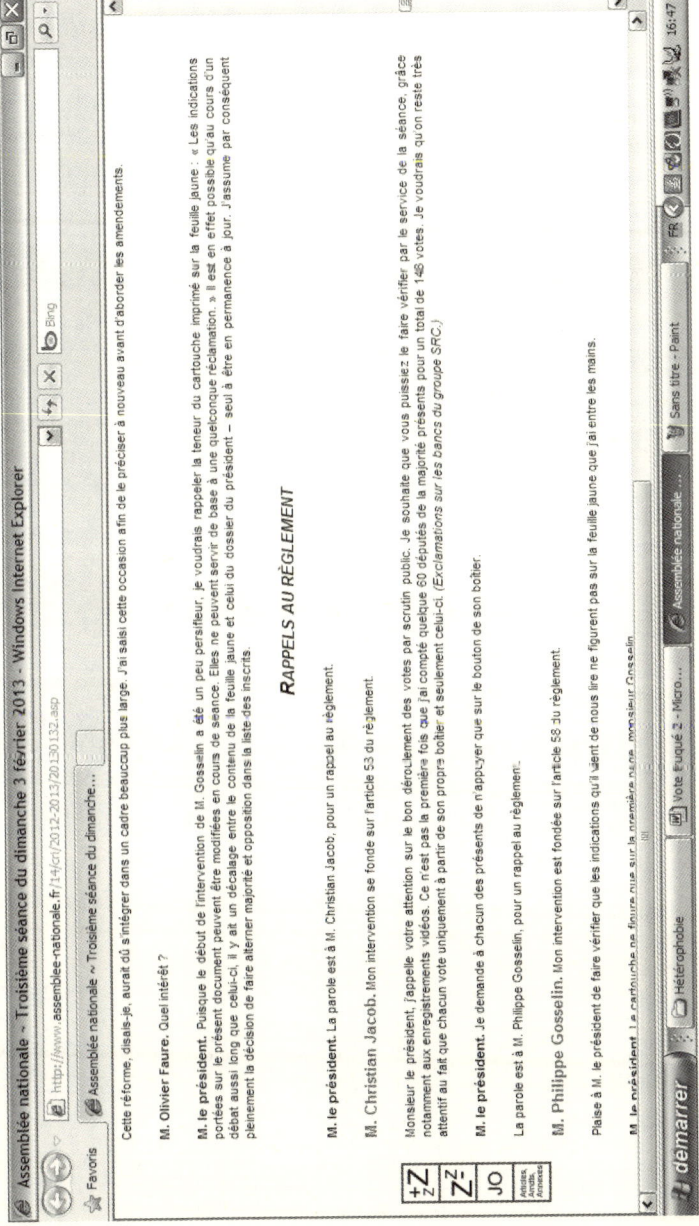

Cette réforme, disais-je, aurait dû s'intégrer dans un cadre beaucoup plus large. J'ai saisi cette occasion afin de le préciser à nouveau avant d'aborder les amendements.

M. Olivier Faure. Quel intérêt ?

M. le président. Puisque le début de l'intervention de M. Gosselin a été un peu persifleur, je voudrais rappeler la teneur du cartouche imprimé sur la feuille jaune. « Les indications portées sur le présent document peuvent être modifiées en cours de séance. Elles ne peuvent servir de base à une quelconque réclamation. » Il est en effet possible qu'au cours d'un débat aussi long que celui-ci, il y ait un décalage entre le contenu de la feuille jaune et celui du dossier du président – seul à être en permanence à jour. J'assume par conséquent pleinement la décision de faire alterner majorité et opposition dans la liste des inscrits.

RAPPELS AU RÈGLEMENT

M. le président. La parole est à M. Christian Jacob, pour un rappel au règlement.

M. Christian Jacob. Mon intervention se fonde sur l'article 53 du règlement.

Monsieur le président, j'appelle votre attention sur le bon déroulement des votes par scrutin public. Je souhaite que vous puissiez le faire vérifier par le service de la séance, grâce notamment aux enregistrements vidéos. Ce n'est pas la première fois que j'ai compté quelque 60 députés présents pour un total de 148 votes. Je voudrais qu'on reste très attentif au fait que chacun vote uniquement à partir de son propre boîtier et seulement celui-ci. *(Exclamations sur les bancs du groupe SRC.)*

M. le président. Je demande à chacun des présents de n'appuyer que sur le bouton de son boîtier.

La parole est à M. Philippe Gosselin, pour un rappel au règlement.

M. Philippe Gosselin. Mon intervention est fondée sur l'article 58 du règlement.

Plaise à M. le président de faire vérifier que les indications qui figurent de nous lire ne figurent pas sur la feuille jaune que j'ai entre les mains.

M. le président. Le cartouche ne figure ne figure pas sur la première page, monsieur Gosselin

Capture d'écran 2

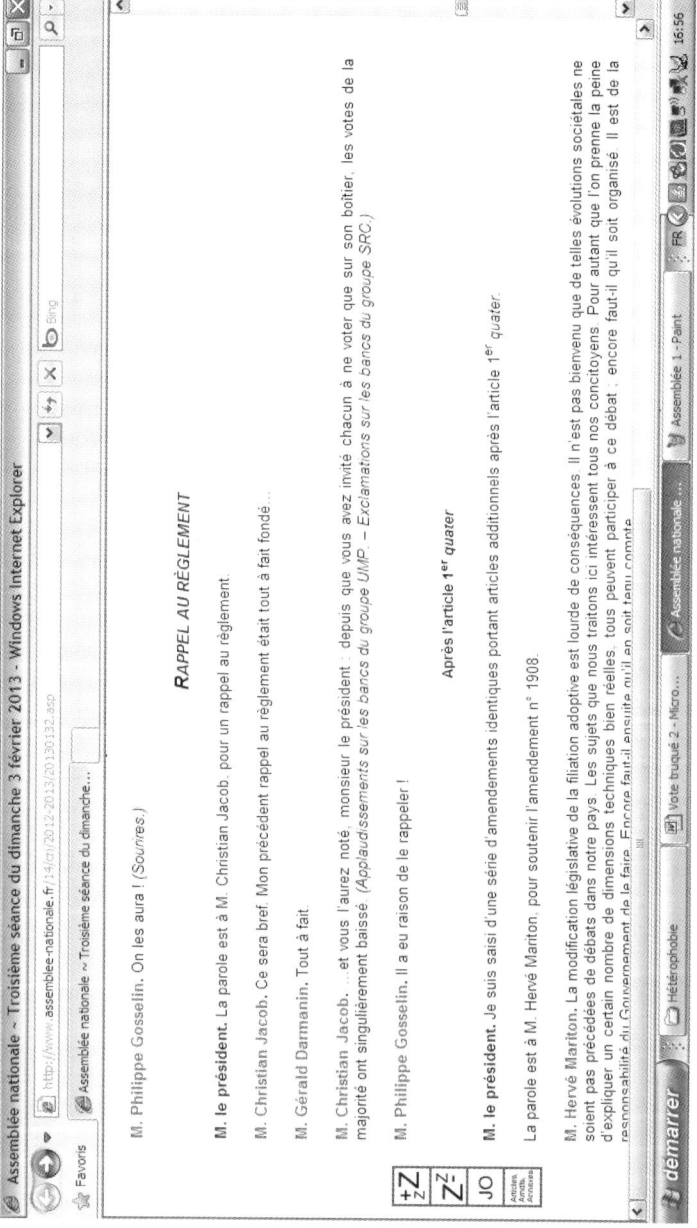

http://www.assemblee-nationale.fr/14/cri/2012-2013/20130132.asp

Assemblée nationale ~ Troisième séance du dimanche...

Favoris

M. Philippe Gosselin. On les aura ! (Sourires.)

M. le président. La parole est à M. Christian Jacob, pour un rappel au règlement.

RAPPEL AU RÈGLEMENT

M. Christian Jacob. Ce sera bref. Mon précédent rappel au règlement était tout à fait fondé...

M. Gérald Darmanin. Tout à fait.

M. Christian Jacob. ...et vous l'aurez noté, monsieur le président : depuis que vous avez invité chacun à ne voter que sur son boîtier, les votes de la majorité ont singulièrement baissé *(Applaudissements sur les bancs du groupe UMP. – Exclamations sur les bancs du groupe SRC.)*

M. Philippe Gosselin. Il a eu raison de le rappeler !

Après l'article 1er *quater*

M. le président. Je suis saisi d'une série d'amendements identiques portant articles additionnels après l'article 1er *quater*.

La parole est à M. Hervé Mariton, pour soutenir l'amendement n° 1908.

M. Hervé Mariton. La modification législative de la filiation adoptive est lourde de conséquences Il n'est pas bienvenu que de telles évolutions sociétales ne soient pas précédées de débats dans notre pays. Les sujets que nous traitons ici intéressent tous nos concitoyens. Pour autant que l'on prenne la peine d'expliquer un certain nombre de dimensions techniques bien réelles, tous peuvent participer à ce débat : encore faut-il qu'il soit organisé Il est de la responsabilité du Gouvernement de le faire. Encore faut-il ensuite qu'il en soit tenu compte.

390

Capture d'écran 3

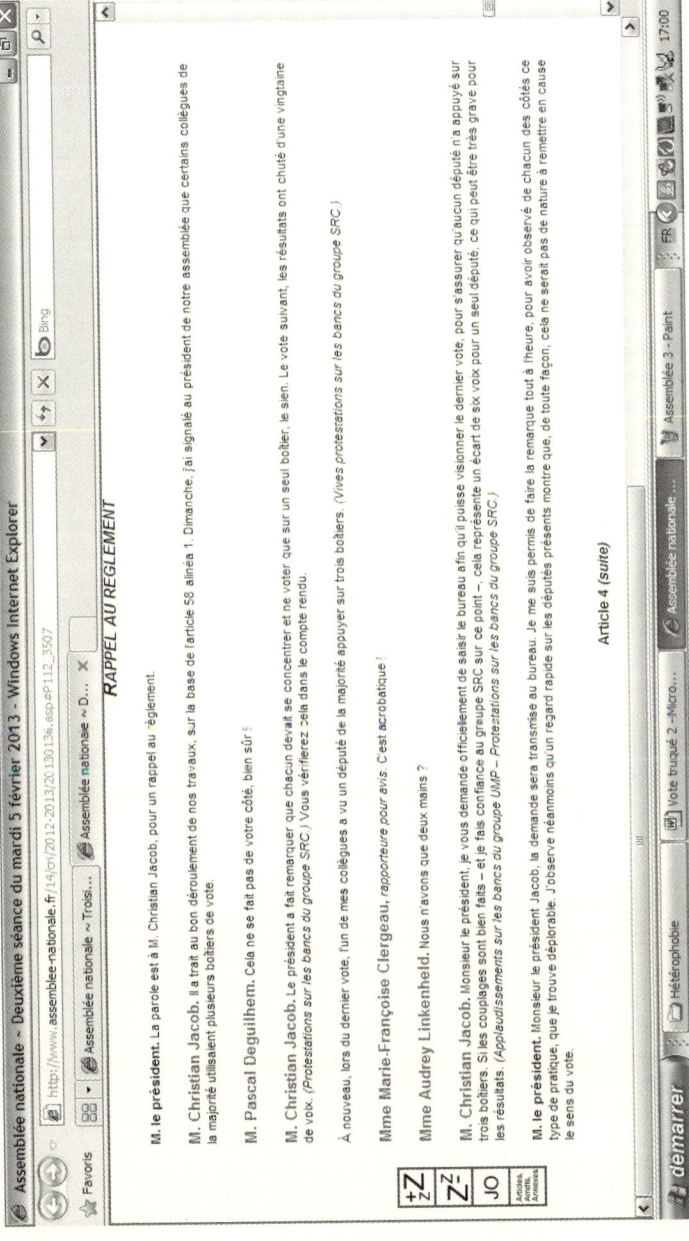

Assemblée nationale ~ Deuxième séance du mardi 5 février 2013 - Windows Internet Explorer

http://www.assemblee-nationale.fr/14/cri/2012-2013/20130136.asp#P112_3507

Bing

★ Favoris | 88 ▾ | Assemblée nationale ~ Troisi... | Assemblée nationale ~ D... ✕

RAPPEL AU RÈGLEMENT

M. le président. La parole est à M. Christian Jacob, pour un rappel au règlement.

M. Christian Jacob. Il a trait au bon déroulement de nos travaux, sur la base de l'article 58 alinéa 1. Dimanche, j'ai signalé au président de notre assemblée que certains collègues de la majorité utilisaient plusieurs boîtiers de vote.

M. Pascal Deguilhem. Cela ne se fait pas de votre côté, bien sûr !

M. Christian Jacob. Le président a fait remarquer que chacun devait se concentrer et ne voter que sur un seul boîtier, le sien. Le vote suivant, les résultats ont chuté d'une vingtaine de voix. *(Protestations sur les bancs du groupe SRC.)* Vous vérifierez cela dans le compte rendu.

À nouveau, lors du dernier vote, l'un de mes collègues a vu un député de la majorité appuyer sur trois boîtiers. *(Vives protestations sur les bancs du groupe SRC.)*

Mme Marie-Françoise Clergeau, *rapporteure pour avis.* C'est acrobatique !

Mme Audrey Linkenheld. Nous n'avons que deux mains ?

M. Christian Jacob. Monsieur le président, je vous demande officiellement de saisir le bureau afin qu'il puisse visionner le dernier vote, pour s'assurer qu'aucun député n'a appuyé sur trois boîtiers. Si les couplages sont bien faits – et je fais confiance au groupe SRC sur ce point –, cela représente un écart de six voix pour un seul député, ce qui peut être très grave pour les résultats. *(Applaudissements sur les bancs du groupe UMP – Protestations sur les bancs du groupe SRC.)*

M. le président. Monsieur le président Jacob, la demande sera transmise au bureau. Je me suis permis de faire la remarque tout à l'heure, pour avoir observé de chacun des côtés ce type de pratique, que je trouve déplorable. J'observe néanmoins qu'un regard rapide sur les députés présents montre que, de toute façon, cela ne serait pas de nature à remettre en cause le sens du vote.

Article 4 *(suite)*

🔲 démarrer | 🔳 Hétérophobie | 📄 Vote truqué 2 - Micro... | 📄 Assemblée nationale... | 📄 Assemblée 3 - Paint | FR 17:00

391

CHAPITRE III

CLÉMENT MÉRIC, VICTIME D'UN COUP MONTÉ ?[*]

« Le fascisme reviendra sous le nom de l'antifascisme. »
Attribué à Huey P. Long, sénateur américain (1893-1935).

Un certain nombre d'indices convergents semble attester que l'affaire « Clément Méric » serait bien un coup monté, planifié à l'avance avec la complicité de la police et de ses services de Renseignement intérieur. La thèse, qui n'est pour l'instant qu'une hypothèse, semble énorme. Pour l'étayer, il nous faut répondre à plusieurs questions : pourquoi? comment? quels sont les faits? à qui profite le crime?

POURQUOI ORGANISER MÉDIATIQUEMENT LA MORT DE CLÉMENT MÉRIC ?

Une constante sociologique bien connue, notamment en Histoire des religions mais aussi des courants politiques,

*Scriptoblog, 03/08/2013.

stipule que la fabrication d'une martyrologie est un passage obligé pour lancer un mouvement idéologique à partir de rien. Il est entendu que les mouvements d'idées ne naissent pas tous de rien, *ex nihilo* : certains expriment une vraie nécessité populaire ancrée dans le réel et leur émergence est spontanée. Ils se diffusent ainsi de façon quasi naturelle, mémétique, par le bouche à oreille, et leur succès est indépendant du Pouvoir en place. À l'opposé, « l'antifascisme » spectaculaire qui essaye d'exister dans les médias dominants depuis quelques mois en France est un phénomène hors sol, sans ancrage dans la population et sans référent objectif dans le réel ; cet « antifascisme » ne relève que d'une bulle spéculative virtuelle, celle des « remue-méninges » et des *brainstormings* des salles de rédaction et des *think tanks* de consultants où s'élaborent les scénarios et les virus mentaux que l'on tente ensuite d'inoculer au peuple (le *storytelling*). Lionel Jospin interviewé par Alain Finkielkraut avouait un jour que la « menace fasciste » dont on nous cause en France depuis les années quatre-vingt était entièrement fictive et que l'antifascisme n'était que du théâtre. Notre ex-Premier ministre sait de quoi il parle, ayant été lui-même un acteur de premier rang de cette mise en scène étalée sur des décennies. Dans ces conditions, il n'est guère étonnant que le couple « menace fasciste + antifascisme » ne rencontre aucun écho dans la population française. Mais le Pouvoir dispose de gros moyens et ne ménage pas ses efforts pour répondre à la question : « Comment faire exister en représentations quelque chose qui n'existe pas dans le monde réel[116] ? »

Par exemple, le samedi 7 avril 2012 était organisé le « 1er forum social antifasciste » à la Bourse du travail de Saint-

---

116. « Lionel Jospin : « L'antifascisme n'était que du théâtre » »
http://www.dailymotion.com/video/x9lcsn_lionel-jospin-l-anti-fascisme-n-eta_news#.UTHExjd3vcs

Denis, en banlieue nord de Paris (93)[117]. La mention « 1er »
dans le titre sous-entendait qu'il était prévu d'en organiser
d'autres, mais l'affluence ne fut pas au rendez-vous et
l'événement fut un échec. Bien que l'événement soit parrainé
par le journal *Le Monde*, avec la présence de Dominique Vidal,
et qu'une vingtaine d'organisations en soient signataires dont
le NPA, le Parti de gauche (Front de gauche), les syndicats
SUD et CNT, et diverses associations libérales-libertaires,
seulement 200 à 250 personnes assistèrent à la rencontre
entre 13 h 30 et 21 h, d'après les organisateurs ; moins de
100 d'après nos sources, ce qui, dans les deux cas, rapporté
au nombre des organisateurs et au bassin démographique
de 10 millions d'habitants de l'agglomération parisienne,
reste insignifiant. La Fédération anarchiste de Montreuil
commentait ainsi : « Espérons que la (relative) réussite de
ce forum relancera la création d'autres événements afin de
mener la (re)construction d'un mouvement antifasciste
aujourd'hui mal en point[118]. »

Le bilan du fiasco et l'analyse de ses raisons mirent en
évidence qu'il manquait à « l'antifascisme » en France un
mythe fondateur pour le lancer. Tout mouvement ambitieux
a besoin d'un mythe fondateur et d'icônes à vénérer pour
amorcer et mettre en branle les dynamiques émotionnelles
et comportementales de ses adeptes. Si ce mythe ne vient
pas tout seul, alors il faut le construire. Les concepteurs
d'opérations psychologiques dans le Renseignement savent
en outre que le mythe fondateur doit être de préférence
traumatique et violent. On se rappellera le Rav Ron Chaya
soulignant dans une vidéo le « bienfait immense » que la
Shoah fut pour l'entité sioniste, ou les attentats sous « faux

117. « 1er forum social antifasciste », Forum Social Antifa, 03/04/2012.
http://forumsocialantifa.wordpress.com/
118. « Forum social antifasciste – Compte rendu », Groupe Étoile Noire – Fédération anarchiste, 16/04/2012.
http://etoilenoire-fa.blogspot.fr/2012/04/forum-social-antifasciste-compte-rendu.html

drapeau » du 11 Septembre qui ont semblé attester un temps de la réalité du « choc des civilisations », jusqu'à ce qu'il soit démontré que ce n'étaient pas des musulmans qui les avaient organisés. Dans le jargon, une *psyop* sert généralement à « visibiliser » quelque chose, par exemple un *counter-gang* de diversion. Ce genre d'opération permet dans un premier temps, non pas d'accroître, mais déjà de créer la visibilité d'un mouvement qui n'en a pas. La réponse à la question : « Pourquoi assassiner Clément Méric ? » est donc : « Pour fabriquer un martyre et faire exister médiatiquement le mouvement dit antifasciste, car il n'y arrive pas tout seul si l'on en reste aux faits. »

En l'occurrence, la manœuvre politico-médiatique étant un peu grossière, elle n'a pas trompé grand monde : même les « antifas » crièrent à la récupération politique et huèrent Alexis Corbière, du Front de gauche, à la manifestation du 6 juin 2013 en mémoire de leur ami décédé[119]. Le stratagème apparut en toute transparence quand le quotidien de la banque Rothschild, *Libération*, titra dans son édition du 25 juin 2013 : « Clément Méric, antifa devenu icône. » Le *marketing* de l'affaire ne décollant pas, les effets de suggestion médiatique étant insuffisants, le journal en était réduit à mâcher le travail à ses lecteurs et à leur inculquer explicitement ce qu'il fallait penser et répéter. Il semble donc que la matrice virtualisante ait atteint ses limites. Pour mémoire, rappelons les chiffres désastreux en termes de fréquentation des dernières manifestations de l'extrême gauche du Capital : 40 000 personnes dans toute la France sur deux jours les 15 et 16 décembre 2012 pour le « mariage homo » ; 50 000 personnes à Paris le 5 mai 2013 pour le

---

119. « Clément Méric : les « antifas » dénoncent la récupération politique », *Le Parisien*, 06/06/2013.
http://videos.leparisien.fr/video/clement-meric-les-antifas-denoncent-la-recuperation-politique-06-06-2013-x10nh4h

Front de gauche ; 15 000 personnes dans toute la France le 6 juin 2013 pour Méric ; 6 000 personnes à Paris le 23 juin 2013 contre le « fascisme » ; 35 000 personnes à Paris le 29 juin 2013 pour la *Gay Pride* ; 150 personnes à Paris sur deux jours les 22 et 23 juin 2013 pour le premier Salon du « mariage *gay* ». (Chiffres que nous laissons le lecteur vérifier par lui même sur un moteur de recherches pour ne pas rallonger la liste des notes.)

COMMENT FABRIQUER UN KAMIKAZE ?

Le deuxième problème à résoudre pour étayer l'hypothèse d'un coup monté est méthodologique et doit répondre à la question : « Comment s'y prendre pour provoquer un comportement violent à distance ? » ou « Comment planifier des faits divers violents pour les récupérer ensuite ? » La réponse est : en façonnant un environnement et un climat favorables, donc en appliquant une stratégie indirecte, puis, si possible, en essayant de téléguider directement des individus. On se souvient de la méthode employée par Zbigniew Brzezinski pour engager l'URSS à intervenir en Afghanistan, qu'il dévoilait dans sa fameuse interview du 15 janvier 1998 avec Vincent Jauvert pour *Le Nouvel Observateur* n° 1732. Selon ses propres termes : « Nous n'avons pas poussé les Russes à intervenir, mais nous avons sciemment augmenté la probabilité qu'ils le fassent. » Non pas provoquer directement la violence, mais augmenter intentionnellement la possibilité qu'elle advienne : les traces de culpabilité sont ainsi pratiquement inexistantes. Mettre en place toutes les conditions pour un passage à l'acte, configurer le contexte pour favoriser la réalisation d'un potentiel de violence, ce sont là des techniques bien connues des services de Renseignements pour fabriquer des terroristes ou des faits divers à récupérer politiquement. Sun Tzu les décrivait déjà dans son *Art de la guerre* quand il parlait de détecter le potentiel d'une situation, puis de le façonner et de l'orienter dans un sens ou dans un autre[120].

Sur cette base contextuelle, travaillée pour devenir une pente glissante, il est ensuite possible de préciser le mode opératoire en ciblant un individu chargé de catalyser la violence et de focaliser l'attention des médias. Il faut construire un « candidat Mandchou », un *patsy*, une sorte de « Mohamed Merah », entièrement façonné, tutoré et piloté à distance par les psychologues des services de Renseignements et dressé pour être sacrifié à un moment ou à un autre. Il faut choisir quelqu'un de jeune, très jeune, donc très influençable, vingt ans ou vingt-cinq au maximum, donc presque un enfant, malléable et crédule. Pour maximiser les chances de réussite de l'opération, le profilage de la personnalité doit s'orienter sur quelqu'un de fragile, tant au plan psychologique que physique.

Du point de vue psychologique, les étudiants de « Sciences Po », dont Clément Méric faisait partie, sont les recrues idéales car ils se préparent à devenir les futurs cadres du capitalisme mondialisé. Ils offrent donc un profil psychologique de type « conformiste » et « soumis à l'autorité », à l'opposé du « révolté » ou du « curieux ». Comme toutes les grandes écoles oligarchiques, Sciences Po exige de ses élèves une soumission totale aux dogmes néolibéraux, soit l'idéologie du Pouvoir, sans quoi la sanction tombera au moment des examens. Pour occuper efficacement leur place dans la hiérarchie des dominants, les étudiants de Sciences Po sont donc élevés dans la haine des peuples et des nations qu'ils auront à écraser sous leur botte. Ce profil de personnalité

120. Zbigniew Brzeziński et Vincent Jauvert, « Oui, la CIA est entrée en Afghanistan avant les Russes… », *Le Nouvel Observateur*, 15/01/1998.
http://hebdo.nouvelobs.com/hebdo/parution/p19980115/articles/a19460-.html

suggestible présente les caractéristiques recherchées chez tout kamikaze : immaturité, plasticité, docilité, ainsi que des tendances sadomasochistes et suicidaires prononcées. Le caractère autodestructeur de la psychologie de Méric apparaît encore mieux dans ses idéologies de référence, le véganisme et l'anti-spécisme, deux branches voisines de la *deep ecology*, ou écologie radicale, dont les fondements malthusiens ont été définis dès les années soixante avec le soutien de banques et de fondations (Iron Mountain, rapport Meadows du Club de Rome, cybernétique sociale), et que l'on peut résumer en une phrase : « La Vie est au-dessus de tout, sauf celle des humains. » Négation des différences entre les espèces vivantes, droits des animaux supérieurs à ceux des humains, culte de Gaïa dont l'humain serait le parasite, réduction de population, décroissance générale, contrôle des naissances, légitimation de l'euthanasie, bref l'anti-spécisme exprime un vrai fond de haine de soi maladive et une tendance génocidaire appliquée à sa propre espèce. La cohérence mentale et la logique n'étant pas au rendez-vous, les anti-spécistes et les véganistes militent donc pour le respect de la Vie et de la Nature, mais n'objectent rien contre l'avortement, ni contre l'eugénisme (PMA, GPA) ou la dénaturation et la destruction de l'humain (« mariage homo », confusion des genres, transhumanisme), ce qui les associe donc davantage à une secte morbide en pleine bouffée délirante qu'à un mouvement rationnel et empiriste.

Si l'on ajoute à ce masochisme intellectuel l'extrême fragilité physique du personnage et son état de santé précaire, on peut pratiquement dire qu'il s'est suicidé. Pesant soixante kilos, non entraîné pour le combat rapproché, se relevant d'un cancer leucémique, donc engagé dans un suivi thérapeutique de cinq années pendant lesquelles une rechute mortelle est possible, Clément Méric risquait gros en provoquant une bagarre de rue. Une personne lucide et en possession de ses moyens ne cherche pas les coups au sortir d'une chimiothérapie. Une telle irresponsabilité vis-à-vis de soi-même révèle donc chez le sujet un esprit sous influence, absent du principe de réalité, ainsi qu'une tendance autodestructrice profonde, évidemment stimulée et renforcée par les individus qui l'ont poussé à s'exposer et à prendre des risques pour sa vie.

L'AGRESSION SUR ESTEBAN MORILLO PRÉMÉDITÉE

Après avoir analysé les méthodes employées, la question à laquelle répondre est : « Quels sont les faits qui attestent d'une opération préméditée ? » Pour avancer dans la démonstration du coup monté, il faut mettre en évidence que la succession des faits n'est pas spontanée et ne doit rien au hasard, ou du moins pas seulement. Vu de l'extérieur et si l'on s'en tient à la version officielle médiatique, le fait divers, qui eut lieu à l'occasion d'une vente privée de vêtements de mode, fait penser à une rencontre fortuite entre *fashion victims* qui aurait mal tourné, une sorte de crêpage de chignons entre donzelles autour d'un maillot de bain en solde. Or, on sait aujourd'hui que l'agression sur Esteban Morillo par Clément Méric obéissait à une préméditation, comme le prouve la liste de photos de Morillo et de ses amis sur le site « Vigilance Végane Antifasciste » avec la mention « Besoin d'identification please » en date du 1er décembre 2012. Esteban Morillo était donc l'objet d'une surveillance et d'une traque, activement recherché depuis plusieurs mois par le groupe « végan antifa » auquel était relié Méric[121]. Le vigile témoin de l'altercation fut d'ailleurs formel : « Clément Méric voulait vraiment en découdre. » Un article du *Huffington Post* nous apprend : « Par ailleurs, Clément Méric était, selon une source policière citée

---

121. « Les fascistes de la protection animale. Une petite liste ».
http://veganantifa.wordpress.com/author/veganantifa/

par l'AFP, connu des services spécialisés comme appartenant à un groupe de militants d'extrême-gauche « qui recherchent la confrontation » avec ceux d'extrême droite, notamment la vingtaine de skins constituant le noyau dur des Jeunesses nationalistes révolutionnaires (JNR)[122]. »

L'intention et la préméditation des coups et blessures de la part de Méric sont donc des acquis de l'enquête, encore renforcés par des précédents à l'agression sur Morillo. En effet, de nombreux documents accessibles en ligne attestent de la participation plus ou moins agressive de Clément Méric à diverses manifestations, notamment pour le « mariage homo » et la location du ventre des femmes, ainsi qu'à des opérations « coup de poing », dont l'une avait dévasté le bar *La Cantada* à Paris le 26 janvier 2013, et l'autre l'avait déjà envoyé à l'hôpital le 1er mai 2013[123].

UNE CHRONOLOGIE DES FAITS PROBLÉMATIQUE

D'autres éléments prêchent en faveur d'une implication de certains membres du personnel politique ainsi que de médias du pouvoir. Alexis Corbière, secrétaire national du Parti de gauche (composante du Front de gauche) et principal adjoint à la mairie du 12e arrondissement de Paris, était le premier à rapporter le soir même du mercredi 5 juin 2013 sur son blog la rixe ayant conduit à l'hospitalisation de Clément Méric en état de « mort cérébrale ». Bizarrement, Alexis Corbière ne donne pas ses sources. On imagine mal qu'elles émanent des militants proches de Méric, compte tenu de l'accueil écœuré aux cris de « Récupération ! » que les amis de la victime ont réservé au politicien à la manifestation du lendemain sur la

122. « Clément Méric est mort à la suite de coups reçus », *Huffington Post*, 07/06/2013. http://www.huffingtonpost.fr/2013/06/07/enquete-clement-meric-mort-coups-recus_n_3403255.html
123. « Le « non-violent » Clément Méric était déjà impliqué dans une bagarre le 1er mai ». http://www.youtube.com/watch?v=6NUfYJ_Gkds

place Saint-Michel. Donc, comment a-t-il pu être informé aussi vite d'un fait divers commun du point de vue juridique et se déroulant dans d'autres quartiers que ceux dont il a la charge administrative ? Par quel réseau l'information lui est-elle parvenue ?

En outre, si nous essayons d'établir une chronologie, nous voyons que des étrangetés apparaissent. L'heure du billet d'Alexis Corbière n'est pas mentionnée, mais le premier commentaire est à 23 h 16. Le texte de Corbière : « Aujourd'hui à 18 heures, C., militant de dix-neuf ans connu pour son engagement contre l'extrême droite, a été lâchement agressé à Paris dans le quartier de la gare Saint-Lazare. Violemment frappé au sol par un groupe de plusieurs militants d'extrême droite, manifestement selon des premiers témoignages du groupe JNR (Jeunesses nationalistes révolutionnaires), laissé inanimé, il a été déclaré ce soir en état de mort cérébrale à l'hôpital Salpêtrière. Le Parti de gauche s'incline avec beaucoup de tristesse et de colère devant la mémoire de notre camarade C., que nous connaissions. Il adresse ses condoléances à sa famille et ses proches qui militaient à ses côtés. Le Parti de gauche interpelle le ministre de l'Intérieur et exige que les forces de police agissent dans les plus brefs délais pour retrouver les responsables de ce crime odieux. Le PG exige également la dissolution des groupes d'extrême droite qui multiplient les actes de violence à Paris et à travers le pays depuis plusieurs semaines. » Puis le premier commentaire : « Le mercredi, 5 juin 2013, 23:16, par « oorlynck » : « Nous demandons la dissolution de ces extrémistes, sinon nous brûlerons leurs bâtiments et nous les passerons à tabac, nous devons réagir au plus vite[124]. »

---

124. « L'horreur fasciste vient de tuer en plein Paris », Le blog politique d'Alexis Corbière, 05/06/2013.
http://www.alexis-corbiere.com/index.php/post/2013/06/05/L'horreur-fasciste-vient-de-tuer-en-plein-Paris

À 23 h 15 au plus tard, Alexis Corbière était donc en mesure d'affirmer avec certitude la mort cérébrale de Méric, ce qui l'autorisait à présenter immédiatement ses condoléances à la famille et aux amis. Une telle assurance exposée publiquement sur l'état clinique du jeune homme suppose des informations sûres, donc un diagnostic médical achevé et confirmé. Or, quels sont les critères médico-légaux pour porter un diagnostic de mort cérébrale, ou mort encéphalique ? Voyons le texte de loi sur Légifrance : « Article R671-7-2. Créé par Décret n° 96-1041 du 2 décembre 1996 - art. 1 JORF 4 décembre 1996. Abrogé par Décret 2003-462 2003-05-21 art. 4 2° JORF 27 mai 2003. Si la personne, dont le décès est constaté cliniquement, est assistée par ventilation mécanique et conserve une fonction hémodynamique, l'absence de ventilation spontanée est vérifiée par une épreuve d'hypercapnie. De plus, en complément des trois critères cliniques mentionnés à l'article R. 671-7-1, il doit être recouru pour attester du caractère irréversible de la destruction encéphalique : 1° Soit à deux électroencéphalogrammes nuls et aréactifs effectués à un intervalle minimal de quatre heures, réalisés avec amplification maximale sur une durée d'enregistrement de trente minutes et dont le résultat doit être immédiatement consigné par le médecin qui en fait l'interprétation ; 2° soit à une angiographie objectivant l'arrêt de la circulation encéphalique et dont le résultat doit être immédiatement consigné par le radiologue qui en fait l'interprétation[125]. »

Clément Méric a-t-il subi un double électroencéphalogramme (EEG) ou une angiographie pour confirmer sa mort cérébrale ? Le protocole EEG dure cinq heures et l'angiographie, selon

---

125. « Code de la santé publique. Sous-section 1 : constat de la mort préalable au prélèvement d'organes à des fins thérapeutiques ou scientifiques ».
http://www.legifrance.gouv.fr/affichCodeArticle.do ;jsessionid=CF1F52E4C2D6933C278D1 0034356F02B.tpdjo17v_1 ?idArticle=LEGIARTI000006801969&cidTexte=LEGITEXT0000 06072665&categorieLien=id&dateTexte=20030526

des sources médicales, entre une et deux heures. Deux types différents de questions se posent selon que Méric est entré dans l'un ou l'autre protocole.

Première option : l'EEG. Si la rixe a bien eu lieu à 18 heures dans le quartier de la gare Saint-Lazare, le temps d'appeler un véhicule, qu'il arrive sur place, que l'on charge le corps, puis qu'on arrive aux urgences de la Pitié-Salpêtrière avec le blessé et compte tenu de la circulation dans le centre de Paris à ce moment de la journée, il était 18 h 30 au plus tôt. Dans le cas d'un protocole EEG d'une durée de cinq heures au total, le diagnostic de mort cérébrale ne pouvait pas être porté avant 23 h 30. Sachant que le premier commentaire au billet d'Alexis Corbière date de 23 h 16, le double EEG était encore en cours. Corbière a donc rédigé son billet et adressé ses condoléances avant même toute conclusion médicale officielle par un spécialiste sur l'état de Méric !

Ou alors, deuxième option, Méric a subi une angiographie, achevée à 19 h 30 au plus tôt. Si tel est le cas, le problème de la chronologie est résolu, Corbière a disposé d'un temps raisonnable pour rédiger son billet, mais la question des sources se pose toujours : de quel radiologue a-t-il obtenu l'information du diagnostic par angiographie de mort cérébrale de Clément Méric, compte tenu du secret médical, renforcé par le secret de l'instruction quand le décès relève de coups et blessures ? Des fuites ? Oui, mais de qui ? Nos regards ne peuvent s'empêcher de se porter vers ces réseaux transversaux « fraternels » profondément infiltrés dans l'administration française, travaillant en synergie dans les diverses fonctions publiques, notamment la police et l'hôpital, capables de planifier des événements en leur donnant l'apparence de la spontanéité ou de l'imprévu, et auxquels Alexis Corbière est notoirement affilié, de même que son comparse Jean-Luc Mélenchon.

Ajoutons que Clément Méric n'était pas encore décédé le mercredi 5 juin 2013 au soir, ce qu'Alexis Corbière précise lui-même en parlant de « mort cérébrale ». Qu'est-ce que la mort cérébrale ? Il s'agit d'un type de coma très profond, également appelé coma de type IV, ou « coma dépassé », souvent considéré comme irréversible, mais dont certaines personnes sont revenues malgré tout, notamment les témoins d'expériences de mort imminente (EMI). Du point de vue organique, le corps n'est plus autonome et a besoin d'être branché en permanence aux appareils de réanimation, d'hydratation et d'alimentation par perfusion. Il faut « débrancher » le comateux pour que le cœur cesse de battre et les poumons de respirer. Qui prend la décision de débrancher, autrement dit d'achever ? En principe, selon la loi, la famille. Mais quelle famille accepterait de donner le coup de grâce à son enfant après seulement vingt-quatre heures de coma et sans lui accorder plus de temps et de chance de survie, l'autopsie de Clément Méric ayant bien eu lieu le vendredi 7 juin 2013 au matin ?

De fait, la première annonce officielle dans les médias du décès définitif de Clément Méric est une brève de l'AFP avec lefigaro.fr, du jeudi 6 juin 2013 à 17 h 21[126]. (Puis l'AFP sur Twitter à 17 h 30[127].) Sur cette base, on notera encore une fois la chronologie des événements pour le moins intrigante que nous rapporte *Le Nouvel Observateur*. Dans un article créé le jeudi 6 juin 2013 à 11 h 29, mis à jour à 22 h 31, et titré « Mort de Clément Méric : tous les événements », on apprend que l'annonce officielle du décès de la victime est prononcée en fin d'après-midi, donc après la mise en ligne de l'article (!), mais aussi que les manifestations en hommage

---

126. « Le militant Clément Méric est décédé », *Le Figaro*, 06/06/2013.
http://www.lefigaro.fr/flash-actu/2013/06/06/97001-20130606FILWWW00605-le-militant-clement-meric-est-decede.php
127. « Décès du militant d'extrême gauche Clément Méric ».
http://www.afp.com/fr/search/site/cl%C3 %A9ment%20m%C3 %A9ric/

au mort, avec les banderoles et les t-shirts imprimés, étaient organisées à partir de midi, donc en fait dès le matin, voire la veille : « Mercredi soir, en plein cœur de Paris, un jeune homme de dix-huit ans, Clément Méric, a été laissé en état de mort cérébrale après avoir été agressé par un groupe de *skinheads*. Clément Méric était étudiant à Sciences Po et était connu pour ses engagements antifascistes. Le jeune homme est officiellement décédé jeudi en fin d'après-midi. Plusieurs hommages ont eu lieu dans la journée : à 12 heures devant Sciences Po Paris, à 17 heures au passage du Havre à Paris (9e arrondissement) et à 18 h 30 place Saint-Michel (6e arrondissement) où des milliers de personnes se sont rassemblées pour rendre hommage à Clément Méric[128]. »

Un tel empressement à enterrer quelqu'un, une telle rapidité à médiatiser sa mort sur une échelle maximale, alors que des faits divers bien pires se produisent chaque jour, et un tel degré de préparation du matériel et de l'agenda des manifestations laissent fortement à penser que l'événement n'était peut-être pas inattendu pour tout le monde…

CUI BONO ?

On attend toujours que l'extrême gauche du Capital dénonce le vrai fascisme ou le vrai néo-nazisme, évidemment pas celui du prolétariat souverainiste inoffensif d'Esteban Morillo, mais celui du capitalisme tout-puissant, formé par la collusion des banques, des *lobbies* industriels et des minorités actives qui les pilotent depuis l'Union européenne et les diverses instances supranationales au bénéfice d'un agenda eugéniste fondé sur l'artificialisation du vivant par le « mariage homo », la théorie de la confusion des genres,

---

128. « Mort de Clément Méric : tous les événements », *Le Nouvel Observateur*, 06/06/2013. http://tempsreel.nouvelobs.com/mort-de-clement-meric/20130606.OBS2241/en-direct-mort-de-clement-meric-des-hommages-et-une-enquete.html

la PMA, la GPA, l'euthanasie et la surveillance cybernétique pour tous. Las! Cette extrême gauche sans-frontiériste, antiprotectionniste et libérale-libertaire ne mordra jamais la main qui la nourrit, ou alors pas trop fort, juste pour donner l'illusion qu'on est tout de même encore un peu du côté du peuple et pas seulement des « minorités ». En vérité, c'est bien le Parti socialiste qui définit l'idéologie profonde de toute la gauche française (centriste comme ultra), parce que c'est ce parti, adoubé par le Capital, qui en a les moyens financiers. Or, la trahison intentionnelle des classes populaires pour se mettre à l'heure des « minorités » est bien la stratégie préconisée explicitement par la fondation Terra Nova, le laboratoire d'idées du PS, qui organise ainsi sans complexe le « grand remplacement » de la démocratie, quand la loi est l'expression de la majorité, par l'oligarchie, quand la loi est l'expression des minorités. Ce faisant, elle participe au vrai fascisme, celui du transhumanisme et de la surveillance cybernétique de masse, dénoncé par le collectif Pièces et main d'œuvre (PMO) dans divers textes tels que « Postures et impostures : au Grand Guignol de la Gauche. Leur « antifascisme » et le nôtre[129]. »

La dernière question que l'on peut se poser est : « À qui profite le crime ? » On le sait, les groupes militants soi-disant antifascistes ne s'attaquent jamais sérieusement au vrai fascisme, celui de Bruxelles, de Washington ou de Tel Aviv. Leurs efforts pour « taper à côté » du vrai fascisme révèlent la stratégie de leurs vrais maîtres, de même qu'Al-Qaïda et les groupes djihadistes ne s'attaquent bizarrement jamais à Israël. La question de savoir qui est derrière les « antifascistes » trouve une réponse claire dans les slogans des manifestations des « antifascistes » en Allemagne : *Antifa*

---

129. « Le vrai « fascisme » de notre temps. Bas les pattes devant Snowden, Manning, Assange et les résistants au techno-totalitarisme », Pièces et main d'œuvre, 18/06/2013. http://www.piecesetmaindoeuvre.com/spip.php?article421

means solidarity with Israel! (Antifa signifie solidarité avec Israël!) ; *Deutschland abschaffen* (Supprimer l'Allemagne) ; *Für Israel, gegen old Europe* (Pour Israël, contre la vieille Europe) ; *Antiamerikanismus angreifen* (Attaquer l'antiaméricanisme) ; *Imagine there is no Deutschland* (Imagine qu'il n'y ait pas d'Allemagne) ; *Deutschland verraten!* (Trahir l'Allemagne!) ; *Nieder mit dem Regime im Iran* (À bas le régime en Iran)[130].

Soyons clairs : l'extrême gauche allemande, ou « anti-allemande », comme le revendique la mouvance créée au début des années quatre-vingt-dix des *anti-Deutsche*, est aujourd'hui placée largement sous le contrôle de Tel Aviv et de Washington, et l'extrême gauche française est en train de subir le même sort, à tel point que l'expression « antifrançais » devrait logiquement apparaître un jour dans ses éléments de langage officiels. On en voudra pour preuves supplémentaires le soutien indéfectible de notre extrême gauche hexagonale aux opérations coloniales de l'OTAN, des États-Unis et de l'entité sioniste en Libye et en Syrie, par djihadistes interposés. Sans oublier le slogan « Ni oubli, ni pardon » sur les affiches et dans les manifestations autour de Clément Méric, qui répètent avec un mimétisme appliqué le slogan des associations pour la commémoration de la Shoah.

Récapitulons. La méthode est connue des services de Renseignements. Les faits prouvent la préméditation et leur chronologie est étrange. Le crime profite à des réseaux d'influence extrêmement puissants. Alors, au final, quel scénario ? Clément Méric, un militant ultralibéral, est repéré puis manipulé pendant plusieurs mois comme de la chair à canon par les réseaux d'influence du Capital qui lui mettent en tête de provoquer une bagarre alors qu'il sort d'une leucémie. Il attaque par-derrière, mais perd quand même et se retrouve à l'hôpital dans un état critique, comme prévu.

---

130. « Antifascist actions – Solidarity with Israel ».
http://www.youtube.com/watch?v=UKEfJAcNG3Y

L'adolescent a été victime d'une opération psychologique montée par les réseaux atlanto-sionistes infiltrés au plus haut niveau de l'État français, Manuel Valls en tête, brillamment secondé par Alexis Corbière et ses « frères », consistant à augmenter sciemment la possibilité d'une mort parmi leurs marionnettes « antifas » pour leur donner une visibilité médiatique et lancer un mouvement populaire sur une base émotionnelle. À notre plus grande horreur, il faut pouvoir également envisager l'hypothèse que l'ordre ait été donné dans certains réseaux dormants de l'institution hospitalière d'achever la victime plongée dans le coma pour finir le boulot. Le but général de l'opération consisterait à aligner par identification compassionnelle l'opinion publique française sur la mouvance antinationale et mondialiste des « antifascistes », et à participer au *pinkwashing* initié par l'entité sioniste pour créer des clivages géopolitiques fondés sur la confusion des genres (*gay friendly or not*). Ce n'est qu'un scénario, donc une hypothèse à confirmer, mais qui permet de mettre en cohérence des faits qui, sinon, en sont dépourvus. Pour finir, essayons d'être charitables et inversons la sentence « Ni oubli, ni pardon ». Donc pardonnons à Clément Méric d'avoir été manipulé pour se suicider, puis oublions-le et laissons sa famille faire son deuil.

CHAPITRE IV

LE *CARE* : PRENDRE SOIN DE SON ENVIRONNEMENT IMMÉDIAT

THÉORIE DU SOIN CONTRE THÉORIE DU GENRE[*]

En 2010, Martine Aubry introduisait dans le logiciel politique français le concept anglais de *Care*, traductible par « prendre soin ». Après trois mois de médiatisation, cette approche politique par la notion de soin disparaissait totalement du paysage audiovisuel hexagonal, à tel point que peu de gens s'en souviennent encore aujourd'hui. Force est de constater que la théorie du « prendre soin » n'a pas eu le même destin que la théorie du genre. Pourtant, les deux théories sont issues des mêmes milieux féministes anglo-saxons. La différence de traitement médiatique et politique entre la théorie du *Care* et la théorie du genre vient peut-être de ce que le « prendre soin » éduque à une attitude responsable envers autrui et soi-même, et représente donc un facteur structurant, un facteur d'ordre et de néguentropie sociale, donc un danger pour l'idéologie dominante, qui privilégie toujours les facteurs de déstructuration, ceux-là mêmes qui

[*]Les Antigones, 13/06/2013.

sont à l'œuvre dans la théorie du genre, laquelle éduque à l'individualisme et au flou identitaire et comportemental, et représente donc un facteur de désordre et d'entropie sociale, donc un avantage pour le Pouvoir.

Martine Aubry ne se doutait certainement pas qu'en parlant de prendre soin, elle allait déranger à ce point. Et, au début du moins, elle ne s'est sans doute même pas rendu compte qu'elle prenait à contre-pied tous ses engagements européistes et antinationaux. En effet, par définition, la politique du *Care* oriente l'esprit vers une éthique du soin, donc de la protection, de l'entretien et du principe de précaution. Elle focalise l'attention sur la proximité et le local, puisqu'on ne peut prendre soin que de ce qui est à portée. Elle est donc située aux antipodes de la *doxa* mondialiste fondée sur la délocalisation, l'éloignement, le sans-frontiérisme, la déconstruction des acquis sociaux et la prise de risque... pour les moins nantis. La politique du soin rétablit ainsi une hiérarchie de priorité vitale : l'amour pragmatique du proche passe avant l'amour esthétique du lointain. La théorie du prendre soin révèle ainsi le vrai féminisme, le féminisme responsable, quand la théorie du genre n'en constitue qu'une déviance libérale et libertaire.

ÉTAT DES LIEUX DU FÉMINISME

Sur le plan théorique, le féminisme propose un *corpus* de textes et de publications non unifié : quelques réflexions de bon sens y voisinent avec des aberrations fantaisistes, parfois criminelles, et des dérives idéologiques ou commerciales néanmoins intéressantes à examiner sur les plans littéraire, psychologique ou sociologique. On y trouve donc le meilleur et le pire. Une liste non exhaustive irait de Louise Michel aux magazines *ELLE* et *Cosmopolitan*, en passant par Simone de Beauvoir, Julia Kristeva, Sylviane Agacinski, Élisabeth Badinter, Françoise Héritier, Hélène Cixous (fondatrice en 1974 du Centre d'études féminines et de genre à Paris 8), Monique Wittig, Judith Butler, Valerie Solanas, Donna Haraway, la revue *Sorcières* des années soixante-dix et les diverses « sororités » plus ou moins sérieuses comme *Gynarchy International*.

Cette diversité est néanmoins parcourue par un mythe fondateur commun : la domination masculine. Sans cette croyance postulant que les hommes exerceraient sur les femmes une domination indue depuis la nuit des temps, le féminisme n'a plus aucune raison d'être et tout son dispositif répressif s'effondre. Le mythe de la « domination masculine » est aujourd'hui imposé par les pouvoirs publics au moyen d'une législation interdisant de le contester, comme on le voit en France avec le rapport du Haut Conseil à l'Égalité entre les femmes et les hommes, remis à Marisol Touraine en octobre 2014 et intitulé « Pour l'égalité femmes-hommes et contre les stéréotypes de sexe, conditionner les financements publics[131] ». Le féminisme est donc au pouvoir mais passe son temps à dire qu'il ne fait que le subir et qu'il en souffre. Signe du vrai pouvoir : quand on dispose des moyens d'imposer l'idée que nous n'avons aucun moyen d'imposer quoi que ce soit. Conséquence de ce tour de passe-passe : peu d'intellectuels se risquent aujourd'hui à la déconstruction du féminisme car cela reviendrait à s'attaquer directement au Pouvoir et à ses dogmes, en particulier dans la recherche universitaire. Citons néanmoins l'œuvre méconnue en France de Warren Farrell, notamment *The Myth of Male Power*, l'historien médiéviste Alain Boureau dans *Le Droit de*

---

131. « Pour l'égalité femmes-hommes et contre les stéréotypes de sexe, conditionner les financements publics », Haut conseil à l'égalité entre les femmes et les hommes. Rapport relatif à la lutte contre les stéréotypes, 20/10/2014.
http://www.haut-conseil-egalite.gouv.fr/IMG/pdf/rapport_hce-2014-1020-ster-013.pdf

cuissage – Histoire de la fabrication d'un mythe (XIIIᵉ-XXᵉ siècle) ou l'historien de la publicité Stuart Ewen, qui montrait dès les années soixante-dix comment le féminisme et le jeunisme furent lancés dans les années vingt aux États-Unis pour soutenir l'émergence de la société de consommation – au prix de tout l'éventail des souffrances directes et indirectes induites par le consumérisme : addictions diverses, épidémie de violences conjugales, de divorces, de dépressions, de suicides, de maladies psychosomatiques, etc. L'alliance du féminisme et du capitalisme est également disséquée par la sociologie non conventionnelle : Jean Baudrillard, Michel Clouscard, Alain Soral, Éric Zemmour, *Tiqqun* et sa théorie de la Jeune-Fille, le blogueur controversé Henry Makow ; en littérature, Michel Houellebecq, Félix Niesche, ou l'auteur de ces lignes dans *Photographies d'un hamburger* ; ainsi que chez des psychanalystes s'exprimant peu en dehors de leur milieu socioprofessionnel.

Une étude historique impartiale montrerait que les seules inégalités réelles entre hommes et femmes sont apparues avec la Révolution française et l'essor du capitalisme à la fin du XVIIIᵉ, alors que sous l'Ancien Régime – et plus largement dans les sociétés traditionnelles rurales – le féminisme était simplement superflu, raison pour laquelle cette théorie n'a pu trouver un écho qu'à partir du XIXᵉ siècle dans les villes. Mais cette approche critique du progressisme serait qualifiée de réactionnaire et peu recevable du point de vue académique. Le progressisme des Lumières, le féminisme et leur corollaire LGBT définissent aujourd'hui l'idéologie dominante et sont donc en position d'hégémonie culturelle, ce qui leur permet de claironner avec agressivité dans les médias grand public qu'ils sont opprimés, dominés et obligés de se cacher. La dictature des minorités baigne dans une contradiction insoluble, une dissonance cognitive permanente puisque son image d'impuissance est soutenue et propagée par les organes mêmes de la puissance intellectuelle, notamment universitaire, médiatique et politique. La faiblesse du féminisme est ainsi clamée à cor et à cri à longueur de lois votées dans les parlements et ayant force de contrainte sur des États entiers qui sont aujourd'hui placés sous ce contrôle au visage hybride, simultanément coercitif et compassionnel, éructant et sanglotant. Certains pays nordiques sont à l'avant-garde du féminisme radical et s'illustrent par des initiatives surréalistes, comme l'interdiction faite aux hommes d'uriner debout dans les toilettes publiques, ou ces enfants élevés dans l'ignorance de leur identité sexuelle, cobayes d'une expérience de flou identitaire psychotique provoqué. En outre, la dimension victimaire du féminisme se prête aisément à une récupération par la propagande de guerre – avec le LGBT comme force d'appoint – comme le démontre l'invention du *pinkwashing*, démarche argumentative qui consiste à légitimer moralement l'agression militaire de tel pays sous le prétexte qu'il ne respecterait pas les « droits des femmes » ou des « homosexuels ». On pense notamment à l'invasion de l'Afghanistan par les armées occidentales après le 11 Septembre ; armées présentées comme libératrices vis-à-vis des femmes, mais qui en ont déjà tué plus que tous les talibans réunis.

Le féminisme peut donc avoir un double-fond et servir de cheval de Troie à des intérêts autres que ceux mis en avant. Les liens entre Gloria Steinem et les Renseignements américains, ou entre Cheryl Benard et la Rand Corporation, le *think tank* du *lobby* militaro-industriel américain, sont avérés, sans même parler du financement occidental des Femen et des Pussy Riot dans le cadre d'une guerre culturelle contre les pays non-alignés. Quant au slogan de l'émancipation féminine, il a surtout servi aux *lobbies* du tabac ou pharmaceutiques à vendre des cigarettes et des moyens de contraception invasifs et pathogènes, comme la pilule chimique et les avortements de confort, qui arrangent surtout les hommes et qui mettent en danger la vie de millions de femmes. Un premier bilan montre donc que, comme l'ensemble du dispositif rhétorique de la « victime », le féminisme peut avoir du sang sur les mains.

LA NATURE FÉMININE

Il existe aussi un féminisme non meurtrier, un féminisme constructif, tourné vers la vie, cohérent avec la dimension maternelle de la nature féminine. Tout un chacun possède une intuition, une impression immédiate, parfois confuse, de ce que sont les identités féminine et masculine. Ce sont parfois des clichés réducteurs, mais il faut néanmoins admettre que les physiologies et les psychologies des deux sexes possèdent des spécificités irréductibles transmises génétiquement et qui définissent leur idiosyncrasie respective. Au-delà de l'évidence visuelle de la conformation différente des corps, la biologie, les sciences cognitives ou l'éthologie ont montré que les cerveaux sont matériellement différents ainsi que leur fonctionnement, leur mode de traitement de l'information, de même que les taux d'hormones et les comportements différenciés qu'ils commandent en réaction aux mêmes *stimuli*. L'identité culturelle se déployant à partir de l'image représentée du corps, il existe donc un fil conducteur invariant de l'identité féminine, soit une essence féminine, un éternel féminin, un « génie féminin », c'est-à-dire une manière d'être au monde spécifiquement féminine. Il semble que cette nature féminine s'exprime par ce que l'on pourrait appeler un « sens de la proximité », ce que Julia Kristeva appelle « l'intime ».

Cette nature féminine induit un rapport spécifique à l'éthique, rapport davantage soucieux des relations de proximité que l'éthique masculine, plutôt portée sur les principes généraux. C'est en 1982, dans son livre *In a different voice*, que la psychologue américaine Carol Gilligan a proposé le concept de *Care* pour qualifier cette éthique féminine. Le terme *care* vient du verbe anglais *to care*, ou de la locution *to take care*, « prendre soin ». D'après la page Wikipédia : « C'est ainsi qu'elle [Gilligan] conçut la notion de *care* : un souci éthique situé, enraciné dans la complexité du contexte et fondé sur la délibération, le soin et la conservation de la relation avec autrui. »

Le concept a fait florès, mais il a fallu attendre 2008 pour que sorte une traduction française du livre de Gilligan, sous le titre *Une voix différente* (Flammarion). Martine Aubry popularisait cette notion en 2010 au travers de tribunes médiatiques et d'interviews, rapidement secondée par des chercheurs en éthique et en sociologie, mais aussi attaquée et raillée par des journalistes comme par des membres de sa propre famille politique qui qualifièrent ses propos de litanie de bons sentiments, voire de « nunucheries ». La théorie du *Care* est de fait à peine une théorie, ou alors une théorie de l'action, une pragmatique, et son appareil conceptuel peut sembler réduit en comparaison de certaines constructions culturelles spéculatives. Sandra Laugier, spécialiste de philosophe morale à Paris 1, justifie cela. Pour elle, « le *Care* est une « politique de l'ordinaire », qui renvoie à une réalité ordinaire : le fait que des gens s'occupent des autres, s'en soucient et ainsi veillent au fonctionnement courant du monde. Elle formule ainsi l'intrusion du *Care* dans le monde politique : « l'éthique, comme politique de l'ordinaire ». Dans cette perspective le sociologue Serge Guérin fait le lien entre le *care* et l'écologie politique, au sens où l'écologie nécessite une pratique du prendre soin des humains comme de la terre. »

LA PROXIMOLOGIE ET LE LOCALISME

La revue *Réciproques*, dirigée par Serge Guérin, explore le champ de recherches de la proximologie. Puisant parfois à la proxémique inventée par l'ethnologue Edward T. Hall, la proximologie est cependant plus focalisée sur les questions de travail social et d'aide à la personne, notamment dans le lien intergénérationnel et le troisième âge. Théorie particulariste et toujours contextualisée de l'action de proximité, la proximologie analyse trois pôles : 1) l'environnement immédiat et concret ; 2) les acteurs de la situation, personnes dépendantes et leurs auxiliaires de vie, femmes de ménage, etc., mais aussi personnes valides dans leur espace domestique ; 3) les liens de solidarité familiale, amicale ou de voisinage, ainsi que leurs déficits.

D'un point de vue philosophique, la priorité est ici donnée à la *physis* et à l'immanence, et déserte quelque peu la méta-*physis* de la transcendance et ses grands récits. L'attention est accordée au « petit » plutôt qu'au « grand », au « proche » plutôt qu'au « loin ». Divers courants de l'écologie politique revendiquent ce « rapprochement général », comme le localisme, la relocalisation, les locavores, la permaculture, la transition, les AMAP, qui tous travaillent à reconstituer de la souveraineté alimentaire, énergétique, économique et politique, en redéployant entre producteurs et consommateurs des échelles plus restreintes et des circuits courts, voire directs et autogestionnaires. Dans le paysage associatif, on notera « Maison commune », fondé par Laurent

Ozon, ou « Relocalisons ! » qui édite un journal intitulé *Proximités*. Ici, le schéma de l'action politique concrète consiste à rayonner autour de soi en cercles concentriques et en suivant la maxime de bon sens : « Charité bien ordonnée commence par soi-même. »

PENSER GLOBALEMENT, MAIS AGIR LOCALEMENT

« Le premier environnement des humains, c'est le corps maternel. » Cette sentence est tirée de *Solutions locales pour un désordre global*, film documentaire de Coline Serreau sorti sur les écrans en 2010. Le premier lieu des humains, leur première localisation, leur premier enracinement, c'est le corps maternel. D'où la tendance naturelle à pouvoir concevoir tout lieu à l'image du souvenir de ce premier enracinement, ce qui a donné notamment les expressions de « Mère patrie » ou de « langue maternelle ». Freud et Lacan confirment mais en y ajoutant la touche nécessaire du Père qui oblige à dé-fusionner, à se séparer relativement de ce corps maternel et de ce premier lieu, sans quoi la socialisation dans le monde est impossible. L'espèce humaine ne peut survivre sans un territoire de référence, mais elle est aussi programmée génétiquement pour se déplacer dans l'espace (au contraire des plantes), ce qui oblige à un effort de dialectique nécessaire pour articuler le territoire de référence, souvent le territoire natal, remontant dans l'utérus, et son extériorité mondaine.

La bipolarité complémentaire entre la Mère et le Père, entre l'intérieur et l'extérieur, recoupe l'opposition tout aussi complémentaire entre le local et le global. Nous ne pouvons négliger aucun des deux aspects, surtout à notre époque. Aujourd'hui, le désordre devient global et influence l'ordre local dans lequel nous vivons. La compréhension de ce mécanisme requiert de se hisser par la pensée à son échelle. Il y a donc deux bonnes raisons de « penser globalement » : 1) la grille de lecture globale contient plus d'informations et est plus « intelligente », au sens où elle permet de comprendre plus de choses ; 2) l'idéologie mondialiste, par nature, pense globalement, ce que l'on ne peut neutraliser qu'en inversant ses propositions, ce qui suppose déjà de les comprendre dans ses termes, donc de se former soi-même à sa vision des choses.

S'il faut penser globalement, il faut ensuite agir localement. Les solutions, c'est-à-dire les applications pour sortir du désordre global, ne peuvent être que locales car nous vivons toujours dans un « lieu », situé dans l'espace et le temps. La politique du soin commande une action contextuelle car on ne peut prendre soin que de ce qui est à notre portée. Il faut donc devenir mondialiste dans une certaine mesure, pour en récupérer les informations qui peuvent nous servir, puis utiliser le mondialisme comme outil de la relocalisation antimondialiste. Accompagner la globalisation par la pensée jusqu'à un certain point, puis la subvertir au dernier moment en ramenant ses résultats intellectuels à l'échelle locale. Mettre le global au service du local. Être en état de digérer une connaissance acquise au-delà de nos frontières pour renforcer nos frontières. Rester ouvert par la pensée, mais agir en restant concentré sur la proximité et l'entretien de nos défenses immunitaires, ce qui suppose de réhabiliter positivement la notion de « fermeture ». Pour faire jeu égal avec le mondialisme, mais en subvertissant son projet, il faut donc penser comme lui, penser globalement, mais agir localement. Comprendre l'enjeu dans ses propres termes, pour mieux dire « non ».

Dans une perspective d'action politique concrète, l'horizon commun sur lequel converger, le point de mire de la jonction des forces de vie, doit être la vie du pays où nous vivons, parce que c'est là que nous vivons, justement. Notre pays est un objet – un gros objet – un et indivisible, dont nous devons prendre soin, avec amour et attention, comme on s'occupe d'un jardin ou d'une maison, parce que c'est là que nous vivons et que c'est notre intérêt commun d'y vivre bien. Les acquis théoriques du meilleur du féminisme peuvent être convoqués pour penser cette démarche.

CHAPITRE V

SALE BLANC !
CHRONIQUE D'UNE HAINE
QUI N'EXISTE PAS,
DE GÉRALD PICHON[*]

Avec son titre « coup de poing », l'ouvrage de Gérald Pichon (Éditions IDées, 2013) a le mérite d'affronter de manière directe une question difficile, sans politiquement correct ni langue de bois. Son deuxième mérite, probablement supérieur au premier, est de ne pas virer pour autant dans le radicalisme stérile. En effet, comme l'apprennent tous les gens qui cherchent à diffuser des idées, il ne suffit pas d'avoir raison pour faire avancer une cause, encore faut-il savoir se faire entendre par le plus grand nombre et proposer des solutions réalistes. Les seuls discours qui parviennent à faire bouger les choses sont ceux qui réunissent tout d'abord un « consensus », le plus large possible, de sorte à s'extraire de toute tendance groupusculaire ou extrémiste. Sur un sujet aussi clivant et polarisant que celui du racisme en général, et anti-Blancs en particulier, le pari semble perdu d'avance. Gérald Pichon parvient malgré tout à maintenir un « juste

[*] Scriptoblog, 11/06/2014.

423

milieu » de bout en bout de son argumentation, qui devient dès lors recevable par tout individu de bonne foi. Les deux risques étaient l'eau tiède et la bouillie pour forum internet, toutes deux insignifiantes, or l'auteur se déplace sur une ligne de crête qui lui permet de saisir franchement le taureau par les cornes sans jamais tomber dans l'outrance verbale qui aboutirait à un cri de colère légitime mais inarticulé. Exercice périlleux mais réussi.

Comment s'y prend l'auteur pour parvenir à ce résultat? On distingue deux temps dans son argumentation.

1) Le premier temps est l'exposé des faits. Les faits, rien que les faits, tous les faits. Application de la méthode scientifique classique, que l'on retrouve dans toute enquête d'investigation, journalistique ou policière, et qui oblige à assumer un principe de réalité sur tous les sujets. L'essentiel de l'ouvrage est un exposé objectif, neutre, dépassionné, précis, qui rassemble les preuves empiriques et statistiques du racisme anti-Blancs dans les banlieues, les quartiers, les cités HLM, mais aussi dans les sphères du pouvoir, les médias, la politique, l'université, etc. Comme le dit Gérald Pichon dans un entretien à *Nouvelles de France* : « Mon objectif est qu'après la lecture de cet ouvrage, plus personne ne puisse dire que la haine anti-Blancs n'existe pas ou qu'il s'agit d'un phénomène marginal[132]. »

L'auteur ne se limite cependant pas à une simple dénonciation au premier degré du problème, il en rappelle aussi les causes. Dans l'éventail des approches identitaires, celle de Gérald Pichon est l'une des plus subtiles car il ne sacrifie pas la question socio-économique sur l'autel de l'identité ethnico-culturelle. En effet, si le racisme anti-

132. « Gérald Pichon, auteur de *Sale Blanc!* : « Je redoute la récupération de la haine anti-blanche par le Système » », Nouvelles de France, 04/11/2013.
http://www.ndf.fr/les-grands-entretiens/04-11-2013/gerald-pichon-auteur-sale-blanc-redoute-recuperation-haine-anti-blanche-systeme

Blancs frappe la France d'en bas, l'analyse montre qu'il est assez largement soutenu et organisé par la France d'en haut, qui s'arrange, elle, pour ne pas être impacté. La « fracture ethnique » se double donc d'une « lutte des classes ». Remontant la chaîne causale jusqu'à son origine, Gérald Pichon met en évidence que ce racisme anti-Blancs, s'il est perpétré au quotidien par des délinquants noirs et arabes, prend sa source dans une politique immigrationniste menée au plus haut niveau du pouvoir par une oligarchie elle-même plutôt blanche de peau. L'immigration a pour fonction de produire un sous-prolétariat, armée de réserve du Capital, comme le soulignent notamment Alain Soral ou Alain de Benoist[133]. Les immigrés ne sont pas venus seuls en France, mais bien parce qu'un programme d'immigration de masse a été appliqué par les gouvernements successifs depuis les années soixante-dix ; et ils ne sont restés que parce qu'une idéologie pro-immigration a été diffusée depuis les années quatre-vingt dans les médias par des journalistes, des groupes d'influence, des *lobbies* et des associations telles que SOS Racisme généreusement subventionnées par l'État pour faire passer la pilule.

Gérald Pichon ne cherche évidemment pas à disculper les « racailles » mais il s'attache également à reconstituer la genèse historique de la situation criminogène, ce qui suppose de nommer la totalité des acteurs et de pointer leur complicité. Un programme général de liquidation physique du peuple français, et de tous les peuples européens, et encore au-delà de l'humanité entière, est donc en cours, un véritable génocide dans lequel les immigrés des pays de départ, en Afrique du Nord ou sub-saharienne, sont utilisés comme des outils de dissolution des pays d'arrivée par les oligarchies cosmopolites qui ont pris le contrôle du système global.

---

133. Alain de Benoist, « L'immigration, armée de réserve du capital », Égalité & Réconciliation. http://www.egaliteetreconciliation.fr/L-immigration-armee-de-reserve-du-capital-16220.html

Comme le rappelle l'auteur, ce remplacement de population prend des voies démographiques mais aussi psychologiques, notamment *via* la culpabilisation des Français de souche vis-à-vis d'un passé colonial à expier éternellement, « devoir de mémoire » dont le vrai but est d'inculquer à un peuple la haine de soi, de sorte à fabriquer son consentement à sa propre disparition. La discrimination positive – sauf pour les Blancs! – est un pilier du dispositif (*cf.* chapitre 6). Comme l'a constaté Malika Sorel, sociologue spécialisée dans les questions d'immigration, « le gouvernement a basculé dans la préférence étrangère[134]. » Les conséquences de cette discrimination ethnique anti-Blancs peuvent s'avérer dramatiques, notamment en termes de sécurité urbaine. Si vous êtes de type européen, ce sera la double peine : vous serez frappé et en plus accusé de racisme si vous vous défendez. Pire, car au-delà même d'un laxisme sélectif selon la couleur de peau, on peut observer un renforcement intentionnel des tensions raciales organisées par le Pouvoir lui-même. Depuis les mandats de Nicolas Sarkozy à l'Intérieur et à l'Élysée, la France fait rentrer en moyenne 200 000 immigrés par an sur son territoire, sans compter les clandestins. À une époque de crise économique, où il n'y a plus de travail et où tout le monde le sait, comment interpréter ce genre de décision? À ce stade, il ne s'agit plus d'incompétence mais bien d'une erreur volontaire, commise dans l'espoir de compliquer encore la situation et d'aggraver encore les tensions dans le cadre d'une méthode de gouvernance par le chaos. La droite libérale, de l'UMP au MEDEF, n'est cependant pas la seule coupable et elle sait qu'elle peut compter sur le soutien indéfectible de la gauche libertaire, du PS aux syndicats, pour chanter à l'unisson les louanges de l'immigration et du

---

134. « Malika Sorel : Le pouvoir bascule dans la préférence étrangère », *Le Figaro*, 06/02/2014. http://www.lefigaro.fr/vox/societe/2014/02/06/31003-20140206ARTFIG00344-malika-sorel-le-pouvoir-bascule-dans-la-preference-etrangere.php

village global sans frontières, qui s'apparente en fait de plus en plus à un carnage global sans frontières. La réforme pénale de Christiane Taubira, qui vise ni plus ni moins qu'à ouvrir les prisons, n'a pas d'autre finalité[135]…

2) Le deuxième temps de l'argumentaire de Gérald Pichon propose des solutions pour en finir en pratique et pas seulement en théorie avec le racisme anti-Blancs. Comment passer des mots et du bla-bla aux initiatives concrètes ?

Quand on soutient un programme politique, la première question à se poser est celle de sa faisabilité. La plupart du temps, ce qui n'est pas faisable à court terme est cependant réalisable à long terme. Une action planifiée sur le long terme, en plusieurs étapes, de manière rationnelle, cela s'appelle une « stratégie ». Et c'est bien cette intelligence stratégique de la question identitaire qui distingue Gérald Pichon de nombreux militants trop pressés, identitaires spontanéistes qui veulent « tout, tout de suite », et ne parviennent même pas à simplement « penser » une lenteur relative dans l'application du programme politique qui nourrit leur engagement. Les dernières pages du livre ouvrent des perspectives d'action tactique et stratégique et il faudrait pouvoir les citer entièrement. Pour commencer, Gérald Pichon y envisage la constitution d'un communautarisme identitaire « blanc », de sorte à se protéger plus efficacement des agressions à caractère ethnique. Véritable pied de nez au Système (« quenelle » diront certains), lequel tolère et même soutient tous les communautarismes fermés, qu'ils soient

135. « Entretien avec Alain de Benoist. Immigration : le MEDEF parle la même langue que l'extrême gauche », Boulevard Voltaire, 23/10/2013.
http://www.bvoltaire.fr/alaindebenoist/immigration-medef-parle-meme-langue-lextreme-gauche,38810
« L'union sacrée Gauche-Medef », Atlantico, 18/04/2011.
http://www.atlantico.fr/decryptage/medef-gauche-immigration-travail-laurence-parisot-npa-claude-gueant-regroupement-familial-80375.html
« Immigration, une chance pour l'Europe capitaliste… », Parti communiste français, 01/12/2013.
http://lepcf.fr/Immigration-une-chance-pour-l

asiatiques, noirs, arabes, juifs, musulmans, homosexuels, mais en aucun cas celui des Blancs chrétiens hétérosexuels qui, eux, sont tenus de s'ouvrir et de se mélanger, sauf à être traités de racistes, fascistes, homophobes, antisémites, etc.

Puis l'auteur évoque la question de la remigration, mais dans les seuls termes où elle est recevable et pertinente, à l'instar de Laurent Ozon, c'est-à-dire comment la mettre en œuvre par étapes, de façon planifiée et rationnelle et en coopération avec les pays d'origine. S'il est impossible en France de l'imposer à des individus nés sur le territoire en raison du droit du sol, elle doit être envisagée en revanche pour les naturalisés et les binationaux qui adoptent des comportements délinquants et criminels, après une déchéance de nationalité. Dans tous les cas, elle n'a pas la moindre chance d'être appliquée si elle n'est pas soutenue au plus haut niveau de l'État et dans le cadre de partenariats interétatiques. Gérald Pichon ne se voile pas la face et reconnaît que « les chances de succès d'un tel plan frôlent le néant ». Quoi qu'il en soit, les partisans de la remigration devront de toute façon en passer nécessairement par une étape commune avec les partisans de l'assimilation, étape qui consistera en la stabilisation de la société et la pacification des relations entre les identités. Une guerre ethnique signifierait la fin de l'assimilation, cela va de soi, mais aussi la fin de la remigration, puisque le territoire national, bien loin d'être l'objet d'une *Reconquista* romantique, se verrait disloqué en ghettos ethnico-culturels hermétiques.

Une série de conclusions en cascade s'impose logiquement de la lecture de l'ouvrage de Gérald Pichon. Plusieurs questions n'en font qu'une : le racisme anti-Blancs, l'immigration et l'identité ne sont pas séparables. De fait, une politique identitaire sérieuse et planifiée sur le long terme dans ce pays est inconcevable sans reprendre au préalable le contrôle des flux migratoires aux frontières nationales. Possible uniquement si un gouvernement favorable à ces idées, donc un gouvernement de sensibilité nationaliste, arrive au sommet du pouvoir pour les mettre en application. Et dans le cadre légaliste où le militantisme doit se placer pour être légitime et efficace, ceci n'adviendra qu'à la condition de militer et de voter pour les partis politiques souverainistes qui jouent le jeu électoral et dont le programme contient la défense de l'intégrité des frontières et l'application d'une politique migratoire stricte. Prétendre qu'il est inutile de voter, comme on l'entend parfois, et réclamer simultanément le contrôle des flux migratoires relève de l'incantation et de la pensée magique, comme s'il suffisait de vouloir une chose pour qu'elle advienne. Quelle que soit sa nuance, une politique identitaire en France ne sera donc possible que par la reconquête de la souveraineté nationale, donc en dehors de l'Union européenne, de l'euro, du marché transatlantique et de toutes les instances d'aliénation politique supranationales, européistes et mondialistes.

Extraits :

« Les réponses à apporter pourront donc se faire en deux temps, en évitant de tomber dans les pièges tendus. Le premier piège consisterait à jouer la carte de l'idéologie « white power », les « Blancs » contre les « Noirs » s'affrontant sur fond de sous-culture américaine. (…) Il faut bien avoir présent à l'esprit que les milliers de victimes du racisme anti-Blancs ne sont que les dommages collatéraux pour imposer la transformation de l'Europe en Tour de Babel. Et à moins de faire partie de l'hyperclasse mondiale chère à Jacques Attali, toutes les catégories sociales et tous les territoires seront à court terme touchés par la violence des bandes ethniques ou par la discrimination positive. (…) Il faut donc se battre ici et maintenant contre ce système mortifère et se défendre physiquement face à son bras armé que sont les bandes ethniques. Pour cela, il faut connaître quelques règles de cette guerre où tout est inversé : la violence, loin d'affaiblir cette caste oligarchique qui nous gouverne, la renforce ; les champs de bataille sont la morale et les mythes ; vos ennemis ont tous les droits et c'est au nom de la liberté qu'ils vous empêcheront de dire la vérité ! Il y a donc urgence à lutter pied à pied contre le moralement correct en s'engageant dans la bataille politique et dans celle de l'information. (…) Ce travail effectué, il s'agira dès lors d'empêcher la balkanisation de la France (la guerre raciale est le moyen pour l'oligarchie de garder le pouvoir) en trouvant à court terme des solutions de compromis avec les autres communautés. À plus long terme, les sociétés multiraciales/multiracistes étant vouées à exploser, la solution passera forcément par une décolonisation de l'Europe grâce à un plan de remigration dans la dignité de la grande majorité des populations extra-européennes. Ce plan ne pourra pas être effectué sans un dialogue permanent et apaisé avec les autres peuples. »

CHAPITRE VI

LA BASE AUTONOME DURABLE : DE LA ZONE AUTONOME TEMPORAIRE AU KOLKHOZE[*]

Un article publié sur le site Greffier Noir le 14 mai 2015 tente d'établir par glissements sémantiques des relations de cause à effet entre plusieurs choses : 1) les réseaux anti-communistes paramilitaires de l'OTAN, dits Gladio et *stay-behind* pendant la Guerre froide (dont les restes malheureusement bien conservés agissent en Ukraine depuis la fin 2013) ; 2) les attentats terroristes de janvier 2015 à Paris et en banlieue ; 3) un ancien responsable de la sécurité du Front national ; 4) le concept de Base Autonome Durable (BAD) utilisé dans le survivalisme. Deux livres – *Survivre à l'effondrement économique* et *G5G* – sont cités et rendus, par amalgames et insinuations, pratiquement responsables de l'attentat de l'Hyper Casher. Le procédé fait irrésistiblement penser à l'affaire de Tarnac, où un ouvrage intitulé *L'Insurrection qui vient* s'est également retrouvé au cœur de l'instruction dans une tentative de criminaliser la

*Scriptoblog, 21/05/2015.

pensée et l'écriture au prétexte de l'antiterrorisme. Il semble donc judicieux d'apporter ici quelques précisions.

1) Les réseaux Gladio et *stay-behind* de l'OTAN sont depuis leur fondation au service de l'atlantisme et du capitalisme, et puisent également leur inspiration dans le fascisme et le nazisme, ce que l'on nomme par ailleurs l'extrême droite ou l'ultradroite.

2) Les attentats de janvier 2015 ont été commis au nom de l'islamisme mais ont été manifestement encadrés par les réseaux atlantistes au pouvoir en France depuis son retour en 2009 dans le commandement intégré de l'OTAN, réseaux dont les liens opérationnels avec le djihadisme en Libye et en Syrie sont reconnus officiellement depuis 2011.

3) Compte tenu de son repositionnement géopolitique plus tourné vers Moscou que Washington, le Front national ne peut plus être tenu pour responsable des agissements de ces réseaux atlantistes, ni *a fortiori* djihado-atlantistes.

4) Le concept de Base Autonome Durable, quant à lui, prend ses sources dans l'ultragauche anarchiste – la Zone autonome temporaire (TAZ) de Hakim Bey, dont le caractère « temporaire », donc précaire, a été inversé en « durable » – et dans l'extrême gauche collectiviste, c'est-à-dire dans la forme de vie et de production du kolkhoze soviétique, analogue du kibboutz israélien ou du phalanstère socialiste. La notion de BAD vise la préservation d'une forme de vie plutôt rurale, communautaire, autogérée, relocalisant la production et donc mieux adaptée à nos besoins anthropologiques fondamentaux de stabilité et d'enracinement. Sa traduction géopolitique est l'eurasisme ; le survivalisme peut naturellement en proposer des applications, de même que la permaculture.

Sur la teneur politique proprement dite du billet d'Alexis de Bruycker, dit Kropotkine : les milieux de gauche, d'extrême gauche, d'ultragauche étant aujourd'hui presque entièrement conquis par l'atlantisme et son mode de vie tertiarisé jusque chez les écologistes – d'où l'émergence sociologique des « bobos » – on voit ces milieux rejoindre progressivement les franges de droite, d'extrême droite et d'ultradroite encore sous tutelle de l'OTAN dans la nouvelle synthèse qu'est le libéralisme-libertaire. Pendant ce temps, une autre « coagulation » est en cours par ailleurs dans le champ eurasiste, de l'ultragauche à l'ultradroite également. Cette réécriture de la ligne de front, cette recomposition de l'échiquier politique – ce changement de paradigme qui définit de nouveaux amis, ennemis et alliés – brouille les pistes et démonétise les catégories habituelles, raison pour laquelle les médias et les mentalités ont du mal à l'enregistrer. Les repères ont changé dans le réel, mais pas encore dans les cerveaux, ce qui induit une certaine confusion des perceptions et des idées (que la consommation de certaines molécules n'arrange évidemment pas).

En espérant que ces quelques éclaircissements permettront d'introduire un peu de raison dans une blogosphère qui en a bien besoin.

CHAPITRE VII

FINNEGANS WAKE ET LA MÉCANIQUE QUANTIQUE[*]

Le paradigme culturel dominant en Occident fut longtemps objectiviste. En science comme en esthétique, seul l'objet était valorisé, la subjectivité se trouvant reléguée à l'arrière-plan et son rôle dans la construction de l'objet étant généralement sous-estimé, voire carrément occulté. Depuis la fin du XVIIIe siècle s'observe une revalorisation de la subjectivité dans tous les champs culturels, que ce soit en épistémologie avec la *Critique de la raison pure* de Kant, ou en esthétique avec le Romantisme. Cette découverte du rôle actif de la subjectivité dans tous les processus de construction du sens des phénomènes s'est encore accentuée au XXe siècle avec la mécanique quantique. Composé dans les années vingt et trente, donc à peu près contemporain des premières tentatives de formalisation de la théorie quantique, le dernier livre de James Joyce, *Finnegans Wake*, nous semble être l'analogue en esthétique de ce qui se passait en sciences

[*]Article inédit

exactes au même moment. Le *Zeitgeist* d'une époque est le même pour tous les chercheurs, quel que soit leur champ de création. Cet essai est une tentative de débusquer les structures communes à la théorie quantique et à l'œuvre de Joyce, que l'on pourrait résumer dans la formule suivante : interactivité constructiviste et systémisme croissant entre le sujet et l'objet.

L'INTERACTION SUJET-OBJET EN PHYSIQUE QUANTIQUE

Nous ne ferons ici que résumer les principaux acquis de la théorie quantique[136]. L'une des révolutions épistémologiques majeures qu'elle a provoquées réside dans le bouleversement du statut du sujet observateur. Au niveau microphysique dont s'occupe cette théorie, l'observation ou la prise de mesure perturbent toujours l'objet observé. Il est structurellement impossible d'observer les particules élémentaires subatomiques de façon neutre, objective, sans influer directement sur elles et donc sur le résultat de l'observation. Un des pères fondateurs de la théorie quantique, Werner Heisenberg, peut ainsi dire : « Mais, en général, dans la physique atomique, toute observation est accompagnée d'une perturbation finie et en partie incontrôlable comme on devait s'y attendre dans cette physique du très petit[137]. » L'observation est donc toujours participante, le sujet observateur est immergé dans un processus de construction de l'objet observé. Le résultat de l'observation ne dépend pas des propriétés objectives de l'objet, mais de la prise de mesure, c'est-à-dire de l'interaction du sujet observateur et de l'objet observé. Une autre prise de mesure donnerait un autre résultat car, en dehors de l'observation, l'objet microphysique n'existe que dans un état potentiel : il a une

---

136. Sven Ortoli et Jean-Pierre Pharabod, *Le Cantique des quantiques*, La Découverte, 1998.
137. Werner Heisenberg, *Les Principes physiques de la théorie des quanta*, Jacques Gabay Éditions, 1990, p. 52.

probabilité de présence, décrite par une fonction ondulatoire. C'est donc la prise de mesure, le sujet observateur, qui actualise les propriétés de l'objet. La microphysique passe ainsi d'un déterminisme mécaniste, centré sur les propriétés intrinsèques des objets atomiques, à un probabilisme statistique intégrant la subjectivité dans la définition du sens des observations.

La subjectivité est ainsi structurellement impliquée dans la configuration des phénomènes physiques qu'elle observe, elle « entre dans l'orchestre » et participe à la musique ! L'idéal de pure objectivité et neutralité s'envole. Le sujet observateur participe substantiellement à la construction de l'objet observé. À ce propos, Niels Bohr, autre père fondateur de cette théorie, s'exprime ainsi : « L'impossibilité de faire la distinction habituelle entre les phénomènes physiques et leur observation nous met en effet dans une situation absolument analogue à celle qui est bien connue en psychologie, où nous nous heurtons constamment à la *difficulté de distinguer entre sujet et objet*[138]. » Cette difficulté est le signe de la sortie du paradigme objectiviste. Le sens des phénomènes observés doit être analysé en termes d'interaction sujet-objet, et non plus en termes d'objectivité donnée. À proprement parler, il n'y a aucun donné, il n'y a que de la construction interactive entre un potentiel objectif et une subjectivité actualisante. Ou comme le dit le physicien Bernard d'Espagnat : « L'objet même de la science physique proprement dite paraît être un construit de l'intersubjectivité humaine ou – en d'autres termes – d'une sorte de conscience collective[139]. » Analogiquement, l'élément le plus frappant de *Finnegans Wake* est sans nul doute sa manière de négocier la question de l'interaction auteur/lecteur dans la construction herméneutique du sens de l'œuvre.

---

138. Niels Bohr, *La Théorie atomique et la description des phénomènes*, Jacques Gabay Éditions, 1993, p. 13.
139. Bernard d'Espagnat, *Conscience et réalité en physique*, La Jaune et la Rouge, 1979.

L'INTERACTION AUTEUR-LECTEUR :
LEQUEL DES DEUX COMMENCE LE LIVRE ?

La question du commencement de l'œuvre – l'*incipit* – est aussi la question du sens de l'œuvre. Nous prenons le mot « sens » dans les deux sens du terme : direction et signification. La page blanche est virtuellement capable de recevoir tous les commencements. Dès lors que l'auteur inscrit un mot, il opère un choix, une discrimination dans la multitude des potentialités. Face à une page blanche, tout est possible, tous les commencements sont possibles. Les premiers mots ou le titre réduisent cet espace des possibilités à une seule d'entre elles. Dans la multitude des commencements possibles, un seul d'entre eux est choisi, actualisé. L'auteur actualise, réalise l'une des innombrables virtualités possibles. En réduisant l'éventail des possibilités à une seule d'entre elles, il oriente par là même son écriture dans un sens plutôt que dans un autre. La question du commencement est donc tout aussi bien la question du sens – de la signification – de l'œuvre. Question fondamentale car le sens de l'œuvre est aussi son identité, ce qui fait qu'elle est ce qu'elle est et pas une autre, avec un autre sens et un autre commencement.

Au XXᵉ siècle, l'analyse littéraire s'est posé beaucoup de questions sur la notion d'auteur. Qui est véritablement l'auteur de l'œuvre ? Qui détermine le sens ultime de l'œuvre ? Est-ce l'auteur officiel ou ses lecteurs ? La question de l'interaction auteur/lecteur dans la construction du sens de l'œuvre traverse toute la critique littéraire moderne. Le champ d'étude qui tourne autour de cette question s'appelle la sémiotique littéraire. Poser la question « qui est l'auteur du texte ? » revient à se demander « qui commence le texte ? » Traditionnellement, on considère que c'est l'auteur qui commence le texte. À travers *Finnegans Wake*, Joyce pose la question : « Ne pourrait-on pas charger le lecteur de commencer le texte ? Peut-on faire en sorte que ce soit le lecteur qui détermine le sens du texte et qui fixe lui-même son propre *incipit* ? » À proprement parler, c'est déjà ce qui se passe peu ou prou avec la littérature traditionnelle. À partir de la matière première du texte, les lecteurs retiennent ce qu'ils veulent et interprètent le texte comme ils l'entendent. Cette interprétation du texte par le lecteur peut être en contradiction avec l'intention de l'auteur. Le lecteur est toujours libre d'interpréter le texte comme il l'entend. Joyce radicalise cette tendance et inscrit au cœur même de son écriture et de son langage ce principe d'interprétation. Il rompt ainsi avec la littérature classique. Plus exactement, il rend explicite ce qui s'accomplit déjà implicitement avec n'importe quel texte littéraire, classique ou moderne. L'intention d'un auteur classique est de délivrer un message, ou plusieurs messages dans la même œuvre. L'intention de Joyce est de responsabiliser le(s) lecteur(s) dans la construction du message. Ironiquement, le personnage central de *Finnegans Wake* s'appelle Humphrey Chimpden Earwicker, dont les initiales font H. C. E. : *Here comes everybody* (Voici venir tout le monde). C'est donc à chaque lecteur de faire son propre cheminement à travers le livre et de déterminer le sens final de l'œuvre mais aussi son commencement. Le lecteur est ainsi inclus de force dans le livre. Comment Joyce s'y prend-il pour responsabiliser le lecteur dans le choix du commencement, donc de la détermination du sens premier, et l'inclure ainsi de force dans le livre ?

Ce qui caractérise cet ouvrage pourrait être un principe de *non-localisation objective du commencement*. C'est donc à la subjectivité du lecteur de fixer le commencement. Autrement dit, ce livre n'a pas de commencement intrinsèque, objectif, c'est le choix subjectif du lecteur qui le définira. L'orientation de la lecture n'est donc pas imposée objectivement au lecteur par l'auteur. La manière qu'a un auteur de commencer son œuvre est une orientation qu'il donne pour la suite. Cette orientation peut être modifiée en cours de route, à ce moment l'auteur sera contraint d'articuler un deuxième commencement au premier. On pourrait imaginer une œuvre palinodique, entièrement composée de fragments contradictoires, avec des sens contradictoires (la palinodie étant une figure de style qui consiste à soutenir un point de vue puis son contraire). Néanmoins, dans une telle œuvre, chaque fragment possède son propre commencement et sa propre fin, donc son propre sens fixé par l'auteur. On a dans ce cas une multilocalisation du commencement. Il existe donc ces trois options :

1) roman classique : commencement objectif localisé ;

2) œuvre fragmentée : multitude des commencements objectifs localisés ;

3) *Finnegans Wake* : non-localisation objective du commencement.

Pour parvenir à ce résultat, Joyce utilise deux procédés : la structure ouroborique (ou structure en boucle) et les mots-valises.

LA STRUCTURE OUROBORIQUE

Le terme de structure ouroborique est employé par Michel Maffesoli pour qualifier toutes les structures sémiotiques circulaires : œuvres d'art, structures sociales, etc. Maffesoli reprend lui-même cette notion à la figure mythologique d'Ouroboros, le serpent cosmique qui s'avale par la queue, formant ainsi une boucle fermée sur elle-même, métaphore de l'existence et de l'univers où le début et la fin, le centre et la périphérie sont indiscernables. Le passé et l'avenir sont mêlés dans une soupe de virtualités qui ne s'actualisent que dans l'immanence d'un éternel présent. Cette notion offre ainsi une alternative aux modèles linéaires d'interprétation et de pensée. Comme on peut le voir facilement en le feuilletant, Joyce confère à son roman la forme d'une boucle. *Finnegans Wake* est donc un livre sans début ni fin, donc susceptible d'être lu à l'infini. On peut commencer à lire le livre à n'importe quelle page. Les contraintes formelles du livre imprimé exigent cependant un déroulement linéaire du texte : de la première page vers la dernière. La structure même du support d'inscription du texte imprimé impose à l'auteur et au lecteur un commencement matériel du livre. Or, la forme du support d'inscription de la pensée influence le développement de la pensée. La pensée et son écriture sont pratiquement dictées par la forme de leur support d'inscription. On pense et on écrit différemment en fonction des variations du support d'inscription : papyrus, tablette d'argile, parchemin, texte imprimé, hypertexte informatique, etc[140].

Le projet fondamental de Joyce est de donner au lecteur le choix de fixer lui-même le commencement du texte. Les contraintes matérielles du livre imprimé localisent un *incipit* matériel, objectif, et nuisent à ce projet. Pour surmonter cette contrainte de linéarité du livre imprimé, Joyce relie grammaticalement le premier mot de la première page au dernier mot de la dernière. Le premier mot de la première page, *riverrun*, est en fait la continuation logique de la dernière proposition du livre : *a long the*[141]. Joyce indique de cette façon qu'il ne faut pas faire attention à la localisation matérielle du commencement du livre. Il dit au lecteur : « Commencez votre lecture où vous voulez, à la première

---

140. Jack Goody, *La Raison graphique* ; Régis Debray, *Cours de médiologie générale* ; Jacques Derrida, *De la grammatologie*.

141. James Joyce, *Finnegans Wake*, Penguin Books, 1992.

page si cela vous plaît mais soyez libres de fixer vous-mêmes le commencement de mon livre sans tenir compte de sa localisation matérielle. » À ce niveau, Joyce se déresponsabilise complètement dans le choix de l'*incipit*. Il surmonte même les contraintes formelles de l'écriture linéaire que la structure matérielle du livre imprimé impose. Par un artifice astucieux, Joyce permet ainsi au lecteur de commencer sa lecture où il veut.

Dans un roman classique, le lecteur n'a aucun choix. L'auteur et le support matériel du texte lui imposent un sens linéaire de la lecture avec un commencement objectivement et matériellement fixé. Le lecteur tourne autour de l'œuvre comme si c'était un objet achevé possédant ses structures propres, son sens intrinsèque. Le courant de la sémiotique littéraire nous montre cependant que la réception de l'œuvre est rarement neutre. Il y a souvent une interactivité ou une coconstruction auteur-lecteur du sens final de l'œuvre. Umberto Eco dans *Les Limites de l'interprétation* parle de dérive herméneutique ou de sémiosis illimitée. En l'absence d'un point fixe auquel s'amarrer, qui serait le sens objectif, intrinsèque du texte, les lecteurs peuvent effectivement dériver au gré de leur propre plaisir d'y mettre le sens qu'ils veulent y voir. Le texte est alors pris comme « prétexte », comme rampe de lancement à l'imaginaire personnel des lecteurs. Le texte n'a pas de signification objective. Par conséquent, toutes les significations subjectives du texte sont légitimes. Eco montre bien la dimension ludique de cette approche : « Enfin, il existe une lecture *prétextuelle* qui utilise le texte comme terrain de jeu (*playground*), pour prouver à quel point le langage peut produire de la sémiosis illimitée ou dérive[142]. » Cette sémiosis illimitée ou dérive interprétative n'essaie pas de reconstituer une structure objective, extérieure

---

142. Umberto Eco, *Les Limites de l'interprétation*, Grasset, 1992, p. 46-47.

au sentiment du lecteur. Le signifiant n'est pas l'indice d'un signifié particulier fondamental voulu par l'auteur, ou au minimum propre au texte. Le lecteur est libre de circuler dans le réseau des significations connotées qu'il y trouvera lui-même, il n'est pas tenu de découvrir le signifié ultime dévoilant le sens intrinsèque du texte comme signifiant. Eco écrit encore : « Les connotations prolifèrent de façon cancéreuse, si bien qu'à chaque degré ultérieur le signe précédent est oublié, oblitéré, puisque le plaisir de la dérive réside entièrement dans le glissement d'un signe à l'autre, et que ce voyage labyrinthique entre les signes et les choses n'a point d'autre but, hormis le plaisir même[143]. »

Le projet de Joyce est d'inscrire dans la structure même de l'œuvre, et plus profondément dans la structure du langage, ce principe de dérive interprétative sémantique illimitée. Dans la décision du commencement, le roman classique résiste cependant à cette dérive herméneutique qui le concerne plutôt quant à l'interprétation générale du sens de l'œuvre. Une œuvre en fragments (un recueil de poèmes par exemple) ou une œuvre mixte poésie-roman (*Les Chants de Maldoror*) offre dans sa structure même un principe d'interactivité plus grand que le roman classique dans le choix du commencement. Le lecteur peut effectivement décider de lire les textes dans tous les sens : c'est lui qui fixe le commencement de l'œuvre en choisissant par quel fragment, par quelle partie du texte il commencera et dans quel ordre il lira les autres. Cependant, le commencement de chaque fragment reste déterminé par l'auteur. Les commencements restent localisés par l'auteur. Joyce radicalise ce principe de choix par le lecteur du sens à donner au texte jusque dans la structure des phrases et des mots, comme le montre Jean-Michel Rabaté : « Ce jeu un peu pervers avec des limites,

---

143. *Ibid.*, p. 373.

niées aussitôt que posées relance sans cesse la machine verbale, dans une langue fabriquée de toutes pièces, qui évoquerait le *Jabberwocky* de Lewis Carroll ou les créations verbales de Rabelais, et qui n'a été mise au point qu'après des années de labeur par Joyce (il y a passé dix-sept ans de travail acharné, dont ses carnets et brouillons ne donnent qu'une faible notion) et dont le procédé fondamental est la *coincidentia oppositorum*, à savoir que, dans la mesure où chaque phrase peut être lue selon plusieurs registres lexicaux, elle signifie au moins deux choses, presque toujours contradictoires[144]. »

LES MOTS-VALISES

L'indétermination objective du langage de Joyce est encore accentuée par les mots-valises. Qu'est-ce qu'un mot-valise ? La différence entre un mot-valise et un mot « normal » (en français) est à chercher dans la structure du signifiant. C'est un signe linguistique composé de deux ou plusieurs racines lexicales. C'est un mot inventé, construit à partir d'autres mots et qui possède donc une ambiguïté sémantique. Cette pratique du langage est assez courante dans les langues dites agglutinantes (allemand, finnois, turc, etc.) qui ont une propension à la fabrication et à la recomposition de nouveaux mots, à l'opposé des langues latines dont les structures sont plus stables. Comme exemples de mots-valises inventés spécifiquement par Joyce, le déjà cité *riverrun*, qui contracte *river* et *run*, ou encore le célèbre « *Continuarration*[145] *!* » Un autre exemple encore plus subtil dans la première phrase du quatrième chapitre de la première partie : « As the lion in our teargarten remembers the nenuphars of his Nile[146] (...) » Joyce fabrique ici *teargarten* composé d'un mot anglais *tear*

144. Jean-Michel Rabaté, *James Joyce*, Hachette, « Portraits littéraires », 1993, p. 192-193.
145. James Joyce, *op. cit.*, p. 205.
146. *Ibid.*, p. 75.

(larme) et d'un mot allemand *Garten* (jardin), ce qui pourrait signifier « jardin de larmes ». Or, l'anglais *tear* ressemble phonétiquement à l'allemand *Tier* qui signifie « animal », le terme composé *Tiergarten* signifiant couramment « jardin zoologique » en allemand. Quel sens choisir ? « jardin de larmes » ou « parc zoologique » ? et surtout comment traduire ? Joyce lui-même ne donne aucune indication contextuelle. Le traducteur français a opté pour la version suivante : « Tel le lion dans nos zoos se souvient des nénuphars nilotiques[147] (…) » et a donc été contraint de sacrifier 50 % de l'ambiguïté sémantique de *teargarten*. Ici, c'est donc le traducteur, et non l'auteur, qui a « choisi » le signifié du signifiant, sur la base de la « proposition » de l'auteur.

La spécificité du mot-valise réside donc dans l'indétermination de l'aspect dénotatif, ou sens objectif, du signe linguistique. Dans *Le Bon Usage*, Maurice Grévisse propose les définitions suivantes des termes « dénotation » et « connotation » : « Par opposition à la dénotation, contenu objectif, neutre, du message, on appelle connotation ce que l'expression ajoute à ce contenu objectif. » Jean-René Ladmiral (fondateur de la traductologie) passe en revue plusieurs définitions et ajoute : « Le dénominateur commun aux différentes définitions proposées consiste à voir dans la connotation l'intervention d'un certain coefficient de subjectivité dans le langage et, plus précisément, d'une dimension affective. Dans la tradition saussurienne, Bally parlait de « valeur évocative » ; et John Lyons parle aussi d'associations émotionnelles et évocatrices quand il entreprend de définir ce que sont les connotations. Charles Taber propose lui dans le cadre de sa théorie de la traduction d'opposer la connotation comme « contenu affectif » à la

---

147. James Joyce, *Finnegans Wake*, Gallimard, 1982, traduction et présentation de Philippe Lavergne.

dénotation comme « contenu purement conceptuel. »[148] Pour résumer, disons que la dénotation est l'élément invariant et non subjectif de signification, et que la connotation est le sens particulier d'un mot ou d'un énoncé qui vient s'ajouter au sens ordinaire selon la situation ou le contexte.

La dénotation (le sens objectif) d'un mot-valise est floue, multivoque. Le mot-valise est en fait le réceptacle d'un réseau de connotations, c'est-à-dire d'évocations signifiantes subjectives. Toute la signification dénotative du mot-valise, tout ce qu'un mot-valise désigne se résout, ou se dissout dans une pluralité de signifiés connotés portés par les racines lexicales qui le composent. Le mot-valise n'a pas de dénotation propre. Plutôt, sa valeur dénotative est entièrement composée de significations connotées portées par les racines lexicales variées qui le composent. À un seul signifiant, une seule trace sur la page, un seul mot prononcé, sont associés autant de signifiés que de racines lexicales entrant dans la composition du nouveau mot. Un seul signifiant peut ainsi inclure en lui des signifiés contradictoires : c'est le principe de la coïncidence des opposés évoquée plus haut. C'est un mot-oxymore, ou un « moxymore », pour créer en direct sous les yeux ébahis de nos lecteurs un nouveau mot-valise! La dénotation sémantique précise du signifiant, autrement dit le signifié du signifiant, est ainsi dissoute dans les racines lexicales composant le nouveau mot.

Tout ceci n'a pour l'instant rien d'extraordinaire. En effet, au-delà de sa dénotation, un signifiant possède toujours des signifiés connotés qui varient selon le contexte. Chaque mot du langage courant a une tendance à l'ambiguïté sémantique, à la plurivocité des signifiés, une tendance aux connotations multiples, voire contradictoires. Ces signifiés connotés restent cependant immatériels, relatifs à la subjectivité

---

148. Jean-René Ladmiral, *Traduire : théorèmes pour la traduction*, Payot, 1979, p. 134-135.

interprétative du lecteur. Ils ne modifient pas la structure objective du signifiant : autrement dit l'orthographe ou la phonétisation du mot. Mais dans le mot-valise, les signifiés connotés sont matérialisés dans le signifiant et créent ainsi une nouvelle unité orthographique et phonique. On a donc affaire à un nouveau signe, un nouveau mot. De la sorte, la signification dénotée du nouveau mot est en fait un ensemble de connotations portées par les racines lexicales visibles ou audibles dans le signifiant. Les mots-valises sont ainsi sémantiquement multivoques et aucune des multiples significations n'est décidée par l'auteur. Ce dernier propose au lecteur plusieurs possibilités et c'est donc le lecteur qui orientera définitivement le sens.

À vrai dire, le lecteur est toujours libre, face à un signifiant, de lui associer les signifiés connotés qu'il veut. Cette liberté reste cependant limitée par l'orientation générale donnée au texte par l'auteur et qui vaut comme un contexte général de signification. Joyce essaie de maximiser cette liberté interprétative du lecteur en lui donnant la possibilité de recommencer l'orientation sémantique de la lecture presque à chaque mot. Chaque mot-valise porte dans sa matérialité signifiante même au moins deux possibilités de lecture, sans qu'aucune de ses possibilités ne soit préférée par l'auteur. Le commencement du texte, c'est-à-dire l'orientation sémantique du texte, est ainsi presque à chaque mot localisable. Le commencement de *Finnegans Wake* est virtuellement partout, à chaque mot car il n'est réellement fixé nulle part. Par l'usage des mots-valises, l'auteur propose une matière première sémantiquement multivoque. Et c'est au lecteur, à partir de cette matière première multivoque fournie par le texte, de choisir un sens plutôt qu'un autre et de s'orienter lui-même à travers le livre. Joyce décide donc de ne pas commencer, il veut placer son livre d'emblée dans l'éternité : pour ce faire, chaque moment du livre, et non seulement son début matériel (la première page), doit pouvoir être un commencement. L'infini n'a pas de centre objectif. Le centre d'un espace infini est donc relatif au sujet observateur. De la même manière, dans un livre objectivement sans début ni fin, un livre infini, le commencement est relatif au sujet lecteur.

Le livre de Joyce imite, mime l'infini et l'éternel, soit l'absence de centre et de commencement intrinsèque. À chaque mot-valise, à chaque point de l'espace textuel, un nouveau commencement est donc possible, une nouvelle orientation ou un nouveau centrage sémantique du livre. Le commencement de *Finnegans Wake* n'est donc pas à chercher au début matériel du texte : la première page ou les premiers mots d'un fragment. Le commencement de *Finnegans Wake* doit être trouvé dans la conception même du langage proposée par Joyce. Ce langage est une matière première chaosmotique, comme le décrit Joyce lui-même dans son livre en un commentaire métalinguistique : « (…) chaque personne, lieu, et chose appartenant au Tout de ce Chaosmos et relié en quelque façon à cette turquerie picaresque se meut et change à chaque instant du temps : la plume vagabonde (peut-être l'encrier aussi), le papier et la plume jouent au lièvre et à la tortue, au coq à l'âne, comme autant d'anticollaborateurs à l'esprit plus ou moins continuellement entremécompris, tandis que la constante de temps sera infléchie de façon variable afin de produire vocables et scryptosignes au sens changeant, prononcés différemment, orthographiés différemment[149]. »

Utilisons une métaphore. Dans un roman classique, le lecteur est un train qui roule sur une voie de chemin de fer linéaire : le texte défini par l'auteur. Dans *Finnegans Wake*, le

---

149. James Joyce, *Finnegans Wake*, Gallimard, 1982, p. 128.

texte est une voie ferrée truffée de systèmes de bifurcations proposant deux ou plusieurs directions possibles : ces systèmes sont les mots-valises. Les directions possibles sont les différentes racines lexicales composant le mot-valise. La lecture ou les lectures suivent ainsi un schéma réticulaire arborescent impossible à résumer, étant donné la multiplicité des combinaisons possibles. Puisque le roman ne peut être résumé, c'est qu'il n'a pas de signification objective particulière – il n'a pas de signification dénotative. Néanmoins, on ne peut pas lui faire dire n'importe quoi. Les mots du texte ne sont pas un vide à partir duquel on peut imaginer n'importe quoi. Le vide, c'est la page blanche. La page blanche est remplie de virtualités de sens et de commencement. La page blanche est un infini de virtualités. Ces virtualités sont en fait dans la tête de l'auteur qui va en actualiser certaines en les écrivant. L'auteur actualise alors un espace textuel fini : l'œuvre dans sa forme achevée. Dans *Finnegans Wake*, Joyce, en écrivant, va à peine plus loin que la page blanche. Il remplit sa page de mots, il achève son œuvre, mais il s'arrange pour que cette page écrite reste à un état également virtuel de sens et de commencement, comme une page blanche. L'œuvre est ainsi dans un état simultanément achevé et pas encore commencé. Le sens du texte est donc objectivement flou, virtuel. Les mots fournissent une matière première, fortement structurée mais en même temps plurivoque, hybride et complexe au sens de simultanément chaotique et structurée.

Le texte est donc un chaosmos de virtualités attendant la mise en ordre, c'est-à-dire l'actualisation d'un sens univoque par le lecteur. Ce chaosmos sémantique est rempli de virtualités plurivoques objectives que le lecteur, en tant qu'observateur subjectif, va actualiser de façon univoque selon son propre point de vue. L'auteur fournit un matériau textuel chaosmotique que le lecteur va travailler et orienter sémantiquement dans les limites floues imposées par la structure interne du matériau textuel. Comprendre cette conception du langage et de l'œuvre romanesque permet de comprendre où est le commencement du livre : dans la tête du lecteur. Concluons sur un bref retour comparatif à la mécanique quantique. De la même façon que le sens dans *Finnegans Wake*, les particules élémentaires, indépendamment de la prise de mesure et de l'action de l'observateur, n'ont qu'une probabilité de présence. En tant qu'objet, la particule est virtuellement partout, elle est une arborescence de possibilités théoriques. La prise de mesure, c'est-à-dire l'intervention subjective de l'observateur, réduit la probabilité de présence à une seule possibilité : la fonction d'onde s'effondre et actualise – matérialise de façon univoque – la présence virtuelle multivoque de la particule. Et il en va de même face au texte de Joyce, le lecteur étant lui aussi contraint de réduire une sorte de fonction d'onde sémantique et textuelle à une seule possibilité.

TABLE DES MATIÈRES

DEUXIÈME PARTIE

ENTRETIENS

TROISIÈME PARTIE

GÉOPOLITIQUE

QUATRIÈME PARTIE

DIVERS